기독교문서선교회(Christian Literature Center: 약칭 CLC)는 1941년 영국 콜체스터에서 켄 아담스에 의해 시작되었으며 국제 본부는 미국 필라델피아에 있습니다.
국제 CLC는 59개 나라에서 180개의 본부를 두고, 약 650여 명의 선교사들이 이동 도서차량 40대를 이용하여 문서 보급에 힘쓰고 있으며 이메일 주문을 통해 130여 국으로 책을 공급하고 있습니다. 한국 CLC는 청교도적 복음주의 신학과 신앙 서적을 출판하는 문서선교기관으로서, 한 영혼이라도 구원되길 소망하면서 주님이 오시는 그날까지 최선을 다할 것입니다.

추천사

서 삼 정 목사
WEA 총재, KWMC 명예의장(전 대표의장), 국제다문화(이슬람)포럼 이사장

여호수아 선교사는 이슬람 선교를 위해 하나님이 세우신 귀한 종이다. 나는 그와 오랜 세월 교제하면서, 때로 그의 사역을 협력하면서 그가 가진 세계 선교의 꿈을 더욱 많은 사람이 공유하기를 바라 왔다. 이 바람이 『세계 선교와 이슬람화: 선교 사역으로 완성되는 복음』의 출간으로 이루어지는 것 같아 매우 기쁘다.

저자가 세계 선교와 이슬람이란 주제를 함께 엮어서 연대별로 기록한 것은 세계 선교와 이슬람 선교를 이해하는 데 큰 도움이 될 것이라 생각한다. 그는 하나님의 원대하신 세계 선교 계획과 세계 역사 가운데 행하신 하나님의 예언과 그 성취를, 선교 현장에서의 경험과 해박한 지식을 통해 풀어내고 있다.

이슬람 선교에서부터 유대인이 돌아오는 땅끝까지 선교를 다루고 있어 세계 선교의 흐름과 방향을 한눈에 볼 수 있다. 그런 의미에서 나는 이 책을 선교에 관심 있는 모든 분에게 기쁨으로 추천한다.

선교 사역자들은 이 책을 통해 세계 선교의 큰 숲을 보게 될 것이고, 사역 현장에서 자신은 어디에 있고, 어디로 가는지 분명한 선교적 로드맵이 그려질 것이며, 선교의 새로운 패러다임을 보게 될 것이다. 성도들이 읽으면 선교하는 마음이 절로 일어날 것이고 선교 후원의 보람을 느끼게 될 것이다.

장훈태 박사
백석대학교 선교학 교수

『세계 선교와 이슬람화: 선교 사역으로 완성되는 복음의 역사』는 선교 현장이 깊은 잠에서 깨어나게 하는 것 같은 제목이다. 선교사로서의 출발, 긴 여정 속의 고난과 아픔, 만남과 충돌, 충돌과 경계선을 넘나들면서 겪었던 내용을 묶어 놓았다가 풀어놓은 짐 같은 느낌을 받았다.

지구의 한쪽은 무더운 날씨, 역사적으로 힘겨룸하듯 해야 하는 종교적 환경, 전통과 관습을 중요하게 여기는 관습법과 종교법이 함께 묶인 가치 체계의 장막, 걷어낼 수 없는 현대 인종의 갈등, 정주민과 이주민의 충돌과 갈등 상황에서 엮고 풀어내는 것이어서 그렇다.

저자는 냉전 시대의 봉쇄 정책과 아랍의 봄이라는 민주주의 사회적 욕망을 목격하면서 이슬람교의 봉쇄 전략에 묶여 있는 현장에서 세계 선교사의 흐름을 엮어 내려 한다. 창조 이래 인간 역사에서 늘 충돌을 피하지 못했던 종교적 만남을 성경적 관점에서 해석하고 찾아보려는 신중함과 함께 중동 지역에서 발생한 기독교와 이슬람의 다양한 현상을 한눈에 볼 수 있는 그릇에 담는 일을 하고 있다.

나는 이 책을 읽으면서 큰 돌 위에 붙어 있는 작은 나비가 된 느낌이 들었다. 한국 선교학계에서 선교 전략가들이 선교 신학과 전략적 이론을 토론하면서 중지를 모아도 현상적인 전략이 도출되기는 어려웠다. 선교 현장에서 종교 간의 만남에 의문을 가졌던 문제를 자신의 논리로 접근해 풀어 가려는 연대기라 할 수 있을 정도의 유쾌한 해설서와 같다.

저자의 가슴 깊이 맺혀 있는 눈물방울 같은 결정체를 통해 중동 선교 역사의 파노라마를 유익하게 바라볼 수 있게 해 준다.

『세계 선교와 이슬람화: 선교 사역으로 완성되는 복음의 역사』는 인생 여정에 커피 타임에 재미있게 읽어 갈 수 있는 예리하면서도 전략적인 내용으로 가득 채워져 있을 뿐 아니라 선교 사역자로서 삶의 변화하는 질감에 생생하고 이해하기 쉬운 과정을 전하기 위해 다양한 자료와 깊은 심정을 공유하고 있다.

저자는 신학적·선교학적으로 확증된 것은 아니지만 사역자로서 경험했던 부분을 통해 정리함으로 주님께서 주신 사명을 완수하려는 책임감을 느끼게 한다.

저자는 자신의 삶과 사역의 현장을 통해 하나님이 어떻게 구원하시며 이에 대해 선교사는 어떻게 반응해야 하며, 어떻게 문제를 풀어 가야 하는가를 정리한 것이다. 또한, 선교 사역을 통해 완성되는 복음의 역사를 구원의 초월적이고 내재적인 차원들을 현상학적으로 연결하면서 부상하는 무슬림 사회의 패러다임의 핵심을 인지하고 있음을 보게 된다.

현장 선교 사역자의 고백과도 같은 기독교 전통들과 선교 역사, 이방 종교의 역사를 통틀어 선교 모델들에 대한 가장 포괄적이면서 정통적인 전략서임을 밝히면서 중동 지역을 가슴에 품거나 하나님의 진리를 명백하게 제시하여 그들의 양심에 호소하기를 원하는 자들에게 나는 본서를 적극적으로 추천한다.

김성택 박사
리버티대학교 겸임교수

탁 선교사님은 오랫동안 중동 지역에서 선교 사역을 하시면서 그동안 경험하고 연구한 것을 이번에 책으로 정리해서 출판하게 되었다. 이 책은 『세계 선교와 이슬람화: 선교 사역으로 완성되는 복음의 역사』라는 제목처럼 단순히 이슬람 지역의 선교만을 말하고 있지 않다.

선교 사역에 대한 큰 그림인 하나님의 선교 역사 가운데 이슬람과 유대교 그리고 기독교와의 관계와 진행에 관한 연구를 통해, 중동 지역의 선교뿐 아니라 선교 역사에 대해 총체적으로 이해할 수 있도록 한다. 또한, 이슬람에 대한 문제점과 무슬림이 기독교에 대해 문제 제기하는 부분들에 대해 자세하게 다루고 있다.

선교 현장에서 무슬림에 복음을 나누었던 경험들은 이슬람 지역과 그곳에서 사는 무슬림에 대한 이해를 돕고, 이슬람 선교에 대한 총체적 안목을 가지고 접근할 수 있도록 하는 귀한 책이다.

이슬람 선교에 오랫동안 수고하신 탁 선교사님의 수고에 감사하고, 이 책을 통해 많은 독자가 세계 선교 흐름과 이슬람 선교에 대한 전반적인 이해를 통해 선교 사역에 효율적인 참여가 있기를 바란다.

홍성개 목사
동도교회 은퇴목사, ACTS 7대 이사장 역임, 사우디아라비아 리야드교민교회 사역

21세기의 급변해 가는 영적 흐름 속에서 단연코 배제될 수 없는 사역 중의 하나가 이슬람 사역이다. 17억 명 신자를 자랑하는 이슬람 1400년의 역사는 매우 다양하다. 이것은 이슬람을 바라보는 시각 역시 다양해야 한다는 것을 시사하고 있다.

세계 어떤 선교지를 방문해도 많은 무슬림과의 종교적 갈등을 겪고 있다는 것을 배제할 수 없는 시대가 됐다. 여호수아 탁 선교사가 바라보는 세계 선교라는 큰 주제 가운데 세상의 역사와 성경의 역사를 통해 만나게 되는 이슬람, 그리고 이슬람과 이스라엘의 회복이란 주제를 다룬다는 것은 매우 광범위한 주제일 것이다.

그동안 세계 선교 주제는 세계 선교 차원에서 이슬람 선교이면 이슬람 차원에 대한 주제의 글들이 보편적이었는데 두 주제를 함께 다루므로 전체적인 세계 선교의 큰 틀을 이해할 수 있다는 것은 주님의 대(大)지상 명령에 헌신하는 모든 하나님의 사역자들과 교회와 성도들에게 큰 도전이 되리라 생각한다.

특별히 구약의 역사로부터 예수 그리스도의 오심과 초대 기독교 역사 그리고 무함마드의 정신적 세계를 다루며 세계 이슬람 역사와 세계 선교란 주제를 다룬다는 것은 숲과 나무를 보여 주는 큰 그림으로서 무슬림 선교란 과제의 답을 찾는 책으로 추천하고자 한다.

여호수아 탁 선교사는 오래전에 신학교에서 가르친 제자이다. 한국에서 개척교회 설립 예배 설교를 부탁받았을 때 동참했는데, 탁 선교사는 그 개척교회를 시작하면서 선교사를 파송했던, 선교에 불타는 특별한 사명을 가진 사역자였다. 나는 결혼식 주례로 탁 선교사 내외를 축복했으며, 선교사로 수단에 파송하기도 했다. 나와 인연이 깊고 개인적으로 매우 의미가 있는 제자요 후배요 선교의 동역자였다.

이번에 여호수아 탁 선교사의 오랜 경험과 학식을 더하여 『세계 선교와 이슬람화: 선교 사역으로 완성되는 복음의 역사』를 출간하게 된 데에 스승으로서 선교의 동역자로서 감사한 마음이다. 탁 선교사 내외의 노고와 수고에 깊은 감사를 드리며 하나님께 감사와 찬양과 영광을 돌린다. 할렐루야.

김 만 우 목사
중동선교사협의회 고문

할렐루야, 성삼위일체 하나님의 성호를 찬양하여라!

지난 30여 년 동안 세계 선교의 관점에서 중동 선교를 이해하고, 하나님 영광과 그 땅 영혼 구원을 위해, 말씀과 기도로 하나님 아들 예수 그리스도의 천국 복음을 그 백성에게 전해 온 여호수아 탁 선교사의 결실을 찬양한다.

탁 선교사의 계속된 면학과 오랜 선교지 사역, 주님이 주신 영감·지혜·지식·논리로 마침내 『세계 선교와 이슬람화: 선교 사역으로 완성되는 복음의 역사』를 펴내게 하신 삼위일체 하나님의 은총과 인도하심에 감사한다.

진심으로 그간 사역에서 부창부수(夫唱婦隨), 이인삼각(二人三脚)으로 함께 달려온 잉꼬부부에게 축하의 박수를 마음껏 보낸다.

이 책은 여덟 가지로 되어 있다.

1. 기독교 선교 역사와 이슬람과 만남
2. 아라비아반도
3. 이슬람의 태동
4. 이슬람의 문제
5. 성경과 코란의 동일한 단어와 이름
6. 기독교에 문제 제기하는 무슬림에 대한 반론
7. 무슬림에게 복음 전도
8. 유대인의 회복

저자는 일반은총 역사와 특별은총 역사의 이중나선형(二重螺旋形, double helix)적 역사 관점에서, 기독교와 이슬람의 뿌리를 더듬고, 중동 기독교 성지가 어떻게 이슬람화가 됐는지, '오직 예수'의 기독교와 '세계 이슬람화 이슬람 세계화'의 이슬람교와 만남을 타진한다.

무엇이 같은가?
무엇이 다른가?

선교의 개체성과 전체성의 상관관계를 논하고, 21세기 선교의 나무와 숲을 동시에 조망하며, 중동 선교와 옛 성지의 재복음화 가능성을 차분하게 제시하고 있다.

그의 선교학자적 논리는, 사막 황야 척박한 땅을 큰 기쁨과 참 좋은 소식을 손에 들고 누비고 다니며 접한 그 땅의 문명, 문화, 관습, 심성, 세계 도처에 흩어진 무슬림의 현실, 지구촌 지역 선교사의 선교 담론을 통해서 체득한 세심한 정서와 내용을 한 줄로 꿰는 예리한 필치로 기록하고 있다.

그는 자칫 진부하기 쉬운 선교 이론과 실제를 재미있게 엮어 내고 있다. 그의 저서는 중동 현지교회, 한국교회, 세계교회에 중동 선교의 전략적 지혜와 지식을 제공하리라 믿는다. 목회자, 선교학자, 선교지망생, 선교사, 신학생과 선교 기관은 물론이고, 일반 평신도에게 세계 선교와 중동 선교의 관심과 통찰력을 제공해 줄 것이다.

선교의 수직과 수평이 만나는 선교 좌표에서 세계를 전망하는 본 저작은 그동안 중동 선교에 대해 쓰인 많은 논문, 저서, 선교사의 선교 현장 보고서, 선교 신앙 고백의 저서와 함께 중동 선교·중동 재복음화 세계 선교에 크게 기여할 것이다.

탁 선교사가 이 책을 쓰도록 하신 선하시고 인자하신 하나님이 지금까지 몸소 헌신한 선교 사역 못지않게, 이 저서를 통해서도 한국교회의 선교 지평을 더욱 넓혀 주시리라 믿으니 참 기쁘다.

살아 계신 능력의 아버지 하나님께 감사, 찬송, 존귀, 영광을 올려드립니다.

이 병 수 박사
고신대학교 선교학 교수

30여 년간 오로지 한길을 걸어온 저자에게 격려와 사랑의 박수를 보내 드린다. 이 책을 읽으면서 눈이 뜨이고 가슴이 뜨거워지고 손발에 땀이 나고 눈물이 났다.

그의 선교적 비전, 학문적 탁월성, 선교적 영성, 선교적 인성과 윤리가 총체적으로 드러난 이슬람 선교와 한국과 세계 선교의 나아갈 방향을 제시한 이 책! 손꼽아 기다려진다.

세계 선교와 이슬람화

선교 사역으로 완성되는 복음의 역사

The History of the Gospel being completed through the work of mission
(The encountering of world mission and Islamization)
Written by Joshua Tark
All rights reserved.
Korean Edition Copyright ⓒ 2021 by Christian Literature Center, Seoul, Korea

세계 선교와 이슬람화: 선교 사역으로 완성되는 복음의 역사

2021년 2월 8일 초판 발행

지 은 이 | 여호수아 탁

편   집 | 송민규
디 자 인 | 서보원
펴 낸 곳 | (사)기독교문서선교회
등   록 | 제16-25호(1980.1.18.)
주   소 | 서울특별시 서초구 방배로 68
전   화 | 02-586-8761~3(본사) 031-942-8761(영업부)
팩   스 | 02-523-0131(본사) 031-942-8763(영업부)
이 메 일 | clckor@gmail.com
홈페이지 | www.clcbook.com
송금계좌 | 기업은행 073-000308-04-020 (사)기독교문서선교회
일련번호 | 2021-6

ISBN 978-89-341-2236-4 (93230)

이 도서의 국립중앙도서관 출판예정도서목록(CIP)은 서지정보유통지원시스템 홈페이지(http://seoji.nl.go.kr)와 국가자료공동목록시스템(http://www.nl.go.kr/kolisnet)에서 이용하실 수 있습니다. (CIP제어번호: CIP2020053839)

이 책의 저작권은 저자와 (사)기독교문서선교회가 소유합니다. 신저작권법에 의해 한국 내에서 보호받는 저작물이므로 무단 전재와 무단 복제를 금합니다.

CLC 이슬람 연구 시리즈 29

선교 사역으로 완성되는 복음의 역사

세계 선교와 이슬람화

여호수아 탁 지음

CLC

목차

추천사   1

    서 삼 정 목사 | WEA 총재, KWMC 명예의장(전 대표의장), 국제다문화
                 (이슬람)포럼 이사장
    장 훈 태 박사 | 백석대학교 선교학 교수
    김 성 택 박사 | Adjunct professor Liberty University
    홍 성 개 목사 | 동도교회 은퇴목사, ACTS 7대 이사장 역임, 사우디아라비아
                 리야드교민교회 사역
    김 만 우 목사 | 중동선교사협의회 고문
    이 병 수 박사 | 고신대학교 선교학 교수

저자 서문   13

서론   20

제1부 기독교 선교 사역과 이슬람의 만남   23
    제1장 성부 하나님의 계획(창세기 1-11장)   24
    제2장 통일 왕국의 멸망과 제국들의 흥망성쇠   53
    제3장 약속의 성취(여자의 후손)   104

제2부 아라비아반도   146
  제1장 이슬람 이전의 아라비아   147
  제2장 아라비아의 지정학적 구분   150
  제3장 아라비아의 종교적 특징   154
  제4장 아라비아 기독교 상황   157
  제5장 아라비아의 메카 상황   163

제3부 이슬람의 태동   165
  제1장 이슬람 세계화   166
  제2장 아라비아반도 최초 통일   176
  제3장 제1차 이슬람 세계화(칼리프 시대)   180
  제4장 제2차 이슬람 세계화   218
  제5장 제3차 이슬람 세계화   226
  제6장 잃어버린 세계 선교 회복   261

제4부 이슬람의 문제   270
  제1장 이슬람의 근본적인 문제   271
  제2장 무함마드에 대한 맹신   287
  제3장 무함마드의 상처와 열등감   292
  제4장 무함마드의 여성관   298
  제5장 무슬림의 종류   303
  제6장 이슬람 문화   312

제5부 성경과 코란의 동일한 단어와 이름　　　　　　　　324
　제1장 성경의 하나님과 코란의 알라　　　　　　　　　　325
　제2장 성경의 아브라함과 코란의 이브라힘은 같은 인물인가?　334
　제3장 성경의 예수와 코란의 이싸　　　　　　　　　　　337
　제4장 메카의 카바 건립　　　　　　　　　　　　　　　341

제6부 기독교에 문제 제기하는 무슬림에 대한 반론　　　350
　제1장 성경이 왜곡됐다　　　　　　　　　　　　　　　351
　제2장 삼위일체는 다신교를 믿는 것이다　　　　　　　368
　제3장 예수는 십자가에서 죽지 않았다　　　　　　　　370
　제4장 신이 인간의 모습으로 세상에 올 수 없다　　　　373
　제5장 대속의 진리를 믿지 않는다　　　　　　　　　　377
　제6장 기독교는 유대교를 폐기했는가?　　　　　　　　380
　제7장 그리스도인은 왜 무함마드를 믿지 않는가?　　　381
　제8장 먹고 마시는 예수를 신이라 말할 수 있는가?　　383
　제9장 기독교는 십자가를 예배한다　　　　　　　　　385
　제10장 무슬림이 그리스도인들에게 하는 문제 제기　　387

제7부 무슬림에게 복음 전도　　　　　　　　　　　　　391

제8부 유대인의 회복 - 유대인, 예수 그리스도를 메시아로 받아들이다　400

에필로그　　　　　　　　　　　　　　　　　　　　　　409

참고문헌　　　　　　　　　　　　　　　　　　　　　　420

저자 서문

여호수아 탁
한국성서선교회 파송 선교사

    일선 선교 사역자로서 중동 지역에서 사역을 섬겨 온 것은 나의 생애에 가장 큰 보람이며 의미 있는 삶이었다. 또한, 20세기 말과 21세기 두 세기를 걸쳐 선교사로 살아갈 수 있었다는 것 역시 특권이었다.

    성경을 믿고 따르는 독자들에게 21세기의 가장 큰 이슈 중의 하나는 '세계 선교와 이슬람화'이다. 두 이슈는 1400년 동안 역사적으로 불가분의 관계 속에 얽혀 있다. '마지막 선교'라는 주제는 하나님의 백성에게는 다시 오실 예수 그리스도에 대한 기대감과 두려움 속에 언제나 흥미진진한 주제이다.

    우리의 궁극적 삶의 주제는 다시 오실 예수 그리스도여야 한다. 또 다른 세계에서 같은 주제를 가지고 사는 사람들이 있다. 그들은 알라가 통치되는 세계 이슬람을 실현하고자 하는 무슬림이다. 어디를 가든지 이슬람이란 종교를 믿는 무슬림을 만나게 된다. 즉 21세기의 세계 선교의 흐름 가운데 이슬람은 정치적, 경제적 그리고 종교적으로 배제될 수 없는 종교이다.

    선교란 주제에 대해 강의를 하거나 강의를 경청할 때마다 느끼는 것은 이슬람이란 주제를 따로 떼어 생각하기보다는 함께 엮어서 세계 선교라는 전체적인 그림 속에서 바라본다면 좀 더 세계 선교 및 이슬람 선교에 대해 누구나 쉽게 이해할 수 있다는 것이다.

그러나 두 주제가 워낙 방대하다 보니 한두 시간의 강의나 한 권의 책을 통해 소화할 수 있는 간단한 주제가 아니다. 즉 세계 선교라는 주제 속에서 이슬람을 바라보는 시각이 매우 다양하다는 것을 암시하는 것이다.

인류의 역사는 언제나 전쟁이란 주제를 떠나지 못했다. 그러나 오늘날 21세기는 전쟁이란 주제보다는 테러와 폭력이라는 새로운 신조어로 인한 수많은 어려움에 인류는 직면하고 있다. 이런 주제를 다룰 때마다 이슬람이란 종교를 믿는 무슬림을 간과할 수 없는 이유이다.

이슬람이라는 종교를 통해 일어나는 수많은 문제의 근원은 무엇인가?
왜 그런 문제들이 국제적으로 계속해서 일어나고 있는가?
이에 대한 깊은 통찰과 이해가 먼저 요구되어야 한다.
필자는 그런 의미를 생각하면서 '세계 선교와 이슬람화'란 주제에 대해 알아보고자 한다.

첫째, 선교학적인 의미에서 세계사가 말하는 인간의 역사는 언제, 왜, 어떻게 시작되었는가?

인류를 향한 하나님의 역사, 즉 성경에서 말하는 역사와 세계 역사는 어떤 관계가 있는가?
세계 선교와 이슬람의 역사는 언제 어떻게 만나게 되었는가?
그리스도인과 유대인과의 갈등, 기독교와 이슬람의 갈등이 어떻게 시작되었는가?
이에 대해 성경의 역사와 세계사의 전체적인 흐름에서 세계 선교의 전체적인 그림을 볼 수 있는 로드맵이 완성되기를 원한다.
즉 '구슬이 서 말이라도 꿰어야 보배다'라는 우리의 속담이 있듯이 전체적인 선교의 흐름이 한눈에 이해되어야 할 것이다. 우리는 그동안 세계 선교라는 대명제 앞에서 숲만 보기를 원하는 자는 숲만 보았고, 나무만 보기를 원하는 자는 나무만 보았다.

그리고 그게 산이라고 정의를 내리고 그게 올바른 길이라 굳게 믿었다. 그런 의미에서 숲과 나무를 볼 수 있는, 즉 총체적인 선교의 로드맵을 가져야 한다고 생각한다.

둘째, 무함마드에 의해 시작된 이슬람이란 종교에 대해 일반적으로 우리가 몰랐던 것들을 살펴보아야 할 것이다. 그동안 무함마드에 대한 일반적인 지식이 이슬람을 잘 모르는 무슬림에 의해 많이 왜곡됐다. 그러므로 이슬람이란 종교를 시작한 무함마드를 잘 이해한다면 이슬람과 무슬림에 대해 좀 더 구체적으로 이해할 수 있게 될 것이다.

그런 의미에서 무함마드에 대해 역사적으로 감춰지고 알려지지 않은 많은 사실에 대해 논하고자 한다. 예를 들어서 오늘날에도 무함마드에 대해 부정적인 이야기를 하면 모든 무슬림이 일어나 규탄하고 있다. 무함마드의 인격을 부정한 이들을 테러하며 폭력을 행사하는 것을 당연시하고 있다. 그러한 무슬림의 테러와 폭력 행위는 오늘날 무슬림에게 합법화됐다. 그 이유는 무함마드 당시 자신에 대해 부정적 견해를 갖는 자들을 용서하지 않았기 때문이다.

무슬림은 무함마드에 대해 비평이나 비판 없이 무함마드를 지지하는 동기가 무엇인가?

한마디로 무함마드의 족보와 하디스 때문이다. 그렇다면 무함마드의 족보와 하디스는 언제, 어떻게, 누구에 의해 기록되었는가는 매우 중요한 부분이다. 왜냐하면, 모든 무슬림은 무함마드 족보를 그대로 믿고 따르기 때문이다.

셋째, 코란과 하디스에서 주장하는 대로 이슬람의 유일신 '알라'와 기독교에서 믿는 '하나님'이 같은 '신'인가에 대한 의문점이 있다. 또한, 무슬림은 유대교와 기독교 그리고 이슬람의 뿌리가 이브라힘(성경의 아브라함)이라고 주장한다.

그리고 아브라함이 이스마엘과 아라비아 메카에 가서 카바신전을 건설했다고 하는 것을 그대로 믿어야 하는가?

아브라함과 무함마드의 관계에 대해, 이스마엘과 무함마드의 관계에 대해 코란과 하디스에서 주장하는 대로 그대로 믿어야 하는가?

이러한 몇 가지 중요한 주제들은 이슬람을 믿는 무슬림에게 매우 중요한 신앙적 뿌리에 해당한다. 그리고 이러한 부분들은 오늘날 이슬람에 의한 세계적인 분쟁과 문제들을 이해하는 데 중요한 열쇠가 될 것이다.

우리는 유대교와 기독교 그리고 이슬람이 서로 많은 부분 정치적으로, 종교적으로 서로 얽혀 있다는 것을 알 수 있다. 이것은 이슬람의 1400년의 역사를 바라보는 시각이 좀 더 종합적이어야 한다는 것을 의미한다.

일선 선교 사역자로서 사역의 경험을 가지고 그동안 이슬람이란 종교를 믿는 무슬림에 대해 매우 조심스럽게 접근하고 싶은 논리는 "무슬림은 하나님의 언약과 약속 가운데 준비된 그리스도인이다"라는 것이다.

물론 이러한 접근 방법에 대해 선교학적으로나 신학적으로 확증된 것은 없다. 중요한 것은 필자 역시 이슬람이란 종교 자체에 대해서는 동의할 수 없다.

그러나 이슬람이란 종교를 믿는 무슬림에 대해 선교적 의미로 접근하고자 할 때 "무슬림은 그리스도 예언적 빛 안에서 준비된 그리스도인이다"라는 의미가 잘 이해될 것이다.

필자의 논리로 접근해 보겠다.

첫째, 무슬림의 경전인 코란은 성경을 통해 해석될 수 있다.

둘째, 코란에 등장하는 28명의 선지자 역시 성경을 통해서만 이해되고 해석될 수 있다.

셋째, 코란의 이싸는 성경에 예수 그리스도의 신성과 인성에 대해 명확하게 알려 주고 있지만 그러한 진실이 많이 왜곡되어 있다. 코란을 통해 예수 그리스도가 신성과 인성을 가진 하나님의 아들이라는 것이 밝혀진다면, 무슬림은 예수 그리스도 앞에 나올 것이다. 지금도 수많은 무슬림이 '이싸'를 꿈에서 만난다. 그리고 메시아로 구세주로 받아들이는 일들이 무슬림 국가에서 매우 빈번하게 일어나고 있다는 것은 이러한 논리들을 뒷받침해 주고 있다. 근 10년 동안 무슬림이 예수 그리스도 앞에 나와 주라 고백하는 숫자가 1400년 동안 일어난 개종자 수보다 더 많이 있다.

넷째, 유대인을 시기 나게 하는 동기이다. 기독교적 선교관에서 이방인의 구원을 위해 사용되었던 유대인이 마지막 때, 주님 오시기 전에 역사의 현장 가운데 다시 등장할 것이다.

바울은 이방인 선교에 대한 열정 가운데 동족인 유대인이 다시금 하나님 앞으로 돌아올 것에 대해 로마서 11:11-14에 언급했다. 선택받은 유대인의 넘어짐이 이방인의 구원의 계기가 되고, 이방인의 구원이 유대인의 시기의 동기가 되어 2000년 전에 그들 조상이 십자가에 죽인 예수가 자신들이 그렇게 기다리던 메시아라고 고백하게 된다는 의미로 받아들일 수 있다.

과연 유대인이 이 세상에서 시기 나게 할 동기가 무엇일까?

유대인은 세상을 보이지 않게 움직이는 정치적, 경제적인 힘을 가지고 있는 사람들이다. 그들은 세계 정치적인 흐름에 영향을 끼치며 세계 경제를 주도해 나갈 뿐만 아니라, 석학들을 매우 다수 배출해 세계 학문을 주도하고 있다.

더 나아가 미래 과학 세계를 주도하는 유대인이 시기 나게 할 수 있는 일이 과연 무엇인가?

이 질문에 대한 대답은 이 글을 읽어 가면서 풀릴 것으로 생각한다.

다시 이슬람으로 돌아가서, 1400년의 이슬람 선교 사역의 갈등 역사와 현대 이슬람의 동향은 과거 이슬람 역사의 결과로서, 뿌리의 열매이며 역사의 열매이다.

존 스토트[1]는 "역사는 무작위로 흘러가지 않는다"라고 주장한다. 그렇다, 역사는 역사를 위해 존재하지 않는다. 인류 역사는 하나님의 선교 사역[2](구원 사역)을 위한 보조 역할이다.

오늘날 세계 이슬람화의 역사와 동향에 대해 언급하기 전에 타락한 인간을 향한 하나님의 선교 역사(예언)는 어떻게 시작되며 언제, 어디서, 어떻게 성취되어 가는지 그리고 이슬람과의 만남은 언제 이루어졌으며 그들은 어떻게 세계 이슬람화를 이루어 갔는지 알아볼 것이다.

그동안 사역자로서 세계 선교란 주제와 이슬람 강의를 준비하면서 많은 이슬람 학자의 소중한 책자와 강의 그리고 기독교로 개종한 무슬림 학자들의 소중한 자료들과 유튜브를 참조해 정리했다.

일반 독자들이 세계 선교의 전체적 흐름 속에서 이슬람과 유대교 그리고 기독교의 관계는 역사적으로 어떻게 진행되고 있는가에 대해 선교적인 안목을 가지고 총체적 선교의 로드맵을 이해할 수 있도록 사역자로서 지닌 영적 경험을 독자들과 나누고자 한다.

마지막으로 이 주제에 대해 선교학적, 신학적으로 확증된 것이 아님을 다시 한번 밝히면서 이 글을 시작하고자 한다. 사역자로서 하나님의 백성이 하나님 선교에 대한 총체적이고 전체적인 선교에 대한 로드맵을 가질 때 올바른 선교 사역을 감당(예언의 성취)할 수 있으리라 생각한다.

그런 의미에서 사역자의 시각에서 바라본 세계 선교와 이슬람 그리고 유대인과 다시 오실 예수 그리스도에 대한 로드맵을 독자들과 함께 공유하기를 바란다.

이슬람은 1400년의 역사를 가지고 있다. 그러므로 이슬람 선교 사역은 매우 다양하며 다른 지역의 사역에 비해 매우 오랜 시간이 걸리며 부단한 인내와 사랑이 필요하다.

---

1 20세기 현대 복음주의에 가장 큰 영향을 미친 목회자이며 신학자. 출처: 미래한국 Weekly(http://www.futurekorea.co.kr).
2 선교 사역은 하나님의 예언(인간의 구원)의 성취를 이루는 도구이다.

지난 30년이 넘도록 변함없는 귀한 사랑으로 동역해 온 교회와 목사님들 그리고 개인적으로 동역해 주신 분들께 진심으로 감사드린다. 오랜 세월 변함없는 격려와 사랑과 위로를 아끼지 않았던 동역자 아내에게 감사하며, 아들 내외가 중동 사역자로 헌신해 준 것에 대해 하나님께 감사드리며, 든든하게 응원해 주는 사위 내외에게 감사한다. 책을 출간해 주신 기독교문서선교회(CLC)의 박영호 대표님과 직원들에게도 감사드린다.

여러 가지 부족한 내용이지만 이 글을 통해 세계 선교의 총체적인 흐름을 이해하며 선교에 헌신하실 독자분들께 감사드리며 그분들을 축복한다.

2020년 12월

서론

하나님을 알지 못하는 일반 사람들이나 혹은 믿음의 길을 걸어가면서도 자신의 믿음이 흔들리는 사람들에게 하나님만이 유일신임을 객관적으로 증명해 줄 수 있다는 주제로 이 글을 시작하기 원한다.

고대 신화에도 신의 죽음과 부활에 대한 설화들이 언제나 단골 메뉴처럼 등장한다. 그래서 일반적으로 사람들은 이스라엘 백성이 믿는 야훼 하나님도 설화 중에 한 분이라고 생각하거나 그들의 신이지 인간의 역사를 배후에서 통치하시며 인도하시는 온 인류의 살아 계신 하나님으로 받아들이지 못한다.

그러나 우리가 알 듯이 법정에서는 주관적인 사실보다 객관적인 증거에 승소 판결이 난다. 성경은 하나님이 인간의 역사를 움직이신다는 객관적인 증거에 대해 분명히 말씀하고 있다.

위대한 신학의 사상가 중 한 사람인 C. S. 루이스(C. S. Lewis)의 『나니아 연대기』와 그의 친구인 J. R. R. 톨킨(J. R. R. Tolkien)의 『반지의 제왕』의 주요 테마 중 하나는 우정 공동체이다. 즉 함께하므로 더 큰 일을 이룰 수 있다는 것이다. 이것이 이들의 판타지 문학에 나오는 공통적인 주제 중 하나이다.

하나님은 인간의 역사를 함께 지배하며 인도하시는 살아 계신 하나님이심을 인간의 역사와 삶을 통해 객관적으로 분명히 보여 주고 있다. 즉 인간의 역사 속에서 개개인이나 부족, 민족 그리고 그들과 함께 역사를 만들어 가시는 살아 계신 하나님의 우정과 사랑을 인간의 역사 속에서 구체적으로 보여 주고 있다.

고대 문명의 설화에 나오는 죽은 신화가 아니라 분명히, 확연하게, 누구도 부정할 수 없도록 객관적인 증거를 보여 주신다. 그것이 하나님의 예언이며 그 예언은 역사 가운데 인간을 통해 성취된다.

1. 하나님의 예언과 성취

이사야에서는 어떤 하나님이 참된 신인지 재판해 보자고 한다.

> 가증한 신들을 섬기는 자들아 너희 신이 진짜 신인지 확실한 증거를 보이라, 미래에 어떤 일이 일어날 것인지 말하여 보라 그리고 미래에 말한 것이 어떻게 이루어졌는지 알아보면 판결이 날 수 있다(사 41:21-23).

그리고 가짜 신을 믿는 어리석은 자들에게 도전하고 있다.

> 내(하나님)가 시초부터 종말을 알리며(예언) 아직 이루지 아니한 일을 옛적부터 보이고(성취) 이르기를 나의 뜻이 설 것이니 내가 나의 모든 기뻐하는 것을 이루리라(약속의 성취, 사 46:10).

이 말씀은 '인류 역사의 시작부터 종말까지 어떤 일들이 일어날 것인가 예언하고 역사 속에서 그 예언을 다 성취할 것이다'라고 분명히 밝히고 있다. 이 약속은 역사의 주인이 아니고서는 할 수 없다.

어느 사람도 부인할 수 없는 하나님의 예언이 인간의 역사를 통해 어떻게 객관적으로 성취되는지, 그리고 약속의 말씀이 어떻게 시작되고 성취되는지 성경과 인간의 역사 속으로 들어가 보자.

인류 역사의 시작은 하나님 편에서부터 시작됐다. 즉 하나님의 예언과 성취 그리고 약속(언약)은 인간을 창조하신 이후부터 시작됐다. 그 예언과 언약의 시작은 인간의 타락이다. 인간의 타락이 없었다면 하나님의 예언도 없었을 것이다.

하나님은 타락한 인간의 후손들이 장차 오실 예수 그리스도를 통해 살아 계신 하나님께 스스로 나와서 하나님만이 참된 창조주 하나님이시며 온 우주 만물을 통치하시는 하나님이시라고 고백하기를 원하신다. 즉 하나님의 아들 예수 그리스도의 오심에 대한 예언의 이야기(예수)가 인간 역사의 중심이다.

그 역사는 성부 하나님의 계획으로부터 시작되었고 인간의 역사를 통해 하나님만이 유일하신 하나님 되심을, 누구도 부인할 수 없는 객관적인 증거를 성령 하나님을 통해 보여 주신다. 그러므로 우리는 인간의 역사 속에서 하나님이 무엇을 예언하시고 어떻게 그 예언을 이루시며 장차 이루실 것(성취)이 무엇인지 알아야 한다.

과거의 역사는 많은 부분 감춰졌고 이해되지 못했지만, 이제는 모든 과거의 역사가 성경적으로 어떻게 객관화되었는가에 대해 잘 정리가 됐다.

하나님의 백성은 성경에서 미래에 관한 이야기(예언)가 어떻게 구체적으로 객관화(성취)되는지 선교학적으로나 구원사적으로 재정리할 때 비로소 선교의 총체적인 로드맵을 가지고 선교 사역을 통해 하나님의 예언 성취를 이루어 갈 수 있다.

즉 선교를 위한 선교가 아니며 신앙생활을 위한 신앙생활이 아니라 총체적인 하나님 역사의 경륜 속에서 성령 하나님과 함께하는 공동체적인 선교 사역(예언)을 이루게 될 것이다(성취).

특별히 세계 선교 사역의 총체적인 로드맵(예언과 성취)과 세계 이슬람화 그리고 이방인의 구원을 위해 버림받았던 유대인이 예수 재림 전에 예수 그리스도를 하나님의 아들로 받아들이는 동기는 과연 무엇일지, 그 큰 그림을 보게 되기를 바란다.

필자는 신학적인 사고의 틀보다는 선교적인 관점이라는 안목을 가지고 인류의 시작을 알리는 창세기부터 요한계시록까지 여행하면서 하나님의 예언과 성취에 대해 성경에서 말하는 객관적인 사실을 토대로 사역의 현장에서 사역자로서 깨닫고 배운 객관적 사실과 주관적인 관점을 가지고 출발하고자 한다.

제1부

기독교 선교 사역과 이슬람의 만남

제1장 성부 하나님의 계획(창세기 1-11장)
제2장 통일 왕국의 멸망과 제국들의 흥망성쇠
제3장 약속의 성취(여자의 후손)

제1장

성부 하나님의 계획
(창세기 1-11장)

1. 인류를 향한 하나님의 명령

창세기 1-11장까지는 인류를 향한 하나님의 명령인 문화 명령에 관한 이야기를 기록하고 있다.

> 하나님이 자기 형상 곧 하나님의 형상대로 사람을 창조하시되 남자와 여자를 창조하시고(창 1:27).

그리고 남자와 여자에게 복을 주시고 하나님이 창조하신 땅에서 생육하고 번성하여 땅에 충만하고 땅을 정복하라는 문화적인 명령을 주셨다. 그리고 인간의 영원한 삶을 위해 한 가지 조건을 주셨다.

> 선악을 알게 하는 나무의 열매는 먹지 말라 네가 먹는 날에는 반드시 죽으리라 하시니라(창 2:17).

일반적으로 많은 사람이 신앙생활을 하면서도 풀리지 않는 신앙적 질문이 하나 있다.

하나님이 인간을 왜 창조했을까?

이 책에 기록될 만한 질문은 아니지만 그래도 아직 이런 질문에 대한 답을 받지 못한 분들을 위해 설명하고자 한다. 중요한 것은 성경에는 이러한 엉뚱한 질문에 대한 구체적인 답이 없다는 것이다. 물론 하나님이 창조주로서 이런 질문에 일일이 대답해야 할 이유도 없겠지만, 우리 스스로 그 질문에 대한 답을 찾아본다면, 이사야로 가 보아야 한다.

> 내 이름으로 불려지는 모든 자 곧 내가 내 영광을 위하여 창조한 자를 오게 하라 그를 내가 지었고 그를 내가 만들었느니라(사 43:7).

> 이 백성은 내가 나를 위하여 지었나니 나를 찬송하게 하려 함이니라 (사 43:21).

이사야 43장의 전체 맥락에서 볼 때 이 구절은 인간에 대한 하나님의 의도를 보여 주는 구절이다. 인간을 창조하신 이유는 하나님의 영광을 위해 그리고 하나님을 찬양하기 위한 것이다.

무슨 의미인가?

나를 창조하신 하나님을 나의 하나님이라고 인정하는 것이 하나님께 영광이고 찬양이다. 즉 인간을 창조하신 이유는 인간이 "하나님만이 창조주이시며 우주 만물을 통치하시는 하나님이 맞습니다"라고 인정하게 하는 것이며, 그것이 곧 찬양과 영광이라고 생각해 볼 수 있다.

그렇다면 인간 편에서 볼 때 하나님은 피조물인 인간에게 인정을 받아야만 하는 신이어야 하는가?

하나님은 처음으로 인간이 모세에게 스스로 존재하시는 하나님이라고 말씀하시지 않았는가?(출 3:14)

하나님은 모세를 통해 이스라엘 백성에게 스스로 계신 자로 알려지기를 원하셨고 그들의 경배와 찬양을 받으시기를 원하셨다.

이 부분에 대해 생각해 볼 것은 하나님이 존재한다는 것을 인정해 주는 제삼자가 있어야 하지 않겠는가 하는 것이다.

하나님을 하나님이라고 인정해 주는 또 다른 제3의 존재가 없다면 하나님이 계시든 안 계시든 그게 무슨 의미가 있겠는가?

중요한 것은 하나님 편에서 제삼자인, 즉 창조된 인간이 하나님을 향해 "우주 만물을 창조하신 하나님이시군요"라고 고백할 때 하나님의 존재 의미가 있지 않겠는가 하는 것이다.

이 말을 뒤집어서 생각해 본다면 하나님이 존재하거나 존재하지 않거나 또 다른 제삼자의 존재가 없다면 인간 편에서 볼 때 하나님의 존재 의미가 없다고 볼 수 있다.

성경은 말하기를 "이 백성은 나를 위해 지었나니"라고 말하고 있다. 매우 의미가 있는 말이다. 인간을 창조하신 창조주가 하나님이신 것을 인정해 주는 인간이 필요하다. 즉 인간은 하나님 편에서 매우 귀중하고 중요한 위치에서 창조함을 받은 가장 존귀한 존재이다.

그렇게 존귀한 자로 창조받은 인간에게는 주어진 본분이 있다. 권력이 강하면 강할수록 책임이 그만큼 막중한 것은 인간 사회에 무너질 수 없는 원칙이다. 그렇다, 가장 존귀하게 창조된 인간에게 하나님을 향한 의무가 있을 것이다.

그렇다면 인간의 본분(의무)이 무엇인가?

창조된 의미가 무엇인지를 객관적으로 생각할 때 "하나님만이 우주 만물을 창조하신 유일하신 하나님이 맞습니다"라고 고백하는 게 인간의 본분이며 창조함을 받은 인간의 목적이다.

그렇다면 처음부터 인간(아담)을 창조하신 후에 그가 죄를 짓지 않게 하시지 왜 죄를 짓게 했느냐고 질문할 수가 있지 않겠는가?

중요한 질문이다. 창조된 인간은 창조하신 하나님을 "나의 하나님이십니다"라고 고백할 수도 있지만, 나의 하나님이신 것을 내가 거절할 수 있는 권리도 있어야 한다.

만약 그러한 권리가 인간에게 없다면 그것은 인격적인 요소가 없는 일방적인 존재, 즉 로봇과 같은 존재일 것이다. 그렇다면 그것은 하나님의 창조 속성에 어긋난다.

또한, 하나님의 속성 중에 가장 중요한 요소는 '사랑'이다. 그 사랑으로 창조된 인간과 하나님이 서로의 사랑을 인격적(창조주와 피조물)으로 나누시기를 원하신다. 이것은 인간 편에서 볼 때 감히 감당할 수 없는 은혜이다. 아무리 그렇다 해도 인간의 주권이 상실된 강압적인 어떤 프로그램화 된, 인격이 배제된 사랑은 진정한 사랑이 아니다. 자발적인 사랑이 진실한 사랑이며 비로소 인격적인 사랑을 나눌 수 있다.

하나님은 창조된 인간에게 자발적인 사랑(인격적)을 나누시기를 원하셨다. 만약에 하나님에 의해 사람에게 인격이 입력됐다면 시간에 맞추어 찬양할 수 있고, 사랑한다고 고백할 수 있을 것이다. 그러나 이것은 하나님을 향한 인간의 자발적인 사랑이 아니다. 인격적인 하나님의 속성에 결코 맞지 않는 사랑이다.

하나님이 원하시는 영광과 찬양, 사랑의 고백은 창조된 인간이 어느 날 예수 그리스도를 통해 창조주 하나님을 만날 때 강압이 아니라 스스로, 인격적으로, 자발적으로 "나의 하나님이십니다. 하나님을 사랑합니다"라고 고백하는 것이다. 이것이 하나님 편에서 진정한 의미가 있는 찬양과 사랑의 고백이다.

이러한 맥락에서 하나님과 인간관계를 이해한다면 하나님은 인간에게 선택의 기회를 주어야 했다. 그것은 첫 사람 아담과 하와를 창조하시고 선악과를 먹지 말라고 하셨던 이유이다.

선악과는 인간의 선택 때문에 먹을 수도 있고 안 먹을 수도 있다. 그러나 불행하게도 인류의 대표인 아담은 하나님이 주신 선택권을 가지고 명령을 불순종한다. 즉 먹지 말라는 선악과를 따 먹는 선택을 했다. 성경은 이것을 가리켜 '인간의 타락이다'라고 규정지었다.

하나님은 인간에게 선택권을 주면 인간이 반드시 타락할 것을 아셨다. 즉 하나님은 인간이 잘못된 선택을 할 것을 아셨다. 그래서 그들이 다시 하나님께 돌아올 수 있는 길을 준비하셨다. 그것이 예수 그리스도의 탄생이고 십자가의 죽음과 부활이다.

하나님은 그 십자가의 사건을 역사 속에서 예언하시고 인간의 역사를 통해 성취했다. 타락한 인간은 역사의 어느 시점에서 성령 하나님의 은혜로 예수 그리스도의 십자가를 통해 하나님을 알 수 있고 만날 수 있게 됐다. 그리고 자발적으로 "나의 하나님이 맞습니다"라고 고백할 수 있게 됐다.

그래서 하나님은 처음부터 인간에게 선택의 기회를 주셔야 했고, 그 선택으로 인간이 하나님을 떠나갈 것을 아시고 그들이 다시 돌아올 수 있는 길을 준비하셨다. 그것이 인간을 향한 예언이었으며, 인간의 역사 속에서 그 예언들이 성취됐다. 그리고 아직 이루어지지 않은 일들은 진행 중인 것이다(예수 그리스도의 재림).

신학자이며 목회자인 C. S. Song(송첸셍)[1]은 말했다.

> 창조와 구속의 사건은 한가지 사건이다. 즉 창조와 구속은 동전의 양면과 같다는 것이다. 타락한 인간은 예수 그리스도의 구속으로 인해 하나님께 돌아와서 '하나님 당신이 하나님 맞습니다'라고 고백할 때 비로소 온전한 창조가 이루어지는 것이다.

지금까지 이야기를 정리하자면 성경의 전체 스토리는 하나님이 창조한 인간이 타락하지만, 하나님의 아들 예수 그리스도를 통해 하나님께 돌아

---

[1] C. S. 송은 1929년 대만에서 태어난 중국인이다. 장로교인이며, 1954년 대만 국립대학교 철학과를 졸업하고 영국 에딘버러 뉴컬리지(New College)에서 1958년 신학사(B. D.) 학위를 받고, 미국 뉴욕의 유니언 신학교에서 칼 바르트와 폴 틸리히의 종교에 대한 비교 연구로 1965년 박사 학위(Ph.D.)를 취득했다.

와서 "하나님 당신이 우주 만물을 창조하신 하나님이시며 나를 구원하여 주신 하나님이 맞습니다"라고 고백하게 된다는 것이다.

우리는(너와 나는) 죄로 죽을 수밖에 없는 아담의 후손이며 죄인이다. 그런데 어느 날 역사의 한 시점에서 성령 하나님과 예수 그리스도를 통해 성부 하나님을 만나게 됐다.

그리고 나의 하나님이라고 고백하지 않았는가!

그것이 하나님을 찬양하는 것이고 하나님을 인격적으로 사랑하는 행위이다.

이제 우리는 타락한 인류를 향한 하나님의 구속 예언과 성취가 어떻게 인간의 역사 속에서 이루어지는가에 대한 여정을 시작할 것이다. 이것은 알파와 오메가이신 예수 그리스도가 역사의 중심으로서, 세계 선교라는 대명제 앞에서 일선 선교사의 시각에서 바라본 세상 역사와 선교 역사 그리고 세계 이슬람화에 대한 관점에서 접근할 것이다.

그동안 성경의 역사와 세상의 역사는 별개의 것으로 취급됐다. 그러나 하나님의 예언과 성취가 어떻게 세상 역사 속에서 객관적으로 성취되는가에 초점을 맞추게 될 것이다. 즉 세상의 역사와 성경의 역사, 하나님의 역사는 세상 역사와 분리된 것이 결코 아니다. 세상 역사는 하나님 역사의 보조 역할을 한다는 것을 알게 될 것이다.

2. 에덴에서의 추방

아담과 하와의 불순종의 대가는 온 인류가 짊어져야 한다는 의미에서 너무 크고 무거웠다. 영원한 삶을 잃어버리고 인간은 죽어야 하는 운명을 스스로 선택한 결과였다.

그러나 아담과 하와를 사랑하신 하나님은 아담의 후손들이 다시 하나님께 돌아와 영원한 삶을 살아갈 수 있는 길을 준비하셨다. 그 길이 진리의 길이며 부활과 생명의 길이며 영원하신 하나님과 함께 하는 삶의 길이었다. 그 길은 '여자의 후손'을 통해 올 것이다. 여자의 후손이 예수 그리스도라는 것을 우리는 너무나 잘 알고 있다.

그러나 아담과 하와 당시에 여자의 후손이 누구인지 몰랐을 것이다. 이것은 죄지은 인류를 향한 하나님의 첫 번째 예언이다. 타락한 인간의 미래에 여자의 후손이 와서 인류의 첫 사람인 아담을 타락하게 만든 뱀(사탄)의 머리를 상하게 할 것이라는 예언의 말씀이 주어졌다.

> 내가 너로 여자와 원수가 되게 하고 네 후손도 여자의 후손과 원수가 되게 하리니 여자의 후손은 네 머리를 상하게 할 것이요 너는 그의 발꿈치를 상하게 할 것이니라 하시고(창 3:15).

이 말씀의 성취를 위해 아담과 하와는 하나님이 만들어 주신 에덴동산에서 쫓겨나는 것으로 시작된다.

즉 인류의 역사가 시작됐다. 다른 각도에서 바라본다면 여자의 후손과 사단의 후손 사이에 일어나는 영적인 싸움이 역사 속에서 계속해 일어날 것을 예고하는 것이다.[2]

창세기 3:15의 여자의 후손에 대한 예언은 성경 전체의 핵심 교리에 대한 주제로 보아도 틀리지 않는다. 여자의 후손은 죄지은 인간의 대속(구속)을 보여 주는 구원사적 의미의 시각을 갖게 해 준다.

특별히 세계 선교라는 선교학적 의미의 핵심에 해당하는 부분으로서 성경 전체가 이 두 가지 틀(예언과 성취)에서 벗어나지 않고 인간의 역사 속에서 진행(예언과 성취)되어 갈 것을 보여 주고 있다. 독자들은 이러한 부분을 이해하면서 성경을 보아야 할 것이다.

---

2 황용현, 『여자의 후손』(서울: Ami. 2011), 20.

3. 불순종의 아들

> 아담은 백삼십 세에 자기의 모양 곧 자기의 형상과 같은 아들을 낳아 이름을 셋이라 하였고(창 5:3).

아담은 셋을 낳은 후에도 800년을 살면서 자녀들을 낳았다. 성경은 노아의 시대까지 10명의 족장에 관해 이야기하고 있다. 그중 에녹은 65세에 므두셀라를 낳았다. 성경은 에녹에 대해 그가 얼마나 경건한 사람인지 보여 주고 있다. 그는 하나님과 동행했던 위대한 족장이었다. 에녹의 아들인 므두셀라의 삶 역시 아버지 에녹만큼 의미 있는 삶을 보여 주는 인생이었다.

당시 모든 사람의 삶과 죽음을 가르는 예언의 상징으로 나타났다. 에녹을 통해 경건의 삶이란 무엇인가를 보여 주었으며, 므두셀라의 죽음을 통해 심판에 대한 경고를 상징적으로 보여 주었다. 그가 죽으면 하나님의 심판이다. 죽는 것은 정한 이치이다. 누구도 이 죽음에서 피해 갈 인간은 아무도 없다. 죽음 뒤에 오는 하나님의 심판에 대해 우리는 늘 묵상하며 살아야 할 것이다.

4. 노아의 홍수

> 여호와께서 사람의 죄악이 세상에 가득함과 그의 마음으로 생각하는 모든 계획이 항상 악할 뿐임을 보시고 땅 위에 사람 지으셨음을 한탄하사 마음에 근심하시고(창 6:5-6).

예언의 상징대로 므두셀라가 죽고 일어난 노아의 홍수 사건은 죄지은 자를 향한 하나님의 심판이었다. 먼 훗날 여자의 후손으로 오신 예수가 십자가 위에서 유월절 어린양으로 죽임을 당하는 그 순간 죄지은 인간에게 생명의 문이 열렸다. 인간의 선택, 즉 죽음의 선택과 영원한 생명의 선택이 스스로에게 달려 있음을 보여 주는 놀라운 사건이다.

홍수 사건은 인류 역사에 전대미문의 사건이다. 노아 당시에 인구의 숫자가 얼마나 되었을까. 창조과학회의 의견에 의하면 21세기의 인구 숫자와 비슷한 수십억 명은 됐다고 이야기한다. 그들의 말이 맞는다면 노아 가족 8명만 빼고 수십억 명의 인구가 홍수로 멸절됐다는 것이다.

하나님이 모든 인간을 멸하시고 노아 가족 8명을 통해 새로운 인류 역사를 만들어 가셨다. 노아는 여호와께 은혜를 입은 자이며 의인이며 당대에 완전한 자로서 하나님과 동행했다고 성경은 기록하고 있다(창 6:8-9).

오늘날도 노아 시대처럼 부패하고 타락한 세상에서 하나님은 결코 의인을 버리시지 않는다는 사실을 알 수 있다. 우리 모두에게 참된 희망과 소망을 주는 메시지이다.

하나님이 홍수 전에 노아에게 방주를 어떻게 만들 것인지 설계도를 직접 주셨다(창 6:14-16). 하나님은 언제나 능동적이고 적극적이셨다. 아직도 수많은 사람은 노아의 홍수 사건을 하나의 신화처럼 생각한다. 그러나 21세기의 문명과 과학이 발달한 이후 노아가 만든 방주는 현대에 만든 배보다 더 정확하게 만들어진 배라는 것이 증명됐다.

1843년도에 영국에서 건조된 SS 그레이트 브리튼(SS Great Britain)호는 100년 동안 가장 긴 여객선으로서 대양을 누볐다. 길이 98.15m, 너비 15.54m, 높이 9.76m, 즉 배의 비율이 길이가 너비보다 6배 그리고 높이보다 10배가 되어야 가장 완벽한 배가 된다. 배의 비율이 맞지 않는다면 배는 바다를 항해할 수가 없을 뿐만 아니라 파도에 의해 부서질 수밖에 없다.

배를 만들기 위해서 갖추어야 할 중요한 세 가지 조건이 있는데 첫 번째는 배가 구조적으로 안전성이 있어야 한다는 것이다. 내구성이 부족하면 배가 파도에 부서질 수 있기 때문이다. 두 번째는 배의 복원성이 맞아야 한다. 즉 항해 중에 파도에 의해 배가 뒤집히지 않아야 한다. 세 번째로 중요한 것은, 배의 내항성이 안정되어야 배가 흔들리지 않는다.

이 세 가지 조건을 충족시키려면 배의 비율, 즉 길이와 너비와 높이의 비율이 정확하게 맞아야 한다. 그런데 놀라운 것은 4400년 전에 하나님의 설계도에 따라 노아가 건설한 방주의 비율이 정확하게 길이가 너비보다 6배, 높이보다 10배였다.

즉 역사의 주인이신 하나님을 노아의 홍수 사건을 통해 만날 수 있어야 한다. 방주를 완성한 노아가 하나님의 명령에 따라 가족 8명, 각 짐승과 함께 방주에 들어갔다. 7일 후에 깊음의 샘들이 터지고 하늘의 창구가 열리며 40주야 동안 비가 땅에 쏟아졌다. 150일 동안 지구 전체가 물에 잠겼다.

물이 빠지는 데 걸린 기간만 5달이 걸리었으며(창 8:3), 땅이 마르고 굳어지는 기간은 2달의 기간이 필요했을 것이다(창 8:4). 즉 홍수 전체 기간은 364일이었다. 비가 오기 7일 전에 노아가 방주에 들어갔으니 방주에 있었던 기간은 371일이었다. 모든 것이 하나님의 섬세한 계획 속에서 이루어졌다.

무슨 말을 하고자 하는가?

인간의 역사를 하나님이 직접 개입하시고 관리하신다는 역사의 하나님을 말하고자 하는 것이다.

하나님은 노아에게 아담에게 주셨던 말씀을 다시 주셨다.

> 하나님이 노아와 그 아들들에게 복을 주시며 그들에게 이르시되 생육하고 번성하여 땅에 충만하라(창 9:1).

아담에게 주신 하나님의 명령이 이제 노아와 그의 가족에게 계승됐다. 계승이라는 단어에 우리는 주목을 해야 할 것이다. 즉 하나님의 역사는 하나님의 사람들에게 계승되어 간다는 것을 의미하고 있다.

노아 홍수 후에 하나님이 처음에 만드신 지구의 상황은 확연히 달라졌다. 환경도 달라졌으며 사람의 수명도, 식생활도, 기후도, 모든 게 홍수 전과는 완전히 달라졌다. 이 또한 인간의 잘못으로 인한 죄의 결과인 것을 통감해야 할 것이다.

1) 미스라임(상하 이집트)

우리는 역사 속에서 티그리스강과 유프라테스강을 사이에 두고 있는 메소포타미아 문명에 대해 잘 알고 있다. 같은 시대에 처음으로 '미스라임'(Mizraim, 이집트)이란 나라가 등장하면서 4대 문명 중의 하나인 나일 문명의 시작을 성경은 언급하고 있다(창 10:13). 어원적 의미의 이 말은 상하 이집트를 의미하는 쌍수이다. 오늘날에도 이집트를 상하로 나눈다.

고대 이집트의 신관에서도 상하 이집트를 구분했다. 현대 이집트 카이로 박물관에 들어서면 입구에는 상 이집트를 대표하는 연꽃과 하 이집트를 대표하는 파피루스의 작은 정원을 마주하게 될 것이다. 붉은 벽돌로 만든 박물관 건물 정면에는 이집트의 모든 신의 어머니인 하토르(Hathor) 신상이 새겨져 있으며, 좌측의 코브라는 하 이집트의 신이며, 우측 여신의 머리에 독수리는 상 이집트 신의 상징으로 새겨져 있다.

고대 이집트는 사람과 짐승 그리고 바람과 자연을 의인화하여 문명이 발전했으며 신들의 나라들로서 수많은 신이 등장하고 있다. 이집트의 역사와 문명은 하나님의 역사 계획 속에 준비된 제국 중에 하나로서 이스라엘 태동에 어머니 자궁 역할을 했으며, 이스라엘이 하나님의 약속대로 출애굽할 때 그들이 섬기던 신들을 하나씩 격파하면서 이스라엘의 하나님만이 참된 신이심을 만천하에 보여 주는 나라로 사용됐다.

그뿐만 아니라 이사야 19:23-25 말씀을 통해 '나의 백성 애굽'이라고 하시며 마지막 때 이집트를 통해 세상이 복을 받을 것이라고 예언하셨다. 일반적으로 이집트는 하나님을 대적하는 나라요 파라오는 세상을 상징하는 왕이다. 그런데 지금으로부터 2600년 전에 하나님은 이집트 백성을 통해 세상에 복을 주시기 원하셨다. 현실적으로 불가능하지만, 하나님은 식언하지 않으신다. 그 예언이 어떻게 역사 속에서 성취되어 가는지 우리는 보게 될 것이다. 그런 의미에서 21세기의 이집트에 관심을 가질 필요가 있다.

이집트박물관(상하 이집트를 나타내는 좌·우측 신상)

5. 바벨탑 사건

창세기 11장에 들어서면서 불행하게도 타락한 인간의 후예들은 또다시 하나님을 향해 반역을 꾀했다. 그것이 유명한 바벨탑 사건이다.

> 또 말하되 자, 성읍과 탑을 건설하여 그 탑 꼭대기를 하늘에 닿게 하여 우리 이름을 내고 온 지면에 흩어짐을 면하자 하였더니(창 11:4).

타락한 인간들은 그룹을 지어 하나님을 대적하는 인본주의 사상의 첫 출발의 시작이 됐다.

전대미문의 홍수 사건을 경험했음에도 인간의 본성은 언제나 하나님을 슬프게 하는 선택을 주저하지 않는다. 하나님은 또다시 인간을 멸하기보다는 아브람이라는 한 사람을 부르신다. 이것은 하나님이 역사를 향한 예언 성취의 새로운 패러다임으로 볼 수 있는 사건이다.

6. 아브람을 부르신 하나님

창세기 12장에 하나님은 아브람을 부르셨다. 그리고 아브라함과 이삭과 야곱의 후손을 통해 세 가지 약속을 주셨다. 그것은 땅과 복과 후손에 대한 축복의 약속이다. 특별히 여자의 후손을 아브라함의 언약의 백성을 통해 이루어 주실 것을 약속했다. 노년의 아브라함은 약속의 자손을 기다리지 못하고 인간적인 방법으로 후손을 얻게 된다. 이집트 여인 하갈을 통해 이스마엘, 약속(언약)의 아들이 아닌 인본주의적인 아들을 얻게 된다. 이삭과 이스마엘의 후손들이 4000년이 지난 이후에 서로 적대적인 갈등을 겪게 될 것이라고 꿈에도 생각하지 못했을 것이다.

물론 오늘날 아랍의 모든 후손을 이스마엘의 후손으로 볼 수 없는 것도 사실이지만 일반적으로 아랍의 후예들을 이스마엘 후손으로 보는 경향들이 있다. 이 부분에 대해서는 나중에 언급하기로 하자.

1) 아브라함과 이삭과 야곱의 하나님

하나님은 아브라함에게 말씀하셨다.

> 여호와께서 아브람에게 이르시되 너는 반드시 알라 네 자손이 이방에서 객이 되어 그들을 섬기겠고 그들은 사백 년 동안 네 자손을 괴롭히리니
> (창 15:13).

이 예언의 말씀은 이미 역사 속에서 성취됐다. 이삭과 야곱을 향한 하나님의 예언은 모두가 역사 가운데 성취됐다. 야곱은 얍복강에서 에서를 만나기 전에 하나님과 씨름하는 가운데 이스라엘이라는 이름을 얻게 됐다 (창 32:28; 35:10).

그리고 아브라함의 자손이 객이 되기 위한 예언의 실마리는 야곱의 아들 요셉을 통해 이루어져 가고 있었다. 야곱의 70명의 후손 그리고 요셉의 타향살이, 형들의 시기로 이집트로 팔려 가는 요셉의 비운의 인생 가운데 하나님의 놀라운 예언의 계획이 감춰져 있었다.

하나님의 예언은 요셉의 꿈을 통해 나타났고 역사 속에서 그 예언은 분명히 성취됐다는 것이 객관적으로 분명히 증명됐다.

2) 요셉을 이집트로 내려보내다

창세기 37장에서 요셉은 형들의 모함으로 이집트 사람 보디발에게 팔려 가게 된다(창 38:1). 아브라함의 후손이 객이 되어 그 나라 사람들을 섬긴다고 말한 나라가 이집트다. 여호와께서 요셉과 함께하시므로 요셉은 이집트에서 형통한 자가 되어 야곱과 형제들을 이집트로 이주시킬 수 있는 권한을 얻게 된다.

당시 중·근동에 기근으로 인한 굶주림으로 인해 결국은 야곱의 아들들이 이집트로 식량을 구하러 가게 되고 모든 가족이 요셉을 통해 이집트로 이주하게 되는 드라마틱한 상황이 일어났다.

이미 지나온 과거의 역사를 기록하다 보니 하나님의 예언이 퇴색되는 느낌이 들 수도 있지만, 당시에 아브라함과 이삭과 야곱의 미래에 어떤 일들이 일어날 것인가에 관한 이야기들이 역사 속에서 하나씩 실질적으로 성취돼 가고 있는 것에 주목해야 할 것이다.

당시 중근동의 70명의 가족으로 이루어진 부족은 언제든지 타 부족들에 의해 죽임을 당하고 여자와 아이들은 노예로 팔려 갈 수 있는 그런 시대적 상황이었다. 그런 의미에서 야곱의 후손이 이집트로 이주한 사건은, 아브라함에게 약속했던 후손에 대한 예언 성취의 각도에서 바라볼 때 큰 의미가 있는 역사적 사실이다.

즉 창세기 10장에 언급된 이집트는 이스라엘이라는 민족을 태동시키기 위해 사용된 어머니의 자궁 역할을 하게 된 것이다. 야곱의 후손이 이집트에 들어갔을 때는 이미 고대 이집트의 4왕조가 지난 다음이었다.

이집트의 4왕조는 피라미드 시대였다. 즉 야곱의 70명 후손은 현재 이집트의 피라미드와는 상관이 없는 시대였다. 누군가 이집트에 와서 피라미드를 보고 이스라엘 백성이 피라미드를 짓기 위해 동원된 노예로 생각하며 안타까워하는 분들이 있었다. 그러나 피라미드는 이스라엘 백성이 이집트에 들어오기 전 이미 그곳에 있었다. 아브라함이 처음 이집트에 왔을 때도 피라미드는 그곳에 있었다.

피라미드 · 스핑크스

이집트는 4왕조 피라미드 시대가 지나고 중 왕국(B.C. 2040-1782)[3] 시대에 들어오면서 국력이 쇠약해 갈 때 타 민족인 힉소스 민족이 침입하여 하 이집트인 델타 지역을 점령하여 통치했다.

요셉은 힉소스 왕조가 이집트를 지배할 때 총리의 직책을 갖게 됐다. 그러나 상 이집트 테베, 즉 지금의 룩소 지역에서 힉소스 왕조에 대한 독립

---

[3] 이집트 왕조의 연대는 매우 다양하다(저자 주).

운동이 일어나기 시작했고 아흐모세 1세에 의해 힉소스를 이집트로부터 몰아내고 이집트의 18왕조를 여는 파라오가 됐다.

힉소스 왕조 세력으로부터 보호받던 이스라엘의 후손들은 본토가 수복되자 이집트의 파라오를 섬기는 노예로 전락하게 된다. 이 사건에 대해 성경 출애굽기에서는 요셉을 알지 못하는 새 왕이 일어나서 이집트를 다스리게 됐다고 설명하고 있다(출 1:8).

이스라엘 백성은 이집트인들에 의해 많은 학대를 받으며 노예 생활을 하는데도 하나님이 약속하신 대로 씨의 축복과 왕성한 번식력으로 인해 인구가 증가하자 오히려 이집트 사람들이 근심하게 됐다.

이집트의 파라오는 두려운 마음으로 남자아이들이 태어나면 죽이라는 명령을 내린다. 이스라엘의 수많은 남아가 태어나면서 죽임을 당했을 것이다. 이때 이스라엘 백성의 구원자 역할을 하게 되는 모세가 태어난다.

예수님이 태어났을 때 유대 왕 헤롯은 2살 미만의 아이들을 다 죽이라는 명령을 내린다. 모세의 태어남은 장차 전 인류를 구속할 예수 그리스도의 상징적인 존재임을 보여 주고 있다.

모세가 태어나자 아이의 준수함을 보고 죽일 수가 없어 숨겨 키우다가 더 이상 키울 수 없는 상황이 되어 갈대를 역청으로 엮은 작은 상자에 어린아이 모세를 넣어 나일강 갈대밭을 따라 띄워 보내며 누나 미리암이 갈대 상자를 따라갔다. 이 갈대 상자가 바로의 딸에게 발견된 것은 일반적으로 실현 불가능한 사건이었다.

우리는 역사 속에서 고비마다 보이지 않는 하나님의 손길이 역사를 만들어 가신다는 것을 놓쳐서는 안 될 것이다.

어린 모세는 공주의 아들로 자라게 되는데 그 공주는 유명한 이집트 왕조의 하트셉수트 여왕, 즉 투트모세 2세의 아내로서 남장 파라오로 이집트를 부강한 나라로 발전시켰다.

하트셉수트는 소말리아와 무역을 통해 많은 부를 축적했다. 하트셉수트가 사망하자 투트모세 3세는 하트셉수트가 이룩한 부의 기반을 가지고 고

하트셉수트장제전

대 나폴레옹이라는 칭호를 얻을 만큼 이집트의 국력을 강력하게 세워 나갔다. 그는 북쪽 가나안의 므깃도까지 진출하며 시리아, 레바논 지역까지 점령했고 남쪽으로는 수단까지 정복하므로 고대 이집트의 나폴레옹이라 불렸다. 투트모세 3세는 아들인 아멘호텝 2세와 공동 통치를 하며 이집트의 왕권을 강화했으며 지금의 가사 지역에 이집트의 주둔군을 배치하므로 중근동의 세력을 저지하는 전략적 요충지로 선택했다.

(1) 이집트에서 가나안으로 가는 길

이집트에서 팔레스타인으로 들어가는 길은 3종류가 있었다.

첫 번째 길은 시나이반도의 북부 지중해를 끼고 가는 해변 길(블레셋 길)로써 약 320km 정도여서 가장 짧은 길이며 쉬운 길이다. 일반적으로 이 길을 사용했다.

두 번째 길은 수르 길로서 시나이반도의 중앙을 따라 가로질러 가는 길이다.

세 번째 길은 세일 산길로서 시나이반도 중앙을 가로질러 내려가다가 가나안 쪽으로 올라가는 길로서 세 개의 길 중에 가장 긴 길이다.

모세가 이스라엘 백성과 출애굽했을 때 가나안을 들어가는 가장 빠른 길을 선택하지 않고 세일산 길을 따라 남쪽으로 내려간 이유에 대해 출애굽기 13:17에 이렇게 묘사하고 있다.

> 블레셋 사람의 땅의 길은 가까울지라도 하나님이 그들을 그 길로 인도하지 아니하셨으니 이는 하나님이 말씀하시기를 이 백성이 전쟁을 하게 되면 마음을 돌이켜 애굽으로 돌아갈까 하셨음이라(출 13:17).

이 말씀의 의미는 이렇다. 지중해 변에 있는 가자에 이집트의 주력 부대가 본토를 방어하는 중요한 임무를 가지고 주둔하고 있었는데 그 길로 간다면 반드시 이집트의 주력 부대를 만나게 되고 가장 강력한 파라오의 군대와 전쟁을 치르게 될 수밖에 없다. 즉 전쟁을 치러 보지 못한 이스라엘 백성이 두려워 이집트로 돌아갈 것에 대한 우려의 배려인 것이다.

물론 보이지 않는 하나님의 숨은 의도가 있지만, 객관적으로 블레셋 길을 선택하지 않은 이유에 대해 분명히 말씀을 통해 알려 주셨다. 그뿐만 아니라 이스라엘 백성 자신이 스스로 선택하여 가나안에 들어가기보다는 하나님의 백성으로 하나님의 인도하심을 철저히 받게 하시려는 의도로 전혀 다른 길로 이들을 인도하셨다.

투트모세 3세 오벨리스크, 룩소신전

이러한 사실들의 이면을 보면서 우리가 느낄 수 있는 것은 어떻게 하나님이 당신의 백성으로 인해 하나님의 뜻을 관철하며 성취해 가는지 객관적으로 보여 주시고 있다는 것이다. 독자들은 이러한 이면의 하나님 뜻을 역사의 흐름 속에서 이해하는 안목이 필요할 것이다.

모세는 장차 하트셉수트를 이어 이집트의 파라오가 될 수 있었음에도 모든 것을 버리고 시내산으로 피신하여 베두인 이드로의 사위가 되어 40년을 광야의 삶을 살게 됐다. 어느 날 떨기나무 불꽃 가운데 나타나신 여호와 하나님의 부르심을 받는다. 아브라함에게 말씀하신 대로 아브라함의 후손들이 객이 되어 이집트를 섬기다가 모세의 부르심을 통해 이스라엘 백성이 출애굽하는 사건이 일어나게 된다.

7. 이스라엘의 출애굽

출애굽 여정은 출애굽기 12장부터 신명기 34장까지에 걸쳐 출애굽의 역사를 지명과 사건들에 대해 매우 소상히 기록하고 있다. 두루뭉술하게 넘어가도 될 텐데 자세하게 역사 속에서 객관적인 사실을 토대로 정확하게 기록함으로써 하나님이 역사의 주체이심을 간접적으로 보여 주고 있다.

여호와 하나님은 모세를 통해 온 세상에 어떤 신이 진짜 하나님인지를, 이집트의 신들을 다 부수고 자연 현상도 움직이심을 통해 살아 있는 참 하나님이 누구인지를 분명히 보여 주었다.

마지막 10번째 재앙은 매우 특이한 재앙이었다. 살아 있는 모든 생물의 첫 생명을 죽이심으로 이집트의 파라오를 굴복시키고 이스라엘 백성에게 자유함을 줄 수밖에 없는 사건이 일어났다. 모든 생물의 장자가 죽음을 맞는 재앙이었다.

그러나 이스라엘 백성에게는 양을 잡아 그 피로 집의 좌우 문설주에 바르라고 하셨다. 여호와 하나님이 이집트 땅을 칠 때 양의 피를 바른 집을 건너갈 것이라고 말씀하셨다. 이것은 죽음을 넘어간다는 의미의 유월절 사건이다(출 12:13).

이 유월절 사건은 이스라엘 백성을 이집트의 압제에서 구속하신 것을 기념하는 절기로 창세기에 하나님이 예언하신 여자의 후손이 이 땅에 와서 십자가에서 유월절 양을 잡는 그 시간에 죽임을 당하시므로 모든 인류의 죄를 구속하신다는 것을 예표로 보여 준다. 당시로부터 1400년이 지난 시간에 일어날 사건을 예표로 보여 줄 수 있는 분이야말로 진정한 하나님이신 것이다. 인간의 역사 속에 어떤 신이 이와 같은 기적을 보여 줄 수가 있겠는가?

오직 인간의 역사를 주장하시고 인도하시는 여호와 하나님 이외는 결코 어떤 신도 없다는 것을 보여 주고 있다. 이집트 땅의 모든 짐승의 첫 새끼와 사람의 장자가 죽임을 당하는, 전에도 없었고 그 이후에도 없는 일들이 일어났다.

파라오 투트모세 3세의 아들인 아멘호테프 2세의 장자 웨벤세누(Webensenu)도 예외는 아니었다. 파라오는 모세와 아론을 불러 '너희 백성과 너희의 모든 소유물을 가지고 애굽 땅을 떠나 너희 하나님 여호와를 섬기라'라고 허락을 하게 됐다(출 12:31).

아브라함에게 약속하신 후손이 430년 동안 이집트의 객이 됐다가 약속의 땅인 가나안을 향해 출발하게 됐다(출 12:41). 하나님이 약속하신 대로 이스라엘 백성은 민족을 이루어 출애굽했다. 이스라엘 백성이 장정만 60만 명이니 여자들과 아이들 그리고 노인들까지 다 계수한다면 적어도 200만 명이 넘는 인구였다. 그들은 라암셋에서 출발하여 믹돌 사이의 비하히롯 바닷가 앞에 장막을 쳤다(출 14:1).

1) 노예근성

바로는 막대한 노동력을 잃어버린 것을 깨닫자 그의 군대를 데리고 이스라엘 백성을 쫓아가기 시작했다. 홍해 바다와 이집트의 군대를 등지고

서 있는 이스라엘 백성은 두려움과 공포로 모세를 원망하기를 "애굽에 매장지가 없어 우리를 광야에서 죽게 하느냐, 이집트 사람을 섬기는 것이 오히려 광야에서 죽는 것보다 낫다"라고 원망했다.

이집트에서 400년이 넘게 살던 이스라엘 백성에게 남아 있는 것은 노예 근성이었다. 죄의 근성이나 노예근성은 매우 흡사하다는 사실을 발견하게 될 때 부끄러움을 금할 수가 없다. 1400년의 이슬람 지배하에 생존했던 이집트의 콥트 그리스도인들의 보이지 않는 노예근성은 죄의 근성과 비교하여 전혀 다르지 않음을 느끼게 된다.

긴박한 상황 속에서 모세는 외쳤다.

> 너희는 두려워하지 말고 가만히 서서 여호와께서 오늘 너희를 위하여 행하시는 구원을 보라 너희가 오늘 본 애굽 사람을 영원히 다시 보지 아니하리라(출 14:13).

먼 훗날 예수 그리스도를 통해 이루신 구원을 우리도 믿음으로 받아들임으로 하나님의 백성으로서 하나님의 나라에 들어갈 때 다시는 어둠의 세력인 사탄을 영원히 보지 않게 될 것이다.

모세는 지팡이를 들고 바다 위로 내밀었다. 하나님이 큰 동풍으로 바닷물이 갈라지게 하자 바다의 마른땅이 드러났다. 이스라엘 백성은 바다를 땅처럼 걸어 건너가 홍해 건너편에 모두가 도착했을 때 뒤따라오던 이집트의 군사들은 바다가 다시 합쳐지므로 모두가 바다에서 죽음을 맞이했다.

바다를 마른땅처럼 건넌 이스라엘 백성은 홍해 건너편에서 이집트의 군대가 수장당하는 장면을 두 눈으로 바라보며 역사의 주인 되시는 여호와 하나님을 찬양했다(출 15:1-4).

이제 두 번 다시 이스라엘 백성은 이집트로 돌아가서는 안 되고 돌아갈 수도 없게 됐다. 그들은 약속의 땅 가나안을 향해 나아가야만 했다. 이것은 인간의 역사 속에서 이루어질 하나님의 예언 성취이며 언약의 성취이다.

2) 새로운 정체성

모세는 그들을 인도하여 홍해 바다를 끼고 수르 광야를 거치면서 광야 생활 40년을 시작하게 된다. 노예로 살던 이스라엘 백성에게 치명적인 것은 노예근성이었다. 430년 동안 노예로 살았던 그들에게 하나님이 새로운 정체성을 주셨다.

얼마나 흥분되고 감격스러운 상황이었을까?

하나님은 이스라엘 백성을 시나이 모세의 산[4] 앞에까지 이끄셨다. 그리고 그들과 언약을 체결하신다. 그 이전에 아브라함과 개인적으로 맺었던 언약을 이제는 이삭과 야곱 그리고 이스라엘이라는 공동체와 새롭게 맺으셨다. 그 언약의 내용은 출애굽기 19:5-6에 잘 나타나 있다.

> 세계가 다 내게 속하였나니 너희가 내 말을 잘 듣고 내 언약을 지키면 너희는 모든 민족 중에서 내 소유가 되겠고 너희가 내게 대하여 제사장 나라가 되며 거룩한 백성이 되리라 너는 이 말을 이스라엘 자손에게 전할지니라 (출 19:5-6).

언약을 잘 지키면 하나님의 소유(가장 소중한 존재)가 될 것이며 제사장 나라가 될 것이다. 오합지졸처럼 이집트를 떠나온 그들이 다른 것은 몰라도 제사장이란 의미는 알고 있었다. 이집트에서 430년 동안 살면서 그들은 이집트의 신전을 담당하는 제사장이 파라오와 비교하여 전혀 밀리지 않는 정치적, 종교적 힘을 가지고 있으며, 신을 대리한다는 신성한 자로서 모든 이집트의 백성로부터 신망을 받는 자라는 것을 이미 잘 알고 있었다.

---

[4] 오늘날 모세의 산이 이집트의 시나이산 혹은 사우디아라비아에 있는 라오즈산이라는 설이 있다. 출애굽에 대한 가설은 아직도 많은 부분 서로의 의견을 달리하고 있다.

그런데 하나님의 제사장이 된다는 것은 그들에게 환상적인 직책이었을 것이다. 그들은 모두가 그렇게 하겠다고 "아멘"으로 화답했다.

과연 그들이 잘 지킬 수 있을까?

하나님은 그들이 율법을 지킬 수 없다는 것을 아시고 성막을 주시고자 모세를 산으로 부르셨다. 모세는 성막을 만드는 방법과 성막에 대한 규례를 받는 데 40일이 걸렸다. 성막과 규례에 대한 모든 것을 가지고 산에서 내려오는 데 이스라엘 진중에서 일이 터졌다. 모세가 오랫동안 내려오지 않자 그들은 이집트에서 보아 왔던 암송아지 모형을 금으로 만들어 숭배하고 있었다.

암소는 이집트의 신들의 어머니인 하토르의 현현 상징이었다. 있을 수 없는 일이 벌어졌다. 모세는 생명을 걸고 이스라엘을 옹호하고 그들의 죄를 용서할 것을 하나님께 애청했다. 이 일로 이집트를 떠난 이후 하나님의 심판으로 많은 이스라엘 백성이 죽임을 당했다.

모세는 다시 산에 올라가 성막 규례와 봉헌, 절기들의 의식 절차 등을 받아서 산에서 내려왔다. 이로써 이스라엘 백성이 하나님의 백성으로 살아갈 율법과 성막, 지켜야 할 절기들을 다 받았다. 이러한 하나님의 모든 율법을 지킬 수 있는 가장 핵심적인 것은 첫 번째 주신 레위기 말씀에 나타나 있다. 레위기의 중심 메시지는 "내가 거룩하니 너희도 거룩하라" 이다. 613개의 율법을 지킬 수 있는 것은 거룩할 때만이 가능하다. 오늘날도 하나님 백성의 우선순위는 거룩한 삶이 되어야 한다.

이제 이스라엘 백성은 거룩한 하나님의 백성이 되었으며, 열방을 향한 거룩한 제사장 나라가 되어야 한다. 이것이 노예로 살았던 이스라엘 백성에게 하나님이 주신 정체성이다. 엄청난 특권은 막중한 책임이 수반되어야 함에도 이스라엘 백성은 특권을 누리기만 했지 책임에 대해 불성실했다.

이제 이스라엘 백성은 더 이상 시내산에 머물러야 할 이유가 없다. 이스라엘 백성(하나님의 백성)은 떡으로만 사는 게 아니라 하나님의 말씀으로 살아야 한다. 말씀으로 사는 훈련의 장이 광야 생활이었다. 광야 생활은 이집트에서 노예 생활을 했던 이스라엘 백성에게 하나님의 백성으로서의 정체성 확립을 위해 필요한 과정이었다.

하나님을 의지하지 않고는 결코 살 수 없는 광야 생활을 통해 하나님이 누구시며 자신들은 누구이며 어디를 향해 무엇 때문에 가야 하는지 등의 인생 전반에 걸친 목적을 위한 시험장이었다. 그 시험은 결코 쉽지 않았다. 오늘날 우리도 같은 의미가 있고 광야 같은 삶을 살아가는 것이다. 궁극적인 목적은 가나안을 들어가기 전까지 광야 생활을 통해 하나님을 경험하고 하나님 안에서 내가 누구이며 어디를 향해 가는지에 대한 분명한 정체성을 배우는 기간이 우리의 삶의 여정이라고 보아도 틀리지 않는다.

비록 하나님의 백성이 되었고 영적으로 신분 상승이 되어도 여전히 노예근성인 불신과 불만과 의심의 삶을 살았던 출애굽 1세대는 가나안을 경험하지 못한 세대이다. 늘 그들은 광야 생활을 이집트의 생활과 비교하는 잘못을 저지르고 말았다. 만약에 그들이 가나안의 삶(천국)을 경험했다면, 그들은 그렇게 자멸하지는 않았을 것이다.

결국 믿음으로 가나안을 경험했던 갈렙과 여호수아를 제외한 모두가 다 광야에서 엎드러졌다. 그리고 다음 세대인, 즉 출애굽 세대가 아닌 광야에서 태어난 이스라엘 백성에게, 가나안에 들어가기 전에 1세대에게 주었던 레위기의 말씀을 다시 풀어서 새로운 세대가 잘 이해할 수 있도록 설명하여 주신 말씀이 신명기이다. 이제 가나안에 들어간 이스라엘 백성은 신명기의 말씀을 따라 살아야 했다. 핵심 주제는 "내가 거룩하니 너희도 거룩하라"이다. 거룩한 자들이 하나님의 뜻을 그들의 삶 가운데 성취할 수 있다.

여기서 한 가지 분명한 것은 거룩이 빠진 목표 달성이 성공이 아니라는 것이다. 거룩함을 잊어버리고 목표를 이루는 것이 하나님의 뜻을 이루는 것이 아님을 알아야 한다.

3) 모세의 마지막 설교(신명기)

모세는 가나안 땅을 바라보며 모든 이스라엘 백성을 모아서 말했다(물론 이들은 이집트에서의 노예 생활을 경험하지 않은 세대였다).

> 네가 들어가 차지하려 하는 땅은 네가 나온 애굽 땅과 같지 아니하니 거기에서는 너희가 파종한 후에 발로 물 대기를 채소밭에 댐과 같이 하였거니와 너희가 건너가서 차지할 땅은 산과 골짜기가 있어서 하늘에서 내리는 비를 흡수하는 땅이요 네 하나님 여호와께서 돌보아 주시는 땅이라 연초부터 연말까지 네 하나님 여호와의 눈이 항상 그 위에 있느니라 내가 오늘 너희에게 명하는 내 명령을 너희가 만일 청종하고 너희의 하나님 여호와를 사랑하여 마음을 다하고 뜻을 다하여 섬기면 여호와께서 너희의 땅에 이른 비, 늦은 비를 적당한 때에 내리시리니 너희가 곡식과 포도주와 기름을 얻을 것이요(신 11:10-14).

느보산 요단 평야

드디어 모세는 비스가 산 정상에 서서 약속의 땅, 가나안을 바라보며 그의 삶의 대단원의 여정을 마치게 된다.

필자도 처음으로 느보산에 올라가서 요단 동편을 바라보며 모세의 심정을 조금이라도 경험할 수 있는 은혜의 시간을 가져 보았다.

얼마나 가 보고 싶었겠는가?

120년의 고된 삶의 여정 가운데 그렇게 가 보고 싶었던 약속의 땅, 아브라함과 이삭과 야곱에게 그리고 온 이스라엘 백성에게 주셨던 언약의 땅을 바라보면서 모세는 자신의 마지막 삶을 하나님께 맡긴다. 장엄하다 못해 엄숙한 모세의 모습을 되새기며 필자 역시 사역자로서의 나의 삶을 돌아보며 모세의 감정을 조금이나마 느껴 보고 싶었다.

4) 약속의 땅 가나안 정복

아말렉과 싸움에서 처음으로 등장한 여호수아는 모세의 뒤를 이어 이스라엘의 지도자가 되어 백성을 이끌고 가나안의 첫 관문인 여리고를 공격하면서 가나안 정복을 시작한다. 약속의 땅이지만 놀고먹으며 얻을 수 있는 그런 땅이 아니었다.

철저히 하나님만 의지할 때 얻을 수 있는, 반대로 믿음으로 행신하지 않으면 결코 얻을 수 없는 땅이 약속하신 땅이었다. 계속되는 전쟁으로 인한 전투와 적들을 몰아내고 땅의 분배 등 국가로서의 기틀을 잡아가는 과도기가 펼쳐졌다.

8. 통일 왕국의 다윗

가나안 땅을 점령하고 12부족에게 땅이 분배됐다. 레위인에게 땅이 분배되지 않고 요셉의 두 아들인 에브라임과 므낫세는 두 지파의 역할을 하므로 12지파의 땅이 다 배분됐다. 레위 지파들은 각 지파에 흩어져 거룩한 삶의 모형들이 되어야 하는 막중한 영적 의무를 갖게 됐다. 그들은 이스라엘 백성의 영적 사활이 걸린 책임감을 가진 부족이었다. 오늘날에도 영적 지도자들의 삶이 얼마나 중요한지 보여 주는 대목이다.

1) 왕을 요구하는 이스라엘

이스라엘 백성은 하나님의 통치보다 눈에 보이는 왕을 요구했고, 드디어 이스라엘 백성에게도 다른 민족과 마찬가지로 왕이 세움을 받게 됐다 (삼상 11:15). 이스라엘의 첫 번째 왕인 사울은 자신을 왕으로 세우신 하나님의 뜻을 잘 알지 못했다. 그는 하나님이 그에게 명하신 명령을 지키지 아니했다.

하나님을 대신하여 나라를 치리하는 왕이 하나님의 명을 어긴다는 것은 왕으로서 자격을 잃는 것이다. 사무엘은 사울의 나라가 길지 않을 것이며 하나님의 마음에 맞는 다른 왕을 세울 것이라고 말하고 사울을 떠났다. 40년의 사울 왕의 이스라엘 통치는 매우 비참하게 막을 내리게 된다. 다윗과 솔로몬은 완벽한 통일 국가를 이루며 가장 강력한 국가와 안정된 국가체계를 갖추게 됐다.

야훼 하나님이 다윗의 집과 맺은 언약은 그의 후손들을 통해 여호와 하나님의 통치를 구현하고자 함이다.[5]

2) 다윗의 후손

중요한 것은 아브라함에게 예언한 말씀, 즉 "너를 통해 천하 모든 민족이 복을 받을 것이다"라는 말씀을 다윗은 분명히 기억하고 있었다. 야훼 하나님은 시편 2:7-9에서 우주적 통치에 대한 축하의 메시지를 다윗에게 주시고 있다.

이스라엘을 통한 우주적 통치가 다윗을 통해 확장될 것에 대해 메시아적 의미로 주어졌다. 다윗의 언약과 아브라함의 언약은 매우 밀접하게 연계되어 있었다. 다윗 왕의 후손을 통해 열방을 축복하시겠다는 하나님의

---

5 크리스토퍼 라이트, 『하나님의 선교』(Mission of god), 정옥배 역(서울: IVP, 2010), 433.

약속을 성취하는 수단이 될 것이다.[6]

모든 민족과 열방이 여호와 하나님께 돌아올 것이라는 사실을 다윗은 분명히 알았다.

> 땅의 모든 끝이 여호와를 기억하고 돌아오며 모든 나라의 모든 족속이 주의 앞에 예배하리니 나라는 여호와의 것이요 여호와는 모든 나라의 주재심이로다(시 22:27-28).

이사야 11:1에서 "이새의 줄기에서 난 싹" 다윗의 후손에게 하나님의 영이 부어져 온 세상의 열방뿐만 아니라 창조 세계까지 통치할 수 있는 능력을 받으리라는 것이다.[7]

3) 솔로몬의 만민이 기도하는 집

다윗은 온 세상에 보여 줄 하나님의 성전을 건축하고자 했지만, 그에게 허락되지 않았다. 다윗은 성전 건축의 모든 것을 완벽하게 준비해 아들에게 넘겨주었다. 솔로몬 통치 기간에 이스라엘은 중근동 세계에 강대국으로 발돋움했다. 다윗에게 허락하지 않은 성전 건축이 솔로몬에 의해 건축되기 시작했다.

다윗의 집과 맺은 언약이 아들 솔로몬에게 계승되는 모습을 보게 된다. 솔로몬이 하나님의 성전을 다 건축하고 그가 하나님께 봉헌한 기도의 내용이다.

---

6 라이트, 『하나님의 선교』, 433.
7 라이트, 『하나님의 선교』, 434.

> 주의 백성 이스라엘에 속하지 않은 이방인에게 대하여도 그들이 주의 큰 이름과 능한 손과 펴신 팔을 위하여 먼 지방에서 와서 이 성전을 향해 기도하거든 주는 계신 곳 하늘에서 들으시고 모든 이방인이 주께 부르짖는 대로 이루사 땅의 만민이 주의 이름을 알고 주의 백성 이스라엘처럼 경외하게 하시오며 또 내가 건축한 이 성전을 주의 이름으로 일컫는 줄을 알게 하옵소서(대하 6:32-33; 왕상 8:41-43).

이것은 아브라함에게 하신 약속으로서 모든 민족과 열방의 이방인들이 하나님을 경외할 것이라는 약속의 성취를 솔로몬의 성전 완공 기도를 통해 암시하고 있다.[8]

구약 언약은 신약에 가서 이루어진다. 우리는 이 부분에 대해 여자의 후손이 성취되고 십자가의 죽으심과 부활하심 그리고 대위임령을 받은 예수의 제자들 이야기를 나눌 때 하기로 하자.

다시 구약의 솔로몬 이후의 시대에 대해 알아보도록 하자. 이스라엘이라는 민족이, 모든 민족과 열방이 하나님을 이스라엘 백성처럼 경외케 하는 일에 쓰임 받는 것은 불행하게도 여기까지이다.

물론 이스라엘의 역사 가운데 부분적으로 이방 민족이 하나님을 만나고 경외하는 일들이 개인적으로 일어나기는 하지만, 남북이스라엘이 분열되면서 이스라엘 민족을 통해 이루고자 하셨던 하나님의 구원 사역은 솔로몬 시대로 끝나게 되고 끝없이 반복되는 지루함 속에서도 끝까지 참으시고 인내하시는 하나님의 마음을 우리는 성경을 통해 접하게 될 것이다.

---

8   라이트, 『하나님의 선교』, 435.

제2장

통일 왕국의 멸망과 제국들의 흥망성쇠

1. 앗시리아 제국에 의한 북이스라엘의 멸망

바벨탑 사건으로 인류가 흩어지면서 일어난 민족들을 살펴본다면 시날 땅을 중심으로 한 수메르 문명과 아카드 문명, 바벨론 문명, 그 위쪽으로 앗시리아 문명과 소아시아 지역에서 히타이트 문명이 발전했다.

그 위쪽으로는 그리스 문명이 발흥했으며 이스라엘 남동쪽에는 우리가 잘 아는 이집트의 문명이 발전했다. 그 밑으로 두 개의 강(나일)을 중심으로 시작된 나라이며 장대하고 두려움이 없는 민족인 구스가 있었다(사 18:2).

구스와 누비안들 사이에 세 개의 기독교 왕국이 일어나게 되고 그중의 하나인 메로위 왕국이 등장한다. 사도행전에서 빌립에게 세례받은 자가 메로위 왕국의 내시였다. 시바 왕국은 아라비아 남단을 포함하여 자리 잡으며 후에 에티오피아라는 나라가 탄생한다.

지중해를 중심으로 한 가나안 서부 지역에는 페니키아 해양 도시들이 발전했다. 두로와 시돈, 바블로스 등 이들은 바다 건너 튀니지의 카르타고에 전초 기지를 세우며 발전했다. 이러한 문명들이 이스라엘을 중심으로 일어나고 멸망해 가는 것이 기록된 것이 인간의 역사이다.

물론 남미 그리고 중국에도 문명이 발전하지만, 이들 문명은 이스라엘 역사와 멀리 떨어져 있는 변방 지역으로서 먼 훗날 역사의 기록 속에 들어오게 된다.

사울과 다윗 왕국에 이어 솔로몬 통일 왕국 120년이 지나자 이스라엘은 남북으로 분열된다. 유대 동남쪽으로는 아직도 이집트가 막강한 군사력을 가지고 호시탐탐 중근동의 세력권에서 밀려나지 않으려고 안간힘을 쓰고 있었다. 이스라엘 북쪽으로는 앗시리아가 새롭게 일어나면서 중근동의 강자로 발돋움하자 이스라엘은 군사적 약자로서 이집트의 눈치와 앗시리아의 눈치를 보아야 하는 지정학적 위치에 놓여 있었다.

앗시리아 동남쪽 지역인 메소포타미아에서는 바벨론이 도사리고 있었으며 페르시아 지역에서는 메데와 바사가 있었다. 이러한 지리적 개념을 먼저 이해하면서 이스라엘 역사로 들어가자.

1) 이스라엘 왕국의 분열

솔로몬이 죽자 그는 자기 부친 다윗의 성에 장사되었다. 그의 아들 르호보암이 왕이 되자, 이집트의 파라오 시삭에게 피신했던 느밧의 아들 여로보암이 솔로몬이 죽었다는 이야기를 듣고 이집트에서 귀국했다. 지혜롭지 못한 르호보암의 결정적 실수로 인해 여로보암을 중심으로 한 10개 지파가 르호보암에게 반기를 들게 되고 통일 왕국은 여로보암을 중심으로 북이스라엘이 탄생하게 된다.

하나님은 여로보암에게도 축복을 약속하여 주셨다. 10개 지파를 빼앗긴 르호보암은 남유다로 다윗과 솔로몬의 명맥을 유지하게 되었지만, 남북으로 분열되면서 남북 이스라엘의 역사가 시작된다. 결국 두 왕국 모두가 영적인 타락으로 국력은 퇴락의 길로 접어들게 된다.

여로보암의 북이스라엘도 하나님이 축복하셨다. 축복의 조건은 순종이었다. 그러나 여로보암은 두 금송아지를 만들어 하나는 벧엘에 두고 하나는 단에 두었다. 그리고 이스라엘 백성으로 우상을 섬기게 했을 뿐만 아니라 레위 자손이 아닌 일반 사람으로 제사장을 삼았다(왕상 12:28-31).

이것은 명백히 하나님을 대적하는 행위였다. 북이스라엘은 여로보암 이후 200년 동안 19명의 왕에 의해 통치되지만, 모두가 악을 행하므로 하나님의 뜻을 이룰 수 있는 나라는 결코 될 수 없었다.

당시 고대 근동의 맹주였던 앗수르 제국에 의해 B.C. 722년 멸망하기까지 북이스라엘 죄악의 결과는 참혹했다. 자식의 인육을 먹어야 할 정도의 비극적인 사건이 일어났다. 죄의 결과요, 정체성 상실로 인한 북이스라엘은 역사 속에 사라지고 살아남은 백성은 역사 속에서 다른 민족과 동화됐다.

2. 남유다의 멸망 (바벨론 제국의 느부갓네살)

남유다는 북이스라엘 멸망 이후 136년간 더 지속하지만, 그들 역시 하나님의 뜻을 성취하지 못하고 우상을 섬기며 하나님의 진노를 사는 백성이 되고 만다.

아브라함의 후손이며, 약속의 민족이며, 언약의 민족이며, 열방의 제사장 나라인 이스라엘은 120년간의 통일 왕국을 이루며 고대 근동에 강력한 나라로 발돋움한다. 르호보암 이후 통일 왕국인 이스라엘은 두 개의 나라로 분열되면서 지정학적으로 서남쪽의 이집트와 북쪽의 앗수르 그리고 신흥 세력으로 일어나는 바벨론 사이에 끼여 언제나 전쟁의 위협을 안고 강대국들의 눈치를 보며 생존해야만 했다.

이런 위기의 상황에서 하나님의 선지자들은 북이스라엘과 남유다 왕과 백성에게 "하나님 말씀으로 돌아가라 레위기에서 주신 말씀대로 '내가 거룩하니 너희도 거룩하라' 우상을 멀리하고 살아 계신 하나님께 돌아오라"라고 가장 기본적인 요구를 선포했다. 영적으로 기본이 되어야 열방의 제사장 나라의 역할을 할 수 있다. 기초가 없는 곳에 건물을 세울 수 없는 이치와 같다.

이사야 선지자는 남유다 왕과 백성에게 "애굽을 의지하지 마라 애굽은 망할 것이다"라고 경고했다. 그들은 이집트가 패망할 것이라고 도저히 믿을 수가 없었다. 그리고 언약의 백성인 유다도 결코 이방 나라에 망하지 않을 것이라 굳게 맹신했다.

서두에 언급했듯이 하나님을 객관적으로 증명할 수 있는 것 중의 하나가 예언이며 그 예언이 어떻게 역사 속에서 이루어져야 하는가에 대해 이사야 선지자는 분명히 말하고 있다. 이사야는 히스기야 왕 시대에 하나님의 말씀을 대언하기를 남유다는 앗시리아 제국으로부터 멸망하지 않을 것이라고 분명하게 말했다(왕하 20:6). 그러나 그다음 제국인 바벨론 제국에 의해 멸망하고 지금까지 쌓아 둔 모든 것이 다 바벨론으로 옮겨 갈 것이라고 예언했다(왕하 20:17).

히스기야 왕의 다음 후계자인 므낫세는 어린 나이인 12살에 왕이 되어 55년간 남유다를 통치하지만, 모든 악행을 저지르는 악한 왕으로 아모리 사람의 악행보다 더 심했으며, 유다 백성을 온갖 우상을 섬기는 패역한 백성으로 만들었다(왕하 21:1). 유다의 16대 왕인 요시아는 므낫세의 손자로 8살의 어린 나이에 왕위에 올랐다. 그는 재임 기간 18년 동안 종교개혁을 했으며 선한 왕으로 기록되었지만, 그는 국제 정세에 민감하지 못한 듯했다.

당시 이집트의 파라오 느고(Neco)는 근동의 세력 균형을 잡고자 앗수르를 도와 바벨론을 견제하므로 고대 근동의 맹주 역할을 하고자 출격했다. 그러나 요시아의 잘못된 판단으로 므깃도에서 느고와 전투 중 사망했다. 므깃도에서 유다와 전투를 벌인 느고는 니느웨 탈환에 실패하고 돌아가는 길에 요시아의 아들 여호아하스(대하 36:2)를 이집트로 끌고 가고 요시아의 아들 여호야김을 유다의 꼭두각시 왕으로 세웠다. 그는 11년 동안 유다를 치리하면서 하나님 보시기에 악을 행하므로 하나님의 심판을 초래한다.

1) 앗시리아(앗수르) 제국의 멸망 예언

요나에 의한 니느웨 회개에 대해 하나님의 심판은 보류됐다. 그러나 계속되는 악행에 의한 앗수르 제국의 멸망으로 나훔 선지자의 예언이 성취됐다. 그들의 포악성은 역사에 길이 남을 만했다. 앗시리아는 타락하고 부정한 여인이 음행을 부추기듯이 주변 국가들이 우상을 섬기도록 부추기었다.

특별히 유다의 아하스 왕은 앗시리아의 우상 제단을 보고 제단의 구조와 양식을 본떠 그대로 하라고 제사장 우리야에게 보내어 그들의 우상을 섬기도록 했다(왕하 16:10). 나훔의 예언대로 앗시리아 제국은 바벨론의 공격에 니느웨를 정복당하고 남은 잔재 세력들이 후일을 도모하고자 갈그미스로 도망갔지만, B.C. 605년 바벨론은 갈그미스로 쫓겨 간 잔당들을 전멸시키므로 앗시리아 제국은 완전히 멸망했다. 바벨론 제국은 이집트 하수에서부터 유브라데 하수까지 이집트의 파라오가 지배했던 땅을 점령하므로 실질적인 고대 근동의 맹주가 됐다(왕하 24:7).

2) 이집트의 운명

이후 파라오의 나라 이집트는 페르시아 제국의 고레스 아들 캄비세스 2세에 의해 이집트의 수도인 멤피스가 B.C. 525년 점령되고, 지금까지 파라오의 후예는 이집트에서의 정치적 독립을 못 하고 A.D. 641년부터 아랍의 이슬람에 의해 지배받고 있다. 성경에 나오는 파라오의 후예는 오늘날 콥트 정교회(Coptic Orthodox), 기독교 신앙의 뿌리를 가지고 고대 이집트의 명맥을 유지하고 있다. 이사야 19:23-25의 말씀을 기억하면서, 마지막 때 하나님께 다시 쓰임 받을 것을 기대하면서 그들을 주목해야 할 것이다.

3) 유다의 멸망

앗시리아의 멸망과 이집트의 군사력도 유다에게 도움이 되지 못했다. 결국 여호야김은 바벨론에 항복하고 3차에 걸쳐 바벨론에 포로로 잡혀갔다. 이들 포로 중에 다니엘과 그의 친구 세 명이 포함됐다. 다니엘은 바벨론에서부터 페르시아 제국까지 재상으로 지내며 고레스에 의한 이스라엘 포로의 귀환에 결정적 역할을 하게 되고, 그 후에 일어날 알렉산더 제국과 분열에 대해 그리고 로마와 예수 그리스도의 탄생까지 예언하게 된다. 그리고 그 예언은 역사 속에서 한 치의 오차 없이 정확하게 성취됐다.

여호야김은 3년을 바벨론을 섬기다가 배반하자 선지자가 예언했듯이 느부갓네살을 통해 동맹군인 갈대아 부대와 아람 군과 암몬, 모압을 들어 유다를 치게 하셨다(왕하 24:2).

그 결과 남유다 왕인 여호야긴이 아버지 여호야김의 뒤를 이어 왕이 되지만 그도 아버지의 악행을 본받았다. 결국 두 번째로 여호야긴도, 선지자 에스겔도 포로로 끌려가게 된다. 당시 일만 명의 포로와 기술자들이 다 잡혀가니 남은 자들은 비천한 자만 남았다고 기록하고 있다(왕하 24:14-15).

느부갓네살은 여호야긴의 숙부인 요시야의 또 다른 아들 맛다니야를 시드기야로 개명시켜 꼭두각시 왕으로 세웠지만, 다시 바벨론에게 반역하므로 B.C. 586년에 느부갓네살에 의해 완전히 멸망하고 시드기야의 아들들은 아비의 목전에서 죽임을 당하고 시드기야는 두 눈이 뽑혀 바벨론으로 끌려갔다(왕하 2:7).

이로써 남유다는 3차에 걸쳐 수많은 유대 백성이 바벨론에 끌려갔다. 이사야의 예언대로 남유다는 멸망했다. 예레미야의 40년의 외침은 목이 곧은 백성의 마음을 돌리기에 역부족이었다.

하나님은 유다 백성에게 북이스라엘보다 136년여의 기간을 더 허락했다. 이 기간이라면 충분히 하나님께 돌아와 영적 갱신을 통해 나라를 다시금 견고히 세우고 하나님의 뜻을 이룰 수 있는 충분한 기간이었다. 하나님은 많은 선지자를 보내어 영적 갱신을 위해 애쓰셨지만, 오히려 북이스라엘의 죄악을 답습하며 하나님을 대적했다.

남유다는 아브라함과 이삭 그리고 야곱의 후손으로서 모든 민족과 열방 가운데 하나님이 하나님 되심을 선포하고 하나님을 섬기게 하는 대제사장 나라의 역할을 감당할 수 있는 특권을 버리고 생명도 없는 우상을 섬기며 온갖 악행을 저지르다가 하나님의 심판을 받고 멸망하고 말았다.

4) 구약의 마지막 선지자 말라기

그럼 창세기에 언급하신 여자의 후손은 끝난 것일까?

우리는 여기서 구약의 마지막 성경인 말라기에 관한 이야기를 잠시 나누어야 할 것이다. 말라기는 바벨론의 포로에서 돌아와 제2성전 시대에서 일어난 사건을 말하고 있다. 하나님의 약속은 성취됐다. 바벨론 포로에서 예루살렘으로 돌아온 이스라엘 백성은 무너진 성전을 다시 건축했다. 말라기서는 제2성전 시대인 마지막 때 일어난 사건을 기록하며 이렇게 시작한다.

여호와께서 말라기를 통하여 이스라엘에게 말씀하신 경고라(말 1:1).

이것은 이스라엘 백성을 향한 경고이며 백성을 말씀으로 잘 이끌어야 할 종교 지도자인 제사장들을 향한 경고의 말씀이었다. 그러나 그 경고의 이면에는 하나님의 깊은 사랑의 고백이 감추어져 있다.

하나님이 이스라엘 백성에게 "내가 너희를 얼마나 사랑하는지 아는가?"라고 묻자(사랑의 고백) 그들의 반응은 너무 의외였다. 그들은 오히려 반문했다.

"주께서 언제 우리를 사랑했습니까?"

그뿐만 아니라 제사장들도 반문했다.

"언제 우리가 하나님을 멸시했습니까?"

제사장들은 더러운 떡과 병든 제물을 하나님께 드리면서 그것이 얼마나 하나님을 멸시하는 행동인 줄 몰랐을 정도로 타락했다.

우리는 예수님이 십자가를 지시기 전에 멸망해 가는 예루살렘을 향해 우시었던 그 심정을 통해 여호와 하나님의 마음을 엿볼 수 있을 것이다. 사랑했던 하나님 백성의 대답에 하나님은 침묵하셨다. 그 침묵의 기간을 우리는 '신구약 중간사'라고 한다.[1]

물론 하나님은 이스라엘 백성에게 아무 말씀도 하지 않으셨지만, 하나님의 예언 성취를 위해 세상의 역사를 통해 계속해서 일하셨다. 말라기 이전에도 세상 역사를 통해 하나님의 예언과 성취가 이루어져 갔지만, 하나님이 침묵하시는 기간에도 하나님은 동일하게 세상 역사 속에서 예언과 성취를 이루어 가셨다.

3. 신구약 중간사

남유다의 멸망으로 하나님은 400년 동안 긴 시간을 침묵하신다. 그렇다고 하나님이 아무것도 하시지 않고 손 놓고 계신 기간이 아니었다. 이 기간을 가리켜 '신구약 중간사'로 칭한다. 창세기 12장에 하나님이 아브람을 부르신 사건이 하나님 선교의 새로운 패러다임이라 했다. 이제 아브라함의 후손을 통한 하나님의 선교 전략은 새로운 국면을 맞이하게 됐다. 포로로 잡혀간 아무런 힘도 없는 포로들의 이야기는 또 다른 하나님의 선교에 대한 패러다임이다.

필자가 분명히 확신하는 것은 하나님은 가장 약한 자들을 통해서도 자신의 뜻(예언)을 이루어 가신다(성취)는 것이다. 우리 역시 가장 약한 자

---

[1] 말라기 이후 400여 년 동안 하나님의 말씀이 없으셨다. 말라기부터 세례 요한이 나타나기까지의 기간을 신구약 중간 시대라고 부른다.

들이다. 그러나 하나님이 나(우리)를 사용하시고자 하실 때 가장 강한 자로, 하나님의 예언 성취로 쓰임 받는 하나님의 거룩한 자들이 될 것이다.

바벨론의 느부갓네살 왕은 고대 근동의 가장 강력한 왕이었다. 그의 황금 신상에 관한 이야기 그리고 그의 왕궁에 잡혀간 다니엘과 그의 친구 3명에 관한 이야기는 매우 흥미진진하게 다니엘서에 잘 기록되어 있다.

역사는 오늘에 일어난 일들에 대해 독자들을 위해 기록할 뿐만 아니라 미래에 읽을 독자들에게 어떻게 살아야 할 것인가에 대한 교훈을 줄 수 있다는 점에서 이중성을 가지고 있다. 더 중요한 것은 미래에 일어날 일과 역사 속에서 어떻게 그 예언이 성취되었는가를 보여 주므로 살아 계셔서 역사를 주관하시는 하나님을 객관적으로 모두에게 보여 주고 있다.

즉 다니엘은 바벨론에 포로로 끌려간 이후에 당시에 일어난 일뿐만 아니라 미래 400년이 지나서 일어날 일들에 대해 정확하게 예언하고 있다.

다니엘 이후 400년이 지난 셀레우코스 왕조 때 하나님의 백성이 안티오코스 에피파네스 4세에 의한 고난과 고통 그리고 핍박 가운데 어떻게 믿음을 지켜야 하는가에 대해 다니엘서에는 자신들을 모델로 신앙의 승리를 보여 주고 있다. 이것은 살아 계신 하나님만이 하실 수 있는 능력이다.

하나님이 다니엘을 통해 보여 주신 미래 일어날 일 중에 가장 강력한 사건은 사람의 손으로 만들어진 돌이 아니라 산에서 뜨인 돌이 나타나 모든 민족과 제국을 멸하고 메시아의 나라가 세워지는 것에 대한 예언이다(단 2:45). 이것은 창세기 3:15에 예언된 여자의 후손을 말하는 것이다.

오늘을 살아가는 하나님의 백성은 사람의 손으로 만들어지지 않은 뜨인 돌이 하나님의 나라를 세워 가는 중간에 살고 있다. 즉 우리는 다니엘의 예언이 성취되기 위해 쓰임 받는 자들이 될 수 있다는 것을 역사를 통해 알아야 할 것이다.

존 R. W. 스토트(John Robert Walmsley Stott)[2]가 말한 대로 역사는 무작위로 이루어지는 것이 아니다. 역사는 역사를 위해 존재하는 것이 아니라 하나님의 역사(예언)를 위해 존재한다. 그 역사의 중심에는 여자의 후손(사람의 손에 의하지 않은 뜨인 돌)이 있다. 그러나 다니엘 당시 뜨인 돌에 대해서 누구도 알지 못했다.

다니엘은 바벨론 제국의 포로로 살면서 바벨론의 멸망에 대해 예언하고 있다. 이것은 역사를 주관하시는 하나님만이 하실 수 있는 예언이다. 거짓 신이나 우상은 결코 미래에 대해 정확하게 예언을 할 수 없다.

바벨론의 멸망은 전무후무한 역사적 사건이었다. 바벨론이 멸망한다. 누구도 믿지 못할 사건이었다. 그러나 하나님은 이미 바벨론 제국의 등장과 함께 페르시아의 고레스에 대한 예언을 이사야 선지자를 통해 180년 전에 말씀하시고 있다. 180년 전에 이사야는 바벨론의 멸망을 예언한다. 이것은 살아 계신 하나님만이 하실 수 있는 예언이다. 그리고 그 예언은 역사 속에서 성취됐다.

다니엘 5장에서 바벨론의 마지막 왕이 어떻게 페르시아의 고레스에게 멸망하는지에 대해 자세히 설명하고 있다. 고레스의 대군이 바벨론 청동 성문 앞까지 진군했음에도 바벨론의 벨사살(Belshazzar) 왕은 큰 잔치를 베풀고 술을 마시는 추태를 보였다(단 5:1).

바벨론 성은 누구에게나 쉽게 공략될 수 있는 그런 성이 아닌 난공불락의 성이라고 굳게 믿었다. 바벨론 성은 느부갓네살에 의해 건립된 성으로 그 위용은 당대에 널리 알려져 있었다. 성의 관문인 성문을 완성한 후에 바벨론의 이슈타르 신에게 봉헌됐다. 성문의 앞면에는 고대 바빌로니아의 주신인 마르두크(Marduk)[3]와 아다드(Adad)[4]를 새겨 넣었다. 자신들의 신들이 세상을 정복하며 가장 강력한 신임을 온 천하에 과시했다.

---

[2] 성공회 사제로서 세계적으로 알려진 기독교 복음주의 운동의 거장(저자 주).
[3] 선과 빛의 지배자로서 바빌로니아인들을 지키는 수호신.
[4] 자연을 주관하는 신으로서 풍요를 상징하는 신.

그러나 살아 계신 여호와 하나님이, 인간의 역사를 주장하시는 그분이 문을 열면 닫을 자가 없고 닫으면 열 자가 없다고 하셨다.

> 여호와께서 그의 기름 부음을 받은 고레스에게 이같이 말씀하시되 내가 그의 오른손을 붙들고 그 앞에 열국을 항복하게 하며 내가 왕들의 허리를 풀어 그 앞에 문들을 열고 성문들이 닫히지 못하게 하리라 내가 너보다 앞서 가서 험한 곳을 평탄하게 하며 놋문을 쳐서 부수며 쇠빗장을 꺾고(사 45:1-2).

하나님이 바벨론의 청동문의 쇠빗장을 꺾겠다고 이사야를 통해 180년 전에 예언하셨다. 하나님의 말씀대로(예언) 바벨론은 역사 속에서 폐허가 됐다(사 13:20-21; 14:1; 렘 51:37).

바벨론에 포로로 끌려간 남유다 백성은 언제 돌아올지 모르는 포로 생활이 시작됐다. 그러나 이사야 선지자도 예레미야도 이스라엘 백성이 바벨론에서 포로 생활을 마치고 다시 예루살렘으로 귀환할 것에 대해 예언했다.

하나님은 바벨론 제국을 멸망시킨 페르시아의 고레스를 사용하셨다. 고레스에 대해 이르신다.

> 고레스에 대하여는 이르기를 내 목자라 그가 나의 모든 기쁨을 성취하리라 하며 예루살렘에 대하여는 이르기를 중건되리라(사 44:28).

파괴된 예루살렘이 다시 중건될 것을 예언한다. 이 모든 것은 역사의 주인이신 하나님만이 미래에 대해 아시기 때문에 하실 수 있는 예언이다.

고레스 무덤

4. 페르시아 제국의 고레스

　성경의 예언대로 고레스는 바벨론을 멸망시켰다. 그리고 그의 칙령에 따라 바벨론에 이스라엘 백성은 귀환할 수 있는 자유를 얻게 된다. 이스라엘의 유다 백성은 3차에 걸쳐 바벨론으로 끌려갔듯이 3차에 걸쳐 예루살렘으로 귀환했다.
　제1차 귀환한 스룹바벨을 중심으로 성전 재건을 시작하지만, 사마리아 사람들의 반대로 중단되다가 학개 선지자와 스가랴의 격려로 성전 재건이 다시 시작되어 B.C. 516년 제2성전이 완공됐다(스 6:13-15). 이제 느헤미야를 통해 예루살렘 성벽을 보수하는 작업을 마치므로 이스라엘의 유다 백성의 제2성전 시대를 맞이하게 된다.
　이 모든 것이 단지 이스라엘의 역사만을 보여 주는 그림이 아니라 어떻게 역사 속에서 하나님이 미래를 말씀하시고 그 예언된 말씀이 어떻게 성취되어 가는지를 확실히 보여 주고 있다. 즉 하나님은 살아 계신 역사의 주인이심을 보여 주고 있다는 것을 놓치면 안 될 것이다.
　다니엘은 느부갓네살의 꿈을 통해 계속해서 바벨론 제국 다음으로 일어날 제국들에 대해 예언했다. 이사야의 예언대로 바벨론 제국은 신흥 제국인 메데 바사를 통일한 고레스의 제국 페르시아에 의해 멸망했다.

5. 이스라엘의 귀환

고레스 칙령에 따라 이스라엘 백성이 예루살렘으로 돌아갈 수 있게 됐다. 돌아갈 뿐만 아니라 성전 재가 허락과 함께 빼앗긴 성전 기물들을 반환받을 수 있었고 성전 건축 지원도 받게 됐다. 당시에 있을 수 없는 고레스의 배려였다.

B.C. 537년 포로들의 귀환이 시작되었고 B.C. 536년 성전 재건이 시작됐다. B.C. 458년 학사 에스라를 중심으로 제2차 귀환이 79년 만에 이루어졌다. 이들은 이미 바벨론에서 150년 정도 터전을 잡고 살았지만 약속의 땅을 잊지 않았다.

그러나 이미 타 문화권에 익숙했던 이스라엘 백성은 타국 여자들과 혼인하므로 자신들의 정체성을 잃어버리고 있었다. 에스라는 이러한 혼잡한 영적 상황을 종교개혁을 통해 정화했다.

제3차 귀환은 B.C. 444년 느헤미야를 통해 이루어졌다. 남은 이스라엘 백성은 바벨론에서 160년이 넘도록 살아온 세대들이다. 모든 것이 다 잘 정착되었던 바벨론의 삶을 버리고 느헤미야와 함께 약속의 땅을 잊지 않고 돌아갔다.

예루살렘의 성벽 재건이라는 사명을 가지고 느헤미야는 반대자들의 공작에도 한 손에 칼과 한 손에 쟁기를 들고 52일 만에 성벽을 완수하게 된다(느 6:15). 예루살렘 성벽의 재건을 마치자 느헤미야는 영적 대부흥 운동을 통해 언약 백성의 정체성을 다시금 회복하기를 원했다. 백성을 수문 앞 광장에 모이게 하고 학사 에스라에게 하나님의 율법 책을 가져오게 했다.

에스라가 율법 책을 펼치니 모두가 일어나 여호와를 송축하며 "아멘"으로 화답하며 땅에 엎드려 얼굴을 대고 경배했다. 바벨론으로 포로로 잡혀간 이래 처음 있는 가장 성대한 영적 잔치였다. 에스라가 율법을 읽고 그 의미를 해석하자 백성이 깨닫고 감사와 감격의 눈물로 여호와 하나님을 송축했다.

6. 고레스 왕의 아들 캄비세스 2세 (Cambyses II)

하나님 편에서 고레스의 가장 중요한 임무는 이스라엘 백성을 바벨론 포로에서 해방시키는 일이었다. 그 일을 마치자 그는 매우 허무하게 세상을 떠나게 된다. 그의 아들인 캄비세스 2세가 페르시아의 두 번째 왕이 되지만 그는 아버지 고레스에 비해 이렇다 할 큰 업적을 세운 것이 없었을 뿐만 아니라 뒤를 이을 후계자를 남겨 두지도 못했다. 단지 B.C. 525년 이집트를 점령한 것 외에는 말이다. 그는 이집트의 멤피스에 총독을 세운 후, 본국인 페르시아에 가짜 왕 사건이 일어나자 급하게 귀환하는 중 시리아에서 파상풍으로 절명하고 만다. 캄비세스 2세에게 정복당한 이후 이집트는 파라오의 후손에 의한 정치적 독립을 이루지 못했다.

이집트는 헬라의 알렉산더 대왕, 프톨레마이오스 왕조와 셀레우코스 그리고 로마의 통치를 받다가, 아라비아반도에서 시작된 이슬람의 발흥과 A.D. 641년 아랍에 의해 정복당한 후에 지금까지 아랍 이슬람에 의해 통치되고 있다. 즉 이집트는 캄비세스 2세에 이후 지금까지 외세에 의해 통치되고 있었다.

그러나 역사의 반전 가운데 성경에서 이사야 19:23-25에 언급된 '나의 백성 애굽이 세상에 복이 된다'라는 이사야를 통한 하나님 위로의 말씀은 21세기 오늘날 실현되고 있다. 이 부분에 대해서는 이슬람의 주제를 다룰 때 논하기로 하자.

7. 헬라 제국의 알렉산더 대왕과 제국의 분열

우리는 역사 속에서 페르시아 제국과 그리스 도시 국가 간의 전쟁이 동서양의 운명을 건 전쟁이란 것에 대해 잘 알고 있다.

페르시아 제국은 제3차에 걸쳐 그리스를 침공한다. 제1차 전쟁은 B.C. 492년, 제2차 전쟁은 B.C. 490년 일명 마라톤 전쟁이라 불리며, B.C. 480년 살라미스 해전으로 그리스와 페르시아 전쟁은 막을 내리게 된다. 그리스는 아테네, 고린도, 스파르타, 테베, 이러한 도시 국가들을 중심으로 해상 무역이 발전했다. 그들은 민주정을 채택했던 선진 문명의 도시 국가였다. 같은 그리스인이지만 마케도니아는 변방 국가로서 동방의 정치 체제인 왕정 국가였다.

남부와 중부 그리스인들은 북부에 마케도니아인들을 야만인 취급했다. 페르시아 전쟁이 끝나자 아테네를 중심으로 한 델로스 동맹[5]과 스파르타를 중심으로 한 펠로폰네소스 동맹[6] 간의 내전이 27년 동안 지리멸렬하게 이어졌다.

아가야 지역의 도시 국가의 분열을 틈타 알렉산더의 아버지인 필리포스 2세는 북쪽으로 일리리아 지역과 동쪽으로 트라키아, 남쪽으로 테살리아 지역을 정복했다. 도시 국가 아테네는 마케도니아 필리포스의 공격에 대비해 반마케도니아 동맹을 결성하여 B.C. 338년 카이로네이아 전투가 일어났다. 마케도니아의 필리포스는 아테네 동맹군을 격파하므로 실질적으로 그리스 세계를 통일하게 됐다.

B.C. 336년 필리포스 2세의 갑작스러운 죽음(암살)으로 약관의 나이 20세 아들인 알렉산더가 왕권을 이어받자 곳곳에서 반란이 일어났다. 이것은 세계를 제패하기 위한 알렉산더를 위한 하나의 담금질이었다. 그의 용맹성은 여지없이 드러났다. 2년여 동안 반란군을 다 진압하고 고린도 동

---

5   B.C. 477년의 봄, 그리스 아테네를 맹주로 이오니아, 아이올리스 그리고 에게해의 여러 섬에 있는 폴리스가 가맹하여 결성된 동맹(제1회 아테네 해상 동맹), (저자 주).
6   그리스의 스파르타를 맹주로 하는 펠로폰네소스 반도 도시 국가들의 군사동맹이다(저자 주).

맹군을 결성했다. 그리고 B.C. 334년 드디어 세계 원정 전쟁을 선포했다.

아버지 필리포스 2세는 마케도니아를 최고의 군사 강국으로 만들어 놓았다. 그의 강력한 군대는 유명한 팔랑크스 창 부대로, 5-6m 정도의 긴 창을 밀집시킨 군대 대형이다. 물론 이 군대 대형은 아버지가 개발했지만, 자유자재로 탁월하게 활용한 사람이 바로 알렉산더 대왕이었다. 아버지 필리포스 2세는 그리스 정복으로 만족을 했지만, 아들인 알렉산더는 세상 끝인 인도까지 정복하기 원하는 야망을 품고 있었다. 그의 야망을 알기라도 하듯이 성경에 다니엘은 가장 용맹했던 바벨론 제국을 무너트린 페르시아 대제국이 그리스의 마케도니아 출신의 알렉산더에 의해 멸망할 것을 예언했다. 마케도니아의 젊은 왕인 알렉산더는 세계사에서 빼놓을 수 없는 정복자로 태어난다. 다니엘은 그가 얼마나 빠르게 세계를 정복하게 될 것인지에 대해 그를 표범으로 묘사하되 등에 날개 넷이 있다고 기록하고 있다.[7] 표범 자체도 매우 빠른데 날개 4개가 등에 달렸다는 것은 얼마나 그가 빠르게 세계를 정복하여 나갈 것인지를 충분하게 보여 주고 있으며 동시에 그의 제국이 4개의 나라로 분할된다는 것을 암시하기도 한다.

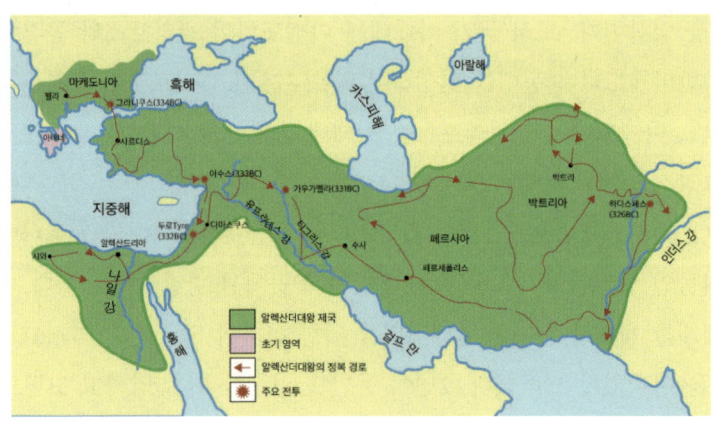

알렉산더 대왕의 정복

---

[7] 날개 넷에 대해 알렉산더 이후에 제국이 네 개의 나라로 갈라질 것이라는 암시를 보여 주는 상징적인 날개이다.

패기의 알렉산더는 단 3차례의 전투로 대제국인 페르시아 제국을 침몰시켰다. B.C. 334년 펠라에서 군대 4만을 이끌고 페르시아 국경을 넘자마자 그라니쿠스강 전투에서 페르시아군을 대파했다. 그리고 B.C. 333년 세기의 결투라 불리는, 제2차 전투인 이수스 전투에서도 대승을 거둔다. 이수스 전투는 전술과 전략에 따라 전쟁에 승패가 달려 있다는 것을 보여 준 중요한 전투였다. 이때부터 전술 교과서가 탄생했다고 전쟁 역사가들은 말하고 있다. 그는 이수스 전쟁을 통해 그가 최초의 전술가요, 전략가인 것을 보여 주었다.

알렉산더는 군대를 이끌고 지중해 동부로 내려갔다. 그는 페르시아와 마지막 전투를 하기 전에 먼저 곡식 창고인 이집트를 점령하고자 했지만, 더 중요한 것은 하나님의 예언 성취였다.

지중해를 중심으로 해상도시로 발전한 두로(Tyre)는 이미 에스겔서에서 멸망되어야 할 나라로 언급하고 있다. 두로는 3개의 대륙, 즉 아프리카의 이집트 그리고 아시아와 그리스를 연결하여 주는 핵심적인 교통의 중심지였으며 해상 무역항으로서 보급로 확보를 위한 전초 기지가 될 수 있다는 것을 이미 알렉산더는 알고 있었다. 그래서 그는 이수스에서 패하고 도망가는 다리오 3세를 추격하지 않았다.

그러나 무엇보다도 에스겔은 두로 왕의 교만함이 하나님의 저울에 달렸다고 예언했고(겔 28:2), 이사야 선지자도 두로는 교만함 때문에 멸망할 것이라고 예언했다(사 23:1-3). 아모스 선지자는 이스라엘 백성을 잡아다가 에돔에게 노예로 팔아 버린 죄에 대해 하나님이 묵과하지 않고 반드시 벌을 내리실 것인데 불로 멸망할 것이라고 말했다.

> 내가 두로 성에 불을 보내리니 그 궁궐들을 사르리라(암 1:9-10).

도대체 두로가 어떤 나라이기에 이렇게 많은 부분 성경에 예언되어 멸망했을까?

두로는 지중해를 중심으로 해상 무역을 통해 엄청난 부를 축적하며 매우 사치스럽게 살던 나라이다. 당시 자주색 물감은 매우 귀한 재료로서 금과 같은 가치가 있었지만, 매우 흔하게 사용했으며 조선업을 통해 많은 나라와 무역을 통한 경제적 부와 문화를 발전시키었으니 얼마나 교만했겠는지 짐작이 가는 나라이다.

여호와 하나님이 선지자를 통해 두로가 반드시 멸망할 것을 예언하셨다. 예언의 성취를 위해 하나님은 그리스의 알렉산더를 사용하셨다. 두로를 공격할 때 두로는 그 무적의 군대를 무려 7개월 동안 견뎠다고 역사가들은 말하고 있다. 그러나 두로도 하나님의 역사 속에서 예언하신 대로 불바다가 되어 멸망했다.[8]

알렉산더가 두로를 정복하고 그 밑으로 있는 도시 가사[9]를 점령하는 것은 어렵지 않았다. 가사를 정복한 알렉산더는 B.C. 332년 이집트의 관문인 펠루시움[10]에 도착했다. 펠루시움은 파라오의 궁전이 있었으며 그 왕궁의 위용을 자랑하는 이집트의 주요 항구 도시였다. 그러나 숱한 역사의 변천과 천재지변으로 인해 지금은 남아 있는 것은 거의 없고 그때의 위용을 자랑했던 돌기둥들이 흩어져 있을 뿐이다.

캄비세스 2세에 의해 이집트의 통치를 위해 페르시아 총독으로 세워진 마자케스는, 이수스 전투에서 페르시아 본진인 다리오 3세를 격파한 알렉산더에게 저항할 수 없었다. 그는 손수 알렉산더 앞에 와서 항복했다. 알렉산더는 당시에 페르시아 지배를 받던 이집트 민중들에게 자유를 선물한 해방자가 됐다. 그는 매우 뛰어난 지장이었다.

---

8 조병호, 『성경과 5대 제국』(서울: 통독원, 2011), 250.
9 현재의 가자 지구.
10 펠루시움(Pelusium)은 현재 이집트의 지명은 텔 엘 파라마(tel el farama). 포트사이드로 가다가 엘 칸타라에서 운하를 건너 엘 아리쉬 방향으로 55km 가면 왼편에 텔 엘 파라마 표시판이 보인다.

앞으로 계속되는 정복 전쟁에서 보급품 내지는 식량 조달을 위해 반드시 이집트의 자발적인 도움이 필요했을 뿐만 아니라 유기적인 전쟁 기지가 필요했다. 그는 한눈에 작은 어촌인 라코티스(오늘날 알렉산드리아)를 알아보았다.

지중해와 델타의 습지 가운데 자리한 마레오티스 담수호에 둘러싸인 작은 어촌을, 자신의 이름을 딴 알렉산드리아라는 지명의 이름으로 명명하고 도시를 건설하라고 명령했다.[11] 이 작은 도시를 통해 지중해로 나가는 발판을 만들 수 있을 뿐만 아니라 호수를 통해 연결된 나일강과 델타 내륙 지역으로 수로를 열어 매우 빠르고 쉽게 이동할 수 있는 지정학적 요충지였다.

알렉산더 대왕은 카이로에서 650km 위치한 사하라 오아시스 시와(Siwa)[12]에 아몬신전을 찾아가 아몬신전의 제사장을 통해 이집트의 파라오 신탁을 받으므로 태양신인 아몬 아들이라 칭함을 받고 공식적인 이집트의 파라오 등극을 하면서 호메로스의 저서 일리아스[13]에 나오는 아킬레우스의 후손으로 살아 있는 신임을 선포했다.

알렉산더가 방문한 시와 아문신전 표지판

---

11   E. M. Forster, 『*Alexandria*』(the American university in Cairo Press, 2004),19.
12   Ahmed Fakhry, 『*Siwa Oasis*』(the American university in Cairo Press,1973), 143.
13   고대 그리스 문학의 가장 오래된 서사시.

결국 이 사건이 알렉산더 사후 프톨레마이오스가 이집트 마지막 왕조인 32왕조를 여는 계기가 됐다. 그뿐만 아니라 알렉산더는 아리스토텔레스에 의한 이상형 국가 건설이라는 헬레니즘의 우수성에 대한 영향을 받고 자란 지장이었다.

그는 헬레니즘의 전도사와 같은 역할을 자처했으며 세계를 정복한 곳마다 새로운 도시를 세우고 알렉산드리아란 도시 이름을 주었다. 그가 명명한 도시 중에 지금까지 남아 있는 도시는 이집트의 알렉산드리아이다.

그가 생각했던 대로 알렉산드리아는, 프톨레마이오스 왕조인 이집트 32왕조 때 새로운 제국의 헬레니즘의 문화를 꽃피우는 가장 아름다운 도시 중의 하나가 됐다. 놀라운 것은 전쟁 속에 있으면서도 알렉산더 자신이 직접 알렉산드리아 도시 인프라 설계를 했다고 전해진다. B.C. 60년 그리스 역사가 디오도로스는 알렉산드리아에 대해 말하기를 "그 어떤 도시의 아름다움도, 도시의 부유함과 편리함 그리고 화려함에서 알렉산드리아를 견줄 만한 도시는 없다"[14]라고 극찬했다.

이집트를 떠난 그는 유프라테스강을 건너 가우가멜라 앞에 도착했다. 페르시아의 다리오 3세는 페르시아의 모든 병력과 용병들까지도 다 끌어모아서 진을 치고 기다리고 있었지만 이미 패국의 왕은 알렉산더 대왕의 군대를 이길 수 없었다. 결국 그는 부하의 손에 죽임을 당하면서 페르시아 제국도 역사 속으로 사라졌다. 알렉산더는 박트리아로 진군했다. 그리고 인더스강 앞까지 진군했다. 13년간 정복 전쟁을 한 그리스 군사들은 지쳐 있었다. 결국 세계를 정복한 알렉산더는 바벨론으로 돌아와서 원인 모를 병으로 32세의 젊은 나이에 사망(B.C. 323)하므로 인간의 유약함을 보여주며 영원한 인간의 제국이 없음을 보여 주었다.

---

14 Manfred Clauss, 『알렉산드리아』(Alexandria), 임미오 역(서울: 생각의나무, 2003), 17.

다니엘은 성경을 통해 알렉산더에 대해 예언했다.

> 그러나 그가 강성할 때에 그의 나라가 갈라져 천하 사방에 나누일 것이나 그의 자손에게로 돌아가지도 아니할 것이요(단 11:4).

알렉산더가 죽기 전 약 250년 전에 다니엘은 그의 나라가 4개의 나라로 나누어질 것에 대해 그리고 그중 두 개의 강력한 나라에 대해 예언했다. 두 나라에 대해 다니엘서는 북방 왕과 남방 왕으로 묘사하고 있다. 북방 왕은 셀레우코스 왕조를 말하며, 남방 왕은 프톨레마이오스 왕조를 말하고 있다. 알렉산더 사후 그의 제국은 모두가 헬레니즘의 문화를 수호하며 중근동의 문화를 이끌어가게 된다.

1) 알렉산더 후계자들의 시대(B.C. 323-301)

갑작스러운 알렉산더의 죽음으로 대제국은 후계자들에 의한, 권력 공백으로 인한, 서로 간의 투쟁이 20여 년간 일어난다. 그 시대를 디아도키(Diadochi) 시대라 한다. 제국을 분할하자는 파와 분할하지 말자는 파로 나뉘었다. 결국 두 파는 301년 이프소스(ipsus) 전투에서 분할하지 말자는 안티고노스(Antigonus)가 패하므로 성경의 예언대로 알렉산더 제국은 대왕의 자손에게 돌아가지 못하고 분열됐다(단 11:4).

카산더 장군은 그리스 본토를 차지했고, 리시마커스 장군은 소아시아 서쪽 일부와 트라키아 지역을 지배하게 되었고, 셀레우코스는 시리아 바벨론 지역을 지배하며 셀레우코스 왕조를 세웠다. 프톨레마이오스 장군은 이집트를 중심으로 한 지역을 지배하며 프톨레마이오스 왕조를 세우게 됐다.

갈라진 네 나라 중에 셀레우코스는 다니엘서에서 북방 왕으로 등장하며 프톨레마이오스 왕조는 남방 왕으로 등장한다. 먼저 프톨레마이오스 왕조가 이스라엘 땅을 100여 년 지배하게 됐다. 우리는 먼저 셀레우코스 왕조에 관해 이야기하도록 하자.

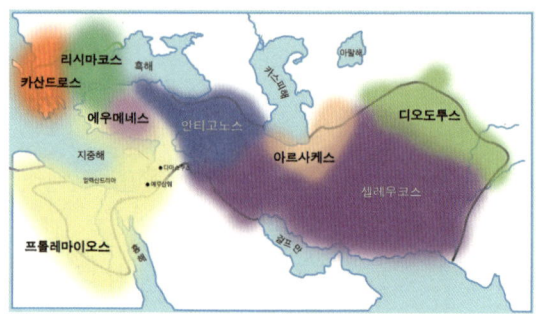

알렉산더 제국 분열 지도

8. 셀레우코스 1세 (B.C. 312-281)

셀레우코스 역시 알렉산더의 휘하 장군 중에 하나로 다니엘서에 예언된 북방 왕으로 성경에 등장한다. 셀레우코스 1세는 아버지 안티오코스 이름을 딴 안티오크(안디옥)를 건설한 후에 수도로 삼았다. 후에 로마가 지배하던 시절, 예루살렘 핍박으로 흩어진 무명의 성도들에 의해 세워진 안디옥교회는 세계 선교 및 이방 선교의 교두보가 된 안디옥을 말한다(행 13:4).

1) 안티오코스 3세 (B.C. 223-187)

18세의 나이로 셀레우코스 6대 왕으로 대왕의 별명을 얻을 만큼 강력한 국가를 이루어 갔으며 그동안 프톨레마이오스에 의해 지배되던 페니키아와 유다 땅을 점령하여 지배하게 됐다.

그 시기에 포에니 전쟁으로 불리는 로마와 카르타고 한니발과의 전투가 지중해 패권을 놓고 일어났다. 결과는 한니발의 참패로, 로마는 지중해의 패권국으로 올라서게 됐다.

셀레우코스의 안티오코스 3세는 자신의 왕국의 입지를 더 강력하게 하고자, 망명으로 와 있던 한니발과 연합하여 B.C. 190년 마그네시아 전투[15]에

15　B.C. 190년 리디아 평원에서 셀레우코스 왕조의 안티오코스 3세와 로마의 스키피오와

서 로마의 스키피오 장군과의 자웅을 겨루지만, 로마에 패하므로 소아시아 전부를 로마에 내줄 뿐만 아니라 많은 전쟁 배상금을 물어 주고 자기 아들인 안티오코스 에피파네스를 볼모로 내주게 됐다. 그리고 배상금을 물기 위해 바알신전을 약탈하는 과정에서 암살자에 의해 사망하게 된다.

그 뒤를 이어 셀레우코스 4세(B.C. 187-175)가 왕국을 물려받고 로마에 배상금을 모두 갚고, 제국의 재정을 안정시키는 데 주력하므로 셀레우코스 제국은 다시 안정을 찾을 수 있었다. 그러나 셀레우코스 4세는 재정 장관 헬리오도로스에게 암살당하자, 로마에서 돌아온 안티오코스 에피파네스 4세는 암살자들을 처단하고 왕위를 차지하게 된다. 이 자가 바로 다니엘서에서 적그리스도의 모형으로 등장하는 셀레우코스 왕조의 안티오코스 에피파네스 4세이다.

2) 안티오코스 에피파네스 4세(B.C. 175-164)

셀레우코스 왕조에서 성경 역사적으로 중요한 것은 그의 치세하는 동안 일어난 일련의 사건들이다. 그가 왕이 된 후에 정치적으로, 군사적 그리고 경제적으로 매우 불안정한 왕국의 상황을 바로잡고자 강력한 헬라화 정책을 추진했다. 당시 이집트 왕국 프톨레마이오스 6세 필로메토르가 안티오코스 3세에게 빼앗긴 시리아 땅을 되찾으려고 전쟁을 준비한다는 사실을 에피파네스가 미리 알고 B.C. 170년 프톨레마이오스를 선제공격하여 승리한 후에 이집트를 멤피스와 알렉산드리아 두 군데로 양분하여 각각 프톨레마이오스 6세와 7세를 세워 서로 경쟁하도록 하므로 국력을 소진하게 했다.

이 부분에 대해 다니엘 11:28에 언급하고 있다. 1년 뒤인 B.C. 169년에 이집트의 두 형제 왕이 에피파네스에게 대항하기 위해 연합 왕정을 수립하자 에피파네스는 제2차 이집트 정복을 나서지만, 그전만 못한 상황이 될 것이라고 다니엘서는 말하고 있다(단 11:29). 그의 진군은 로마의 개입

그리스와 마케도니아의 패권을 놓고 벌인 전쟁. 로마의 승리로 끝남(저자 주).

으로 중단될 수밖에 없었다. 14년간 로마에 볼모로 잡혀 있던 그는 로마의 군사적 힘을 알고 철군을 하지 않을 수가 없었다.

회군한 에피파네스는 B.C. 167년 드디어 그의 광기가 드러나기 시작했다. 그는 유대인이 조상 대대로 지켜 오던 율법을 지키지 못하도록 금지 명령을 내렸다. 안식일을 지키지 못하도록 했으며 절기 축제 금지, 매일 드리는 제사 금지, 할례 금지 등 유대인의 신앙의 근간인 뿌리를 다 잘라 내기 시작했다. 성직 매매로 성직자를 세우고, 율법서(Torah)를 불태우고, 성전 제단에 불결한 돼지의 피를 뿌리고, 강제적으로 돼지고기를 먹게 하고, 어기는 자는 누구를 막론하고 사형에 처했다. 그는 유대인의 수천 년을 지켜 온 정서적, 종교적 상황을 전혀 고려하지 않고 정치적으로 종교적 통일을 위한 헬레니즘을 추구하고자 했다. 안티오코스의 무모하고 어리석은 정치적 종교적 행동의 결과는 마카비 혁명이라는 유대 독립 전쟁의 도화선에 불을 붙이게 됐다.

다니엘의 예언대로 B.C. 167년 에피파네스 4세에 의해 예루살렘성전 모독 사건이 일어났다. 역사적인 야화로 고레스도 성경에서 예언된 자신에 대해 다니엘을 통해 들었으며 알렉산더도 예루살렘 방문을 통해 자신에 대한 예언을 제사장을 통해 들었을 것이다.

그리스 문명의 수혜자인 안티오코스는 로마의 힘을 무서워했지만, 우주 만물을 지배하시며 인도하시는 하나님을 전혀 고려하지 않은 어리석은 군주였다. 그가 태어나기도 전에 이미 성경의 역사는 그를 통해 하나님의 예언이 성취되는 데 쓰임 받는 도구가 될 것이라고 말하고 있다. 외형적으로 볼 때 그가 분명히 이긴 것 같고 악한 세력이 권력과 힘을 가지고 모든 것을 좌지우지하는 것처럼 보이지만 실상은 보이지 않는 하나님의 역사 섭리가 있다는 것을 우리는 세계사 속에서 그리고 성경의 역사를 통해 분명히 보고 있다.

에피파네스의 성전 모독 사건은 마지막 때 주님의 재림 전 적그리스도가 하나님의 신성을 모독하고 도전할 것에 대한 예표로 보여 주고 있다.

우리는 역사 앞에서 지나온 과거를 바라보며 하나님이 어떻게 역사 속에서 예언을 성취해 가는지를 보면서 미래 하나님의 예언이 어떻게 이루어질 것인가에 관해 관심을 가지고 바라보며 우리의 미래의 삶을 만들어 가야 할 것이다. 이것을 놓친다면 역사를 바라보아야 할 아무런 이유가 우리에게는 없는 것이다. 그냥 역사는 역사일 뿐이기 때문이다.

앞으로 일어날 세계사는 갈수록 복잡하고 어려워질 것이다. 신앙을 지키기가 쉽지 않은 시대가 올 것이다. 그러나 성경의 역사는 우리에게 모든 것이 하나님의 절대 주권 속에 있다는 것을 알려 주고 있다. 성경의 예언은 우리가 앞으로 살아갈 신앙적 로드맵을 제시하여 주고 있다는 것을 놓쳐서는 안 된다. 앞으로도 믿음을 따라 살기를 결심하는 자들은, 고난과 고통의 길을 피해 도망가는 삶과 타협하는 삶이 아니라 믿음으로 이겨 나가는 삶을 하나님 예언의 성취 의미에서 찾아야 할 것이다. 이것을 놓친다면 하나님의 역사적 예언은 우리에게 아무런 의미가 없는 것이 될 것이다.

안티오코스 에피파네스 4세가 헬레니즘의 수호자로서 적그리스도의 모습으로 유대 신앙의 근본적 뿌리를 뒤흔들자, 신앙의 뿌리를 지키며 헬레니즘에 반대해 일어난 두 종류의 혁명적 그룹이 탄생한다.

마카비 혁명 그룹과 하시딤 신앙 혁명 그룹이 바로 그것이다. 영웅은 시대가 만든다는 의미에 대해 생각해 볼 수 있다. 즉 에스더의 생명을 건 행동으로 인해 죽임을 당하려던 유대인은 살아나고, 죽이려는 하만이 오히려 장대에 달려 죽음으로 이스라엘에 부림절이 탄생하게 됐다.

3) 하시딤(Hasidim)

하시딤은 이스라엘의 경건한 신앙을 지키기 위해 생명을 내놓으며 율법을 철저히 지키고자 했던 그룹이다. 다니엘서가 기록될 때의 독자는 당시 사람들이기보다는 미래에 일어날 고난과 고통 가운데 신앙을 지켜 나갈 믿음의 사람들이다.

그들이 어떻게 신앙생활을 해야 할 것인가에 대해 다니엘 자신과 아벳느고, 사드락, 메삭을 통해 다니엘서에서 보여 주고 있었다.

외경인 마카비서에서 당시 그들이 신앙을 어떻게 지켰는가에 관한 이야기들이 자세하게 기록이 되어있다. 특별히 마카비1서 2:42 "이스라엘의 힘 센 전사들인 '하시디안'들의 일개 중대가 그들과 연합했다." 이 구절을 통해 하시딤 그룹이 마카비 혁명에 동참했다는 것을 알 수 있다.

마카비 혁명도 셀레우코스 왕조의 헬레니즘 사상에 반대해 봉기한 혁명이기에 하시딤 그룹과 사상적으로 같이 했지만, 마카비 혁명이 하스몬 독립왕조가 되면서 구약에서는 언급되지 않은 바리새파가 하시딤 그룹을 통해 나오게 되고 정치적인 신앙의 그룹인 사두개파[16]가 등장하는 계기가 됐다.

사두개파는 유대교의 전통보다는 헬레니즘의 문화를 묵인하는 매우 세속적이고 정치적인 그룹이었다. 요단강에서 세례를 베풀던 요한에게 "독사의 자식들아 너희가 어떻게 임박한 진노를 피할 수 있겠느냐"라는 질타를 받았던 자들이다(마 3:7). 그들과 바리새인은 서로 대립 관계를 갖게 되었고 바리새파가 형식주의 그룹이 되자 그 그룹에서 에세네파가 나오게 된다.

중요한 것은 하시딤은 다니엘서의 독자로서 바벨론 통치하에 믿음의 선진들이 어떻게 신앙을 지켜 왔는가를 보았다. 셀레우코스 왕조의 하시딤 그룹이 헬레니즘에 반대해 신앙을 지키기 위해 온갖 고난을 감내할 수 있었던 것도 다니엘서의 예언과 무관할 수 없다는 것을 말하고자 함이다.

즉 역사를 통해 우리가 하나님의 섭리와 예언 성취에 대한 확신을 갖는다면 우리가 있는 그곳에서 믿음을 지켜 나가며 하나님 예언의 성취자가 될 수 있다는 것을 보아야 할 것이다.

---

[16] 사두개파는 다윗 시대의 대제사장(대사제)이었던 사독에서 파생된 말로, 사독의 후손들은 마카비 시대까지 사제직을 수행했다. 이들은 유대의 종교 및 정치의 최고 지도자인 대제사장을 지지한 그룹으로서 귀족 계급에 속했으며 정치적으로 하스몬 왕조를 지지했다(저자 주).

4) 마카비 혁명(B.C. 166-143)

안티오코스 4세의 명령을 받고 관리가 예루살렘 북서쪽에 있는 작은 마을 모덴(Modein) 지역에 와서 우상 숭배의 명령을 전하자 노년의 제사장인 맛다디아는 그 관리를 죽이고 다섯 아들인 요한, 시몬, 유다, 엘르아살, 요나단과 자기를 따르는 자들과 함께 안티오코스의 헬레니즘에 대항하여 23년간의 혁명 투쟁을 시작한다.

이것이 마카비 혁명이다. 맛다디아는 얼마 후 사망(B.C. 166)하게 되고 셋째 아들인 유다가 혁명을 이어 갔다. 그는 천부적으로 타고난 전략가였다. 그는 안티오코스의 잘 훈련된 군대와 전면전을 피하고 언제나 게릴라전을 통해 셀레우코스 군대와 4번의 전투에서 연전연승했다.

그는 B.C. 164년 벧술 전투 이후 예루살렘을 탈환하고, 더럽혀진 성소를 정화하고, 성전 봉헌식을 8일간 드렸다. 이것이 하누카(Hanukkah), 빛의 축제이다.

유대인은 지금까지 하누카 절기(요 10:22, 수전절)를 12월 중순에 8일간 지키고 있다. 유다 마카비는 B.C. 160년 셀레우코스와의 전투에서 사망하며 그의 막냇동생 요나단이 모든 실권을 쥔 대제사장으로서 활동하다가 B.C. 142년 셀레우코스의 음모에 말려 암살을 당하자, 맛다디아 둘째 아들인 시몬이 군사령관직과 대제사장직을 겸하게 됐다. 이 시몬에 의해 마카비 혁명은 하스몬 유대 독립 왕조를 탄생시키게 된다.

9. 하스몬 왕조(B.C. 142-63)[17]

1) 시몬(Simon) 마카비(B.C. 142-134)

시몬은 유대 통치권자이며 대제사장직을 겸하므로 독립 국가의 틀을 다지게 된다. B.C. 142년 시몬은 23년간의 혁명을 종식하고 유대 땅에 있는 셀레우코스 군대를 완전히 몰아내며 실질적으로 유다의 정치적 독립을 이루므로 하스몬 왕조를 세우게 된다.

하스몬 왕조는 남유다가 바벨론에 의해 멸망한 이후 페르시아와 헬라제국으로부터 440년 만에 독립을 이루게 된 것이다.[18] 불행하게도 그는 사위에게 암살을 당하며 생을 마감하게 된다.

2) 요한 힐카누스(B.C. 134-104)

그는 혁명 1세대의 아들임에도 헬라식 이름인 '힐카누스'를 사용하기 시작했다.[19] 역설적으로 헬레니즘에 반대해 혁명을 일으킨 장본인들이 시대의 흐름 속에서 세상과 타협하는 왕이 되었으며 그 이후 모든 왕은 헬라식 이름을 사용하게 됐다. 결국 하스몬 왕조도 오래 가지 못하고 멸망하게 된다.

힐카누스는 사마리아로 원정하여 그리심산의 신전을 파괴하므로(B.C. 128) 유대인과 사마리아인의 적대감이 최고조로 달했다. 남쪽인 이두메(Idumea)로 원정하여 이두메 사람들을 강제로 개종을 시키며 할례도 시켰다. 그들 중 에돔 사람 가운데 안티파테르(Antipater) 1세가 이두메의 통

---

17 맛다디아의 아버지 이름을 따서 하스몬 왕국이라 명했다.
18 조병호, 『성경과 5대 제국』, 267.
19 시몬의 아들부터 모두가 헬라식 이름을 갖게 된다. 즉 유대의 정통성을 잊어버리고 헬라화되어 간다.

치자로 임명되면서 이두매 왕조가 시작되는 계기의 발판을 만들어 주게 된다.

헬레니즘에 반대한 마카비 혁명을 통해 예루살렘을 탈환하며 유대의 전통을 지키겠다던 그들의 혁명은 시몬의 아들인 힐카누스가 헬라 문화를 지향하자 이에 불만을 품은 바리새인(Pharusess)들이 들고 일어나는 계기가 됐다. 그러나 이러한 힐카누스 정책에 대해 동조하는 기득권자 그룹이 일어나게 되는데 이들이 사두개파(Sadducees)이다.

결국 바리새파[20] 그룹과 사두개파 그룹 간에 종교적 갈등이 일어날 수밖에 없었다. 바리새파는 율법을 강조하지만 결국 본질을 잃어버리고 형식화되어 간다. 그러자 이들 가운데 금욕주의와 경건주의를 주장하는 그룹이 유대 사막 가운데 공동체를 이루게 되는데, 이들이 에세네파(Essenes)[21]이다.

바리새파는 당시 국제적인 흐름인 헬레니즘에 반대하며 종교적으로 성전 제사보다는 회당 예배인 율법 중심으로 사제와 귀족보다는 평민을 중심으로 이루어진 그룹이었으며, 사두개파는 헬레니즘을 추종하며 성전 중심의 예배와 사제와 귀족을 중심으로 한 정치적인 그룹이었다.

3) 아리스토불루스 1세(B.C. 104-103)

그는 정치적 야욕으로 1년을 통치하기 위해, 어머니와 형제들을 감옥에 가두었으며 사두개파를 지지했다. 그는 단명하지만, 왕이란 직함을 처음으로 사용했다. 그는 갈릴리를 정복하면서 최초 유대 정착촌을 건설했다.

학자들에 의하면 베들레헴에 살던 요셉의 조상들이 강제로 나사렛으로 이주하게 된 동기도 이때라고 주장하며 먼 훗날 로마 황제 아우구스투스

---

[20] 바리새라는 말은 '분리하다'라는 의미이다. 당시 유대인은 개종은 하지 않았지만, 그리스 문명을 배우고자 했다. 이런 상황이 일어나자 바리새인들은 구전 율법을 만들므로 신앙을 더욱더 철저히 지키고자 했다.

[21] 율법에 대해 바리새인과 비슷하나, 현실 도피적이며 은둔적인 삶을 지향했다.

의 명을 따라 요셉과 마리아가 호적 하러 베들레헴으로 가게 되므로 성경의 예언은 한 치의 오차도 없이 긴 세월 속에서 성취됐다.

4) 알렉산더 얀네우스(B.C. 103-76)

용병을 고용하여 솔로몬 이후 최대 영토를 차지하지만, 바리새파의 대규모 반란이 일어나자 800명이 넘는 바리새파인을 십자가에 처형했다. 그리고 에돔의 이두매 사람들을 강제로 유대교로 개종시킬 뿐만 아니라 할례도 시켰다. 그 이후에 안티파테르(Antipater)를 이두매의 통치자로 임명하면서 헤롯 가문이 역사 속에 등장하게 된다.

5) 살로메 알렉산드라(B.C. 76-67): 얀네우스의 아내

남편인 얀네우스가 죽자 그의 아내인 알렉산드라가 7년간의 통치를 통해 마카비 왕조의 최전성기를 이루었다. 그녀는 솔로몬 시대의 영토를 회복할 정도의 강력한 나라를 건설했다. 하스몬 왕조는 80년 정도의 단명한 왕조이지만 그녀의 통치 때 얼마나 강력한 나라를 이루어 갔는지 알 수 있다.

그녀의 남편인 얀네우스는 바리새파를 반란자들로 처형했지만, 그녀는 바리새파를 우대했다. 그리고 바리새파와 사두개파의 종교적 통합을 이루며 정치적 부흥기를 이끌어 갔다. 그녀의 오빠인 시므온 벤 세타가 바리새인의 지도자이며 산헤드린 의장으로서 여러 방면에서 알렉산드라를 지원했다.

정치적 기득권을 잃어버린 사두개파는 아리스토블루스 2세를 지원하며 기회를 엿보고 있었으며 바리새파는 장자인 힐카누스 2세를 지원하게 된다. 왕권에 대한 두 형제의 갈등과 바리새파와 사두개파의 종교적 갈등이 결국은 하스몬 왕가의 멸망으로 이어지게 됐다.

멸망의 중요한 이유는 시몬의 아들 때부터 하스몬 왕가가 헬라식 이름을 사용했기 때문이다. 이것은 안티오코스 에피파네스 4세의 헬레니즘에 반대해 일어난 혁명이 얼마 가지 못하고 헬라화됐다는 것으로 혁명의 본 취지를 잃어버리게 된 것이다.

하스몬 왕조는 헬레니즘에 반대해 일어났으나 후손들이 헬레니즘에 동화됨으로써 멸망을 자초한 것을 여과 없이 보여 준 역사의 드라마이다.

우리는 이러한 역사를 통해 배우고 느끼는 것이 분명히 있어야 할 것이다. 신앙에 있어서 그 어떠한 세속적인 것과 타협이나 동화가 있어서는 안 될 것이다. 세속과의 타협과 동화는 결국 멸망을 부른다는 것을 잊지 말아야 한다.

6) 힐카누스 2세와 아리스토블루스 2세(B.C. 67-63)

마카비 최전성기를 이끈 살로메 알렉산드라가 B.C. 67-63년 죽으면서 장남 힐카누스 2세와 차남 아리스토블루스 2세가 왕권을 놓고 4년간 싸우게 된다. 결국 하스몬 왕조는 형제간의 권력 싸움으로 분열됐다. 그즈음에 셀레우코스 왕조의 수도인 안디옥을 점령한 로마의 폼페이우스에게 두 형제는 자신들을 지지하여 달라고 요청한다.

폼페이우스가 힐카누스 2세를 지원하여 주자 아리스토블루스 2세는 예루살렘으로 돌아가 반란을 일으킨다. 이것이 계기가 되어 로마의 폼페이우스가 예루살렘을 공략하므로 하스몬 왕조가 멸망하는 계기가 됐다.

여기서 우리는 마지막 제국으로 일어나는 로마에 대해 하나님이 역사 속에서 어떻게 인도하여 가시는지 눈여겨볼 필요가 있다. 그 이유는 창세기 3:15에 예언된 여자의 후손이 로마 시대에 성취되기 때문이다. 그 많은 제국이 있었는데 하필이면 로마 시대에 여자의 후손이 태어나는가에 대해 부연 설명해야 할 것이다.

10. 로마의 삼두 정치(B.C. 66-52)

1) 폼페이우스와 카이사르

로마의 폼페이우스는 지중해에 창궐하던 해적들을 몰아내고 동방 원정 사령관으로 임명됐다. 로마를 괴롭히는 폰투스 왕국과 미트라다테스 전쟁에 승리하면서(B.C. 66-52) 유명무실한 셀레우코스 왕조는 멸망하게 된다.

마카비 왕조의 두 형제가 다투면서 서로 폼페이우스의 지지를 얻고자 했다. 폼페이우스는 힐카누스 2세를 지지해 주었다. 그러자 차남인 아리스토블루스가 예루살렘으로 돌아가서 반란을 일으켰고, 이는 폼페이우스에게는 호재였다. 그는 반란을 진압하고자 예루살렘으로 진군하여 3개월간의 공성 끝에 B.C. 63년 예루살렘을 점령하므로 하스몬 왕조는 100년도 못 되어 로마의 속국으로 전락하게 됐다. 폼페이우스는 힐카누스 2세를 제사장으로 세우고 아리스토블루스는 포로로 잡아갔다. 이때 폼페이우스에게 협력한 자가 이두메 출신의 안티파터이다.[22] 폼페이우스는 에돔의 안티파터(헤롯 대왕의 아버지)를 로마와 접촉하는 실세로 유대의 행정관으로 임명했다. 이때부터 헤롯 가문이 유다에 등장하게 됐다.

로마는 군사적, 지정학적으로 중요한 팔레스타인 지역을 점령함으로써 두 마리의 토끼를 쫓고자 했다. 하나는, 이집트와 시리아 그리고 메소포타미아를 연결하는 도로망 형성을 통해 유기적으로 중근동을 지배하고자 했다.

그리고 다른 또 하나의 목적은 유대 문화에 헬레니즘 사상과 문화를 유입하게 하므로 독립성이 특출한 선민의식을 가지고 있는 유대이즘을 희석할 수 있는 적합한 자를 찾고자 했다. 그가 바로 안티파터였다.

---

22 안티파터는 이두메 출신으로 요한 힐카누스에 의해 강제로 유대교로 개종했다.

로마의 실력자인 카이사르와 폼페이우스 그리고 크라수스가 8년 동안 로마를 통치했다. 크라수스가 B.C. 53년 사망하자 카이사르와 폼페이우스 간에 내전이 벌어지게 됐다.

마침내 그들은 그리스 중부의 파르살로스 평원 전투(B.C. 48)를 벌였다. 결과는 폼페이우스의 패배였다. 그는 알렉산드리아의 프톨레마이오스 13세에게 의탁하고자 갔지만, 로마의 패장인 폼페이우스를 받아들이고 승자인 카이사르를 적대함으로써 얻을 정치적 결과는 프톨레마이오스 13세에게 결코 득이 될 수 없었다.

정치적 상황은 폼페이우스가 생각했던 것처럼 이루어지지 않았다. 결국 로마의 대장군이었던 폼페이우스는 알렉산드리아에서 암살을 당하고 만다. 그가 사망한 지 3일 만에 카이사르는 그의 죽음을 빌미로 알렉산드리아로 들어가게 되고, 프톨레마이오스 13세와 마지막 왕조의 클레오파트라 7세와의 운명적 만남과 두 남매의 정치적 갈등으로 이루어진 이집트 내전에 관여하는 결과가 됐다.

2) 안티파터 2세의 등장(헤롯 왕의 아버지)

헤롯 가문이 로마의 권력을 등에 업고 나타날 수 있는 절호의 기회가 있었다. 카이사르의 로마 군대와 프톨레마이오스 13세의 전투(B.C. 48)가 벌어지게 됐다. 아직 카이사르의 본진이 들어오지 못한 상태여서 매우 위급한 상태가 전개되어 가고 있었다.

이때 안티파터 2세의 도움으로 위급한 상황을 넘어가게 됐다. 이것은 카이사르에게 절체절명의 사건이었다. 그는 안티파터 2세에게 빚을 진 것이다. 안티파터 2세는 공적을 인정받고 카이사르에 의해 유다 총독으로 임명을 받게 되면서 유대 땅을 통치하는 실질적인 지배자가 됐다. 그는 유대 땅에 실권자로 등극하면서 대제사장이었던 힐카누스 2세를 뒤로하고 자신의 장남 파사엘을 유대 땅에 총독으로 세우고 차남 헤롯을 갈릴리 총독으로 세우면서 유대 땅의 실질적인 통치자로 군림한다.

우리는 여기서 율리우스 카이사르가 알렉산드리아에서 이집트 32왕조인 프톨레마이오스 마지막 여왕인 클레오파트라를 만난 이야기를 빼놓을 수가 없을 것이다. 그러나 프톨레마이오스 제국에서 이 부분을 다루는 것이 더 흥미로울 것이다.

카이사르가 로마로 돌아가지만 4년 후인 B.C. 44년 암살당하게 된다. 그동안 유대에서도 여러 가지 많은 사건이 정치적으로 일어나고, 특별히 안티파터 2세에 대해 유대 안에서 반란이 일어나고 그 이듬해에 43년 그도 암살을 당했다.

로마에서는 카이사르가 암살당하면서 제2차 삼두 정치(B.C. 43-34)의 시작과 끊임없는 정치적 주도권 문제로 내란이 일어나고 있었다. 같은 시기에 유대에서도 안티고노스가 유대인을 선동하여 3년간 반란을 일으키자, 그 여파로 안티파터 2세의 장남이었던 파사엘은 자살을 하게 되고 헤롯은 가족을 데리고 로마로 도망가서 옥타비아누스에게 의탁했다.

그는 옥타비아누스(아우구스투스)에게 유대인의 왕으로 임명을 받고 로마군을 이끌고 유대의 반란군을 진압했다. 그리고 그는 B.C. 37년 안티고노스를 포함하여 반란자를 다 숙청하므로 B.C. 4년까지 34년간 철권통치를 하면서 그의 무자비한 면모가 드러났다.

그는 그의 주변 인물들을 다 숙청했다. 처남인 아리스토블루스 3세(B.C. 34), 아내의 할아버지인 힐카누스 2세(B.C. 31), 아내인 마리암네(B.C. 29), 장모인 알렉산드라(B.C. 28) 심지어 그는 아내인 마리암네의 소생인 자기의 두 아들까지도 B.C. 7년 가차 없이 죽인 인물이다.

우리가 잘 알듯이 헤롯은 아기 예수님 탄생 소식을 듣고 2살 미만의 아이들을 다 죽이라는 명령을 내린 장본인이다. 헤롯의 이러한 악한 일들은 창세기에서 여자의 후손으로 오시는 구원자이신 예수 그리스도의 예언 성취를 이루지 못하게 하려는 사단의 전략과 하나님의 예언 성취 갈림길에서 일어난 극적인 사건이다.

하나님의 말씀은 일점일획도 틀리지 않고 성취된다는 역사적 사실을 객관적으로 증명해 주는데 사용된 인물이 헤롯이다. 헤롯이 죽자 멀리 도망가 있던 다른 3명의 아들이 분봉 왕이란 이름으로 유대를 통치하게 된다.

지금까지 우리는 다시 알렉산더 대왕의 나라가 두 개의 큰 나라로 나누어지고 그중의 하나인 셀레우코스 왕조의 흥망성쇠를 들여다보면서 어떻게 헤롯 가문이 유대에 등장하는지에 대해 역사적으로 보았다.

이제 우리는 하나님이 헬레니즘의 대표적인 나라인 프톨레마이오스 제국의 역사를 들여다보면서 이 나라를 통해 예언의 성취를 세계사와 함께 어떻게 객관적으로 성취해 가시는지 따라가 보기로 하자.

11. 프톨레마이오스 왕조

프톨레마이오스 1세는 알렉산더 대왕 사후 이집트 지역을 통치한 마케도니아 혈통의 왕조로서 헬레니즘의 왕조를 건설하며 이집트의 32왕조를 여는 파라오(소테르; 구원자)가 됐다. 그는 법적으로, 군사적, 경제적으로 왕조의 기틀을 마련했다.

알렉산더 대왕과 마찬가지로 아리스토텔레스의 이상형 국가 건설의 꿈을 가지고 이집트의 하 이집트의 수도인 멤피스에서, 알렉산더 대왕이 지명한 작은 어촌인, 알렉산드리아로 수도를 옮겨 헬레니즘 문화의 꽃을 피우며, 알렉산드리아를 세계 최고의 문화 도시로 발전시키기 위해 헬레니즘의 지식과 철학과 수학과 문화 예술의 총체적인 형상의 이미지로서 전혀 손색없는 기념비적 도시를 세워 나갔다.

그러기 위해 제일 먼저 항구의 발전은 매우 중요한 요소였다. 그는 먼저 세계 최대의 등대를 알렉산드리아 지중해 바다 위에 건설하기로 했다.

알렉산드리아의 파로스 등대

1) 파로스 등대

파로스 등대는 프톨레마이오스 1세에 시작하여 프톨레마이오스 2세 때 완공하게 된다. 등대의 설계자로 크니도스 출신의 건축가 소스트라테스를 선정했다.[23] 그는 당대에 가장 탁월한 건축가였다. 등대를 건설하는데 가장 중요한 것은 부지이다. 역사적으로 필적할 만한 건축물을 세우는데 가장 중요한 것은 부지 설정이다.

이미 이들은 세계 최대의 석조 건물인 피라미드에서 가장 중요한 것이 부지였다는 것을 역사적으로 이해했을 것이다. 건축가인 소스트라테스도 제일 먼저 등대 부지를 찾았다. 그는 지중해를 바라보고 있는 파로스 섬 동쪽 끝으로 결정했다. 그것은 매우 탁월한 결정이었다. 부지가 결정되자 시간을 지체할 이유가 없었다. 그는 등대 건축에 박차를 가했다. 등대의 외형은 빛나는 대리석으로 치장하기를 원했다. 등대 높이는 130m, 등대 외부 형태는 3층 탑의 모형으로 디자인했다. 내부는 16층 높이로 부속실만 무려 300개가 있었다. 등대 가장 꼭대기는 바다의 신인 포세이돈이 지중해를 굽어보며 우뚝 서 있었다.

---

23 로이 매클라우드, 『알렉산드리아도서관(에코의 서재)』 (The Library of Alexandria), 이종인 역(서울: 시공사, 2004), 21.

밤에 등대에서 비추는 불빛은 지중해를 가로질러 50km 너머에서도 그 빛을 볼 수 있었다고 하며, 낮에는 거대한 거울을 통해 반사되는 빛을 보았다고 한다. 알렉산드리아 항구로 모든 이에게 당대에 알렉산드리아의 위용을 한눈에 볼 수 있게 했다.

알렉산드리아 항구의 바다는 물길이 깊어서 어떤 배도 안전하게 항구에 정박할 수 있었다. 수출품을 싣고 지중해로 나가는 배들과 수많은 지역에서 알렉산드리아 시민들의 만족도를 충분히 높여 줄 수 있는 물품들을 가득 실은 배들이 수도 없이 들어왔다.

아프리카, 아라비아 그리고 중국으로부터 희귀한 물품들만 들어오는 게 아니라 다양한 민족들, 사람들로 언제나 북적거렸다. 그리스인, 유대인, 아르메니안, 페르시아인, 아라비아인, 시리아인 그리고 누비아인들과 수많은 용병, 로마인, 일리리아인, 트라키아인, 비트니아인[24] 등 다양한 민족과 다양한 문화 등으로 알렉산드리아는 세계 도시로 발전해 갔다.

불행하게도 파로스 등대는 1308년과 1349년대 지진으로 완전히 파괴되어 그 잔재들은 아직도 알렉산드리아 지중해에 묻혀 있다. 15세기 중엽 이집트 술탄 카이트 베이는 오스만 튀르크의 침략을 막기 위해서 등대 잔해를 사용하여 카이로 베이 성채를 세웠다. 알렉산드리아를 방문하면 지중해를 바라보면서 왼쪽 가장자리에 등대 대신 세워진 카이로 베이 성채를 볼 수가 있다.

다니엘서에서 언급한 북방 왕인 프톨레마이오스 왕조는 남방 왕 셀레우코스와 유대 땅을 사이에 두고 크고 작은 결정적인 전쟁을 6차례 치르면서도 헬레니즘 문화의 꽃을 피워 나갔다.

여기서 한 가지 우리는 '왜 하나님이 크고 많은 지역을 놔두고 삼대 대륙의 틈에 끼어 있는 작은 땅인 가나안을 이스라엘 민족에게 약속의 땅으로 주셨을까' 하는 선교적 의문을 가지면서 이 땅을 바라보아야 할 것이다.

---

24 Manfred Clauss, 『알렉산드리아』, 41.

2) 세계 최대의 알렉산드리아도서관 건립

알렉산더는 헬레니즘 문화에 대단한 자부심을 느끼고 있었다. 그는 이집트를 점령하고 나일 삼각주 서쪽 끝자락인 마레오티스호와 지중해 사이의 작은 지역에 서서 지중해를 바라보면서 도시를 만들기에 좋은 장소란 것을 알았다. 도서관을 건립하고 자신의 이름을 따라고 명령했다.

그 후에 이집트를 통치했던 프톨레마이오스 1세는 B.C. 300년 세계 최대의 등대를 세우고 나서 학문의 전당을 세우기로 결정했다. 그의 결정으로 그리스와 로마를 통틀어 가장 크고 중요한 학문의 전당이 세워질 것이라고 누구도 생각하거나 예상하지 못했다. 그는 헬라 문명에 대한 자부심을 느끼고 있었다.

그는 아테네에 있던 아리스토텔레스 학파(Aristotle's Lycrum)나 플라톤 학파(Plato's Academy)의 교육을 능가하는 지식의 전당을 만들고자 했다. 프톨레마이오스 1세는 도서관 건립을 위해 그리스에서 디미트리오스를 불러들였다. 그것이 알렉산드리아도서관의 시작이었다. 아직 인쇄기가 없었던 시대의 문학, 역사, 지리, 수학, 천문, 의학에 이르기까지 문자로 기록된 것을 모으고자 했다. 세상의 문자로 기록된 두루마리들이 모이기 시작했다.[25]

프톨레마이오스 3세는 세계의 군주들에게 편지를 보내어 책을 베껴 쓰고자 하니 원본을 빌려 달라고 했을 정도로 책을 수집하는 데 수단과 방법을 가리지 않았다. 지나가는 배에서 책이 있으면 무조건 몰수했을 정도로 책을 확보하여 도서관에 소장하고 연구하므로 헬레니즘 문화와 왕조의 번영을 이루어 나갔다.[26]

당시 프톨레마이오스 왕조의 도서관에는 양피지 두루마리 책 70만 권의 장서를 갖추게 됐다. 많은 두루마리 책으로 인해 소장하기가 어려워지자

---

25 매클라우드, 『알렉산드리아도서관(에코의 서재)』, 14.
26 매클라우드, 『알렉산드리아도서관(에코의 서재)』, 18.

부설 도서관들이 생기기 시작했다. 그중에 가장 유명한 부설 도서관이 세라페움신전 지하에 마련된 도서관이었다.

마네토(Manetho, B.C. 305-246)[27]가 쓴 36권의 '이집트 역사'도 포함되어 있었다. 유럽에서 구텐베르크(Johann Gutenberg)가 인쇄기를 발명하기 전까지 유럽이 보유하고 있던 모든 장서의 10배에 해당하는 양이라고 하니 도서관의 위용을 가히 짐작할 수가 있을 것이다.

알렉산드리아도서관은 100여 명의 책임 교수가 활동했으며, 국가에서 지급하는 월급을 받으며 봉사했다. 오늘날 현대 대학교의 시설처럼 도서관의 두루마리 책을 열람할 수 있었으며 교수들의 강의실뿐만 아니라 도서관 운영을 위한 회의실과 공간을 만들었다. 교수들이 사색할 수 있는 정원은 아름답게 꾸며졌다. 필요하다면 식사를 할 수 있는 식당까지 준비된 완벽한 도서관으로서 오늘날 도서관에 비교하여서도 전혀 손색이 없는 시설을 갖추고 있었다.[28] 안타깝게도 B.C. 47년 화재로 손실됐다.

당시에 알렉산드리아 도시는 국제 무역이 성행하면서 온갖 상업이 활성화됐다. 부가 따르면 반드시 유대인이 모여들었는데 수많은 석학과 철학가 그리고 수학의 대가들이 몰려들었다. 알렉산드리아도서관은 급속도로 발전해 갔다.

(1) 아고라

2009년에 소개된 스페인의 영화 <아고라>에서 히파티아[29]라는 여성 철학자이며 수학자가 등장하는 이 영화는 반기독교적인 성향도 있지만, 3-4세기 알렉산드리아를 배경으로 헬레니즘의 문명과 발전된 과학을 잘

---

27 프톨레마이오스 1세 때 이집트의 역사가. 헬리오폴리스의 대사제로서 그는 그리스어로 된 이집트의 역사서 3권으로 구성된 「이집트지」를 저술한 사람이다.
28 저자 주.
29 히파티아(A.D. 370-412)는 고대 알렉산드리아에서 활동한 여성 철학가이자 수학자이며 신플라톤주의의 예술 문학, 철학을 두루 겸비한 당대에 보기 드문 학자이다.

보여 줄 뿐만 아니라 당시에 과학과 믿음이라는 기독교와의 논쟁을 그녀의 일생을 통해 잘 보여 주고 있다.

알렉산드리아에서 형성된 헬레니즘에 바탕을 둔 과학적 체계와 철학·사상의 체계는 기독교가 알렉산드리아에 전래한 이후 많은 영향을 끼치게 됐다. 그녀의 아버지인 테온[30]은 히파티아뿐만 아니라 알렉산드리아 학문에 있어서 많은 영향을 끼친 수학자이다.

히파티아는 그녀의 재능을 따라서 수학과 문학에 대해서도 몇 권의 책들을 썼지만, 불행하게도 알렉산드리아도서관의 화재 사건으로 소실되었거나 세라피스(Seripis)[31] 신전이 약탈당할 때 사라졌다고 전해진다.

642년 아랍의 무슬림 군대가 이집트를 점령하고 알렉산드리아에 들어왔을 때는 예전의 알렉산드리아의 도서관이 아니었다고 전해진다. 과학, 천문학, 수학, 지리학 등의 책들은 이미 소실되고 교부들의 책이나 신학에 관련된 책들뿐이었다. 칼리프 오마르는 알라의 말과 일치하지 않으면 다 태워 버리라고 명령했다. 당시 공중목욕탕으로 두루마리를 보내어 태우는데 6개월이 걸렸다고 한다.[32]

이로써 알렉산드리아도서관의 위용은 사라지게 되고 오늘날 현대인들의 흥미를 자극하는 소재로만 남아 있다. 현 이집트 정부는 2002년 10월 고대 알렉산드리아도서관을 기념하기 위해 알렉산드리아도서관을 재현했다. 건물 구조는 매우 특이하게 치장했다. 건물 외벽에는 여러 나라의 글자들을 새겨 넣으므로 세계의 도서관임을 상징적으로 보여 주고 있다. 필자도 그곳을 방문하여 한글이 새겨진 것을 보고 새삼 한국인으로서 감동됐다.

---

30 매클라우드, 『알렉산드리아도서관(에코의 서재)』, 27.
31 프톨레마이오스 왕조의 국가 신으로 알렉산드리아 세라페움 세라피스의 신전
32 매클라우드, 『알렉산드리아도서관(에코의 서재)』, 28.

알렉산드리아도서관

3) 히브리어 성경을 헬라어 성경으로 번역(70인역)

프톨레마이오스 2세(PtolemyⅡ, B.C. 285-246) 당시 알렉산드리아에 있는 많은 유대인이 헬레니즘의 영향을 받아 헬라화되어 갔다. 그뿐만 아니라 당시의 세계 공용어도 헬라어였다.

헬라 도시에 사는 디아스포라 유대인에게 헬라어로 된 그들의 경전이 있다면 그것은 유대인에게 매우 유익했다. 프톨레마이오스 2세는 유대인 12지파에서 각각 6명씩을 선발했고, 이 72인은 알렉산드리아의 도서관 혹은 파로스 등대[33]의 독방에 각기 들어가 72일 동안 번역 작업을 했다고 전한다.

72일이 지난 후에 72명의 번역(Septuagint)을 맞추어 보니 모두 일치했다고 전해지고 있다.[34] 이스라엘 역사를 중심으로 기록된 히브리즘의 역사와 문화가, 세계 공용어인 헬라어로 번역됐다는 것은 세계 문명사에 큰 업적이라 아니할 수 없다. 번역자들은 역사를 움직이시는 하나님의 섭리 가운데 감동됐다.

단지 하나의 단순한 번역 작업이 아니라 히브리적 사고와 문화와 역사를, 지중해와 근동 지역의 실질적인 문화의 주류를 이루어 가는 헬라적

---

33 알랭 카롱, 『알렉산드리아』 (*L'ABCdaire d'Alexandrie*), 김호영 역(서울: 창해), 64.
34 B.C. 2세기경에 기록된 『아리스테아스書』 (*Letter of Aristeas*)에 기록되어 있다.

사고로 소개하는 작업이다. 이것 역시 역사의 주인이신 하나님이 창세기 3:15에 예언하신 여자의 후손을 인류 가운데 보내시기 위한 역사적 예언의 성취가 되는 것이다.

필자가 독자들에게 원하는 것은 이러한 역사를 통해 선교의 총체적인 로드맵을 보는 것이다.

프톨레마이오스 왕조 때까지만 해도 토라(모세오경)를 제외하고 나머지 모든 구약성경은 각 권으로 독립되어 유대인의 회당에서 사용됐다. 오늘날 우리가 생각하는 구약성경처럼 한 권의 책으로 모인 문헌이 아니었다. 각 권으로 구성된 유대교 경전들이 한 권의 책으로 그것도 헬라어로 번역됐다는 것은 이스라엘 역사 가운데 문헌학적으로도 처음 있는 일이다.

이러한 놀라운 작업이 이스라엘이나 유대와는 전혀 관계없는 이방인의 왕인 프톨레마이오스 1세에 의해 유대인 디아스포라들을 위해 세계의 배꼽[35]이라 칭한 알렉산드리아에서 번역됐다는 사실은 하나님 예언의 성취에 대한 큰 의미가 있다. 그리고 알렉산드리아에 거주하는 디아스포라 유대인은 편협한 율법주의를 벗어나서 시대의 흐름에 따라 다양한 문화를 받아들인 유대인으로서 초기 기독교의 원형을 만들 수 있는 세계화된 디아스포라 유대인이라고 볼 수 있다. 그뿐만 아니라 헬라어로 유대인의 성경을 번역해 줄 만큼 디아스포라 유대인이 알렉산드리아에 많이 있었다는 증거이며, 당시 알렉산드리아에서의 정치적 입지나 영향력이 대단했다는 증거이다.

신약 시대에 신약성경의 저자들이 70인역을 인용하여 성경을 기록하고 있다는 것은, 오늘날 우리가 사용하는 신약성경의 전체적인 흐름을 이해하는데 있어서 알렉산드리아의 유대인 디아스포라의 세계화된 문화를 잘 이해해야 한다는 것을 보여 주고 있다. 왜냐하면, 신약성경은 헬라어로 쓰였기 때문이다.

---

[35] 매클라우드, 『알렉산드리아도서관(에코의 서재)』.

그러므로 구약의 전승에 담긴 의미나 사상들을 이해하는 데 알렉산드리아의 70인역은 배제할 수 없을 만큼 중요하다는 것을 보여 주고 있다. 그뿐만 아니라 유대교 정통을 고집하는 유대 율법주의자들에게 70인역은 대단히 충격적인 사건이었으며, 그들에게 히브리 정경 편찬을 할 수 있는 동기를 부여했다는 데에도 큰 의미가 있다.

가장 중요한 것은 그 이후 역사 속에서 70인역을 통해 디아스포라 유대인의 사회는 매우 빠르게 기독교화되어 갔다는 것이다. 헬라화된 이집트인 지식인들 사이에도 복음이 빠르게 전파됐다. 예수님 십자가 사건 이후에 오순절 사건과 마가 요한을 통해 기독교가 정식으로 알렉산드리아에 전파되면서 이집트는 급속히 기독교화되어 갔다.

4) 콥트 언어

이미 알렉산드리아는 많은 디아스포라 유대인이 집단을 이루며 살고 있었다. 이들은 프톨레마이오스 왕조의 헬레니즘 전통 속에서 헬라화되어 갔다. 프톨레마이오스 2세는 자발적으로 유대교 경전을 헬라어로 번역을 주도할 만큼 유대인은 당시 알렉산드리아 사회에 정치적 영향력을 가지고 있다는 것을 보여 주었다.

그뿐만 아니라 초기 기독교의 원형이 이들에 의해 준비되어 가고 있었다. 이들은 헬레니즘의 영향으로 편협한 유대교의 율법주의에 얽매이지 않고 다양한 문화전통을 받아들일 수 있는 사람들이었다. A.D. 70년 로마 장군 티투스에 의해 예루살렘성전이 파괴되자 살아남은 유대인은 알렉산드리아로 피신했다.

이들 중 상당수가 기독교화된 유대인이었으며 알렉산드리아의 유대인 사회는 점점 기독교화되어 갔을 뿐 아니라 주변의 헬라화된 이집트 지식인들에게도 기독교는 급속도로 전파됐다.

기독교화된 이집트 지식인들이 헬라어의 자모를 이두식으로 빌려 쓰는 최초의 어문일치형의 이집트말 표기법, 콥트어(The Coptic language)를 만들었다. 정확한 것은 알려지지 않았으나 B.C. 2-1세기에 헬라화된 이집트인들이 헬라어의 자모 24개 단어와 이집트 데모틱 민중 문자 7개를 가지고 이두식으로 발음하는, 즉 한자를 한국어 표기법으로 말하듯이, 헬라어 언어를 가지고 이집트 말 표기법인 콥트어를 만들어 사용하게 됐다. 그 결과 A.D. 1-2세기에는 콥트어로 신약성경 전체를 번역한 콥트성경을 가지게 됐다. 그런 의미에서 콥트 전통 그리스도인들은 아직도 초기 기독교의 전승을 그대로 보존하고 있는 그리스도인들이라고 보아도 틀리지 않을 것이다.

콥트 알파벳과 콥트성경

A.D. 641년 아랍이 이집트를 점령한 후 그들의 고유 언어인 콥트 언어는 서서히 사라지고 아랍 이슬람의 언어인 아랍어를 공용어로 지금까지 사용하고 있다. 콥트 그리스도인들이 1400년의 이슬람의 핍박과 압박 속에서 신앙을 지키고 있다는 것은 가히 경이로운 일이 아닐 수 없다.

어떤 민족이, 어떤 나라가 이런 이슬람의 혹독한 핍박 속에 1400년 동안 기독교의 정신과 신앙을 지켜 나갈 수 있는가 생각해 볼 때 그들을 단순히 서방교회가 주장하는 대로 단성론자로서 이단 취급하는 것은 잘못된 처사이다.

콥트 전통 그리스도인들은 헤롯 왕의 진노를 피하여 어린 예수의 가족인 요셉과 마리아가 아기 예수를 데리고 이집트로 피신한 이후부터를 콥트 전통의 기원으로 잡기도 한다.

고대 알렉산드리아는 세계 무역의 중심이 되는 도시로 발전해 갔다. 도서관을 통해 문화와 학문의 발흥지가 되었던 알렉산드리아에는 50만이 거주했다고 한다. 당시에 로마의 제2수도로서 역할을 감당했기에 알렉산드리아를 세계의 배꼽이라 불렀으며 학자들의 정원이라고도 불렀다. 그곳에 '없는 것은 눈(snow)뿐이다' 라는 말이 회자할 정도로 찬란한 문화를 자랑했던 곳이다. 알렉산드리아는 철학의 발달로 인한 초기 기독교 신학 및 신앙의 출발점이 됐다.

5) 초기 기독교 신앙의 출발

기독교 정통 유럽의 신앙이 4-5세기에 니케아 공의회(A.D. 325)에서 삼위일체설에 대한 교리적 입장을 정립했다. 에베소 공의회(A.D. 431)를 통해 네스토리우스는 배척을 당하게 되었으며, 칼케돈 공의회(A.D. 451)를 통해 예수님의 신성과 인성을 인정하는 신학적 논쟁을 거쳐 우리가 믿는 신앙이 4-5세기에 완성됐다.

그런데 1-2세기에 기독교 공동체가 이집트에 있었을 뿐만 아니라 알렉산드리아에서 기독교 신학이 탄생하게 됐다. 이러한 역사적 사실에 대해 우리는 그동안 신중하게 생각하지 않았다.

콥트 전통은 A.D. 451년 칼케돈 공의회에서 서방교회로부터 단성론자로서 이단으로 정죄함을 받고 동방교회는 지금까지 서방교회와 관계없이 독자노선을 걸어오고 있다. 1973년 시누다 3세 콥트 교황이 칼케돈 공의회 이후 처음으로 로마의 바티칸을 방문했다. 콥트 교황은 예수 그리스도는 인성과 신성에서 완전한 분임을 그들에게 표명했다(그렇게 할 필요도 없었지만). 즉 예수의 신성과 인성에 대한 논란이 발단되어, 이집트 알렉산드리아 콥트교회는 서방교회로부터 이단시되어 로마교회로부터 이탈된 문제를 해결하게 된 것이다. 중요한 것은, 서방교회가 동방교회에 대해 예수님의 인성과 신성의 문제를 해결했다는 것이 아니다. 콥트교회는 예수 그리스도의 신성과 인성을 인정했던 것이지 분리해 생각한 것이 아니었다. 그것은 동방교회와 서방교회의 정치적 싸움에서 콥트교회가 이탈한 것으로 보아야 한다.[36]

알렉산드리아는 아시아, 아프리카, 유럽을 연결하는 교통의 요지로서 각 지역에서 많은 사람이 모여들었고, 여러 사상의 만남이 이루어지는 장소가 되기도 했다. 다양한 사상들은 서로에게 어느 정도 개방적이고 절충적이었다.

2세기 알렉산드리아에는 영지주의 사상이 흘렀으며, 암브로시우스의 신 플라톤 사상뿐만 아니라 그리스도교의 교부들 신앙에 큰 영향을 주었던 필로의 전통에 따른 유대교와 그리스도교 등이 정치적, 종교적 그리고 문화적으로 철학적으로 발달한 도시가 됐다. 이제 우리는 프톨레마이오스 왕조, 즉 이집트 32왕조의 마지막을 장식할 클레오파트라와 로마의 카이사르에 대해 세상 역사와 성경의 역사는 어떻게 기록하고 있는지 알아볼 필요가 있다.

6) 클레오파트라와 카이사르

프톨레마이오스 1세에 의해 시작된 300년 왕조의 마지막 여왕인 클레오파트라는 여자이면서도 남자도 할 수 없었던 업적을 이룬 명실공히 이집트의 여장 파라오였다. 고대 18왕조의 하트셉수트 여왕과 견주어 전혀 손색이 없던 마지막 이집트의 여왕이었다.

---

[36] 공일주,『한국인과 소통을 위한 아랍 문화』(서울: 세창출판사, 2012), 228.

당시 로마의 상황은 권력 다툼으로 정점을 치닫고 있었다. 세계를 지배하는 가장 강력한 로마의 카이사르와 폼페이우스 장군의 갈등 그리고 폼페이의 죽음과 카이사르의 암살 사건으로 그녀가 이룩한 32왕조의 입지를 한순간에 놓쳐 버리게 됐다.

그녀는 제2차 삼두 정치의 핵심 인물인 마르쿠스 안토니와 옥타비아누스 사이에서 이집트의 자주성과 독립성을 보장받기 위해 온갖 지혜를 모아 고군분투해야만 했던 비운의 여왕이었다.

프톨레마이오스 왕조에서 유일하게 이집트의 민중 언어를 구사할 수 있었던 클레오파트라는 고대 이집트의 정통성을 계승해 온 마지막 여왕이며 이집트의 신들의 어머니인 하토르로 상징되었다.

이집트학에 정통한 프랑스 작가인 크리스티앙에 의하면 3500년 전에 상하 이집트를 통일한 메네스 이후, 350명의 파라오가 다스렸던 이집트는 B.C. 30년 8월 29일 마지막 이집트 32왕조의 파라오 클레오파트라의 죽음으로 역사의 뒤편으로 영원히 사라지게 됐다고 기록하고 있다.

여기서 우리는 인간의 제국은 언제나 영원할 수 없다는 교훈을 얻게 된다. 그러나 그녀의 삶은 지중해를 중심으로 꽃피운 시저와의 사랑 그리고 안토니우스와의 로맨스로 2000년의 역사 속에서 수많은 영화감독에게 무수한 영감을 전달하여 주기에 충분했다.

12. 팍스 로마나(Pax Romana)

1) 옥타비아누스 황제

카이사르의 암살 사건으로 안토니우스가 최고 통치권자로 올라서게 됐다. 옥타비아누스는 카이사르의 유언과 혈통적 이점을 가지고 로마 원로원에 승인을 받아 자신의 정치적 기반을 닦아 가고 있었다. 카이사르의 예기치 못한 암살 사건으로 클레오파트라는 옥타비아누스와 안토니우스 둘 중에 한 사람을, 정치적 야망을 위해 선택해야 하는 상황이었다.

결국 클레오파트라는 안토니우스의 마음을 사로잡는 데 성공하게 된다. 안토니우스는 로마에 옥타비아누스의 누이인 옥타비아가 아내로 있었지만, 로마로 돌아가지 않고 알렉산드리아에 남게 되고 클레오파트라는 그를 통해 다시 프톨레마이오스 왕조를 세우고자 했다. 옥타비아누스는 그 기회를 놓치지 않고 로마에서 자신의 권력과 입지를 다졌다.

결국 지중해를 중심으로 로마와 프톨레마이오스 왕국과 패권 다툼이 일어나게 된다. 로마의 원로원의 지지를 받는 옥타비아누스와 클레오파트라의 사랑을 위한 안토니우스는 악티움에서 제국의 승패를 결정짓는 전투를 벌였다. 결국 안토니우스는 옥타비아누스에게 패하게 되고 그는 재기 불능의 상태에서 결국 자살을 선택할 수밖에 없었다.

안토니우스의 패배는 결정적으로 클레오파트라의 재기도 불가능하게 했다. 그녀는 옥타비아누스와 협상을 원했지만, 옥타비아누스가 그녀의 협상을 받아들여야 할 아무런 의미가 없었다.

그녀의 아들도 살해당했고 그녀 역시 자살을 선택하지 않으면 안 되는 상황으로 몰리게 됐다. 그녀는 뱀에 물려 죽음을 맞이한다. 고대 이집트의 뱀은 신의 메신저 역할을 한다. 즉 그녀는 이집트 32왕조의 마지막 여왕으로서 이집트의 신의 부름을 받는 것으로 그녀의 삶에 종지부를 찍으며, 찬란했던 알렉산드리아의 영광은 로마에 의해 역사 속으로 사라졌지만 헬레니즘의 문화는 지금까지도 계속해서 남아 있다.

(1) 중근동에 헬레니즘의 영향

헬레니즘의 문화와 로마의 역사는 세계사와 성경의 예언 성취에 어떤 영향을 끼치었는가를 알아보아야 할 것이다.

첫째, 알렉산더 대왕과 셀레우코스 왕조와 프톨레마이오스 왕조의 헬레니즘의 영향 가운데 가장 중요한 것은, 헬라어가 공용어로 지중해를 중심으로 발전해 갔으며 이방인과 유대인 사이에 소통이 원활하여졌을 뿐만 아니라 헬레니즘이 이집트와 아시아 지역으로 확산됨으로써 그리스와 이방인 사이에 구별이 완화됐다.

둘째, 이방인들은 70인역을 통해 유대인 문화와 여호와 하나님에 대해 친숙해졌다.

셋째, 유대인 디아스포라들이 알렉산더에 의해 형성된 새로운 도시들에 피정복민들뿐만 아니라 유대인의 회당을 중심으로 유대 신앙을 지키는 바탕을 이룰 수 있게 됐다.

이것은 바울에 의한 초기 기독교 선교에 유대인을 중심으로 형성된 회당에서 복음을 전하는 매우 중요한 역할을 하게 됐다.

넷째, 로마가 지중해를 중심으로 중근동을 지배하여 나갈 때 가장 중요한 것은 로마의 간선 도로망이었다. 알렉산더 이후 로마 시대까지 발전된 모든 도시를 도로망을 통해 원활하게 그리고 유기적인 네트워크를 통해 발전하고 있었다.

우연이라고 할 수 없는 놀라운 동서양의 철학적 사고를 볼 수 있는 것은 로마의 간선 도로망 구축과 동양의 위대한 토목 공사인 만리장성이다. B.C. 3세기 중국 진나라의 진시황제로부터 시작된 장성은 16세기 명나라 때까지 건설하여 5,000km 정도의 장벽을 쌓았다.

서구 유럽에서는 B.C. 3세기부터 A.D. 2세기까지 500년 동안 간선 도로망의 길이는 무려 80,000km, 지선 도로까지 합치면 150,000km의 도로망을 구축했다.[37]

---

37 시온 나나미, 『로마인의 이야기』(ロ-マ人の物語), 김석희 역(서울: 한길사, 2002), 22.

로마의 도로망

(2) 선교와 도로망

도로망이 도대체 세계 선교와 무슨 관계가 있는가?

로마의 도로망을 보면서 우리는 세계 선교의 측면에서 사도 바울의 선교를 향한 방향 선택에 대해 생각해 볼 필요가 있다. 바울이 선교 사역 중에 소아시아로 가고자 했을 때 성령의 음성은 바울을 유럽으로 이끄시었다. 복음이 먼저 유럽으로 가기를 하나님은 원하신 것이다. 거기에는 하나님의 세계 복음화에 대한 동서양의 사고방식을 염두에 두어야 할 것이다.

동양에서 장성의 의미는 사람의 왕래를 차단한다는 의미로 해석될 수 있다. 그러나 서양의 사고방식이 만들어 낸 도로는 사람의 왕래를 원활하게 만들어 주는 역할을 한다. '만약'이란 말은 없지만, 동양으로 복음이 먼저 갔다면 동양적 사고는 복음을 가지고 산으로 들어가 묵상하며 많은 시간을 소비했을 것이다.

그러나 도로를 만들었던 유럽의 개념은 방어라는 개념보다 도로와 도로를 연결하며 빠른 왕래를 통해 도시 발전을 이루어 간다는 긍정적인 개념의 의미로 해석을 할 수가 있을 것이다.

바울의 복음은 로마가 만든 도로망을 통해 새로운 도시들을 향해 나아갔다. 바울의 세계 선교 시작이 로마의 중심 도로를 사용했다는 것을 우리는 역사를 통해 그리고 성경을 통해 배울 수 있다. 역사 속에서 일하시는 하나님의 놀라운 섭리와 계획을 우리는 이러한 역사를 통해 느끼고 배워야 할 것이다.

　무엇보다 중요한 것은 옥타비아누스는 악티움 해전에서 프톨레마이오스 왕조의 마지막 여왕인 클레오파트라와 로마의 마르쿠스 안토니우스를 격파하므로 지중해를 중심으로 한 로마의 첫 번째 황제 시대를 여는 아우구스투스(존엄자)를 탄생시켰다(B.C. 27-A.D. 14).

　옥타비아누스 즉 아우구스투스 황제에 의한 팍스 로마는 전쟁이 중단되고, 도시와 도시를 안전하게 이동할 수 있었으며, 바다 위에는 해적들이 소탕되므로 평화의 분위기가 지속하는 시대를 맞이하게 됐다. 아우구스투스 황제 31년 통치 시기에 오래전에 예언된 여자의 후손이 드디어 이 땅에 오시었으며 십자가의 사건과 부활의 사건을 통해 초대교회 시대가 시작됐다.

제3장

약속의 성취(여자의 후손)

1. 예수님 탄생과 십자가의 구속(부활 승천과 재림)

    B.C. 312년 아피아 가도를 시작으로 전 로마 지역의 도로망이 매우 빠르게 발달했으며, B.C. 1세기 로마의 아우구스투스 황제 때에는 150,000km의 중심 도로와 지선 도로가 지중해를 중심으로 중근동에 구축됐다.

    로마의 군사 통치(Pax Roma)로 모든 부족 간의 전쟁이 중단되고 평화적인 세상을 잠시 이루게 됐다. 로마제국에 군사 도로망들을 통해 크고 작은 도시들이 빠르게 발전하기 시작했으며 도시 간에 네트워크를 통한 이동과 상거래가 매우 원활하게 이루어졌다. 노상강도나 폭도들이 진압되었으며 시민들은 보호받고 생활할 수 있게 됐다.

    바다의 해적들도 정리되므로 바닷길을 통한 이동도 매우 편리하여졌다. 로마는 복음 전도의 확장을 위한 모든 상황을 마련하여 주었다. 그뿐만 아니라 지중해를 중심으로 한 중근동의 세계는 헬라 문명으로 인한 문화적 통일과 언어적 통일을 이루었다.

    그리고 히브리 구약성경이 헬라어 성경으로 번역된 70인역을 통해, 당시의 유대인은 구약에 예언된 메시아에 대한 기대와 관심이 가장 고조되어 있었다.

여자의 후손에 대한 메시아의 예언 성취에는 베들레헴이라는 동네가 구체적으로 예언됐다(미 5:3). 이러한 시대적 상황에 대해 갈라디아서 4:4에서 "때가 차매 하나님이 그의 아들을 보내사 여자에게 나게 하시고"라고 기록한다. 하나님의 때가 됐다.

창세기 3:15에 예언된 여자의 후손 성취에 대해 누가복음의 기자는 역사적 사실에 대해 객관적인 사실을 정확하게 기록하고 있다.

카이사르 아우구스투스 황제가 모든 로마 지배하에 있는 백성에게 자기 고향에 돌아가 호적을 등록하라는 명령을 내렸을 때의 수리아 총독은 구레뇨(Quirinius)였다고 기록하고 있다.

모든 사람이 자기들의 고향으로 호적을 등록하러 갈 때 다윗의 후손인 요셉은 마리아와 나사렛에서 유대 베들레헴으로 호적을 등록하러 떠났다(눅 2:4). 여자의 후손이 베들레헴에서 태어날 것이라는 하나님의 예언 성취가 로마 황제를 통해 이루어졌다.

인간의 역사 속에서 이루어진 예언의 성취는 오직 하나님만이 하실 수 있는 것이며 역사를 만들어 가시는 하나님만이 이루실 수 있는 능력이다.

옥타비아누스는 로마 원로원으로부터 가장 위대한 왕의 칭호인 아우구스투스 즉 존엄자라는 의미의 이름을 부여받았다. 하나님의 아들인 예수 그리스도야말로 가장 위대한 왕이요 존엄자이심에도 그는 가장 천한 장소인 짐승의 구유에서 태어나신다.

이는 우주 만물을 창조하신 만왕의 왕이 겸손함을 보여줌으로써 세상 왕과의 비교를 통해 누가 역사의 진정한 왕인지를 보여 준다. 짐승의 여물통에 누이신 예수 그리스도는 세상의 문화와 삶의 가치와는 전혀 동떨어진 모습이며, 이해될 수 없는 모습이었다.

하나님에 의해 예언된 여자의 후손은 만왕의 왕이심에도 그는 구유에서 태어나시었다. 예수 그리스도는 세상의 통치자나 고관대작들에게 축하를 받으신 게 아니라 가장 천하다고 볼 수 있는 목자[1]들의 경배를 받으시었다.

예수 그리스도의 탄생은 지극히 높은 곳에 계신 하나님께 영광이 됐다. 그리고 땅에 사는 모든 인간에게는 평화의 사건이다(눅 2:14). 구약의 오실 예수는 그리스도이시다. 구약에 기름 부음 받는 직위는 왕이며, 선지자이며, 제사장이다. 구약에 기름 부음 받았던 이들은 모두가 불완전한 모습을 보여 주지만, 여자의 후손인 예수는 다니엘서에 손으로 만들지 않는 뜨인 돌로서 그리고 그리스도로서, 하나님의 기름 부음을 받으신 진정한 왕으로, 메시아로, 선지자로 오셨다.

그는 공평의 왕으로 하나님의 백성을 다스릴 것이며, 진리 가운데 인도하시는 선지자의 역할을 감당할 것이며, 직접 자신이 희생함으로 인간의 죗값을 해결하신 대제사장으로 오신 것이다.

"예수는 그리스도이십니다."

이것이 복음이다. 모든 인간이 죄로부터의 평화를 얻기 위해서는 여자의 후손인 예수 그리스도가 십자가에 매달려 피 흘려 죽으셔야 한다.

> 육체의 생명은 피에 있음이라 내가 이 피를 너희에게 주어 제단에 뿌려 너희의 생명을 위하여 속죄하게 하였나니 생명이 피에 있으므로 피가 죄를 속하느니라(레 17:11).

---

[1] 당시 목자들은 마을에 들어 갈수 없는 천한 직업을 가진 자들이다 마을 외곽에서 짐승을 키우며 돌보는 자들이다. 당시 가장 천한 자들이라고 보아도 틀리지 않는다.

십자가

구약에서 피의 제사를 가르쳐주신 하나님이 자기 아들을 여자의 후손으로 태어나게 하시고 십자가 위에서 모든 인류를 위한 피의 제사를, 속죄의 제사를 받으시었다.

> 모든 물건이 피로써 정결하게 되나니 피흘림이 없은즉 사함이 없느니라 (히 9:22).

그렇다. 피 흘림이 없은즉 죄 사함이 없다. 그동안 구약의 제사를 통해 드려왔던 동물의 피가 아니라 오직 예수 그리스도의 피로 영원한 속죄를 이루기 위해 단번에 성소에 들어가시었다(히 9:12).

수천 년의 역사 속에서 영원한 속죄를 위한 하나님의 예언이 성취된 것이다. 십자가에 달리신 예수 그리스도는 다 이루었다 선포하시며 운명하신다(요 19:30). 죄지은 인간(너와 나의)의 영원한 속죄와 구원을 향한 하나님의 예언 성취의 1막이 십자가와 부활의 사건으로 끝이 났다.

이제는 누구든지 '예수는 그리스도라' 부르는 자는 죄로부터 구원을 받고 하나님의 자녀가 되는 권세를 얻게 됐다. 죄로 인해 하나님을 떠났던(자의적 거절) 죄인인 우리가(너와 내가) 성령 하나님을 통해 성자 예수 그리스도를 만나게 되고 성부 하나님을 나의 하나님이라 고백하게 됐다.

인간에게 자유 의지를 주시고 인간의 자발적 선택인 "하나님이 나의 하나님이십니다"라는 고백을 위해 창세 전에 계획하신 하나님 사랑의 긴 순례의 1막이 끝난 것이다.

성부 하나님의 사랑은 다시 오실 예수 그리스도의 여행으로 연결됐다. 구약에서 오실 예수가 예언의 성취로 이루어졌고, 예수는 하나님께 부여받은 사명을 감당하시고, 이제 다시 오실 예수로 예언되었다. 구약은 오실 예수를 삶의 모형을 통해 만났지만 우리는 이미 오신 예수 그리스도와 함께하는 임마누엘의 삶을 누리게 됐다.

그분의 예언(명령) 성취를 위해 하나님께 쓰임 받는 것이 세계 선교이다. 우리의 구원을 위해 자신의 생명을 단번에 주신 예수 그리스도의 제자로서, 예언의 성취를 위해 나의 교단, 나의 단체, 나의 생각이 중요한 게 아니라 예수 그리스도의 명령 앞에 나의 모든 것을 드려 다른 제자들과 협력하여 예언의 성취를 이루어 갈 때야말로 진정한 예수 그리스도의 제자요, 하나님의 백성이 될 것이다.

진정한 사역자(교회와 성도)의 정체성은 다시 오실 영원하신 예수 그리스도의 재림을 향한 협력으로 각자가 세계 선교라는 큰 그림 속에 퍼즐이 되어야 한다. 퍼즐은 함께 할 때만 그 의미가 있으며 그림을 완성할 수 있다.

2. 초대교회의 탄생 (이방 선교의 시작)

로마는 군사적 힘을 통해 세계를 정복했지만, 그리스 문명은 로마제국 전역을 정복했다. 그리스 문화인 헬레니즘의 언어는 로마의 모든 지역에 영향력을 주었다.

특별히 헬라 언어는 공용어가 되었으며 이로 인해 바울은 로마제국의 여러 도시를 다니며 복음을 전할 수 있었고, 가는 곳마다 유대인 회당을 중심으로 구약의 헬라어 번역 버전인 70인역(Septuagint, LXX)으로 말씀을 나눌 수 있었다.

70인역은 그리스도가 이 땅에 오기 전인 약 200년 전에 번역됐다. 그리스 철학은 대부분 사람이 그리스 신화의 신들을 의심하게 했으며, 이에 그리스 신들의 이상한 행위들은 서서히 신화와 전설로 바뀌고 있었다. 로마 신들 역시 사람들로부터 무시를 받기 시작했고 로마제국의 많은 관료는 평민들의 폭동을 줄이려는 목적으로 종교를 장려하기도 했다.

로마제국의 종교는 정치적인 수단일 뿐, 상한 심령들에 마음의 평강을 주는 역할을 할 수 없었다. 당시 사람들은 영적인 진공 상태에 처하게 됐다. 영적인 공백 상태에서 복음은 죄로 인한 무거운 짐으로부터의 평화와 죄 사함과 안식을 약속하며 온 세상에 퍼지고 있었다. 그리스도 안에 있는 구원의 확신과 죄 용서함과 생명의 구원이 증거됐다.

이처럼 '때가 이르매' 복음의 메시지는 사람들 사이에 자리를 잡기 시작했고 복음의 말씀은 신속하게 온 세상을 향해 퍼지기 시작했다. 복음을 받은 수많은 사람이 하나님을 자신의 하나님 그리고 아버지(아바 아버지)라 부르는 놀라운 권세를 얻게 됐다.

메시아는 선택받은 유대인만 공유하는 메시아가 아니라 인류의 모든 죄인을 향한 메시아였다. 예언의 성취로 오신 여자의 후손인 예수 그리스도는 십자가의 구속 사건을 이루셨다.

이제 하나님의 예언의 2막은 예수 그리스도의 다시 오심이다.

예수 그리스도는 온 세상의 왕으로 다시 오셔서 영원한 하나님 나라를 통치하시게 될 것이다. 이 영원한 미래의 예언은 예수 그리스도를 통해 시작되었으며 반드시 이루어질 것이다.

십자가를 지시기 전에 유대인을 향해 말씀하신다.

> 내가 너희에게 이르노니 이제부터 너희는 찬송하리로다 주의 이름으로 오시는 이여 할 때까지 나를 보지 못하리라 하시니라(마 23:39).

이 말을 뒤집어서 말하면 "주님 오실 때 메시아인 예수 그리스도를 거절했던 유대인이 '주의 이름으로 오시는 이여!'라고 찬송하며 고백하게 될 것이다"라는 것이다. 이것은 앞으로 일어날 일들에 대한 예언이다.

물론 지금도 많은 유대인이 예수 그리스도를 메시아로 받아들이는 일들이 일어나고 있다. 언젠가 이스라엘 민족이 모두가 예수 그리스도를 향해 "주의 이름으로 오시는 이여"라고 찬송하게 될 것이다. 즉 거국적인 유대 민족, 이스라엘의 회개가 일어날 것을 말하고 있다.

> 이 천국 복음이 모든 민족에게 증언되기 위하여 온 세상에 전파되리니 그제야 끝이 오리라(마 24:14).

온 세상에 복음이 증거될 때 여자의 후손인 예수 그리스도가 다시 재림하실 것을 말하고 있다. 예수 그리스도에 의한 예언의 성취 결과에 대해 말한다.

> 이 일 후에 내가 보니 각 나라와 족속과 백성과 방언에서 아무도 능히 셀 수 없는 큰 무리가 나와 흰 옷을 입고 손에 종려 가지를 들고 보좌 앞과 어린 양 앞에 서서 큰 소리로 외쳐 이르되 구원하심이 보좌에 앉으신 우리 하나님과 어린 양에게 있도다 하니(계 7:9-10).

예언의 말씀에 대한 성취를 위해 우리에게 주신 예수 그리스도의 마지막 명령은 복음을 땅끝까지 전하라고 하는 것이다. 모든 족속과 백성이 하나님의 보좌 앞에서 어린양의 구원하심을 찬송하기 위해 우리(너와 나)는, 이 글을 읽는 독자들은 예언 성취의 역사적 인물로 살아가야 할 것이다.

> 그러므로 너희는 가서 모든 민족을 제자로 삼아 아버지와 아들과 성령의 이름으로 세례를 베풀고 내가 너희에게 분부한 모든 것을 가르쳐 지키게

하라 볼지어다 내가 세상 끝날까지 너희와 항상 함께 있으리라 하시니라 (마 28:19-20).

마태는 하나님의 예언과 성취의 복음에 대해 세 가지 요소로 분명히 했다.

첫째, 제자 삼아야 한다.
유일하게 명령형으로 되어있다. 선교는 제자 삼아야 한다는 명령형[2]으로 명령을 순종하는 행위이다.
둘째, 세례를 베풀어야 한다.
예수 안에 죽고 예수 안에서 부활해야 하나님 나라의 백성으로서의 거룩한 의미를 부여받는 것이다. 그때 비로소 무엇을 가르쳐 지키게 해야 할 것인지에 대한 분명한 목표가 설정되는 것이다.
셋째, 가르쳐 지키게 해야 한다.
J. 보쉬는 가르치라는 부분에 대해 "예수님의 사역과 가르침 속에 계시된 하나님의 뜻에 복종하는 것이다"[3]라고 이야기한다.

예수님의 많은 가르침과 사역 속에서 성부 하나님이 원하시는 뜻을 한 마디로 압축하여 생각해 본다면, 예수 그리스도의 재림을 위한 예언을 성취하라는 것으로 생각해도 틀리지 않을 것이다. 가르침 속에 하나님의 뜻을 이루고자 하는 분명한 메시지는 다시 오실 예수 그리스도이다. 성부 하나님이 창세기 3:15에 예언한 여자의 후손이 인간의 역사 속에서 이루어졌다.
이제 오신 예수께서 성부 하나님의 뜻을 이루시고 다시 오실 예수로 예언되었다. 공생애의 삶을 통해 다시 오실 예수에 대해 성자 하나님 자신이 예언하셨다. 그 예언의 실마리는 내주하시는 성령의 능력으로 '제자 삼아'

---

2   헤셀 그레이브, 『선교 커뮤니케이션론』(*Communicating Christ Cross-Culturally, Second Edition*), 강승삼 역(서울: 생명의말씀사, 1999), 80.
3   David J. Bosch, 『*Transforming Mission*』(Orbis books, 2011), 66.

야하며 '세례를 베풀'고 '가르쳐 지키'게 함으로 성자 하나님의 예언을 성취케 하시는 것이다.

> 너희는 온 천하에 다니며 만민에게 복음을 전파하라(막 16:15).

> 또 그의 이름으로 죄 사함을 받게 하는 회개가 예루살렘에서 시작하여 모든 족속에게 전파될 것이 기록되었으니 너희는 이 모든 일의 증인이라 (눅 24:47-48).

> 아버지께서 나를 보내신 것 같이 나도 너희를 보내노라(요 20:21).

> 오직 성령이 너희에게 임하시면 너희가 권능을 받고 예루살렘과 온 유대와 사마리아와 땅 끝까지 이르러 내 증인이 되리라(행 1:8).

다른 사복음서 기자들 역시 마태복음 기자와 동일한 의미로 대위임령에 대해 다른 각도에서 보여 주고 있다. 특별히 누가에 의해 기록된 사도행전에서는 사복음서에 언급되지 않은 내주하시는 성령의 능력에 대해 강조하고 있다.

구약에서 성부 하나님에 의해 예언된 여자의 후손이 오기까지 성령 하나님의 능력이 역사 속에서 증거됐다. 이제 신약에서도 마찬가지로 성령 하나님을 경험하게 되는데, 중요한 것은 내주하시는 성령 하나님의 인도하심을 받게 된다는 것이다. 즉 세계 선교란 주제 안에 담겨 있는 예언과 성취는 세 분 하나님에 의해 이루어진다는 사실을 확연히 알게 된다.

주님의 제자들은 다시 오실 예수 그리스도의 예언 성취를 위해 제자 삼고, 세례 베풀고, 복음을 전하러(가르치러) 나가야만 했다. 이것은 우리의 왕 되신 예수 그리스도의 준엄하신 명령(예언)이다.

세계 선교는 성경에 기록된 말씀 때문에 예수 그리스도를 믿는 모든 이에게 주어진 하나님의 명령이지 특정한 사람에게만 주어진 명령이 결코 아니다. 예수 그리스도의 명령에 대한 순종은 장차 이루어질 예언이며 예언의 성취이다.

이 부분에 대해 구체적으로 설명한 복음주의 학자인 영국의 존 스토트(John Stott) 목사는 1980년 파타야(Pattaya) 공의회에서 세계 선교에 대해 말하기를 "성경이 없이는 세계 선교는 불가능할 뿐 아니라 생각할 수조차도 없는 일이다"라고 말했다.[4] 존 스토트 목사는 세계 복음화에 대해 아래와 같이 설명했다.

(1) 성경은 우리에게 세계 복음화를 위한 명령을 주셨다

선교는 출발과 끝이 있다. 알파요, 오메가이신 성부 하나님의 뜻은 여자의 후손으로부터 인류 역사에 계시가 됐다. "세계의 창조, 인류를 향한 계시, 복음의 본성, 역사의 과정, 구원에 이르는 개인의 선택을 결정케"[5] 하는 모든 것은 명령에서 시작됐다. 여자의 후손인 예수 그리스도를 통해 하나님을 만난 모든 자는 하나님을 아바 아버지라 부르는 특권을 가졌다.

이 특권에 대한 의무는 예수 그리스도의 명령을 순종하는 것이다. 그 명령이 대위임령 즉 땅끝까지 이르러 복음을 전하는 것이다.

(2) 성경은 명령을 주신 것뿐만 아니라 전달할 메시지를 주셨다

> 내가 받은 것을 먼저 너희에게 전하였노니 이는 성경대로 그리스도께서 우리 죄를 위하여 죽으시고 장사 지낸 바 되셨다가 성경대로 사흘 만에 다시 살아나사(고전 15:3-4).

---

4 맥 크로스만, 『미션 익스포저』(*Mission Exposure*), 정옥배 역(서울: 예수전도단, 2007), 20.

5 윌리엄 D. 테일러, 『21세기 글로벌 선교학』 (*Global Missiology for the 21st Century*), 김동화 외 역(서울: 기독교문서선교회. 2000), 333.

우리가 전할 메시지는 인간의(우리) 죄 때문에 죽으시고 장사 됐다가 성경 말씀대로 죽음에서 다시 살아나신 예수 그리스도의 대속의 은총과 부활이다. 즉 예수 자신이 선교의 메시지이다.

> 예수는 길이요 진리요 생명이요 아무도 그로 말미암지 않고는 아버지께 올 자가 없다(요 14:6).

이것은 인간의 능력에 비중을 두는 세계 모든 종교와 상반되는 것이다.[6] 세계 선교란 예수 자신이 전할 메시지이다.

(3) 예수가 세계 선교의 모델

성경은 세계 선교를 어떻게 성취해 갈 것인지에 대해 분명한 모델을 보여 주고 있다. 즉 복음 전도자가 말해야 하는 내용(메시지) 이외에도 그것을 말하는 방법에 대해서 예수님 자신이 세계 복음화의 모델이시다.[7] 즉 성육신 사건이다.

말씀이신 예수께서 육신이 되셨다. 즉 하나님이 인간이 되어 우리와 교제하셨다. 예수님은 하나님으로서의 정체성을 잃지 않고 우리와 동일하게 되셨다.

빌립보서는 2:5-8에 이 부분에 대해 이렇게 기록하고 있다.

> 너희 안에 이 마음을 품으라 곧 그리스도 예수의 마음이니 그는 근본 하나님의 본체시나 하나님과 동등됨을 취할 것으로 여기지 아니하시고 오히려 자기를 비워 종의 형체를 가지사 사람들과 같이 되셨고 사람의 모양으로 나타나사 자기를 낮추시고 죽기까지 복종하셨으니 곧 십자가에 죽으심이라 (빌 2:5-8).

---

6 테일러, 『21세기 글로벌 선교학』, 358.
7 테일러, 『21세기 글로벌 선교학』, 357.

즉 성육신 선교를 의미한다. 십자가를 강조하는 이유는 "십자가가 없다면 기독교는 값싼 은혜의 종교"[8]가 되기 때문이다.

(4) 성경은 세계 복음화를 위해 영적인 동력을 제공하여 주고 있다

무슨 말인가?

세계 복음화를 가능케 하는 것은 하나님의 약속 때문이다. 그리고 마지막으로 세계 복음화는 말씀 자체가 가지고 있는 능력 때문에 가능한 것이지 우리의 능력이 아니다.

그렇다. 성경은 우리에게 세계 복음화를 위한 책임을 위임하시고, 선포할 복음을 주실 뿐만 아니라, 그 방법에 대해 말씀하여 주시고 그것이 모든 믿는 자들에게 구원을 주시는 하나님의 능력이라고 약속해 주는 것이다.

다시 오실 예수 그리스도의 재림에 대한 예언도 반드시 역사의 한순간에 성취될 것이다. 이것은 영원하신 하나님의 약속이기에 우리는 복음을 전하는 것이다. 그리고 반드시 하나님의 약속은 우리의 삶 가운데서 이루어질 것이다.

그러므로 성경을 떠나서 세계 복음화의 의미가 없다. 우리는 존 스토트 목사의 세계 선교에 대한 이론에 적극적으로 동의해야 할 것이다. 세계 복음화는 말씀 자체가 가지고 있는 능력이다. 그러나 복음에 반응하는 자들에 대한 구원의 능력이다. 반응하지 않는 자들에 대한 구원의 능력이라고 말하지 않고 있다.

바울은 이 부분에 대해 복음을 듣는 자들에 대한 책임과 순종[9]으로 복음의 능력이 나타난다는 것을 강조하고 있다.

---

[8] Bosch, 『Transforming Mission』. 513.
[9] Bosch, 『Transforming Mission』, 149.

3. 세계 선교의 기초를 닦은 사도 바울

바울은 복음의 능력이 무엇인지 분명히 알았다. 복음은 마법이 아니다. 복음을 믿고 순종하는 자들에게만 나타나는 능력이다.

그 능력 안에 하나님의 약속이 있기 때문이다. 사도 바울이 어느 날 갑자기 생겨난 능력의 사람이 아니었다. 그의 특심한 열심은 예수 그리스도를 믿는 자들을 죽이고 멸절시키는 것이 여호와 하나님을 위한 헌신된 삶이라는 믿음에서 나온 것이었다.

어떤 종교든 열심이라는 포장된 헌신 뒤에는 분노와 편협한 마음이 도사리고 있다. 오늘날 우리가 이슬람이란 종교에 특별하게 헌신된 무슬림을 볼 때 얼마든지 이해가 되는 부분이 있다. 이슬람에 관한 이야기를 다룰 때 깊이 이 문제를 다루도록 하자.

안디옥교회에 바울이 등장하기까지 우리는 바나바라는 인물을 제외할 수 없다. 그의 성품이나 여러 가지 면모들을 볼 때 그는 바울을 세계 복음의 역사 현장에 나오도록 이끈 장본인이다.

오늘 세계 선교라는 큰 주제를 놓고 생각할 때 우리는 바나바와 같은 인물이 꼭 필요한 시대이다. 다시 오실 예수 그리스도의 재림을 향한 분명한 목표 앞에 더 잘할 수 있는 하나님의 사람들을 세워 주는 진정한 리더십이 필요하다.

바울의 세계 선교를 향한 첫 발걸음은 안디옥교회로부터 시작이 됐다. 바울의 선교적 동기에 대해 우리는 바울이 예수 그리스도를 통해 받은 성부 하나님의 사랑,[10] 그의 삶을 뒤흔들어 놓은 압도적인 그 사랑의 경험 때문에 땅끝까지 달려가 제자를 삼고 세례를 베풀고 예수께 받은바 모든 것을 가르치고 지키게 했다. 이것은 바울에게 사명이라는 목표보다 이방인들이나 동족인 유대인에 대한 연민의 정이나 책임이라기보다 그에게 무엇

---

10 Bosch, 『Transforming Mission』, 138.

보다도 우선시 되는 영적인 특권이었다. 영적인 특권이라고 느끼지 못했다면 그는 선교사의 삶을 살기가 어려웠을 것이다.

사도 바울의 제1차 전도 여행에 대해 토인비는 이렇게 이야기하고 있다.

"사도 바울과 바나바를 싣고 갔던 이름 없는 조그마한 배는 유럽의 운명을 짊어지고 가고 있었다."

그렇다. 누구도 미래 어떤 일이 어떻게 일어날지 아무도 예상하지 못했지만, 하나님은 분명히 알고 계셨다.

빌립보성에서 자주 장사를 했던 한 여인 루디아를 통해 유럽이 복음을 받아들이고 그 복음이 세계로 흩어질 것을 누가 예상할 수 있었겠는가?

선교의 주체는 성령 하나님이심을 인정하게 된다.

오늘 사도 바울의 사역을 계승한 우리 모두 역시 동일한 영적 특권 의식을 갖는다면 선교사의 삶의 여정 가운데 만나지는 수많은 어려움, 가정의 문제, 자녀의 문제, 부부간의 문제, 동료 간의 문제, 재정 문제, 현지인들과의 관계에서 일어나는 많은 아픔과 어려움은 결코 고생이나 고통이라기보다 내가 누릴 수 있는 특권이어야 할 것이다. 그러한 고통 가운데 바울은 자신을 바울답게 만들어 가신 하나님의 은혜에 감사했듯이 우리 모두에게도 동일한 감사의 마음이 있어야 할 것이다.

바울은 그러한 특권의 의식을 가지고 제1-3차에 걸쳐서 하나님이 이미 역사 속에서 준비하신 그 길을 따라갔다. 로마가 수백 년을 닦아 놓은 그 길을 따라서, 뱃길을 따라서, 도시와 도시들에 세워진 유대 회당을 중심으로 세계 선교의 기초를 든든히 세워 나갔다. 또한, 제자를 삼으며, 세례를 베풀고, 복음을 선포하며, 가르치며, 제자들이 당면한 여러 가지 신앙적 교리적 문제들을 해결하기 위해 기록된 서신들을 통해 앞으로 펼쳐질 기독교 신앙의 올바른 토대를 만들어 주었다. 우리는 바울의 그러한 신앙적 기초를 통해 다시 오실 예수 그리스도를 바라보는 큰 그림을 가지고 세계 선교를 향한 역사의 그림들을 그려 가야 할 것이다.

하나님 예언의 출발점이 여자의 후손에서 시작된 인간의 역사의 1막이 "처녀가 아들을 낳으리니"라는 긴 기간 동안 펼쳐진 이스라엘의 역사를 통해 하나님의 예언이 성취됐다.

이제 예수 그리스도의 십자가 사건과 예수 그리스도를 믿는 하나님의 새로운 선택 받은 백성이, 요한계시록에 예언된, "모든 족속과 방언에서 아무라도 셀 수 없는 흰옷을 입은 큰 무리가 보좌 앞과 어린양 앞에 서서 큰소리로 구원하심이 보좌에 앉으신 우리 하나님과 어린양께 있도다"(계 7:9-10)라고 고백하는 그날까지의 역사를 하나님은 또다시 기록하시기를 원하시고 그 역사의 현장에 주인공으로 우리를 사용하시기를 원하신다.

구약의 역사를 통해 사단은 여자의 후손으로 오실 예수 그리스도에 대해 얼마나 집요하게 방해했는지 우리는 역사를 통해 분명히 보았다. 숱한 민족과 열방들이 일어나고 멸망해 가는 과정에서도 하나님의 예언 성취의 역사는 어떤 제국도 민족도 막지 못했다.

이제 앞으로 오는 새로운 역사 속에서도 동일하게 예수 그리스도의 재림의 길을 막고자 더욱더 치밀하며 세밀한 방해 공작은 중단되지 않을 것이다. 우리는 과거의 역사를 통해 오늘과 미래에 어떻게 믿음을 지키며 주어진 사명을 감당하며 살아가야 할 것인가에 대한 깊은 고뇌와 묵상이 있어야 할 것이다.

우리는 좀 더 구체적으로 복음이 어떻게 세계에 영향을 끼치었는지에 대해 추적하며 세계 복음화에 대한 큰 그림을 갖는 기회가 되기를 바란다.

물론 불필요한 부분들도 없지 않아 있을 수도 있지만, 전체적인 세계 선교에 대한 윤곽을 잡고자 역사와 세계 선교라는 두 주제를 연결하는 것은 두 주제가 서로 떨어진 주제가 아니라 예수 그리스도의 재림에 대해 불가분의 관계가 있음을 보여 주고자 하는 의도이다.

4. 마가 요한의 전도

로마와 카르타고처럼 알렉산드리아에 언제 기독교가 시작되었는지 정확하지는 않다. 그러나 일반적으로 마가 요한에 의해 기독교가 전래 됐다고 콥트 전통은 주장하고 있다. 물론 많은 학자가 마가 요한의 이집트 선교에 대해 부정적인 의견을 가지고 있기도 하다. 그러나 크리스톰스의 견해에 의하면 이집트의 알렉산드리아에서 마가복음을 기록했다고 주장한다.[11]

마가 요한은 사도 바울과 바나바가 제1차 전도 여행에 동행했던 바나바의 생질이었다. 마가 요한은 A.D. 64년 전후에서 베드로의 통역자로서 함께 사역했으며, 베드로가 로마에서 순교 당하기 전(A.D. 64) 마가복음을 기록했다고 하기도 하며 베드로 순교 후에 예루살렘 멸망 전에 기록됐다고 주장하는 이도 있다. 그러나 콥트 오서독스의 전승에 의하면 마가는 알렉산드리아에 45-48년 사이에 들어온 것으로 주장하고 있다.

1) 알렉산드리아교회 설립

확실한 것은 아니지만 이집트의 그리스도인은 알렉산드리아로 흩어져 온 유대인 그리스도인이라는 설도 있지만,[12] 일반적으로 이집트에 기독교가 전래 된 것은 A.D. 1세기 중엽이었다. 전승에 의하면 마가복음의 저자인 마가 요한에 의해 이집트 선교가 알렉산드리아에서 시작됐다.[13] 예수님이 승천하신 이후 15년이 지난 A.D. 48년 알렉산드리아에 왔다고 전해진다.[14] 이집트 콥트 오서독스 신자들은 마가 복음서를 기록한 마가에 의해 콥트교회가 시

---

11 도날드 거쓰리, 『신약 개론』(*New Testament Theology*), 박영호 외 역(서울: 기독교문서선교회, 1988), 70.
12 Thames & Hudson, 『*Coptic Egypt: The Christians of the Nile*』.
13 Gawdat Gabra. 『*Coptic Monasteries*』 (the American University in Cairo, 2002), 11.
14 Stephen J. Davis, 『*the early Coptic Papacy*』 (the American University in Cairo, 2004), 6.

작됐다는 것과 콥트 교황이나 성직자들이 마가 요한에 의해 직접 안수받아 교회가 시작됐다는 자부심에 대해 매우 중요하게 생각하고 있다. 현재의 알렉산드리아의 마가기념교회에 가면 콥트 교황을 역대 순으로 기록하여 놓은 판이 있는데 제일 위쪽에 초대 교황으로 마가 요한의 이름이 기록되어 있다.

'마가 요한의 기념교회'에 있는 콥트 오서독스 교황들의 이름

2) 마가 요한의 첫 개종자

전승에 의하면 마가 요한에 의해 처음으로 이집트에서 예수 그리스도를 믿게 된 개종자(A.D. 45), 아니아누스(Anianus)[15]에 대한 이야기는 거의 차이 없이 전해지고 있다.

마가 요한이 알렉산드리아의 라코티스(Rhakotis)[16] 거리에서 샌들의 끈이 끊어져서 구두 수선공을 찾아 샌들을 수선하던 중 수선공이 실수로 손을

---

15 Forster, 『Alexandria』, 47.
16 알렉산더가 알렉산드리아라는 도시 이름을 붙이기 전에 이미 라코티스란 조그마한 마을이 있었다.

찌르게 되었는데 그는 무의식중에 "하나님은 하나이다"라고 소리쳤다.

마가 요한은 구두 수선공의 외침에 기뻐하며 다친 손을 기적적으로 고쳐 주었다. 구두 수선공은 마가 요한을 집으로 초청했다. 마가 요한은 그의 가족에게 복음을 전해 주었다. 그들은 구약의 예언들에 무지했으며 그들이 알고 있는 것은 그리스 철학과 신화에 대한 신관들뿐이었다고 전해지고 있다.

마가 요한으로부터 복음을 들은 아니아누스와 그의 가족들이 예수를 믿고 세례를 받음으로 공식적인 콥트교회의 시작이 됐다.[17] 그 후에 3명의 사제와 7명의 집사를 세웠다.

3) 마가 요한의 순교

마가 요한이 알렉산드리아 이교도들에게 순교를 당했다. A.D. 68년 알렉산드리아에서는 프톨레마이오스 왕조의 신 세라피스(Serapis)를 기념하는 축제를 열면서 축제에 필요한 희생제물을 찾고자 했다.

세라피스는 프톨레마이오스 왕조의 국가 신으로서 프톨레마이오스 1세의 기발한 착상에서 온 아이디어의 산물이었다. 즉 이집트의 파라오가 된 프톨레마이오스 1세는 이집트와 그리스인이 함께 조화를 이룰 때 통치 기반이 안정될 수 있다는 정치적인 생각을 했다.

그리고 이집트인은 고대로부터 신을 숭배하던 다신교의 문화를 가지고 있던 점에서 착안했다. 이집트의 원주민들이 거부감 없이 받아들일 수 있도록 고대 이집트의 신인 오시리스와 아피스를 결합하여서 세라피스라는 신을 만들어 숭배하게 했다.

오시리스는 이집트인들에게는 부활의 신으로서 지하 세계를 관장하는 신이며 죽은 자들은 다 오시리스에게 가서 심판을 받아야 하는 지하의 가장 강력한 신이었다.

---

17 『Saint Mark the Evangelist and the Founding of the Church in Egypt』, 28-35.

세라피스에 대한 숭배 사상은 새로운 통치자인 프톨레마이오스에게는 매우 중요한 의미가 있었다. 그래서 멤피스보다는 학문과 상업의 도시 알렉산드리아에서 중요한 시민 생활의 기본 행사를 만들어 왕과 시민이 하나가 되게 했다. 세라피스신전은 기적의 치유를 일으키는 신비한 신전으로 세계에 알려지게 됐다.

세라피스는 질병의 치료자이며, 운명을 초월하는 신으로서, 오시리스로부터 지하 세계의 영적 권한을 계승한 신으로서 알렉산드리아에서 자리매김하여 갔다. 그리고 세라피스를 숭배하는 신전인 세라페움을 건축하여 알렉산드리아 시민들의 행사를 열게 했다. 세라페움은 마가 요한이 신발끈이 끊어져 신발 수선공을 찾았던 라코티스 시내를 내려다볼 수 있는 언덕 위에 있다.

현재의 세라페움신전은 폐허가 되었지만, 과거 역사를 대변하여 주듯이 기둥 하나가 덩그러니 서 있다. 이 기둥은 이집트에 기근이 들었을 때 로마 황제 디오클레시안이 식량을 보내 준 것에 대한 감사의 마음을 기념하기 위해 세운 기둥인데, 폼페이우스 죽음과 연관되어서 폼페이우스 기둥이라 불린다.

이 기둥 옆에는 세라페움신전과 알렉산드리아 부설 도서관이 지하에 있었다고 전해진다.

폐허된 세라페움신전 안의 폼페이 기둥

물론 기독교가 알렉산드리아에 전파되어 가고 로마가 기독교 국가로 개종하기까지 세라페움신전의 위풍당당함은 대단했다. 알렉산드리아 시민을 하나로 묶을 수 있는 강력한 통치 기반의 권한이 세라페움과 세라피스로부터 왕들에게 주어졌다.

세라피스에 대한 숭배 사상은 후에 로마가 기독교를 받아들인 이후 알렉산드리아 대 주교인 테오필루스의 강력한 요구와 당시 그리스도인들의 신앙심을 받아들인 로마 황제 테오도시우스 1세(A.D. 379-395)의 명령에 의해 완전히 파괴됐다.

당시 마가 요한을 중심으로 한 기독교 신앙 공동체들이 부활절 예배를 드리고 있었다. 세라피스 숭배자들은 자신들의 축제를 하면서 제물을 찾고자 했다. 알렉산드리아 세라피스 숭배자들에게 마가 요한으로부터 시작된 기독교 공동체는 눈엣가시와 같은 존재들이었다. 그들은 숭배에 필요한 제물을 위해 기독교 공동체를 습격하여 마가 요한을 잡아 목에 밧줄을 걸고 거리로 끌고 나갔다. 마가는 알렉산드리아 도로를 저녁때까지 이리저리 끌려다니었다. 이교도들은 거의 초죽음에 이른 마가 요한을 잠시 감옥에 가두었다.

콥트 전승에 의하면 그날 밤 천사가 감옥에 나타나 마가 요한에게 힘을 주시며 순교자의 면류관을 주겠다고 약속하고 떠났다고 전하고 있다. 즉시 마가 요한은 일어나 감사의 기도를 하나님께 드리고 있는데 예수께서 나타나시어 "평화가 너에게 있기를 원하노라 나의 제자 그리고 나의 전도자"라고 말씀하셨다.

마가는 벌떡 일어나 소리 질렀다.

"오! 나의 주 예수여!"

고개를 들고 예수를 바라보는 순간 예수는 사라졌다.[18]

A.D. 68년 5월 8일, 감옥에 들어간 다음 날 이교도들은 마가 요한을 다시 끌고 나왔다. 그리고 그는 말에 끌려서 온 알렉산드리아 도시를 죽을

---

18   Fr. Tadros Yacoub Malaty,『*Coptic Orthodox Church*』,1993, 20.

때까지 끌려다니었다. 그의 몸은 찢어지고 온몸에서 피를 흘리며 죽어갔다. 광폭한 폭도와 같은 그들은 그의 몸을 불타는 장작더미에 던져 버렸다. 불이 활활 타오르는 데 갑자기 하늘에서 폭우가 내리기 시작했다. 그리고 그를 삼키려는 장작더미의 불을 꺼 버렸다[19].

그러나 마가 요한은 이미 숨을 거둔 뒤였고 시신은 온전히 보존되었으며 시신은 미소를 띠고 있었다고 전해진다. 그의 동료들이 마가의 시신을 잘 싸서 예배드리던 장소에 가서 예배를 드리고 제단 밑에 시신을 안치했다.

마가기념교회

마가 순교 모자이크

---

[19] C. H. B. Swete. 『The Gaspel According to St.Mark』, 1998, ix-xxxiii. Refutation of All Heresies VII.30.

현재 마가의 순교를 기념한 알렉산드리아 마가기념교회 내부 중간 오른쪽 계단을 내려가면 마가 요한의 순교 장면을 모자이크로 잘 정리하여 놓은 벽이 있고 그 벽을 따라 내려가면 지하실로 연결되는 통로가 나온다. 그곳에 마가 요한의 시체가 안치되어 있다.

마가의 순교는 이집트 전역에 복음이 확산하는 데 엄청난 영향을 끼치게 됐다. 강력한 권력의 기반 아래 탄생한 세라피스는 살아 계신 하나님의 아들 예수 그리스도의 능력 앞에 무릎을 꿇는 결과가 됐다. 매우 빠르게 이집트 전역에 마가 요한의 순교 사건과 함께 복음이 확산하기 시작했다. 그리고 마가 요한의 영성과 예배 의식과 교리 등이 확립되기 시작했다.

알렉산드리아 기독교 공동체에 의해 마가 요한은 이집트 콥트교회의 대주교가 되었으며 그의 뒤를 이어 콥트 사제들을 대표하는 주교가 교회를 이끌어 가기 시작했다. 알렉산드리아교회는 2세기경 하 이집트라 불리는 델타 지역에서부터(성경은 이곳을 고센이라 부름) 상 이집트(미니아, 아슈트, 룩소, 아스완 지역)인 수단 국경까지 이집트 모든 지역으로 기독교의 신앙이 확산하므로 대다수의 이집트인이 그리스도인이 됐다.

마가의 시신을 A.D. 828년, 이슬람이 이집트를 지배하고 있던 시절, 베니스 사람들이 이슬람 사람들의 시선을 피하고자 돼지고기로 그 유해를 덮어 갔다고 한다. 마가의 유해를 봉헌한 성당이 바로 베니스에 있는 산 마르코성당(Basilica di San Marco)이다. 산 마르코성당에 있던 마가의 유해는 1968년 6월 22일 116대 콥틱 교황 키릴로스(Pope Kyrillos VI of Alexandria)의 끈질긴 노력으로 로마 교황 바오로 6세에 의해 원위치로 봉환됐다.

4) 아니아누스의 22년 콥트교회

마가 요한에 의해 예수를 믿게 된 구두 수선공 아니아누스(Anianus)는 22년간 알렉산드리아교회를 이끈 영적 지도자로서, 당시에 경건한 사람으로 모든 이에게 신뢰를 받는 훌륭한 지도자로 인정을 받았으며, 그의 탁월한 지도력으로 네로 황제 8년 동안 알렉산드리아교회를 잘 지켜 왔으며 도미티아누스 황제 4년에 그는 하나님의 부르심을 받았다.

예수님 행적에 따라 콥트교회들과 수도원이 생겨났다

5. 콥트 언어

'Egypt'라는 말은 그리스어인 이컵토스(Αἴγυπτος)에서 유래했으며 아랍어에서 'qubṭī'로 불렸으며 이 단어는 'qubṭ'로 변하여 영어로는 콥트(copt)가 됐다. 오늘날 콥트인이란 이집트 그리스도인을 부르는 말로 사용되고 있다.[20]

1799년 나폴레옹이 이집트를 정복하고자 할 때 많은 학자를 대동하고 이집트 원정을 시작했다. 로제타라는 나일강 지류의 마을에서 하나의 화강암 비석을 발견하게 되는데 이것이 이집트 6000년 고대 문명의 문을 여

---

[20] Gabra, 『Coptic Monasteries』, 10.

는 열쇠가 되었던 로제타석이다.

이 비문에는 B.C. 196년 프톨레마이오스 5세의 치세 동안 이룬 업적이 기록됐다. 고대 이집트 상형 문자와 이집트 민중 문자, 고대 그리스어로 나누어 세 가지 문자로 기록되어 있다.

첫째, 14줄은 사제들을 위한 이집트 신성문자
둘째, 32줄은 대신들을 위한 이집트 민중 문자
셋째, 51줄은 당시 이집트 백성과 헬라 문화권에 사는 사람들을 위한 고대 그리스어

이집트에 사는 일반 백성에게 언어의 통일이 이루어지지 않으므로 언어 소통에 어려움이 있었다는 것을 로제타석을 통해 유추할 수 있다.

로제타 스톤

프톨레마이오스 왕조의 모든 백성이 다 이해할 수 있는 언어를 위해 누군가 그리스 문자 24개와 데모틱 민중 문자 7개를 조합하여 31개 'letters'를 가지고 콥트 문자를 만들어 사용하기 시작했다.

풀수도원 도서관에 있는 콥트성경

즉 콥트 언어가 탄생한 것은 B.C. 196년 이전이라고 볼 수가 있다. 그러나 누가 언제 문자를 만들었는지에 대해는 정확하게 기록된 문서를 찾지 못했다. 분명한 것은 B.C. 196년 전까지 콥트 문자가 나타나지 않은 것은 프톨레마이오스 5세의 기념비를 통해 알 수가 있다. 만약 그 이전에 콥트 언어가 있었다면 민중 문자를 로제타석에 기록할 이유가 없었을 것이다.

B.C. 1-2세기 전에 만들어진 콥트 문자는 A.D. 2세기에 이르러서는 신약성경이 콥트어로 번역되었을 정도로 모든 일반 이집트 백성에게 상용화됐다.

A.D. 641년 아랍의 침입 이후에도 콥트어를 사용했지만, 100년이 지나지 않아 이집트의 공용어는 아랍어로 바뀌게 됐다. 콥트교회의 수도사들이나 사제들에 의해 은밀히 사용됐다가 17세기에 이르러 거의 자취를 감추게 되고 현재는 교회에 특별한 사람들에 의해서만 사용되고 있을 뿐이다.

6. 알렉산드리아 교리 문답 학교

고대 이집트는 멤피스를 중심으로 비옥한 나일 델타에 찬란한 문명을 이룬 지역이었지만 프톨레마이오스 왕조가 알렉산더의 유지를 받들어 알렉산드리아를 수도로 옮기고 헬레니즘의 문화와 철학을 발전시켰다. 그곳에는 이미 많은 디아스포라 유대인의 후손들이 자리 잡고 사회적으로 영향을 끼치며 살고 있었다.

많은 유대인의 후손이 이미 헬라화되어 갔다. 이들을 위해 프톨레마이오스 왕조는 구약의 히브리 성경을 헬라어 성경으로 번역해 헬라화된 많은 유대인이 구약성경을 보편적으로 읽게 되었으며, 그리스 사람들도 유대인의 전통과 유일신 사상과 메시아사상에 대해 많은 부분 이해하며 알게 됐다. 이러한 문화적 공유는 기독교 문화에 영향을 끼치게 됐다.

특별히 헬레니즘 문화와 철학의 중심지였던 알렉산드리아에서 기독교가 전파된 이후 삼위일체에 대한 이해와 예수 그리스도 안에 인성과 신성의 문제 등을 체계화하며 이해하는 데에 헬레니즘의 사고를 중심으로 한 철학적 사고는 매우 중요했다. 그러다 보니 알렉산드리아는 신학의 중심이 되어 갔으며 기라성같은 신학의 위대한 인물들이 탄생하게 됐다.

쥴리아 누스가 알렉산드리아 대 주교직을 맡고 있을 동안 판테누스(Pantaenus)와 클레멘트가 알렉산드리아에서 성경 연구에 전념했다. 판테누스(200년 사망)는 헬레니즘 문화권에서 스토아 철학을 교육받았지만, 후일 기독교로 개종했다.

그는 그리스 철학과 기독교 신앙을 조화시키려고 시도했던 인물이다. 2세기 말 알렉산드리아에 기독교를 배우고자 하는 학생들을 위한 신학교인 초대 기독교 교리 문답 학교가 세워졌다. 'The Catechetical School'이 알렉산드리아 학파의 초기 모습이 되었으며 그는 180년경 이 학교의 초대 교장이 되어 철학과 신학을 강의했다.

기독교 교리에서 가장 중요한 삼위일체의 거룩한 교리에 대해 생명을 걸고 지켰던 아타나시우스와 예수의 신성과 인성에 대한 교리 등을 발전시킬 수 있었던 것이 알렉산드리아 철학적 사고에 기인했다고 볼 수가 있다.

알렉산드리아학파를 통해 기독교 역사에 귀중한 역할들을 감당했던 위대한 신학자들이었던 클레멘트(Clement), 오리겐(Origen) 등을 배출하게 됐다.[21] 즉 A.D. 3-4세기에 기독교의 초석을 결정하기 전 이미 알렉산드리

21　Gabra, 『*Coptic Monastries*』, 11.

아를 통해 신약성경의 기초를 다루는 신학이 정립되어 있었다.

2세기에 들어서서 이집트 원주민의 언어인 콥트어로 성경이 번역되었으며 성경 필사본 이외에도 콥트교회 의식서와 신학 서적들이 콥트어로 기록됐다. 오늘날도 구 카이로에 있는 콥트 박물관에서 많은 종류의 콥트어 문서들을 볼 수 있다.

7. 기독교 공동체인 수도원 운동(사막의 은둔자)

사막을 경험하지 못한 나라와 민족들은 사막을 생각하면 매우 신비로운 느낌이 들게 된다. 산과 강들 그리고 푸른 숲속에 사는 현대인들에게 '사막의 영성' 하면 자신도 모르는 어떤 뜨거움이 가슴으로부터 올라온다.

오늘의 이집트의 베니 쉐이프에서 홍해를 향해 동쪽으로 깊숙이 들어간 사막 한복판, 그곳은 사람이 살 수 있는 그런 환경이 아니다. A.D. 350년 경 시작된 세계 최초의 수도원인 안토니(Antony 251-356)수도원은 기독교 세계의 수도원 운동의 효시를 이루는 바탕을 이루었으며 4세기 말에는 이집트 전 지역에 수백 개의 수도원과 수천 개의 기도굴이 있었다.

그들은 적막한 사막의 한복판에서 기도와 명상을 하며 일생을 살아간 은둔자들이었다. 새벽에 명상을 마치고 일어나면 주위에 있는 짐승의 발자국들을 본다. 짐승들도 은둔자의 명상을 깨뜨리고 싶지 않은 모양이다. 신비롭다. 많은 사람이 이 은둔자들의 삶에 매료됐다. 모든 것을 내려놓고 하늘과 맞닿은 사막에서의 기도와 명상은 그 말 자체부터 신비로움이 쏟아져 나온다.

아타나시우스는 사막의 영성에 대표자 격인 안토니를 만난 다음 그의 신앙적 삶에 감동됐다.

아타나시우스가 누구인가?

그는 삼위일체론을 지켜 낸 알렉산드리아의 대표적인 신앙의 거목이다. 숱한 고난과 고통을 견디며 신앙을 지켜 왔던 역사 속에 믿음의 산증인이었다.

그도 은둔자의 삶에 매료됐다면 수도자들에 대한 우리의 생각이야 무엇을 더 말할 수 있겠는가?

아타나시우스는 이러한 은둔자들의 삶을 혼자만 간직할 수 없다는 생각에 안토니의 삶을 글로 남기게 됐다.[22] 안토니의 전기는 당시에 모든 사람에게 사막의 영성을 일으키는 원동력이 됐다.

안토니 수도 동굴로 올라가는 계단

일반적으로 안토니가 수도원의 금욕적인 삶을 시작한 세계 최초의 인물로 알려졌지만, 실상은 안토니가 청소년 시기에 영향을 준 금욕적인 노인이 이웃 마을에 살고 있었다. 안토니는 그의 삶을 모방하고자 했다.

물론 콥트 전승에 따르면, "네가 완전한 사람이 되려면 가서 네 재산을 팔아 가난한 자들에게 주어라 그러면 하늘에서 보물을 얻을 것이다"(마 19:21)라는 말씀을 따라 그는 모든 재산을 다 팔고 주님을 따르라는 말씀에 순종했다. 이미 청소년 시기에 금욕적인 삶을 살아가는 이웃 마을의 노인을 통해 영감을 받았던 안토니는 마을 밖 무덤에서 15년 동안 금욕적인 생활을 했다.

---

22 Gabra. 『*Coptic Monasteries*』, 22.

그리고 현재의 베니 쉐이프와 홍해 중간 지점인 Pispir산의 작은 동굴에서 금욕적인 삶을 시작한 것이 안토니수도원의 기원이다.[23]

다음은 안토니수도원의 의미와 목표이다.

첫째, 사회적 관심으로부터 완전히 결별했다.

둘째, 새로운 영적 질서의 수립이었다. 그는 고독한 사막에서 자신을 성찰했다.

셋째, 금욕으로 인한 고행은 은혜의 결과이며 자신의 성취가 아니다. 모든 게 하나님의 은혜이다.

넷째, 수도사는 현실 도피자가 아닌 마귀와 싸우는 자임을 강조했다.

수도사 식당, 예배당, 마귀와 싸우는 안토니

---

[23] Gabra. 『Coptic Monasteries』, 23.

마귀들을 사막으로 불러들여 싸웠다. 안토니의 영적 안목은 1400년 동안 수도사들의 사막의 영성을 통해 이집트 콥트교회를 지금까지 이슬람의 압박 속에서도 지켜올 수 있는 거룩한 밑거름이 됐다고 보아야 할 것이다.

1) 오리겐(A.D. 185-254)

오리겐(Origen)은 알렉산드리아라는 최고의 도시에서 이집트 문명의 가장 중요한 정수를 뽑아서 하나님 나라를 위해 재해석을 했던 사람이었다. 오리겐의 신학의 핵심은 만유 안에 거하시는 하나님(The restoration of all beings)이다.

> 만물을 그에게 복종하게 하실 때에는 아들 자신도 그 때에 만물을 자기에게 복종하게 하신 이에게 복종하게 되리니 이는 하나님이 만유의 주로서 만유 안에 계시려 하심이라(고전 15:28).

오리겐은 헬라 문명에도 히브리 문명에도 페르시아, 중국, 그리고 인도 문명 안에도 하나님이 계신다고 했다.
"하나님은 세상 모든 것 안에 계신다."
또한, 하나님의 거룩한 뜻을 이루어갈 수 있다면 그리스 철학의 일부분도 사용할 수 있다는 전향적인 자세는 하나님의 입을 통해서 이스라엘 자손에게 이미 암시됐다고 주장했다.

2) 이집트적인 것(The Spoil of Egypt)

> 백성에게 말하여 사람들에게 각기 이웃들에게 은금 패물을 구하게 하라 하시더니(출 11:2).

> 이스라엘 자손이 모세의 말대로 하여 애굽 사람에게 은금 패물과 의복을 구하매(출 12:35).

하나님은 모세에게 출애굽 전, 장자의 죽음의 재앙이 일어나기 전에 이스라엘 백성에게 이집트의 물건들(the spoil of Egypt), 은과 금 그리고 옷가지 등을 구하라고 명령(허락)했다.

이방 나라인 이집트에서 가지고 나온 물건들을 통해 하나님의 거룩한 뜻을 실현하는 데 사용하고자 했다. 즉 이스라엘 백성은 이집트에서 가져 나온 좋은 물건들을 사용하여 하나님의 장막을 만들고 손으로 거룩한 법궤를 만들었다.

오리겐은 이스라엘 백성이 출애굽 할 때 이집트에서 금은보화를 갖고 나온 것을 읽으며 재해석을 했다. 이방 나라인 이집트 물건을 가지고 여호와의 성막을 만들었다. 이것을 통해 오리겐은 '이집트 문명이 결코 반 그리스도적인 것만은 아니다. 왜냐하면, 이 세상 문화 가운데 하나님이 계시기 때문이다'라고 했다. 이러한 생각은 오리겐의 획기적인 사고의 발상이었다. 토착 문화 안에 있는 것들을 그리스도적으로 재해석했다. 그것을 통해서 그리스도인의 신앙을 더 아름답게 만들어 갈 수 있다는 논리를 전개했다.

우리도 한국 문화 안에 배여 있는 좋은 문화를 가지고 그리스도의 복음을 재해석하여 더 좋은 신앙의 모습으로 만들어 갈 수 있다.

즉 우리가 가지고 있는 문명이 반 그리스도적인 것만은 아니라는 성경적 해석을 했다. 물론 각자의 신앙 안에서 오리겐의 신학적 사고를 어떻게 생각하는가에 따라 긍정적으로 혹은 부정적으로 볼 수 있는 부분은 있다.

사막의 수도사 안토니는 모든 사회적 상황에서 자신을 스스로 단절시키고자 고독한 사막으로 들어가서 혼자서 영적 세계를 개척하며 고독의 신앙을 형성했다. 그리고 가장 찬란한 문화의 도시인 알렉산드리아에서는 오리겐이 그리스도의 영성을 지켜 나갔다.

두 사람은 두 개의 정반대의 신학을 정립하면서 독특한 영성을 만들어 갔다. 4-5세기에 신학적 체계에 대해 이미 정립되어 있었다. 학자들 사이에서는 최초로 신학이 무엇인가에 대해, 일반 사람들 사이에서는 예수를 믿는다는 것은 무엇인가를 고민했던 곳이 알렉산드리아였다.

파코미우스(Pachomius, 292-347)는 안토니와 동시대 인물이다. 당시 와디 나트룬 지역에 4-5의 작은 그룹들이 흩어져서 금욕적인 생활을 했다. 그는 토요일과 주일에 한 번씩 모여 함께 기도하다가 공동 생활을 시작하면서 사막의 영성을 위한 공동체 계율을 만들어 직접 보급을 했다. 수도원 공동체 삶들을 위해 많은 수도자가 탄생하고 공동체를 이루기 시작했다. 그가 사망할 당시 수도사들이 무려 5,000명 정도였다고 하니 당시의 영성을 짐작할 수가 있다.[24]

수도원 운동의 시작 300년 후에 불어 닥칠 이집트의 운명은 아랍의 손에 달려있는 듯했다. A.D. 641년 아랍의 아무르 장군이 이집트를 점령했다. 그러나 아랍 이슬람 이후 지금까지 1400년 동안 예수 그리스도를 믿는다는 단 하나의 이유만으로 모진 학대와 고난과 고통을 겪어야 할 이집트 콥트 오서독스 신앙인들에 대한 격려와 용기 그리고 생명을 지불하며 신앙을 지킬 수 있는 모든 준비가 됐다. 사막의 수도원은 1400년 이슬람의 핍박 가운데 콥트 신앙을 지킬 수 있는 원동력의 산실이었다.

유럽의 기독교 수도원 운동도 이집트의 사막의 영성을 일으킨 은둔자들에게서 영향을 받았다. 성 바실(Saint Basil)은 A.D. 357년 이집트를 방문하여 수도원 운동의 영향을 받고 소아시아 지역(오늘날의 터키 남동부 지역)에서 수도원 운동을 시작했다. 그의 영향력은 아직도 동방교회에서 잘 알려져 있다. 일반적으로 수도원 운동은 이집트의 수도원 운동을 제외하고 논할 수 있는 입장이 아니다.

서방에서 수도원 운동이 일어나기 오래전에 이집트에서 꽃피웠다. 그러나 서방의 수도원 운동은 공동체를 중심으로 이루어졌다. 그것은 질서와 훈련을 선호하는 로마인들의 경향과 관계가 있다고 보았다. 두 번째로 동방의 수도원 운동은 국가에 의존적이었다.[25]

---

24 Gabra, 『Coptic Monasteries』, 27.
25 Bosch, 『Transforming Mission』, 230.

이집트의 수도원 운동의 시작은 개인적(은둔자)이었지만 은둔자들이 늘어나면서 안토니와 동시대 인물이었던 파코미스에 의해 개인적인 은둔자들을 일주일에 두 번씩 만나 공동체 모임을 가지면서 개인적인 묵상의 시간과 공동체적 생활을 했다. 공동체가 모이다 보니 공동체에 필요한 여러 가지 규율을 만들어 적용했다고 알려졌다. 두 번째에 대한 대답은, 그리스 정교회나 러시아 정교회가 국가에 의존적인 것은 사실이다. 그러나 이집트의 수도원 운동은 A.D. 641년 이후에는 이슬람 정권하에 생존했기 때문에 국가 의존적이라는 것은 맞는 말이 아닐 것이다. 물론 서방의 동방교회의 수도원 운동과 이집트의 콥트 오서독스의 수도원 운동은 여러 면에서 다르다는 것을 인식할 필요가 있을 것이다. 이집트의 수도원 운동은 1400년의 이슬람 정권 가운데 수많은 압박과 핍박의 시달림 속에서 언제든지 생명을 빼앗기는 시대적 상황 속에서 1,400만 명의 콥트 오서독스들이 신앙을 지킬 수 있는 원동력은 수도사들의 생명을 건 영성이었다. 이것은 분명히 서방교회나 서방에 있는 동방교회라 할지라도 이집트의 수도원 운동과는 여러 가지 면에서 전혀 다른 시대적 상황임을 인식해야 할 것이다.

이집트 사막 수도사들의 삶과 영성에 대해 그리고 수도원의 형태에 대한 일부를 발췌하여 기록하므로 수도원 운동에 대해 이해도가 높아질 것이다.

폴수도원

폴수도원

(1) 수도원의 형태

이집트 수도원을 세 가지 형태로 나눈다. 개인적으로 수도 생활을 하는 독수도 또는 은둔수도(anchorite), 공동체로 한 집에 머물면서 수도 생활을 하는 공주수도(cenobite), 그리고 반독수도 생활(semi-anchorite)이 있다. 수도사들의 수도하는 방법이 다르지만 상호 연관이 되어있음을 알 수 있다. 일반적으로 이집트에서 개인적인 수도 생활은 나일강 하류나 북부에서 이루어졌으며 공동체 생활은 나일강 상류 남부지역에서 행했다.

① **은둔수도원(anchorite)**

어원적으로 수도사란 '혼자 거처하는 사람'이란 의미로서 독거(獨居) 수도사 또는 은수사(隱修士)라고 부른다.

독거 수도사의 대표자로 성 안토니가 있다. 그는 처음에 피스피르(Pispir)에서 수도 생활을 시작하여 지금의 안토니수도원에 자리를 잡고 생활했다. 안토니수도원을 '내륙수도원'(inner monastery)이라고 했다. '내륙'이란 뜻은 나일강에서 멀리 벗어나면 내륙(나일강에서 40일 여행길)이라는 의미이다.

당시 알렉산드리아 주교였던 아타나시우스가 『안토니의 생애』를 집필하면서 수도원이 세상에 알려지게 되었으며, 교회사적으로 공식적인 최초의 독거 수도사로 기록됐다.

그러나 안토니보다 먼저 수도 생활을 했던 이들이 많았다. 예를 들면 안토니가 수도사로서 유명해지기 전 마을 근처에 살던 은둔 수도사가 있었으며, 지금의 수도원으로 이주해 왔을 당시 산 너머에 이미 폴이라는 독거 수도사가 있었다(현재 폴수도원).

② **공주수도원(Cenobite)**

상부 이집트(Upper Egypt), 룩소(테베)의 타벤니시(Tabennisi)를 중심으로 일어난 수도원 운동을 말한다. 동·서방 기독교에서 수도원이라고 할 때 일반적으로 이러한 형태의 수도원을 이야기한다.

파코미우스(Pachomius, 290-347)는 독처하며 수도하기에 어려운 일반인들을 한 집에 모아 공동체 생활을 하면서 교육하고 훈련하는 공주수도원 생활을 성공적으로 수행했다. 공주수도 생활은 한 사람의 영적 지도자를 중심으로 은수사들이 모인 것과는 달리, 교육받은 지도자들을 여럿 선정하고, 조직적으로 형제들을 연합하고, 공동으로 작업을 하는 수도 생활이다.

4세기의 공주수도원의 건물이나 그 전통을 이어받은 공주수도원은 없지만, 파코미우스의 공주수도원 조직과 규칙은 동·서방교회 수도원 운동의 발달에서 매우 중요한 것이었다.

③ 반독수도(semi-anchorite)

세 번째 수도원의 형태로는 반독거 형태로서 하부 이집트, 와디 알-나트룬(Wadi al-Natrun)에서 시작했다. 이곳은 몇 명의 수도사들이 한 사부(abba)의 제자로서 함께 생활하는 구도 형태이다. 이들은 주중에는 각자 독거 수도처에 머물면서 기도하며 단순한 노동을 하다가, 토요일에 공동체로 모인다. 예배와 기도, 애찬을 나눈 후 한 주일 동안 필요한 생필품을 받아서 각자 기도처로 헤어진다. 현재 이곳에는 마카리우스수도원, 비쇼이수도원, 수리아수도원, 바라무스수도원이 있다.

8. 아타나시우스의 삼위일체 교리 수호

아타나시우스(A.D. 296-374)는 알렉산드리아 감독이었으며 후에 콥트 오서독스 교황이 됐다. 아타나시우스의 삼위일체론 정립은 아리우스의 잘못된 기독교 교리에 대한 공격으로부터 삼위일체 교리를 지킨 위대한 일이었으며, 아타나시우스는 콥트인으로서 신앙의 아버지로 불리고 있다.

오늘날도 우리는 삼위일체 하나님을 굳게 믿고 있다. 이러한 콥트 기독교 신앙 공동체의 영향은 후에 유럽의 기독교 공동체에 많은 영감을 주었다. 아타나시우스는 처음으로 오늘 우리가 사용하는 신약성경 27권을 목록으로 만들었다.

물론 그때까지만 해도 복음서와 사도들의 서신들을 낱권으로 사용했었다. A.D. 367년 부활절에 그의 교구 교우들에게 보낸 편지에서 처음으로 발표했다. 신약성경 27권 목록은 정경으로 인용되어 사용하다가, A.D. 397년 카르타고 공의회에서 공표됐다. 그리고 지금까지 신약성경의 정경으로 사용되고 있다.

9. 성 세뉴다(Saint Shenuda, 385-465)

세뉴다는 위대한 콥트 개혁자였으며, 콥트교회에서의 위대한 영적 지도자일 뿐만 아니라 적극적인 사회 개혁자로 인정됐다. 그는 중부 이집트 소학이라는 작은 마을에 있는 'White' 수도원과 'Red' 수도원에서 80년 동안 수도에 전념했다.

수도원 공동체들은 그의 삼촌 프졸(Pjol)이 그의 지도력으로 인해 2,200명의 수도승과 1,800명의 수녀가 같이 세웠다. 삼촌의 뒤를 이은 세뉴다는 수도원들을 재조직해서 확장했다. 공동체에 중요한 봉사 중의 하나로, 기근으로 어려움을 겪는 일반인들을 위해 수도원(White)의 문을 열어 의료치료(특히, 눈병)와 사회적 문제들을 해결해 주었으며 매주 음식이 필요한 사람들에게 음식을 공급해 주었다. 그는 또한 성인 숭배와 순교자 등의 유골숭배를 근절하고자 시도한 최초의 기독교 지도자였다.

특별히 세뉴다는 많은 작품을 쓴 저술가였으며 그의 종교적 가르침과 그의 서적은 라틴어, 시리안어, 아르메니안, 조지아, 에티오피아, 올드 슬로베니아 언어들로 각각 번역되어 서구 그리스도인들에게 많은 영향력을 주었다.[26]

10. 로마 황제의 핍박

디오클레티안(Diocletian) 황제(A.D. 284-305) 통치 19년 동안 황제의 명령에 따라 조직적으로 이집트 그리스도인들을 탄압하기 시작했다. 기독교 지도자들은 감옥에 갇히고 성경을 모두 불태웠다. 한 걸음 더 나아가 우상숭배로부터 신앙을 지키고자 수많은 콥트 그리스도인이 순교를 당했다.

---

26 Bosch, 『Transforming Mission』, 29.

카이로에서 알렉산드리아 사막 길을 따라가다 보면 와디 알 나투룬이 나오는데 당시 그리스도인들의 피가 말발굽까지 찰 정도로 많은 콥트인들이 순교를 당했다고 전해진다. 콥트 전통은 A.D. 284년 디오클레티안 황제가 즉위하는 해를, 순교자들의 죽음을 잊지 않기 위해, 콥트 원년으로 삼고 지금도 콥트교회 안에서 사용하고 있다. 많은 그리스도인이 그때 로마의 권한이 덜 미치는 상 이집트로 내려가 신앙을 지키고자 했다. 오늘날까지도 상 이집트 지역에 더 많은 그리스도인이 살고 있다.

이집트 그리스도인들이 로마의 핍박을 이겨내자, A.D. 641년 아랍이 이집트를 다시 점령하면서 아랍 무슬림에 의해 지금까지(1400년 동안) 핍박을 받으며 살고 있다. 끊임없이 그들의 신앙을 지키기 위해 생명의 피의 대가를 지불하며 지금까지 신앙을 지키고 산다는 것은 경이로운 일이 아닐 수 없다.

21세기 이집트에 콥트 그리스도인들의 숫자를 1,500만 명으로 추산한다. 1400년 동안 이슬람 세력 가운데 어떻게 신앙을 지켜 왔을까. 한마디로 그것은 사막 한가운데 외롭게 서 있는 수도원들의, 수도사들의 생명을 건 사막의 영성, 사막의 기도가 아니었을까.

로마 황제들에 의한 기독교 박해와 탄압은 우리가 상상할 수 없을 정도로 무서운 박해였다. 로마의 가장 심각한 박해는 데키우스 황제(A.D. 249-251)의 박해로 나름 계산된 박해였다. 그는 로마의 신성함을 높이고자 로마의 정체성 회복을 전통 종교에서 찾았다. 그러기 위해서 로마 제국 안으로 퍼져 가는 신흥 종교인 기독교를 박멸해야 한다고 판단했다. 그러다 보니 이전 황제들의 핍박에 비해 핍박과 박해는 더 혹독했으며 황제의 명령에 따라 알렉산드리아의 수많은 그리스도인이(콥트 전통 신자) 처형을 당했다. 이때 이집트에 수많은 콥트 전통 신자들은 신앙을 지키기 위해 죽임을 당했다.

A.D. 303년 순교 당한 세르기우스와 바쿠스의 순교를 기념하여 구 카이로에 아브사르가교회가 세워졌다. 이곳은 요셉과 마리아가 아기 예수를 데리고 헤롯을 피해 3개월 정도 머물던 장소였다. 지금도 많은 전통 신자

들이 방문하며 어떠한 박해 가운데서도 신앙을 지키겠다는 결연한 마음을 다지며 예배를 드리고 있다. 콥트 전통 디오클레티아누스 황제의 핍박에 순교로서 믿음을 지켜 온 신자들을 기념하며 그들의 숭고한 고난을 기리기 위해 매년 6월 1일을 순교절로 기념하고 있다.

서지우스, 바쿠스순교기념교회 안의 예수님 피난 처소

11. 밀라노 칙령(A.D. 313)

영국의 역사가 존 노리치는 비잔틴 역대기란 책에서 콘스탄티누스만큼 대제란 칭호를 사용하기에 훌륭한 역대 황제는 없었다고 칭송하고 있다.

콘스탄티누스 황제는 로마의 다신 종교에서 기독교라는 유일신 종교를 로마의 국교로 삼은 황제이며 수도를 지금의 이스탄불로 옮기고 비잔틴 제국을 연 위대한 황제로 칭송하기 때문일 것이다. 정치적으로나 종교적으로 새로운 로마를 추구함으로써 미래 서양 문명에 위대한 영향을 미치었다. A.D. 313년 콘스탄티누스 황제는 수백 년 동안 핍박을 받아오던 기독교의 신앙의 자유를 공인하는 밀라노 칙령, 즉 종교의 자유를 선포했다. 이 칙령의 내용 중 하나는 "이제부터 모든 로마인은 원하는 방식으로 종교 생활을 할 수 있다"라는 칙령이었다.

고난과 고통 그리고 억압 속에 신앙을 지켜 오던 모든 기독교 신자들이 복음의 자유를 누리게 됐다.

룩소신전 안에 있는 밀라노 칙령

12. 비잔틴 제국의 콘스탄티누스 황제

로마의 황제인 콘스탄티누스 1세에 의해 기독교는 새로운 국면을 맞이하게 됐다. 밀라노 칙령으로 기독교에 대한 로마의 박해는 끝이 났으며 그동안 박해로 인해 압수된 모든 재산을 돌려받았고, 정식적인 종교로 등록되어 자유롭게 집회의 모임을 할 수 있게 됐다.

황제는 육로를 통해 유럽과 아시아를 연결할 수 있는 지역적 요충지이며 바다의 길을 통해 지중해와 흑해를 연결할 수 있는 해상 무역의 요충지를 물색하여 A.D. 324년 비잔티움을 새로운 로마의 수도로 공표했다. 그가 죽자 그를 기념하여 콘스탄티누스의 도시라는 의미가 있는 콘스탄티노폴리스로 개명했다. 콘스탄티노플은 천여 년이 넘는 세월 동안 로마제국의 수도로서 존재했다. 황제의 치세 중에 괄목할 만한 기독교적 의미는 종교 회의였다. 당시 기독교 교리에 대해 이단들의 잘못된 사상들을 가진 영지주의[27]와 마르키온[28] 등의 공격에 노출되면서 매우 혼란한 시기를 맞이하게 됐다. 특별히 삼위일체설에 대한 교리와 예수님의 신성과 인성에 대한 문제는 매우 혼란했다. 황제는 A.D. 325년 6월 19일, 제1차 니케아 공의회를 소집하여 기독교의 발전에 매우 중요한 종교 회의를 주최했다. 회의에서는 부활절과 삼위일체에 대한 주제가 논의되었으며, 회의를 통해 니케아 신경을 채택하며 아리우스파[29]를 이단으로 정죄했다. 이 회의에서 아리우스로부터 삼위일체까지 결정적인 영향을 끼친 사람이 아타나시우스[30]이다.

이처럼 4-5세기의 공의회들을 통해 기독교의 가장 중요한 교리들이 채택되고 교회들이 세워지면서 그리스와 로마의 혼합된 신들과의 문화 속에서 정통 교리를 수호하기 위해 많은 시간을 보내야 했다.

중요한 것은 고난과 고통 가운데 핍박을 견디며 믿음과 신앙을 지켜 오던 믿음들이 약해지기 시작한 것이다. 종교 지도자들의 믿음의 선들이 무너지며 정부와 교회와의 타협으로 인해 복음의 야성이 무너지기 시작했다.

7세기 초 무함마드는 이슬람을 태동시키며 아라비아반도를 최초로 통일했다. 그리고 메카를 중심으로 분명한 목적을 가지고 세계 이슬람화가 시작됐다.

이제부터 우리는 이슬람의 등장과 문제 그리고 무함마드의 생애와 세계 이슬람화와 기독교 세계 선교와 그리고 마지막으로 아직도 초림 주를 기

---

[27] 영지주의는 물질을 부정한다. 말씀이 육신이 되어 인간 가운데 거하시는 예수의 인성을 부정했다(요 1:14). 예수와 그리스도를 분리했다.
[28] 영지주의의 금욕주의를 추종했으며 그리스도는 인간으로 보이는 하나의 영으로 규정하므로 가현설을 부추기었다. 그는 세상은 악하며 물질적인 모든 것을 부정했다.
[29] 이집트 알렉산드리아 출신의 아리우스가 주장한 기독교 신학이다. 아리우스는 '성자' 예수는 창조된 존재(피조물)이며, '성부'에게 종속적인 개념이라는 성격의 주장, 삼위일체에 반대하는 그의 주장은 아리우스주의라는 신학적 흐름으로 발전했다. 제1차 니케아 공의회(A.D. 325년)에서 아리우스는 이단으로 배격되었으며, 아리우스 일파에 대한 공식적인 파문 선언이 삽입된 니케아 신경을 채택했다(저자 주).
[30] 니케아 공의회에서 성부와 성자의 동일한 본질을 주장하므로 니케아 신조에 결정적 역할을 감당하므로 콥트 오서독스에서 신앙의 아버지로 불린다.

다리는 유대인과는 어떤 연관 관계가 있는가에 대해 논하고자 한다.

　이슬람에 대한 선교적 시각을 다시 한번 더 강조하고 싶은 것은 이슬람이라는 종교와 이슬람이란 종교를 믿는 무슬림에 대해 다른 각도에서 바라보아야 한다는 것이다.

　코란은 성경을 통해 해석될 수 있다. 코란에 28명의 선지자도 성경을 통해서 해석될 수 있다. 코란의 이싸는 성경에서 말하는 인성과 신성에 대해 분명히 언급하고 있다(물론 그들은 믿지 않지만).

　이스라엘을 시기 나게 할 수 있는 동기는 무슬림이 예수 그리스도를 하나님의 아들이며 메시아로 받아들일 때 일어날 것이다.

　이러한 여러 가지 상황들을 선교적 상황에서 유추적으로 생각할 때 "무슬림은 그리스도 예언적 빛 안에서 준비된 그리스도인이다"라고 말할 수 있다. 물론 이러한 필자의 주장은 신학적으로, 선교학적으로 검증된 것은 아니다.

제2부

아라비아반도

제1장 이슬람 이전의 아라비아
제2장 아라비아의 지정학적 구분
제3장 아라비아의 종교적 특징
제4장 아라비아 기독교 상황
제5장 아라비아의 메카 상황

제1장

이슬람 이전의 아라비아

이제 우리는 이슬람이 시작된 아라비아반도에 대해 알아볼 차례이다. 일반적인 상황에 대해 점검하여 보기를 원한다.

아라비아는 일반적으로 사람이 생존할 수 있는 보편적인 자연환경이 결여된 지역으로서 낙타를 사육하면서 사람들이 거주하기 시작했다는 설이 있을 정도로 척박한 지역이었다. 사막의 베두인들은 어떠한 악조건 속에서도 생존의 법을 터득하며 살아갔다.

사막의 경이로움은 사막을 경험하여 보지 못한 사람은 전혀 이해하지 못하는 독특한 자연환경을 가진 지역이다.

낮에는 끝없이 펼쳐진 모래사막이 하늘을 맞닿아 보이며 지평선 너머에 아지랑이처럼 흩날리는 신기루, 붉게 물들다 터져버릴 듯한 석양이 모래사막 끝에 매달려 가물가물하는 인간의 모든 욕망과 욕구를 담아 사막의 지평선 너머로 사라지자마자 사막의 단조로움은 하늘을 향해 무대가 바뀐다.

그 어떤 무대보다 화려함의 파노라마가 사막의 어두운 밤하늘에 펼쳐진다. 태고의 신비를 감싸고 펼쳐지는 하늘의 아름다움이 있는 곳이 아라비아다. 사막은 사람이 쉽게 생존할 수 없는 지역이라 문명으로부터 제외되고 감추어진 지역이다.

아라비아반도는 지정학적으로 동북으로 이란의 사산 왕조와 서북쪽으로 비잔틴 제국 사이에 놓여 있는 사막 지대로서 정치적으로나 문화적 혹은 군사적으로 사산 왕조나 비잔틴 제국과 견줄 만한 상황이 아닌 전형적인 부족 상태를 벗어나지 못한 상태였다.

비잔틴 제국은 기독교 국가이며 이란의 사산조는 조로아스터교(배화교)를 믿는 국가였다.

아라비아는 사막으로서 매우 건조한 지역이며 사막을 중심으로 발달한 오아시스 지역으로서 남부 아라비아와 오만 정도에서 농업이 가능했다. 아랍인들은 대부분 부족 형태를 벗어나지 못했고 정착민이든 유목민이든 사막의 부족으로서 베두인으로 살아가고 있었다.

B.C. 1000년경에 성경에서는 낙타 사육자들에 관한 이야기를 처음으로 기록하고 있다. 이들은 독특한 사막의 기질들을 가진 부족 형태의 사람들이며, 이스라엘이 태동할 무렵 미디안(이스마엘의 자손) 족들이 쳐들어와서 이스라엘을 괴롭히는 부족으로 등장하고 있다. 그들은 수많은 낙타를 타고 메뚜기처럼 몰려왔다가 몰려갔다.

1350여 년이 지난 후, 로마의 장군이 말하기를 "우리는 사라센[1]인들에게 친구이거나 적이거나 어느 면에서도 좋은 점을 찾을 수가 없었다, 그들이 지나간 자리는 모두가 폐허가 됐다"라고 회상하고 있다.[2] 이들의 호전성을 볼 수 있는 것은 늘 다른 부족을 공격하고 '눈에는 눈, 이에는 이'식으로 급습과 공격을 통해 노획물들을 가지고 자기들의 부족으로 돌아가는 전사들의 모습을 시로 노래하는 것을 발견할 수가 있다.

"우리 부족의 사람을 살해한 만큼 적들을 살해하고 수많은 포로를 잡아왔다."

---

1   이슬람 제국의 사람들을 일컫는 말로써 동쪽에 사는 사람들이란 의미도 있다.
2   Francis Robinson, 『The Cambridge Illustarted History of isramic』, 2002, 33.

이들은 매우 과격했고, 낙타를 통한 빠른 이동성은 그 넓은 사막을 누비기에 부족함이 없었다. 그러나 세계를 상대로 싸울 수 있는 군사력과 전력은 얻지 못했다. 당시 문명 세계인 사산조와 비잔틴 제국에 의하면 그들은 단지 도둑질하는 침략자일 뿐이었다. 사막의 부족들은 무함마드가 나타나기 전까지 1600여 년에 걸쳐 아라비아 사막을 떠나지 못하고 살아왔다.

B.C. 1000년 아랍의 카라반들이 아라비아 남부로 몰려들기 시작했다. 그들은 아라비아 남부에서 발견된 유향을 가지고 대상들이 길을 개척하므로 막대한 부를 축적했다. 대상들의 길은 남동부 아라비아의 고대 도시인 살랄라에서 시작하여 우바르(Ubar)와 샤브와(Shabwa)를 거쳐, 시바 왕국의 수도인 마리브를 지나 죽음의 사막을 거쳐 요르단의 페트라를 중심으로 이집트, 로마 그리고 메소포타미아까지 대상들의 무역로가 개척됐다.

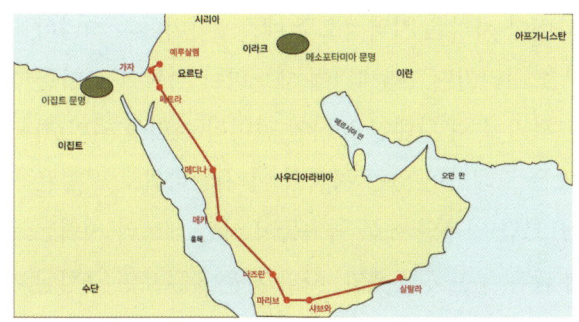

아라비아의 유향 무역로(살랄라에서 예루살렘)

B.C. 1000년부터 A.D. 500년까지 남부 아라비아인 예멘 지역에 시바 왕국, 마인(Main), 카타반(Qataban), 아우산(Ausan), 하드라마우트(Hadramaut), 힘야르(Himyar) 등의 수많은 고대 왕국들이 거의 같은 시대에 공존하며 아랍의 특유한 문명을 발전시켰다. 찬란한 문화를 발전시킨 왕조들이 있어도 아라비아를 통일할 만한 왕국은 없었다. 유일하게 아라비아를 통일한 자가 바로 무함마드이다.

제2장

아라비아의 지정학적 구분

당시 문명국가를 자처하는 그리스나 로마 사람들 그리고 사산조는 아라비아를 크게 세 부분으로 나누어 생각했다.

첫째, 아라비아 사막은 지역적으로 메소포타미아와 시리아 사이에 있는 시리아 사막을 가리키며 2-3세기에 제노비아 여왕이 로마를 상대로 싸움에서 멸망한 사막 속의 위대한 도시인 팔미라 지역을 의미했다.

둘째, 사막은 모래만이 있는 지역이 아니라 바위로 구성된 사막을 생각했다. 현재 요르단 일부인 에돔 족속들이 살던 페트라 지역은 왕성한 무역 중개를 통해 많은 부를 창출했고, 사막 가운데 돌로만 구성된 지역을 신비의 도시로 만든 사막을 연상했다.

셋째, 행복의 아라비아라는 의미가 있는 서남쪽의 남예멘으로서, 아라비아 말로 행복을 뜻하여 '행복의 아라비아'라고 불렸다. 당시에 유황은 금과 같은 수준의 가치를 가지고 있는 매우 귀중한 물품으로서 고대 문명 사회에 제례 의식에서 널리 사용했으며 유황의 연기는 인간들에게 자신들이 믿는 신의 세계로 다가갈 수 있는 신비의 향으로 여기었다.

파라오의 나라 이집트에서 유황은 신과 소통하고자 하는 인간들이 영원한 생명을 얻을 수 있을 뿐만 아니라 아름답고 누구보다 더 매혹적인 인간이 되고 싶은 욕망을 충족시켜 줄 수 있는 신비의 향으로 여기고 있었다. 유향은 금과 같은 가치를 둘 만큼 귀한 물건이었다. 유향은 당시 아라비아 오만 남단 쪽 해변에 위치한 살랄라에서 채취됐다.

채취된 유향은 예멘의 중부에 위치한 도시 샤브와를 거쳐 고대 시바 왕국의 수도였던 마리브(수도 사나에서 동쪽으로 약 120km)와 나즈란(사우디아라비아와 예멘 국경을 접한 도시)을 통해 메카와 메디나를 거쳐 페트라까지 카라반 대상들을 통해 운반됐다. 페트라는 이러한 대상들에게 안전과 카라반의 낙타와 여러 가지 혜택들을 부여하므로 많은 세금을 징수하여 부를 축적하기도 했다.

유황 나무

당시 유황은 오직 아라비아 남단의 마른땅에서만 자랐다. 유황 나무의 줄기에 흠집을 낼 때, 그 흠집에서 한 방울씩 흘러나오도록 해야 하기 때문에, 흠집이 깊어도 얕아도 안 되는, 나무의 습성을 잘 아는 숙련된 자만이 할 수 있었다.

나무로부터 하얀 수액이 흘러내려 덩어리를 이루게 되는데 덩어리가 된 수액이 고체로 말라질 때까지 걸리는 기간이 약 2주 정도가 걸리면서 얻어내는 게 유황이다.

고대 아라비아의 산증인들이었던 카라반 대상들이 채취된 유황을 낙타를 이용하여 죽음의 사막을 건너 이집트와 메소포타미아 그리고 로마까지 실어 나르면서 부를 누렸다. 만약에 아라비아에 낙타가 없었다면 카라반이라는 대상도 존재하지 못했으며 유황은 문명 세계로 나갈 수 없었을 것이다. 낙타는 200-400킬로그램의 무게의 짐을 지고 하루에 100km를 갈 수 있는 사막의 전천후 이동 교통수단이다.[1] 특별히 낙타는 어떤 짐승보다 척박한 사막의 기후에 적합하고 강인한 짐승이다.

사막의 모래바람은 매우 살인적이다. 자동차 본네트에 홈집을 낼 정도로 강력하다. 그러나 낙타의 콧구멍은 여닫을 수 있으며, 눈은 이중 장치의 눈꺼풀로 모래바람을 막아주는 역할을 하고, 넓적한 발바닥은 아주 편하게 사막의 모래를 달릴 수 있으며 물이 귀한 사막에서 3일 동안 물을 마시지 않고 달릴 수 있는 특별한 동물이다. 이러한 낙타가 있었기에 고대 아라비아는 유황을 통한 무역로가 개척되었으며, 후대에 바닷길을 따라 인도까지 무역로가 발전하는 계기가 됐다.

카라반에 의해 유황은 페트라를 통해 메소포타미아 방향으로 그리고 그리스와 로마와 이집트로 필요한 사람들의 삶을 충족시키기에 충분했으며 대상들은 많은 부를 축적했다. 그래서 문명 세계인 로마 사람들에게 아라비아 남단은 유황 때문에 행복한 아라비아라 불렸을 것이다.

그러나 실제로 이 지역은 공허한 지역이란 의미가 있다. 사람이 살 수 있는 지역이 아닌 끝없이 펼쳐진 공허한 죽음의 대 사막을 말하고 있다. 사브아에서 페트라까지 중간, 중간에 오아시스가 있기는 하지만 그 지역을 통과한다는 것은 생명을 담보로 하지 않으면 할 수 없는 죽음의 사막이다.

그런데도 아라비아 사막의 유목민이든 정착민이든 낙타를 사육하면서 거주하기 시작했고 사막의 독특한 상황 속에서 살아남는 방법들을 스스로 터득하며 생존하여 사막의 삶을 만들어 갔다.

---

1   고원, 『알라가 아니면 칼을 받으라』 (서울: 동서문화사, 2002), 10.

사막

낙타

제3장

아라비아의 종교적 특징

아라비아의 종교적인 특성에 대해 문명 세계는 세 지역으로 구분하여 생각했다.

1. 예멘을 중심으로 한 서남부 지역

이곳은 시바 여왕의 전설이 묻혀 있는 지역이며, 아라비아 문자나 말을 사용하지 않았던 지역이었다.

2. 시리아 사막 일대 (알 바디아)

알 바디아는 시리아 사막 일대로서 아라비아반도 북부의 사막과 요르단, 이라크, 사우디아라비아에 걸쳐 있다. 동쪽은 오론테스강, 서쪽은 유프라테스강과 접한다. 팔미라나 다마스쿠스 등의 도시가 오아시스를 끼고 발달했다.

오랜 역사 동안 아랍의 흥망성쇠 역사를 말없이 지켜보던 지역이다. 로마와 파르티아, 그리고 로마와 사산조 등 동서 양대 세력이 대립할 때마다 많은 사막의 부족들은 어떤 나라를 지지하느냐에 따라 그들의 운명도 결정됐다. 그러므로 사막의 독특한 여러 가지 상황 속에 각기 다른 부족들끼리의 생존을 위한 갈등과 대립으로 언제나 전쟁의 위협 속에 살아가고 있었다.

3. 헤자즈와 나지드 (아라비아반도 중북부)

헤자즈와 나지드에 의해 이루어진 아라비아반도 중북부 지역을 말한다. 많은 오아시스가 있는 지역들로서 유목민과 대상들을 통해 발전된 지역들이었다.

아라비아반도의 무함마드 이전의 시대에 대해서는 역사가 잘 알려지지 않았다. 그러다 보니 구전이나 전설, 설화 혹은 시를 통한 역사가 기록되어 있을 뿐이다. 특별히 무함마드 시대의 아라비아의 상황은 종족 간의 갈등으로 인한 분열이 심했다. 각 부족 간의 유혈 분쟁이 끊이지 않았을 뿐만 아니라 종교적으로는 우상 숭배의 단계를 벗어나지 못한 어두운 시대였다.

그래서 이슬람교도들이 이 시대를 가리켜 자할리아 즉 몽매의 시대라고 말하고 있다는 것은 애써 그 이전의 아라비아의 문명을 부인함으로써 이슬람을 통해 문명의 빛을 누리게 됐다는 것을 말하고자 함이다.

이 지역에 이미 기독교와 유대교 그리고 네스토리안 교도들이 있었다. 그러나 전체적으로 볼 때 다신교 숭배자들로서 애니미즘(돌, 나무 등을 섬김)이 팽배했으며, 아라비아반도의 중심 지역 중 하나였던 메카를 중심으로 다신교의 많은 신을 섬기는 카바신전이 있었다.

이슬람 이전에 카바를 중심으로 많은 다신교가 섬기는 우상들이 있었으며 절기 때마다 카바를 돌며 우상을 섬기던 행위들이 무함마드 이후 이슬람에 그대로 반영된 것을 알 수 있다.

옛날 메카의 카바

제4장

아라비아 기독교 상황

1. 정통 기독교

정통 기독교는 예멘과 요르단을 중심으로 발전하고 있었다. 아라비아는 주변 환경을 통해 기독교와 유대교의 영향을 받았다. 무함마드 이전에 아라비아 남부 지역과 북부 지역에는 그리스도인과 유대인이 거주했다.

에티오피아와 예멘을 다스리던 시바 여왕이 솔로몬을 만난 이후로 유대교로 개종했다. 솔로몬과 시바 여왕의 아들인 메넬리크에 의해 에티오피아 역사가 시작된다. 에티오피아 건국 설화에 의하면 시바 여왕의 이름은 마케다(Makeda)로서 흑인이며 동아프리카와 예멘을 다스렸다.

홍해를 사이에 두고 양편으로 나누어져 있었지만, 예멘 지역은 시바 왕국의 영토였다. 예멘은 지정학적으로 비가 오면 물이 고이지 않고 바다로 흘러나갔다. 당시 시바 왕국은 예멘의 수도였던 마리브에 댐을 건설함으로 비옥한 땅을 만들었다. 오가는 대상들은 반드시 지나가야 하는 오아시스였다. 자연스럽게 대상들을 통한 부가 축적되며 발전했다.

유대교는 그리스도인들이 아라비아에 오기 전 1세기부터 아라비아 남부에 전파됐다. 예멘의 남서부 고산 지대에 살던 시바 왕국과 같은 셈족인 힘야르 왕국(B.C. 115-A.D. 522)이 출현하면서 시바 왕국을 멸망시키고 시바 왕국의 수도였던 마리브를 떠나 자파르에 수도를 정하고 발전했다. 그들은 예멘과 남부 헤자즈 지역을 통치하며 메카와 메디나까지 세력을 떨치었다. 힘야르 왕국은 유황과 몰약을 통한 사업을 통해 많은 부를 축적했다. 3세기부터는 지중해와 아프리카를 왕래하며 상업을 하던 카라반들로 인해 경제적 호황을 누리는 국제적인 도시로 발전했다.

70년 로마의 티투스에 의해 예루살렘이 멸망하자 유대인이 이곳까지 흘러와 정착하게 됐다. 콘스탄틴 대제의 밀라노 칙령 이후 4세기 중반 기독교가 이곳으로 들어오면서 유대교와 공존 하기 시작했다.

5세기 말에 힘야르 왕조의 마지막 왕인 두 누와스(Dhu Nuwas 450-525)가 유대교로 개종할 정도로 유대교가 번성했다. 왕이 유대교로 개종하자 기독교와 종교적 문제로 갈등을 겪게 됐다.[1] 힘야르의 마지막 왕인 두 누와스는 예멘과 에티오피아에 널리 퍼진 기독교를 몰아내고자 했다.

예멘 북부 나즈란(Najrān)은 오늘날 우쿠두드로서 당시에 많은 그리스도인이 살고 있었다. 우쿠두드는 서쪽으로는 아시르의 높은 산악지대가 형성되어 있고, 동쪽으로는 룹알할리 사막이 광활하게 펼쳐져 있다. 아라비아반도 남서부 지방에 위치한 고대의 도시인 마리브(Marib)에서 대상로를 따라 북으로 왕래하는 대상들의 중요한 중간 기착지인 비옥한 오아시스였다.

아라비아반도 남부 살랄라에서 생산되는 유향을 가진 대상들이 반도의 동부 지방 또는 이집트, 시리아, 메소포타미아 지방으로 대상들이 오가는 중간 장소가 바로 우크두드이다. 많은 그리스도인이 대상을 상대로 정착하여 살고 있었다. 로마에서 이러한 남아라비아의 상업적 특성과 유황으로 인한 부를 보면서 아라비아를 행복의 아라비아로 불렀을 정도로 상업을 통한 경제적 부를 누리었던 곳이 나즈란 지역이었다.

힘야르 왕인 두 누와스는 그리스도인들이 유대교로 개종할 것을 강요했다. 거절하는 그리스도인들을 우크두드에서 불에 태워 죽였을 정도로 잔인한 왕이었다.

---

1 Hans Kung, 『*Islam*』 (the America University in Cairo, 2007), 32.

이슬람이 오기 전에 이미 많은 그리스도인이 아라비아반도에 있었으며 순교까지 당하면서 신앙을 지켰다는 사실을 아는 경우가 매우 적다.

당시 에티오피아를 통치하던 나자쉬(Najashi) 황제는 525년 기독교의 유스티누스 로마 황제의 지원으로 힘야르 왕국을 멸망시켰다. 페르시아로 도망간 힘야르의 왕자는 페르시아의 지원을 받아 575년 에티오피아를 몰아내므로 예멘 통치는 막을 내리고 예멘을 페르시아 사산 왕조의 총독인 바단(Badhan)이 통치했다. 이후 무함마드가 아라비아를 통일하므로 이슬람 세력에 의해 예멘은 지배를 받게 됐다. 이슬람 이전에 그리스도인들이 아라비아에서 왕성하게 발전했다.

유대교를 받아들였던 힘야르 왕국이 멸망했어도 로마제국의 박해를 피하여 팔레스타인으로부터 메디나로 이주한 유대인의 후예들이 아라비아에 살고 있었다.[2] 동부 아라비아에서도 조로아스터교를 믿는 자들과 그리스도인들이 공존하며 살았다는 것을 아는 사람이 많지는 않다.[3]

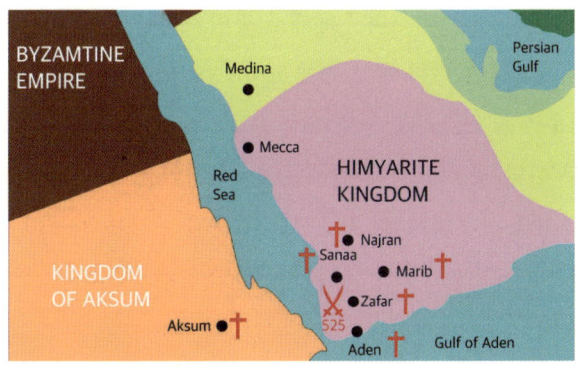

아바리아 기독교 정착지

---

2 정수일, 『이슬람 문명』 (서울: 창작과 비평사, 2002), 42.
3 공일주, 『이슬람 문명의 이해』 (서울: 예영, 2006), 203.

2. 아비오니교 (비숍: 와라카 빈 노블)

무함마드의 아내인 카디자는 아비오니교 교도이며 카디자의 사촌인 와라꾸아 빈 나우팔은 아비오니교 사제이며 메카의 종교 지도자로서 후에 무함마드에게 많은 영향을 끼친 인물이다.

3. 네스토리우스

386년 안디옥에서 출생한 네스토리우스는 428년 콘스탄티노플 주교로 임명됐다. 3-4세기경 알렉산드리아 학파와 안디옥 학파 사이에 예수 그리스도의 신성과 인성에 대한 견해차가 두드러지게 나타났다.

안디옥 학파는 그리스도의 인성에 대해 강조했으며 알렉산드리아 학파는 그리스도의 신성을 더 강조했다. 그러나 두 파는 그리스도의 신성과 인성에 대해 부인한 것은 아니다.[4] 에베소 공의회에서 신학적 논쟁으로 이단으로 정죄되어 435년 로마 황제 테오도시우스 명령으로 국외로 추방됐다.

네스토리우스는 페트라로 망명하여 수도원에서 은둔했다가 451년에 이집트의 서부 사막 엘 하르가에 머물렀다. 이 지역은 고대 이집트의 파로닉 때부터 범죄자들이나 정치적, 종교적으로 문제가 있는 자들이 유배당하는 고립된 사막의 오아시스로서 아타나시우스와 네스토리우스도 이곳을 유배지로 삼았다.

당시 그곳에는 바가와트(Bagawat) 공동묘지가 있었다. 네스토리우스는 이곳에 머물다가 사망했다(El kharga Oasis in the west desert of Egypt).[5]

---

4 최하영, 『실크로드를 따라 유목민에게 나타난 천년의 교회 역사』 (서울: KSI, 2007), 33.
5 Jill Kamil, (the America Universty in Cairopress, 2002), 174.

네스토리우스와 그의 추종자들은 바그다드에 네스토리안 본부를 세우면서 5-7세기 동안 중앙아시아 티벳, 몽골 그리고 당나라까지 제자들이 갔다. 특별히 내몽고와 신장(우루무치)에는 네스토리우스 교구가 있었으며 당나라 수도인 장안에는 대진사를 세웠을 정도로 교세가 확장됐다.

우리가 잘 아는 중국의 우루무치(신장) 위구루 자치 구역에 사는 위구르 부족은 이슬람으로 알고 있지만, 당시에 네스토리우스 선교사에게 세례를 받고 전체가 기독교로 개종한 사실에 대해 잘 알려지지 않고 있다. 위그루란 단어는 시리얀 언어로 '그리스도인'이란 의미가 있다. 즉 그들은 이슬람 이전에 네스토리우스에 의해 복음을 받아들인 부족이었다.

시리얀어[6]로 기록된 그들 선교사(엘리아) 보고서에 의하면 위그루 선교를 한 지 6개월 만에 현지 무당과 영적 싸움이 왕 앞에서 공개적으로 벌어졌다.

주술사가 주문을 외자 구름이 몰려왔고 선교사가 호통을 치자 구름이 흩어짐으로 영적 싸움에서 선교사가 이기게 되자 왕이 부하들에게 모두 세례를 받게 했다는 보고서에 의하면 위그루들은 이슬람화되기 전 그리스도인이었다.

그러나 7세기에 불어 닥친 이슬람 세계화와 우마이야, 압바스 왕조와 중앙아시아 패권을 두고 일어났던 탈라스 전투 후에도 네스토리우스는 중앙아시아에 남아 있었지만, 징키스칸의 정복 전쟁과 티무르 왕조의 정복 전쟁을 통해 네스토리우스 교구는 거의 전멸을 당했다.

세계 선교의 기초를 닦았던 바울과 바나바, 안디옥에서부터 시작하여 로마와 유럽의 선교를 주도한 바울에 대해 우리는 너무 잘 알고 있다. 그러나 그 반대 방향을 향해 선교를 주도했던 인물인 네스토리우스에 대해 아는 사람은 많지가 않다.

---

6   공일주, 『한국인과 소통을 위한 아랍 문화』, 362. 시리얀어는 13세기까지 페르시아 지역까지 퍼져 나갔다. 에뎃사의 네스토리아파에서 아람어 혹은 아랍어로 번역되어 이슬람 세계에 전하여 졌다.

특별히 8세기 이후 중앙아시아에서의 네스토리우스의 행적과 흔적들이 발견됐다. 키르기스스탄의 비슈케크 근처 두 마을에서 610개 네스토리우스들이 사용하는 십자가가 새겨진 비석들을 발견했는데, 858년도 그리고 911년도 비석도 있었고 대부분은 13-14세기 비석들이었다.

432개의 비석은 연대가 기록되어 있었다[7]. 네스토리우스가 얼마나 왕성하게 중앙아시아에서 활동했는지를 보여 주는 중요한 단서이다. 14세기를 지나면서 무슬림의 핍박과 흑사병, 티무르의 정복 전쟁 등 네스토리우스는 서서히 중앙아시아에서 사라지게 됐다.

근자에 이르러 중앙아시아에서 네스토리우스에 대해 활발하게 연구·조사하는 일이 다양하게 이루어지고 있다는 것은 매우 고무적인 일이다.

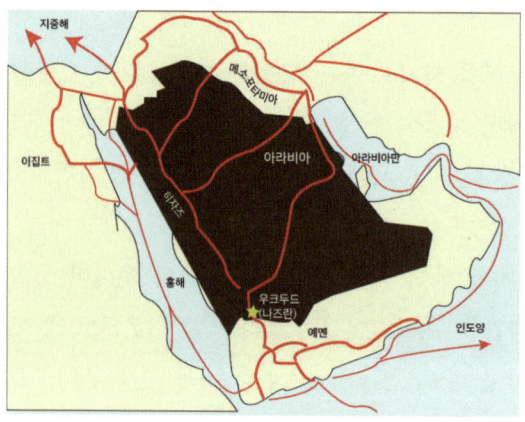

우크두드(나즈란)는 대상무역로의 중요 지점이었다

---

7 오선택, 『중앙아시아 미션 컨퍼런스』(미출간 간행물), 2005, 135.

제5장

아라비아의 메카 상황

당시 아라비아 사막에는 유목민(베두인)과 오아시스 정착민 두 부류로 나누어 생각할 수 있다. 유목 사회는 혈연과 부족 간의 결속력으로 인한 집단생활을 하지 않을 수가 없다. 사막에서의 개인행동은 곧 죽음을 의미하기 때문이다.

그뿐만 아니라 부족의 자원을 함께 공유하는 것은 자연적인 현상이었다. 이러한 사막의 부족 개념과 의식은 이슬람 이후에 자연스럽게 이슬람 문화와 정신 세계에 영향을 끼치었다는 것은 자연스러운 현상이었다. 대부분 사람은 부족 체계를 이루며 애니미즘 사상을 벗어나지 못한 정령 숭배자들이었으며, 유대교를 믿는 소수 그룹의 유대인은 상업적 기반으로 부를 축적하며 메카 사회의 상류층 계급이었다.

메카와 메디나 등 오아시스를 중심으로 한 정착지들은 카라반의 중요한 교통 요충지로서 발전하므로 경제 활동이 매우 빠르게 발전되어갔다. 카바를 책임지는 꾸라이쉬 부족은 순례자와 카라반을 대상으로 많은 부를 챙길 수 있었다.

메카의 카바는 운석으로 추정되는 직육면체의 작고 검은 돌이 중앙에 놓여 있다. 당시에 카바신전에는 다신교의 모든 우상이 놓여 있었다. 그 수가 약 365개 정도이며 그중에 하나였던 '알라'라는 이름을 가진 신이 있었다.

다신교의 중심이었던 메카의 카바가 어떻게 아직도 이슬람교도들에게 없어서는 안 될 가장 중요한 성지로 여겨지고 있을까. 그것은 무함마드가 당시 아랍 사람들을 이슬람교도로 만들기 위해 그들 조상 대대로 섬기어 오던 곳에 자연스럽게 접촉할 수 있도록 하고자 하는 전략이 있지 않았을까. 아니면 전례에 있던 대로의 카바 신앙과 타협 했다고도 볼 수 있을 것이다.

그 사실을 증명이라도 하듯 제2대 칼리프인 우마르는 "만약 예언자(무함마드)가 카바에 입 맞추지 않았다면 나도 입 맞추지 않으리"라고 했다. 이것은 카바가 하나의 돌 이상의 의미가 있지 않지만 새로운 의미를 무함마드가 부여하고 있다는 것을 알 수 있다.

당시 아라비아에는 기독교에서 파생된 아비오니교가 많은 영향을 끼치고 있었다. 아비오니교는 성경의 계율을 따르지만 예수 그리스도의 십자가의 죽으심과 부활과 삼위일체를 믿지 않는 이단적인 그룹이다. 일반적으로 우리는 무함마드가 아비오니교의 영향을 많이 받은 것으로 알고 있다.

제3부

이슬람의 태동

제1장 이슬람 세계화
제2장 아라비아반도 최초 통일
제3장 제1차 이슬람 세계화(칼리프 시대)
제4장 제2차 이슬람 세계화
제5장 제3차 이슬람 세계화
제6장 잃어버린 세계 선교 회복

제1장

이슬람 세계화

지금까지 우리는 일반적인 아라비아 상황에 대해 알아보았다. 이제 좀 더 실질적인 이슬람에 대해 나누기를 원한다. 이슬람을 비판하는 것이 우리의 목표가 아니다.

이슬람이 어떤 종교이며 이슬람을 시작한 무함마드의 감추어진 진실에 대해 마주하게 될 때 이슬람을 따르는, 아니 실질적으로는 무함마드를 따르는 17억의 무슬림에 대한 연민과 그리스도 안에서의 사랑을 느끼며 그들을 위한 기도와 복음 전도에 대한 열심과 이슬람에 대한 경각심을 갖게 되기를 원한다.

일반적으로 이슬람에 대해 많은 부분 이미 알려진 부분들이 있지만, 무함마드에 대해 알려지지 아니한 부분들이 어떻게 현대 이슬람에 영향을 끼치고 있는지 그리고 왜곡된 이슬람으로 인한 무슬림의 영적 무지함에 대해 우리는 어떤 시각으로 바라보아야 하는지 등에 대해 알아보고자 한다.

중요한 것은 7세기 이후 시작된 이슬람의 역사 속에서 이슬람 국가들이나 지도자들이나 무슬림은 세계 이슬람화라는 분명한 명제를 잊어버린 적이 없다는 것이다. 이슬람이 서구로부터 고통과 억압을 받는 것이 정치적 이유로 포장되어 있지만, 실질적으로 코란과 이슬람의 정신 세계에는 전 세계가 칼리프에 의한 샤리아 통치를 꿈꾸고 있다.

21세기 들어서면서 오대양 육대주 어디를 가든 이슬람이란 종교를 믿는 무슬림을 우리는 만나게 된다. 이제 구체적으로 이슬람에 대한 여러 가지 상황들에 대해 논할 때가 됐다.

여러 많은 학자와 이슬람에서 개종한 자들에 의해 기록된 문서와 이야기들을 종합하여, 선교적인 시각에서 일반 성도들이나 교회들 그리고 선교사들이, 이슬람이란 종교와 무슬림에 대해 구체적으로 이해하며 선교적 영역에서 어떻게 그들을 대해야 할지에 대해 학자적인 입장이 아닌 일선 선교사의 입장으로 논하고자 한다.

1. 메카에서의 이슬람 전파

일반적으로 전해지는 무함마드에 관한 이야기는 570년경 서부 아라비아 메카의 카바[1]를 관리하는 꾸라이쉬 부족의 일원으로 유복자로 태어났다고 전해진다.

6살 때 어머니 아미나(Amina)를 떠나보내고 할아버지와 삼촌 밑에서 자라다가 과부인 카디자와 결혼하여 안정된 삶을 살다가 중년의 나이에 히라 동굴에서 가브리엘 천사로부터 계시를 받으면서 그의 선지자적 일생을 살게 됐다고 기록되고 있다. 그가 히라 동굴에서 어떻게 코란을 받게 되는지에 대한 이야기는 많은 책자를 통해 널리 알려져 있다.

무함마드는 계시를 받은 다음 가까운 친구들에게 전했다. 물론 제일 먼저 알라에 대한 믿음을 받아들인 사람은 그의 아내 카디자이며, 그의 사촌동생 알리도 그의 믿음을 받아들였다. 그의 친구인 아부 바크르도 알라에 대한 믿음을 받아들였다.

---

1   대상들이 섬기는 신들을 모셔 놓은 다신교의 신전.

무함마드가 조금 더 담대하게 공식적으로 이슬람에 대해 전했을 때 몇몇 사람이 그를 믿고 알라에 대한 믿음을 받아들였지만 대부분 전통 종교인 다신교를 믿던 메카 주민들과 꾸라이쉬 부족의 강력한 반대와 핍박을 받아야만 했다.

결국 몇몇 개종자를 에티오피아로 피신시켜야 하는 상황까지 몰렸다. 그리고 자신들의 공동체를 메카에서 세울 수 없다고 판단하게 됐다. 무함마드는 물리적인 힘의 필요성을 가지게 됐다.

그는 공동체를 세울 장소를 찾아야만 했다. 그러던 중 무함마드와 그의 추종자들과 함께 메카에서 북쪽으로 350km 떨어진 야스립(Yathrib)으로 622년에 이주하게 된다. 이것이 이슬람의 원년인 헤지라(Hijrah)[2]이다.

야스립은 오래전 유대교인과 아랍 주민이 공존하며 살던 지역으로서 다른 어떤 오아시스보다 농사를 경작하기 좋은 지역이었다. 야스립 주민은 유대인을 통해 이미 일신교에 대해 친숙한 상태였다. 그러나 무함마드 이후 야스립은 '예언자의 도시'라는 뜻의 '메디나'로 불리게 된다.

2. 메카에서 메디나로 이주(이슬람 원년, 헤지라)

622년 무함마드는 메카에서 메디나로 이주(이슬람 원년: 헤지라, hijrah)했다. 이주 사건은 무함마드에게 매우 큰 전환점이 됐다. 그는 움마(Ummah)라는 이슬람 공동체 조직을 갖게 됐다. 이제 무함마드는 움마 공동체를 통해 이슬람을 믿는 교도들(무슬림)을 보호해야 할 의무가 생기게 되고, 움마는 종교적 집회의 주체인 동시에 국가적 성격을 띠게 됐다.

무함마드가 메카에서 메디나로 이주한 이유가 무엇인가?

---

2   무함마드가 메카에서 박해를 피해 메디나로 이주한 사건.

사실 무함마드는 메카에서 이슬람의 유일신(알라) 사상을 포교하다 기존에 있는 다신교 세력들에 의해 밀려난 상황이 됐다. 그렇다면 그는 메카에서 당연히 예멘으로 갔어야 한다.

왜냐하면, 메카에서 예멘은 메디나보다 더 가까운 지역이며 메디나를 가기 위해서는 큰 산맥을 넘어야 했기 때문이다. 그리고 예멘은 그의 선조의 고향이며 이미 문화적으로 발달한 곳이었다. 그러므로 메카에서 문제가 있다면 자기 선조의 고향으로 가야 했으나 그는 메디나를 선택했다. 거기에는 명백한 이유가 있었다. 물론 이것은 필자의 논리이다.

첫째, 무함마드는 군사적인 힘이 필요했다.

그는 메디나로 이주하여 갈 때 힘이라는 무형의 권력이 없다면 자신의 추종자를 지키거나 보호할 수 없을 뿐만 아니라 메디나에서 만들어진 이슬람 공동체인 움마 공동체를 이끌어 갈 수 없다는 사실을 메카에서 뼈저리게 느끼었다. 그가 메디나로 이주했을 때 그는 농업이나 상업에 종사하지 않았다. 실상 그는 상업에 의존했던 사람이었다. 그리고 이슬람을 설명하는 모든 책자에서 무함마드는 매우 성실한 사업가로 정평이 난 인물이었다. 그런데 그는 상업에 관심을 전혀 갖지 않았다. 그는 메디나에서 동북쪽에 위치한 타히마(Tihamah) 산에 살던 '사알릭(Sa Altk)그룹'을 포섭했다. 그들은 무함마드의 제안을 받아들이고 무함마드와 함께 메카의 꾸라이쉬 부족과 첫 번 전쟁을 수행하는 데 앞장을 서게 된다.

당시 메디나에 있는 부족들이 메카에 있는 부족을 공격하기가 쉽지 않다는 것을 알고 있었다. 그뿐만 아니라 메디나 부족이 메카의 꾸라이쉬 부족을 공격해야 할 아무런 이유도 없었다. 그래서 무함마드는 메카와는 전혀 이해관계가 없는 사알릭 부족과 결합하여 메카의 꾸라이쉬 부족을 공격하게 된다. 즉 이슬람의 태동은 자기의 생각을 받아들이지 않는 사람들에 대한 권리를 무력으로 빼앗는 것에 근거하여 이슬람이란 종교의 근간을 이루어 갔다. 무함마드는 이슬람 국가인 움마 공동체를 군사적인 힘의 기초 위에 세웠다. 이것은 일반적인 '종교의 태동'과 전혀 다른 상황이다.

둘째, 무함마드는 왜 메디나(야스립)를 선택했는가?

그것은 메디나가 메카와 레반트 지역 사이, 대상들이 오고 가는 중요한 상업적 지역에 자리 잡고 있었기 때문이다.

당시 이집트와 지중해 지역을 연결하여 향신료와 이집트에서 들어오는 밀을 중계하는 알가르 항구의 모든 물자는 메카로 가고 있었다. 그리고 메디나에서 유대인이 생산하는 대추야자도 메카로 갔다. 만일 그가 메디나를 장악하고 항구를 장악한다면 메카의 경제 봉쇄를 하게 되는 것이다. 이것이 그가 메디나를 선택한 실질적인 이유이다. 그리고 무함마드는 항구를 봉쇄했다. 메디나의 유대인에게 메카에 대추야자 수출을 금지하자 메카 사람들은 대추야자와 밀을 구할 수 없는 상황이 됐다. 결국 메디나와 메카 간에 전투가 일어나는데 그것이 바드르(badr) 전투이다.

3. 움마 공동체와 유대인 부족

로마 장군 티투스에 의해 예루살렘이 멸망하고, 살아남은 많은 유대인이 세계 도처로 흩어졌다. 그중에 일부 유대인은 남예멘과 야스립(메디나)에 정착하여 살았다. 메카에서 성공적이지 못하고 오히려 핍박과 박해를 받고 메디나로 이주하게 됐다.

무함마드는 메디나 초기에도 유대인에 대해 호의적이었다. 그들이 지키는 여러 가지 율법의 내용을 자신의 종교로 가져와 지켰다. 이슬람의 율법인 아랍어 '샤리아'란 단어도 히브리 언어인 '할라카'(유대의 율법)에서 온 단어이다. 그러므로 두 단어가 같은 의미가 있다. "길 혹은 길을 가다"라는 뜻이다.[3] 그뿐만 아니라 메디나 2년까지도 무함마드는 살라(기도)의

---

3   하메드 압드엘 사마드, 『무함마드 평전』 배명자 역 (서울: 한스미디어, 2016), 268.

방향을 예루살렘으로 하고 있었다.

당시 메디나에는 '바누 카이누까', '바누 앗 나디르', '바누 꾸라이자' 등 3개의 유대인 큰 부족이 살고 있었다. 무함마드는 유대인이 그와 함께 전쟁에 참여하든가 아니면 전쟁을 위해 재정을 지불하기를 원했다. 사실 유대인은 두 제안에 다 응할 수 있는 입장이 아니었다. 이것이 무함마드가 메디나에 살던 유대인을 추방, 내지는 멸절시키는 이유가 됐다.

1) 바드르(Badr) 전투

624년 무함마드는 메카의 꾸라이쉬 부족과 전쟁을 하기 시작했다. 그러나 유대인 공동체는 무함마드의 전쟁에 끼어들고 싶지 않아 중립을 지키고자 했다. 그러나 무함마드에게는 유대인의 중립이 의미가 없었다. 적인지 아니면 친구인지 분명히 하기를 원했다.

그는 꾸라이쉬 부족과의 전투에 승리하면서 유대인 부족을 하나씩 메디나에서 쫓아내거나 살육하기 시작했다. 승리로 이끈 바드르 전투를 마치고 돌아올 때 무함마드를 도왔던 사알릭 그룹의 거주지를 위해, 바누 카이누까 부족을 쫓아내고 그들의 땅과 집을 사알릭 그룹에 내주었다. 전쟁을 통해 포로와 인질들을 노예로 팔아 수입을 얻었고 전쟁을 위한 새로운 무기도 확보할 수 있었다.

첫 번째 전투는 메카에서의 그의 상황에 비교하여 볼 때 엄청난 자신감을 가지게 됐다. 그리고 그는 지체하지 않고 살라(기도) 방향 끼블라(qiblah)를 예루살렘에서 메카로 바꾸었다. 이슬람의 움마 공동체의 자체 성지를 결정하게 된 것이다. 이제 그는 더 이상 유대인에 대한 우호적인 관계나 메카의 정복에 대해 거리낌이 없어졌다.

코란의 계시도 성서의 백성이 아니라 토라의 내용을 바꾸었다는 계시를 내렸다. 유대인과의 갈등과 싸움이 시작됐다. 메디나에서의 싸움은 오늘날 21세기까지 중동의 화약고라 불리는 극한 상황까지 이어지고 있다.

2) 우후드 전투(Uhud, 625)

625년 무함마드는 꾸라이쉬 부족 동맹과 치른 두 번째 전투에서 별 소득 없이 돌아오게 된다. 이것은 무함마드에게 종교적, 경제적 위기가 될 수 있었다. 그는 전쟁을 통해 전리품을 가질 수 있고 전쟁 포로들을 노예로 팔아 수입을 얻으며 움마 공동체를 세워 나갈 수 있었다. 그런데 두 번째 전투에서 아무런 소득을 얻지 못하자 공동체와 무함마드 자신에 대한 신뢰도에 흠집이 났다.

늘 그러하듯이 문제가 생기면 그는 천재적인 아이디어를 만들어 문제 해결을 했다. 그것은 유대인 '**바누 앗 나디르**' 부족을 쫓아내고 그들의 재산을 통해 우후드 전투에서 손해 본 것을 만회하는 것이었다.

3) 아흐잽 전투(한다끄, Khandaq, 627)

세 번째 전쟁인 아흐잽 전투는 실질적인 전투가 아니어서 전리품을 얻지 못했다. 그래서 가장 큰 유대 부족인 '바누 꾸라이자' 유대인을 쫓아내고자 했다.

물론 유대인은 무함마드와 문제를 일으키려 하지 않았지만, 무함마드는 유대 부족이 메카의 군대를 메디나에 들어올 수 있도록 스파이 역할을 했다는 음모를 만들어 그들을 4주 동안 포위, 공격했다. 무함마드는 메디나에 마지막 남은 남자 유대인의 목을 잘라 죽여 집단 매장을 했다. 여자와 아이들은 노예로 삼았다. 무함마드는 유대인을 몰살시키는 행동을 가브리엘 천사가 승인하는 코란을 계시했다.

> 성서의 백성 가운데 불신자들을 모아 그들의 주거지로부터 최초로 추방케 하신 분은 바로 알라이시리라(코란 59:2).

> 그들이 그렇게 죽은 것은 선지자를 거역하고 알라를 거역했기 때문이다
> (코란 59:4).

그날 여자들과 아이들은 종과 노예로 팔리고 남자들은 모두 참수된다 (600-900 정도). 몇 명이 죽었든 간에 모든 남자가 참수되어 머리가 잘렸다. 코란은 이 이야기를 칭송하고 있다.

세 번에 걸쳐 유대인을 몰아낸 무함마드는 메디나 북쪽 카이바르 지역으로 도망친 나머지 유대인을 추격하여 포위, 공격하여 남자들은 다 죽이고 여자들은 노예로 삼았다. 이슬람은 유대인을 향한 대량 학살에 대해 역사적으로 정당성을 주장하기가 쉽지는 않았다. 그러나 코란 8장에서 무함마드는 유대인을 가리켜 동물보다 사악한 존재며 알라를 두려워하지 않는 자들로 묘사하고 있다. 즉 그렇게 죽여도 정당하다는 것을 인정했다.

이슬람 학자인 압델 하킴 오우르기는 2015년 1월 19일자 독일 뮌헨 일간지 칼럼에서 기록했다.

> 무함마드의 유대인 말살 정책은 이슬람 역사적 상황에서 충분히 이해될 수 있는 상황이었다. 당시 아라비아 상황에서 폭력과 부족 간의 갈등은 자연스러운 현상이다. 그뿐만 아니라 메디나 상황에서 유대인 공동체의 존재는 새롭게 일어나는 이슬람 움마 공동체의 정치적, 종교적 일치에 위협이 됐다(쥐트도이체 차이퉁, Süddeutsche Zeitung, SZ).

무함마드의 유대인을 향한 잔인한 몰살정책을 정당화시키는 칼럼이었다. 물론 당시 아라비아 상황이 부족 간의 전쟁으로 패한 부족의 남자들은 죽음을 면치 못하거나 부녀자들과 노예로 팔리는 것이 다반사였다. 그런데도 항복한 부족을 몰살한 경우는 아라비아에서도 없었다. 일반적으로 전쟁에 패한 부족들은 몸값을 지불하거나 노예로 팔아 버렸다. 그런데도 무함마드는 이러한 일반적인 상황을 고려하지 않았다. 가톨릭 신학자

한스 큉도 메디나의 마지막 유대인 꾸라이자 부족의 몰살에 대해 '인종 청소'란 말을 사용했다. 그러면서 이 모든 책임에 대해 무함마드는 피해갈 수 없다고 설명했다.[4]

무함마드가 메디나로 이주한 이후 메카의 꾸라이쉬 부족과 세 번 치러진 전투와 유대인 몰살에 대한 일반적인 문헌 사료는 없다.[5] 단지 이슬람 역사에서 기록되었기 때문에 더 정확성이 있다고 볼 수 있다.

◆ 최초의 아라비아 통일과 지하드 확립

무함마드는 아라비아반도 전체를 대상으로 전쟁을 수행한 사람으로서 아랍 부족을 통일하는 최초의 사람이 됐다. 무함마드는 전쟁을 수행하면서 거룩한 전쟁(지하드)이라는 아이디어를 만들어 내었다. 물론 일반적으로 지하드에 대한 정의들에 대한 의견이 분분한 것은 사실이다. 그러나 무함마드의 지하드 개념은 매우 진보적이고 기발한 아이디어였다. 군사들을 전쟁에 내보낼 때 "너희들이 전사로 나가 순교하면 파라다이스에서 편안한 생활을 하며 가슴이 크고 젊은 여자들을 원하는 대로 취하여 영원히 살 수 있다. 순교하지 않는다면 전쟁에서 승리한 전리품 가운데 너희들의 몫을 취하고 여자들을 선택하여 취할 수 있다"라고 격려했다.

무함마드는 메디나로 간 이후 전쟁을 시작했고 무함마드 마지막 8년 동안 80여 차례의 전쟁을 치르게 된다. 이것은 오늘날에도 무슬림은 필요하다면 언제든지 이교도들을 향해 이와 유사한 행동들을 얼마든지 할 수 있는 합법성을 주게 됐다. 무함마드는 자신을 따르는 무슬림에게 아라비아반도에 이슬람 외에 어떤 종교도 함께 할 수 없다는 명령을 내렸다.

그리스도인들은 일방적으로 이슬람교에 대한 배려가 남다르다. 우리의 기본적인 것조차 그들에게 주장하지 못하면서 일방적으로 그들의 심기를

---

[4] 사마드, 『무함마드 평전』, 281.
[5] 사마드, 『무함마드 평전』, 275.

거스르지 않으려는 저자세적인 태도는 올바른 태도는 아니다. 그렇다고 그들을 적대시하자는 의도는 전혀 아니다. 그러나 이슬람의 역사적 사실들을 이해하면서 그들에 대한 우리의 접근이 있어야 한다. 필자는 이슬람이란 종교와 그 종교를 믿는 무슬림을 다른 각도에서 보아야 한다고 생각한다. 그래서 서두에 '무슬림은 준비된 그리스도인'이라고 설명을 했다.

제2장

아라비아반도 최초 통일

1. 메카 무혈입성

메디나로 이주한 무함마드는 메카 정복에 대한 꿈을 버리지 않았다. 이제 그는 막강한 군사력을 가진 부대를 거느리고 있었다. 메카에 비해 무함마드의 군사력이 월등히 강했다. 629년 메카에 무혈입성을 앞두고 그는 비잔틴 제국의 시리아에 아랍 원정대를 보내었다. 무함마드의 세계 이슬람 정복 전쟁의 야욕을 보여 주었던 것이다. 630년 무함마드는 실질적으로 아라비아반도를 통일한 유일한 종교적, 정치적 그리고 군사적 총수가 되어 메카에 무혈입성하게 된다. 그는 곧바로 메카의 카바로 가서 모든 우상을 척결하고 일신교도의 신성한 장소로 선포했다.

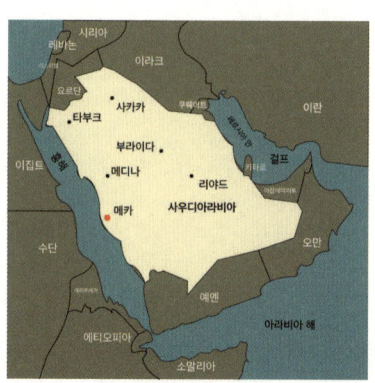

아라비아 통일 지도

그리고 그동안 적대 관계였던 우마이야 부족장인 아부 수피얀과 동맹을 맺는다.[1] 그의 사촌 오스만이 3대 칼리프가 됐다가 암살당하자 아부 수피얀의 아들인 무아위야가 4대 칼리프인 알리에게 도전하며 결국은 무아위야에 의해 다마스쿠스에서 이슬람의 첫 번째 우마이야 왕국이 출발하게 된다.

그러나 무함마드가 메카에 입성하여 자신을 노래와 시로 적대했던 힘없는 사람들을 처단했다. 힘이 있는 자는 살려두고 힘이 없는 자는 가차 없이 죽이는 무함마드의 인격이 여실히 드러나는 사건이었다. 그는 힘의 논리에 대해 비인격적인 이슬람의 지도자였음을 스스로가 입증했다.

2. 무함마드의 죽음(A.D. 632)

632년 죽기 전까지 모든 아라비아반도의 부족들이 움마 공동체의 일원이 됐다. 명실공히 아라비안 반도를 정복한 최초의 통수권자가 됐다.

무함마드는 살아생전 그를 따르는 무슬림에게 충고하거나 가르치지 않은 주제가 없었다. 후에 크고 작은 모든 무슬림의 삶의 문제들에 대해 하디스를 통해 통제하게 됐다. 무함마드는 무슬림이 식사할 때 "비스밀라 라흐만 라힘"을 말해야 한다고 했다. 음식을 먹기 전에 어떻게 하고, 먹은 후에 어떻게 해야 하는지에 대해 자세히 말했다. 우드(기도 전에 세정)를 할 때는 손을 세 번 씻어야 한다. 손을 깨끗이 씻지 않으면 부활의 날에 불에 탈 것이니 조심하라고 가르쳤다.

선지자인 무함마드는 자신들에게 용변을 보는 법을 설명하여 주었다고 하디스는 기록하고 있다.

---

1   사마드, 『무함마드 평전』, 134.

우리 선지자는 우리가 어떻게 깨끗하게 되는지를 가르쳐 주었어
(하디스 1352).

이와 같이 음식을 먹고 마시고, 잠자는 것뿐만 아니라 화장실을 어떻게 사용하는지 등에 대해 자세하게 가르친 그가 죽기 전에 자신의 후계자에 대해 아무 말도 하지 않았다. 후임 통치자를 지정하는 것은 아주 기본적인 것 임에도 불구하고 그는 아무 말도 하지 않고 열병으로 고생하다가 침상에서 죽었다.

무함마드가 죽자 그의 동료들은 그의 시체를 아이샤 방에 두고 곧바로 싸이다 가문의 싸끼파(텐트)에 모여 누가 그들의 칼리프가 될 것인지 의논하게 된다. 사실 의논이라기보다는 매우 심각한 싸움이었다. 과연 누가 무함마드 다음을 이어 통치자가 되는가에 대한 기득권 이상의 싸움이었다. 이들은 세 종류의 그룹으로 나누어졌다.

첫 번째 그룹인 알리와 무함마드의 딸 파티마는 칼리프는 선지자 가문에서 나와야 한다고 주장했다. 그리고 아부 딸립의 아들 알리와 압바스 그룹도 칼리프는 무함마드의 혈통인 하쉼 가문에서 나와야 한다고 주장했다.

두 번째 그룹은 아부 바크르와 오마르이다. 이들은 서로 강한 동맹을 맺고 있었다. 오마르는 아부 바크르(Abu Bakr)가 칼리프가 되어야 한다고 주장했다. 왜냐하면, 그들이 무함마드를 도와 이슬람 공동체를 세웠고 자신들은 꾸라이쉬 부족이었기 때문이다. 그리고 아부 바크르는 이미 나이가 많은 사람이었다. 그렇다면 아부 바크르가 죽는다면 다음 칼리프는 자신이 될 수 있기 때문이다.

세 번째 그룹은 안사르 그룹이다. 이들은 메디나 원주민으로서 무함마드가 메디나로 이주했을 때 무함마드의 모든 일을 함께했던 그룹이다. 만일 그들이 없었다면 이슬람이라는 공동체가 만들어지지 못했을 뿐만 아니

라 아라비아 부족을 통일할 수 있는 강력한 군대를 만들 수 없으므로 칼리프의 후계자는 안사르에서 나와야 한다고 주장했다. 그러나 아부 바크르가 칼리프가 되어야 한다는 강력한 주장에 안사르 그룹은 그 모임을 떠났다. 안사르 그룹의 대표인 싸아드는 2년 뒤 레반트 지역에서 살해당한다. 2년 뒤에 오마르가 두 번째 칼리프가 됐다. 그는 싸아드에게 충성을 요구했으나 싸아드가 거부한다. 결국 싸아드는 오마르의 사람들에게 살해당하고 그의 죽음은 정당화됐다.

오마르가 알리에게 아부 바크르에게 충성 맹세를 할 것을 강요한 사건에 대한 두 가지 전혀 다른 이야기가 전해졌다. 따바리의 역사 2권에서 전하는 순니파(Sunni)의 전승에서는 알리가 강력하게 반대했지만, 오마르가 그에게 압력을 넣었고, 결국 그 압력에 의해 아부 바크르에게 충성 맹세하는 것에 동의했다.

야아꾸비(yaqubi)의 역사에서 전하는 시아파(Shi'a)의 전승은 또 다른 이야기를 하고 있다. 야아꾸비는 그의 책에서 오마르가 파티마에게 당신과 알리의 집에 불을 지르겠다고 협박했다는 것이다. 오마르가 그들을 죽이려고 협박하자 알리는 아부 바크르를 칼리프로 동의할 수밖에 없었다. 이런 긴박한 와중에 무함마드가 진짜 알라의 선지자이고 메신저라고 믿는 다른 사람들이 있었는데 그들은 무함마드가 죽었다는 것을 믿지 않았다. 그들은 시체를 3일 동안 장례 하지 않고 아이샤 방에 그대로 두었다. 정확하게 3일 후 그들은 무함마드가 예수 그리스도처럼 될 것이라고 생각했기 때문이다. 3일 후에 그는 부활하여 하늘로 올라갈 것이라고 믿었다.

제3장

제1차 이슬람 세계화(칼리프 시대)

1. 4대 칼리프 시대(아부 바크르, 오마르, 오스만, 알리)

1) 1대 칼리프 아부 바크르(A.D. 632-634)

아부 바크르가 무함마드의 뒤를 이어 초대 칼리프가 됐다. 그는 무함마드에 의해 통일된 아라비아의 최고 권력자가 됐다. 그는 자신도 느끼지 못한 이슬람 공동체를 깨뜨리는 위험한 말을 했다. 무함마드는 이미 죽었고, 알라를 예배하는 자에 대해서는, 알라는 살아계시고 죽지 않는다(사히흐 부카리 3467)라고 말했다. 아부 바크르의 이 말은 공동체의 결속력을 깨뜨리는 씨앗이 됐다. 많은 부족의 사람들이 그를 떠나기 시작했다. 이것은 그에게 엄청난 위기가 됐다.

그동안 대부분 부족이 무함마드를 따라 이슬람에 귀의한 이유가 무엇인가?

그들 가운데 무함마드를 신성시하여 그를 따르기 시작했다. 어떤 사람들은 무함마드를 두려워하여 이슬람을 따르던 부족도 있었다. 또 어떤 부족들은 전쟁을 통해 전리품을 가지므로 이득을 추구하고자 하는 부족도 있었다. 그런데 이제 무함마드가 죽음으로써 모든 것이 끝이 났다고 생각하고 이슬람을 떠나기 시작했다. 그들은 아부 바크르에게 우리의 갈 길을 가겠다며 각자 부족의 터전으로 길을 떠났다. 이것은 아부 바크르에게 위기이며 재앙이었다. 그는 무함마드처럼 카리스마가 있거나 부족들을 이끌 만한 영향력을 가지고 있는 지도자도 아니었다.

그뿐만 아니라 부족 가운데 우리는 무슬림이지만, 자카와 토지세는 지불하지 않겠다는 부족도 나타났다. 중요한 것은 공동체 운영을 위한 수입과 돈에 관련된 것이다. 코란에서 자카를 지불하지 않는 자는 죽임을 당한다는 구절도 없었다. 이때 아부 후라이라(Abu Hurayra)라는 인물이 등장하여 아부 바크르에게 필요한 가장 중요한 하디스를 말해 주었다.

"나는 사람들이 알라 이외에는 신이 없으며 무함마드는 그의 선지자라고 말할 때 그들과 전투를 하라고 명받았다"(부카리 무슬림 226).

특별히 그들이 기도하고 자카를 지불할 때까지 전투하라는 명령이었다.

즉 자카를 지불할 때까지 싸우라는 무함마드의 말(하디스)이 만들어진 것이다. 그는 계속 말하길 "만일 그들이 그렇게 하면 그들은 피를 흘리지 않고 재산을 보호받게 될 것이다"라고 말했다. 코란과 대등한 영적 권한을 가질 수 있는 하디스라는 이슬람의 학문이 여기에서 탄생하게 됐다.

무함마드의 죽음으로 아라비아반도 곳곳에서 예언자들이 일어나 자신들의 세력을 키워나갔다. 메디나 북쪽에서, 남부에서, 동부 아라비아에서는 여자 예언자까지 일어나 아부 바크르에게 큰 위협이 됐다. 그는 2년 동안 칼리프 직을 수행하면서 이슬람에게 반기를 드는 부족들을 다시 제압함으로 아라비아반도에 이슬람교를 재건하는 나름 큰 업적을 이루게 됐다.

그가 무함마드의 정복 사업을 이어받아 시리아에 주둔 중인 비잔틴군을 공격하기 위해 원정대를 보낸 것은 아라비아반도를 중심으로 세계 이슬람화를 시작하는 신호탄과 같은 것이었다. 637년 시리아에서 비잔틴 제국의 군대를 퇴각시키며, 641년까지 오늘날의 시리아와 이라크의 북부를 점령하며 사산조를 멸망시키게 된다. 사산조를 멸망한 아랍 무슬림은 그야말로 신적인 희열을 느끼지 않을 수가 없었다. 무슬림 시인은 이 사실에 대해 이렇게 노래를 불렀다.

"오 사람들이여 당신들은 페르시아가 어떻게 멸망 당했는지 페르시아인들이 느끼는 굴욕감이 무엇인지 보았는가? 그들의 왕국이 물거품이 되어 버렸듯 그들은 당신들의 양을 키우는 노예가 됐다."

그들은 말한다.

> 알라신이 우리에게 승리를 주었고 전쟁으로 그들이 가진 모든 것을 빼앗아 살도록 땅과 집을 주셨다. 우리에게 이러한 진리보다 더 강하고 나은 것은 없다.[1]

아랍 이슬람은 전쟁하면 할수록 부유하여졌다. 그리고 군사의 숫자도 갈수록 증가 됐다. 그들은 더 많은 것을 가지기 위해 진군했다.

2) 2대 칼리프 오마르(A.D. 634-644)

오마르는 칼리프 문제가 있을 때 적극적으로 아부 바크르를 칼리프로 세웠다. 즉 오마르의 적극적인 추천으로 그는 1대 칼리프가 됐다. 그리고 2년 후에 아부 바크르는 죽기 전 오마르를 2대 칼리프로 지목하고 죽는다. 오마르는 무함마드의 정복 사업을 이어받아 동로마 제국의 지배에 있었던 시리아를 정복한다. 세계 선교의 전초 기지 역할을 감당하던 신약의 안디옥교회가 이들의 수중에 떨어졌다. 시리아를 정복한 오마르는 이라크에 사산조의 마지막 왕인 야즈드 게르드(Yazdgerd) 3세를 격파하면서 이라크를 점령하게 된다.

초대교회의 어머니 역할을 하던 예루살렘도 638년 결국은 이슬람에 의해 정복당했다. 이때 칼리프 오마르는 예루살렘을 방문했다. 그리고 지금의 황금 돔 모스크 자리는 큰 바위와 온갖 쓰레기로 덥혀 있었는데 이 큰 바위는

---

[1] Francis Robinson, 『The Cambridge Illustarted History of isramic』 2002, 42.

무함마드의 천상을 여행하는 꿈 이야기에 등장하는 바위이다. 오마르는 그 자리를 정리하고 그 위에 목조 건물의 작은 모스크를 건축했다. 그리고 우마이야 왕조의 칼리프에 의해 석조 건물로 모스크를 재건축했다.[2]

(1) 이집트 정복

이집트는 비잔틴 제국의 헤라클리우스 황제[3]의 통치 기간에 속주로서 수도이며 황제는 정치적으로 사이러스를 알렉산드리아 총대 주교로 세웠다. 당시 콥트교회의 교황은 벤야민이었다. 그는 로마 황제의 총대 주교를 피하여 사막으로 피신 중이었다.[4] 로마 황제는 콥트 교인들이 로마의 교리를 따르기를 원했다. 따르지 않았을 때 그들은 혹독하게 핍박을 당했다. 모든 콥트 교인들은 도망간 교황으로 인해 영적인 두려움과 혼란에 빠져 있었다. 비잔틴 제국의 핍박으로 인한 두려움이 오히려 이슬람 군대의 진격을 도와주는 결과가 됐다.

칼리프 휘하의 아므르 장군은 4,000명으로 구성된 기병을 이끌고 지중해 변에 있는 현재의 포사이드항구를 거쳐 남동쪽으로 이어진 고센 지역을 통과하여 구 카이로 바벨론 성채에 640년 1월 도착했다.[5] 당시 알렉산드리아는 로마의 황제 아우구스투스 때부터 속주로서 많은 식량을 보급하는 바벨론 성채를 방어하기 위해 지원 군사를 보내었다. 칼리프 오마르의 증원군이 6월에 도착했다. 이집트의 운명을 건 한판의 전투가 벌어지게 되지만 압도적인 이슬람 군대를 막기에는 너무 역부족이었다.

641년 4월 6일 바벨론 성채는 포위된 지 7개월 만에 비잔틴 군대의 항복으로 함락되어 이슬람의 손아귀에 들어가고 말았다. 아랍 무슬림 군대

---

2 고원, 『이슬람 역사 1400년』 (서울: 동서문화사, 2002), 68.
3 Forster, 『Alexandria』, 52.
4 이나빌, 『이끼우 요한의 연대기와 이슬람 이집트 침입』 (서울: 기독교문서선교회, 2018), 35.
5 Forster, 『Alexandria』, 53.

는 알렉산드리아로 진군했다. 알렉산드리아에 있던 사이러스 총대 주교는 아무르 장군과 항복을 협상했다.

항복의 조건으로 지즈야를 지불하기로 했다. 알렉산드리아를 지키던 동로마 군인들은 그날로 배를 타고 콘스탄티노플로 돌아가면서 찬란했던 문명의 도시이며 철학의 도시, 종교의 도시, 세계 최대의 도시를 자처했던 알렉산드리아는 아랍 무슬림에게 정복당하고 이집트는 현재까지도 이슬람에 의해 지배당하며 통치되고 있다.

바벨론 성채(구 카이로)

이집트 그리스도인들은 아랍 무슬림을 위한 노예로 전락했다. 이집트의 기독교[6]인들은 1400년 동안 이등 시민으로 살아가고 있다.

1400년의 절망 속에 고난과 고통을 무엇으로 설명할 수 있을 것인가?

어떻게 이런 일을 하나님이 허락하시는가?

하나님이 그리스도인들을 심판하시어 벌을 주시는 것이라고 믿지 않을 수가 없었다. 반면에 아랍 무슬림의 유일신인 알라가 기독교의 하나님을 이겼다고 해도 반론을 제기할 수 없었을 정도로 아랍의 전쟁 승리와 영토 확장은 계속됐다. 아랍에 의한 이집트 정복에 대해 좀 더 자세하게 지면을

---

6 성경에서 말하는 바로의 후예들, 이집트 본토인들.

할애하여 설명하고자 한다.

  칼리프 오마르는 이라크와 이란을 정복함으로 이슬람 제국의 바탕을 이룩했다. 그는 두 가지의 꿈을 가지고 있었다. 하나는 아랍 군대가 새로운 정착지에 뿌리를 내려 정착민들 속에 융화되지 않기를 원했다. 순수한 아랍의 혈통을 유지하며 알라의 전사로, 정복 군사로 싸우기를 원했다.[7] 다른 꿈은 무함마드가 죽기 전 그의 유지에 따라 아라비아반도에 다른 종교를 용납하지 않는 것이다. 그 이후 지금까지 아라비아에 공식적으로 타종교를 허락하지 않게 됐다. 그는 정복하는 곳마다 비이슬람권의 종교들과 계약을 맺었다. 인두세와 토지세를 내면 그들의 종교 행위와 안전을 보장하여 준다는 계약이었다.[8]

  그는 동로마 제국으로부터 시리아, 팔레스타인, 이집트를 정복하며 사산 왕조 페르시아를 멸망시켜 이슬람 제국의 바탕을 이룩했다. 그는 코란을 처음으로 편집했으며, 622년 헤지라의 해를 이슬람 기원 원년으로 정했다. 그는 무력으로 얻은 땅들을 공동체 소유로 전환했으며 정복지의 도시에 살며 군 복무 대가로 점령지에서 나오는 수입으로 급료를 지급했다. 그들을 피정착민처럼 농사에 종사하지 않도록 했다. 이것은 세계 정복에 대한 탁월한 선택이었다. 아랍 무슬림은 한곳에 정착하여 대지주가 되거나 상권을 갖지 못하도록 하면서 움마 공동체에 의존하도록 했던 것이다. 오마르는 이후로 계속되는 세계 이슬람화의 모든 기초를 잘 준비했다고 볼 수 있었다. 그러나 그는 644년, 메디나 모스크에서 페르시아계 그리스도인 노예에게 암살당했다.[9]

---

7 고원, 『이슬람 역사 1400년』, 71.
8 고원, 『이슬람 역사 1400년』, 65.
9 고원, 『이슬람 역사 1400년』, 71.

(2) 오마르 협정[10]

① 그리스도인들과 유대인은 그들의 도시 또는 모스크 주위에 새로운 수도원, 교회, 수녀원을 세울 수 없으며 수리할 수 없다.
② 그리스도인과 유대인은 여행하는 모든 무슬림을 위해 3일간 숙식을 제공해야 한다.
③ 그리스도인과 유대인은 교회나 거주지에 그 어떠한 스파이도 무슬림을 피해 피난처를 제공하거나 숨겨주어서는 안 된다.
④ 그리스도인과 유대인은 자신들의 자녀에게 코란을 가르쳐서는 안 된다.
⑤ 그리스도인과 유대인은 자신들의 종교를 공공연히 나타내서는 안 되며, 그 누구도 개종시켜서는 안 된다. 그들은 자신들의 친척이 그들이 원해서 이슬람으로 개종하는 것을 막아서는 안 된다.
⑥ 그리스도인과 유대인은 무슬림을 향해 존경함을 보여야 하며 그들은 무슬림이 자리를 원하면 자리에서 일어나야 한다.
⑦ 그리스도인과 유대인은 그들의 옷을 모방함으로 무슬림과 닮으려고 해서는 안 된다.
⑧ 그리스도인과 유대인은 언제나 어디에 있으나 항상 동일하게 옷을 입어야 하고 허리에 준나르(zunar)라는 띠를 매어야 한다.
⑨ 그리스도인과 유대인은 십자가 또는 책을 길 또는 시장에서 무슬림에게 나타내지 말아야 한다. 그들은 죽은 자를 따라갈 때 목소리를 높여 곡해서는 안 된다.
⑩ 그리스도인과 유대인은 무슬림의 집보다 집을 높게 지어서는 안 된다.
⑪ 누구든지 고의적으로 무슬림을 치면 이 조약에 따른 보호를 박탈당한다.

10　Al-Turtushi, 『Siraj al-Muluk』, 229-230.

2011년 전까지 이 오마르 협정은 그대로 이집트 그리스도인들에게 지켜지고 있었다. 특별히 교회 건축이나 수리는 대통령 허가 없이는 불가능했다. 이집트에 알 아즈하르 학생들에게 오마르 협정에 대해 리서치를 할 때 오마르 협정을 그리스도인들이 잘 지키지 않는 것에 대한 분노를 그대로 노출했다는 것은 최고의 학문을 추구하는 학생들의 사상에 대해 충분히 납득할 수 있는 대목이라 볼 수 있다.

3) 3대 칼리프 오스만(A.D. 644-656)

오마르가 암살당하자 오스만이 3대 칼리프가 되었지만, 오마르의 패기 넘치는 정복 전쟁을 이어 가기에는 나이가 많아 무리였다. 그리고 자신의 입지를 다지고자 중요한 지역의 태수들을 자신의 집안사람들로 교체했다. 아랍 사람들은 명예를 중히 여기고 사막의 근성을 가지고 있다 보니 칼리프의 처신에 많은 사람이 불만을 품고 각 지역에서 소유사태가 일어났다. 656년 불만을 품은 폭도들에게 살해당하고 말았다. 이슬람교에서 3대 칼리프 오스만에 의한 공적은 코란을 다시 집대성한 장본인으로서 모든 사본의 코란을 불태우고 오스만 본이 오늘날 무슬림에 손에 있는 코란이 됐다.

4) 4대 칼리프 알리 이븐 아부 탈리브(A.D. 656-661)

그는 무함마드의 딸인 파티마의 남편이며 무함마드 혈통에 유력한 자로서, 언변에 능하고 전쟁에서 물러날 줄 모르는 장수로 무함마드의 칭찬을 받은 자였다고 전해진다. 그런데도 그가 칼리프로 있는 5년 동안 3대 칼리프인 오스만의 죽음에 대해 정확하게 규명하지 않아 오스만을 지지했던 무리로 인해 편할 날이 없었다. 메카는 알리를 반대하는 그룹들의 본거지가 되었을 뿐만 아니라 무아위야의 대립으로 수도를 메디나에서 이라크의 쿠파로 옮겼다.

칼리프 오스만과 같은 꾸라이쉬 부족의 우마이야가 시리아 총독으로 있었다. 그는 알리에게 오스만의 암살 배후에 대한 의문을 품고 알리를 대적하게 된다. 657년 알리와 무아위야가 전투를 벌이게 되고 서로 승리했다고 주장하는 전투로 끝나게 됐다. 알리가 이슬람의 통일을 위해 무아위야의 휴전 요청을 받아들이자, 알리를 따르던 카와리지파는 그의 결정에 동의하지 못하고 알리를 떠나게 됐다. 알리가 칼리프직을 수행하고 있음에도 불구하고 660년 무아위야는 예루살렘에서 칼리프로 추대됐다. 이슬람 세계가 각자의 이권 문제로 혼란하여졌다. 661년 알리가 쿠파의 이슬람 사원에서 그를 추종했던 카와리지파의 손에 죽임을 당함으로써 이슬람 정통 칼리프 시대가 막을 내리게 된다. 알리와 무함마드의 딸인 파티마 사이에 하산과 후세인 두 아들이 있었다. 하산이 지지자들에 의해 칼리프로 추대되지만 얼마 안 되어 스스로 칼리프직을 무아위야에게 이양하고 본인은 메디나로 돌아갔다.[11]

하산의 동생 후세인이 메카에 거주하고 있다가 쿠파 주민들의 초청으로 메카를 떠나 쿠파로 가던 중 카르발라에 도착하게 된다. 이 사실을 안 우마이야 2대 칼리프인 야지드가 군대를 보내어 10월 10일 후세인과 그의 일행을 모두 죽이고 그의 목과 가족을 볼모로 다마스쿠스로 가져갔다. 후세인의 죽음은 모든 시아파 무슬림에게 순교로 여겨졌고, 카르발라는 시아 무슬림에게 성지가 되었으며, 그를 기리는 추모 행사가 매년 10월 첫 주간에 이란에서 성대하게 열린다.

시아파에서 후세인의 순교 기념을 지금도 지키고 있다. 우마이야 왕조는 알리를 추종하는 시아 지도자들을 척결하기 시작했다. 압바스의 아버지와 장남인 이브라힘이 우마이야 왕조에 죽임을 당하게 된다.

4대 칼리프 중에 유일하게 암살을 당하지 않고 사망한 자는 1대 칼리프 아부 바크르이다. 사실 그는 이미 나이가 많은 상태에서 칼리프직을 2년을 맡다가 사망했다.

---

11 고원, 『이슬람 역사 1400년』, 78.

알리가 죽자 공동체에서 만장일치로 무아위야 1세가 칼리프로 인정받게 되고 그는 후에 수도를 시리아 다마스쿠스로 옮겼다. 이 사건을 계기로 이슬람교는 두 개의 큰 파로 분열됐다. 알리와 그 후손만이 무함마드의 후계자인 칼리프가 될 수 있다는 시아파와 혈연 관계없이 칼리프가 될 수 있다는 순니파, 두 그룹으로 나뉘게 된다. 이 두 그룹 역시 1400년이 지난 지금까지 싸우고 있다. 시아파 무슬림의 대표적인 나라가 이란이다. 순니의 대표적인 나라가 사우디아라비아로 지칭한다.

2. 우마이야 왕조와 북아프리카 정복 (A.D. 661-750)

정통 4대 칼리프인 알리가 죽으므로 무아위야가 칼리프직을 받아서 우마이야 왕조를 열게 됐다. 그는 다마스쿠스를 수도로 삼고 무함마드와 정통 칼리프 시대의 정복을 계승했다.

642년 이집트의 알렉산드리아를 정복한 아랍군은 697년 현재의 튀니지 지역인 카르타고를 정복했다.[12] 카르타고가 점령되자, 모로코, 알제리, 모리타니아 그리고 이베리아반도 등을 정복하는데 그리 큰 수고를 하지 않고 북아프리카를 정복했다.

기독교적 입장에서 알렉산드리아와 카르타고를 이슬람에게 정복당한 것은 매우 치명적이었다. 북아프리카교회는 큰 발전을 이루었으며 칼케돈 공의회를 통해 기독교 교리도 확정이 되었던 곳이다. 물론 수많은 그리스도인이 살고 있었으며 북아프리카의 위대한 신학자들도 배출했던 곳이다. 2세기의 터툴리안, 3세기의 시프리안 그리고 4세기의 어거스틴, 이런 영적 지도자들의 가르침 아래 전 세계 기독교 교구의 1/4에 해당하는 500여

12　현재 튀니지 일대에 위치해 있던 페니키아인 계열의 고대 도시이며 그리스도인들은 칼케돈이라 불렀다(저자 주).

교구가 있었다.[13] 북아프리카 정복은 베르베르족들의 이슬람화를, 이베리아반도 정복은 유럽 정복의 발판을 만드는 계기가 됐다.

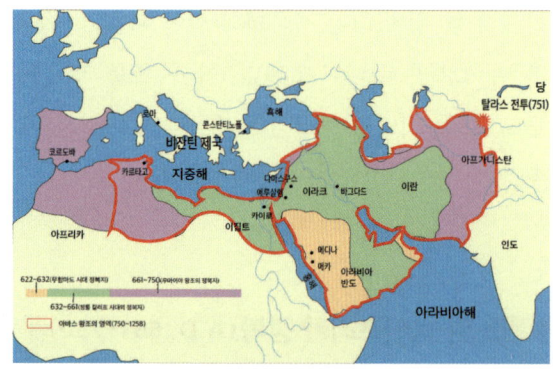

이슬람 정복 지도

우마이야 왕조의 무아위야 1세는 죽기 전에 그의 아들 야지드 1세(680-683)를 후계자로 지명했다. 전통적인 칼리프는 슈라(Shura, 계승자를 선출하기 위한 협의위원회)를 통해 선출되어야 하는데, 무아위야가 왕권을 가지고 마음대로 칼리프를 세움으로써 아랍 이슬람 제국에서는 칼리프 제도가 자동적으로 세습화되기 시작했다.

부족 사회를 이루던 아랍이 팽창하지만, 왕조를 다스릴 만한 역사적 경험이 풍부하지 못했던 우마이야 왕조는 국내외적인 문제에 시달리다가 제국이 서서히 몰락하여 가기 시작했다. 특별히 무함마드의 비잔틴 제국의 정복 야욕은 이미 모든 이슬람 지도자들에게는 버릴 수 없는 야망이었다.

우마이야 왕조에 이르러 무아위야 1세는 비잔틴 제국의 콘스탄티노플에 두 번이나 포위 공격을 강행했지만 성공하지 못했다.

술레이만이 칼리프(715-717)가 되었을 때 무함마드의 염원이었던 비잔틴 제국 정복의 꿈을 자신이 성취할 수 있다고 확신하여 716년 8월 수도

---

[13] J. 허버트 케인, 『세계 선교 역사』(*A Concise History of the Christian World Mission*), 신서균 외 역(서울: 기독교문서선교회, 1993), 72.

인 콘스탄티노플을 포위 공격했다. 그러나 비잔틴 제국의 이사우리안 레오 3세에게 패배를 당하면서 철수하는 과정에서 추격과 폭풍으로 아랍의 함선 1,800척 중 시리아까지 귀환한 배는 5척이었다고[14] 전해진다.

결국 이 전투가 우마이야 왕조의 결정적인 몰락의 원인이 됐다. 술래이만이 죽자 그의 동생인 오마르 2세가 칼리프직을 2년 정도 수행하다가 39세 나이에 지병으로 죽는다. 그 뒤를 이어 야지드 2세가 4년 칼리프직을 수행하다가 지병으로 병사하고, 그의 동생 칼리프 히샴(724-742)이 18년 통치 기간 전성기를 이루게 되지만 그의 치세 후에 우마이야 왕조는 서서히 몰락했다.

우마이야 왕조의 마지막 칼리프인 마르완 2세 때 이란 동부 호라산 기슭에서 747년 아부 무슬림은 압바스 집안의 상징인 검은 깃발을 나부끼며 우마이야 왕조에 불만을 품던 피지배층들과 연합하여 우마이야 왕조에 반란을 일으켰다. 749년 이라크의 쿠파를 점령했다. 750년 우마이야 왕조의 마르완 2세는 티그리스강 지류인 자브강 전투에서 패하고 이집트로 도망 갔다가 훼윰[15] 전투에서 사망했다. 이로써 100여 년 동안 지배받던 이라크인들은 시리아로부터 해방을 맞이하게 되었고 우마이야 왕조는 역사의 뒤편으로 사라졌다.

3. 우마이야 왕조와 스페인 정복

이슬람이 어떻게 그렇게 쉽게 이베리아반도를 정복할 수 있었을까에 대한 의문은 아직도 쉽게 정의를 내리지 못한다고 역사학자들은 말하고 있다. 그 이유를 참고할 수 있는 자료들은 구전으로 전하여진 전설과 같은 이야기들과 일방적인 편견에 치우쳐진 단편적인 사료들뿐이었다.[16] 711년

---

14 고원, 『이슬람 역사 1400년』, 101.
15 이집트의 카이로 남쪽 나일 강 서쪽 사막에 위치한 오아시스.
16 바니드 루이스, 『이슬람 1400년』(The World of islam), 김호동 역(서울: 까치, 1994), 332.

이슬람이 이베리아반도를 정복하러 올 때까지 서고트족이 이베리아반도의 실질적인 통치자였다. 당시 서고트족들이 지배하던 이베리아에 스페인 사람들에 대한 자료들이 매우 적다.

무함마드의 명령에 따른 아랍 군대는 전광석화와 같이 지중해 연안 국가들을 침몰시키며 이슬람화시켜 나갔다. 스페인 역시 마찬가지로 우마이야 왕조의 정복은 매우 빠르게 진행됐다.

우마이야 왕조의 정복 확장에 의해 북아프리카의 마그렙을 점령하고, 타리크(Al-Tariq)는 711년에 이슬람으로 개종한 베르베르족(무어인)과 연합하여 이베리아반도의 해협인 지브롤터('타리크의 바위')를 건너 스페인 남서부를 점령하여 안달루시아의 코로도바 공국을 세움으로 이베리아반도 정복의 전초 기지로 삼았다. 718년 이베리아반도 대부분을 정복했다. 수많은 남자를 죽이고 여자와 아이들은 노예로 팔았다. 놀라운 것은, 이베리아반도를 공략한 이슬람 군대의 베르베르족 전사 중에 다수가 그리스도인이었다고 알려졌다.

이에 대해 타밈 안사르는 말하기를 북아프리카의 토착 문화인 정령 숭배와 미신주의는[17] 페니키아 식민 통치로 무너졌으며 그 위에 로마의 문화와 기독교의 문화가 덧입혀졌다. 그러므로 그 지역을 통합하는 언어와 문화가 결여되어 이슬람이라는 새로운 신념으로 무장한 군대를 대항할 수 없었다. 결국 북아프리카는 이슬람으로 동화되어 가는 데 별반 시간이 걸리지 않았다.[18]

무어인의 총독 아브드 알 라흐만은 732년에 유럽과 이베리아반도를 구분하는 피레네산맥을 넘어 프랑크 왕국으로 진군했다. 유럽이 이슬람에 의해 정복당하는 위기일발의 순간에 칼 마르텔[19]에게 저지당하고 유럽은 이슬람 정복 손길에서 구원을 받게 됐다.

---

17 2012년 국제 다문화 포럼, 「쿠알라룸푸르」, 다문화위원회, 54.
18 타밈 안사르, 『이슬람의 눈으로 본 세계사』(Destiny disrupted), 류한원 역(서울: 뿌리와 이파리, 2009), 150.
19 케인, 『세계 선교 역사』, 70.

무함마드 이후 이슬람 국가는 한 번도 세계 이슬람화를 중단한 적이 없음을 기억하기 바란다. 732년 피레네산맥을 넘어 일어난 유럽 정복을 막아낸 투르 전투를 기억하며 앞으로도 일어나는 많은 이슬람 국가들이 어떻게 유럽을 공략하는지에 대한 관심을 가져야 할 것이다.

4. 후우마이야 왕조(A.D. 756-1031)

압바스 왕조는 우마이야 왕조를 멸망시키고 우마이야 왕족들을 불러들여 모두 도살했다. 756년 우마이야 10대 칼리프인 히삼의 손자 압드 알 라흐만은 극적으로 도망하여 우마이야 왕조의 영토였던 현재의 스페인 코르도바로 피신해 많은 어려움을 겪으면서 권력을 잡고 코르도바의 지배자인 아미르(총독, 혹은 사령관이란 의미)가 되므로 후우마이야로서 우마이야의 왕권을 계승했다.

그는 우마이야의 멸망을 목도하며 왕족인 가족들이 몰살을 당하는 숱한 어려움 속에서 겪은 경험을 바탕으로 매우 사려 깊게 생각하는 아미르가 됐다. 그는 누구도 의존하지 않고 필요할 때 적절하게 사람들을 다루어 가는 정치적 수완을 가지고 있었다. 후에 그의 후계자들이 정치적 어려움을 겪지 않을 견고한 통치체제를 물려주었다.[20] 안달루시아의 코로도바 통치는 다마스쿠스의 89년의 우마이야 왕조 통치 기간보다 훨씬 긴 221년 통치 역사를 갖게 됐다.

그는 오히려 마그립의 무슬림이나 파티마 무슬림 그리고 압바스 왕조에 대해 적대적인 정치를 펼치었다. 당시 코르도바는 유럽 최대의 도시로 변모하여 갔다. 기독교 도시 중에 큰 도시 인구가 고작 2만 5천 정도였을 때 안달루시아 코르도바는 전성기에 인구가 50만을 넘었다. 온갖 문화 시설로 백

---

20 루이스, 『이슬람 1400년』, 335.

성은 보다 나은 삶을 누렸다. 도서관의 장서는 무려 50만 권 이상이었다고 전해진다.[21] 이것은 프톨레마이오스 왕조의 알렉산드리아도서관과 맞먹는 장서였다. 알 라흐만 1세는 코르도바 메스키타(모스크)를 8세기 이후 건축하기 시작하여 2세기에 걸쳐 세 번 증축 했다. 증축할 때마다 본체를 받치는 기둥들이 늘어나므로 기둥이 856개로 늘어났지만, 오히려 그 아름답고 웅장함은 안달루시아 이슬람 문명의 극치를 보여 주고 있다. 복합적인 양식으로 대리석과 꽃무늬를 이루는 모자이크와 코란의 구절들을 새겨 넣고 천장은 팔각의 돔 형식으로 만든 우마이야 왕조의 정교한 건축물[22]로 세계에서 3번째로 큰 사원이 됐다. 현재는 코르도바대성당으로 사용하고 있다.

  이슬람 제국은 동서로 나누어졌다. 동쪽의 압바스 왕조도 칼리프 제도를 우마이야 왕조와 같이 답습했다. 서쪽의 이베리아반도의 이슬람은 아미르 체제로 통치가 되지만 8대 아부드 알르하만 3세 때 아미르 제도에서 칼리프 제도로 바꾸면서 이베리아 왕조의 최전성기를 맞이하게 됐다. 이후에 후우마이야 왕조는 서칼리프, 압바스 왕조는 동칼리프로 불리게 됐다. 알 안달루시아의 이슬람 문화의 꽃이 만개 됐다. 코르도바는 이베리아반도가 이슬람 세력의 영향력 아래에 있는 동안 이슬람의 중심지가 됐다.

안달루시아 모스크

---

21 안사르, 『이슬람의 눈으로 본 세계사』, 203.
22 루이스, 『이슬람 1400년』, 338.

◆ 이베리아반도의 레콩키스타

알 하킴 2세는 신체적으로 비정상적이었으며 그의 아들 히샴 2세는 저능아로 태어났다. 알 하킴은 방법이 없었다. 그는 심복이었던 무하마드 이븐 아비 아미르에게 아들을 부탁했다. 그러나 그의 야심은 드러났고 히샴 2세가 살아 있음에도 코로도바 권력은 그의 아들들에게 계승됐다. 결국 후우마이야 왕조는 내전으로 인한 타이파(Taifa, 부족을 의미하는 국가) 시대가 들어서면서 권력을 향한 욕심들에 의해 서서히 붕괴되어 갔다.

1492년 아라곤의 페르난도 2세와 카스티야의 이사벨 1세의 에스파냐 연합 왕국이 마지막 남은 이슬람 무어족의 점령지인 그라나다 알 함브라를 정복하면서 레콩키스타[23]는 마무리되고 718년부터 지배당하던 이베리아반도는 아랍으로부터 해방을 맞게 됐다.

거의 800년 동안 이베리아반도는 무어족(아랍과 베르베르족의 혼혈)들의 통치를 받으며 아랍과 함께 공존했다는 것은 현재에 이르러 아직도 이슬람에 대한 문화적 종교적 자유가 함께 공존한다는 것을 의미하고 있다.

5. 압바스 왕조(A.D. 750-1258)

우마이야 왕조의 몰락과 압바스 왕조의 시작의 중간 역사 가운데 이들은 서로 죽이고 죽이는 피의 혈투가 끊이지 아니했다. 우마이야 왕조의 마지막 칼리프인 마르완 2세는 750년 티그리스강 지류인 자브강 전투에서 압바스에게 패하므로 우마이야 왕조는 멸망한다.

749년 이브라힘의 동생인 압바스가 쿠파에서 1대 칼리프라고 선언했다. 칼리프로서 압바스는 상당한 기간 동안 제국의 안정을 꾀하는데 온갖 심혈을 기울였다. 그리고 그는 도살자란 명칭에 걸맞게 우마이야 왕조의 사

---

[23] 이슬람 무어족에게 정복당한 이베리아반도 수복 운동.

람들을 샅샅이 찾아내어 도륙을 내었다. 이미 죽은 우마이야 왕조의 칼리프들의 무덤까지 파헤쳐 부관참시했다. 급기야 모든 우마이야 사람들이 다 도망가 숨었다.

압바스는 이제 죽음의 잔치는 끝이 났으니 원한을 풀고 화해하자고 숨어 있던 우마이야 사람들 80여 명을 초대했는데 그들은 연회 중간에 몽둥이를 든 군사들에 의해 모두 맞아 죽었다. 압바스는 그들의 시체를 가죽부대로 덮고 연회를 계속했다.[24] 이를 통해 그의 잔인함을 알 수가 있다.

1000년이 지난 오스만 튀르크의 알리 무함마드 총독(1769-1849)이 이집트를 지배했을 맘룩(Mamluks) 왕조에 남은 자들을 지금의 시타델 성(알리 무함마드 성)에 초청하여 같은 방법으로 죽이므로 맘룩 왕조의 잔재를 청산했다.

압바스는 비록 혁명의 동지들이라도 왕조에 불필요한 자들을 잔혹하게 죽였다. 그래서 후대에 그를 가리켜 도살자라는 별명을 붙였던 것이다. 그렇게 잔혹한 그도 34살의 젊은 나이에 천연두에 걸려 사망(754)하고 만다.

1) 중앙아시아의 이슬람화

668년 고구려는 당나라에 멸망하고 많은 고구려 유민들이 포로로 끌려갔다. 포로 중에 사계의 아들로서 고선지는 747년 당나라 안서사진절도사(지금의 우루무치)가 됐다. 그는 일만 군사를 이끌고 텐산산맥, 세계의 지붕이라 일컬어지는 파미르 고원을 넘어 중앙아시아까지 당나라 영역을 넓히었다. 결국 751년 이슬람 연합군과 중앙아시아의 패권을 놓고 탈라스에서 격전을 벌이게 되지만 당나라의 고선지는 이슬람군에 패하므로 중앙아시아가 이슬람화하게 됐다. 제1차 세계대전이 끝나고 세계 지도는 거의 이슬람권의 영역으로 나타나지만, 중국과 한국과 일본이 이슬람 영역에서

---

24 고원, 『이슬람 역사 1400년』, 113.

자유로운 국가로 나타난다. 후일 한국의 세계 선교는 전략적으로 중국과 중앙아시아를 거쳐 중동으로 나가는 실크 로드의 선교 전략을 생각하게 된다. 한동안 선교 전략적 운동으로 일어난 모 선교 단체의 백 투 예루살렘에 대해 동조하는 것이 아니다.

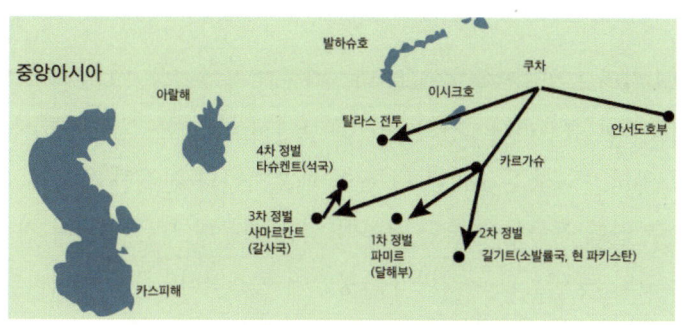

탈라스 전투_중앙아시아의 이슬람화

　탈라스 전투로 중앙아시아에 압바스 왕조는 이슬람 세력을 구축할 수가 있었으며 그 지역의 유목민들에게 이슬람이 전파되기 시작했으며 오스만 제국과 티무르 제국 등이 다 이슬람화되므로 세계 역사를 움직이는 계기가 된다. 중국의 변방까지 이슬람의 세력권이 됐다. 제1차 세계대전이 끝나고 세계 지도를 펼쳐 보니 태평양 연안인 필리핀 민다나오에서 대서양 연안인 남아공의 요하네스버그까지 이슬람 벨트의 지도가 형성됐다. 이슬람권에서 제외된 지역이 중국, 한국 그리고 일본이었다.

　이슬람 군대가 중국의 당나라를 격파하므로 중앙아시아가 이슬람권에 들어간 것도 그들에게 중요한 의미이지만, 당나라 병사 중에 제지술 기술자들이 포로가 되어 종이를 만드는 제지 기술이 이슬람에 전파되기 시작했다. 제지 기술이 나중에 유럽의 문예 부흥을 일으키는 원동력이 됐다는 것은 매우 역설적인 사건이 아니라 할 수 없다. 결국 세상의 역사는 하나님의 역사(예언과 성취)를 위해 준비되고 만들어진다는 사실을 알아야 한다.

오늘날 세상을 바라보는 시각도 하나님의 예언과 성취라는 시각을 가지고 바라볼 때 바르게 볼 수 있는 영적 안목을 갖게 된다는 것을 간과하여서는 안 될 것이다.

2) 압바스 왕조의 수도 이전 - 바그다드

762년 칼리프 만수르는 수도를 바그다드로 옮기었다. 그는 직접 자신이 티그리스강과 유프라테스강의 줄기를 보면서 바그다드를 수도로 삼았다. 그리고 압바스 왕조는 100여 년 동안 페르시아의 찬란한 문명과 이슬람 문명으로 인한 독특한 이슬람 문화의 꽃을 피우며 모든 면에서 전성기를 이루어 갔다. 중근동과 아라비아를 통틀어 콘스탄티노플과 당나라의 수도인 장안과 견주어 손색없는 도시로 발전해 갔다.

4년여 기간에 걸쳐 새로운 수도를 난공불락의 도시로 만들었다. 도시 둘레가 6.4km, 성 외벽의 밑은 9m를 파서 기초 공사를 마무리했으며 안쪽으로 공간을 두고 다시 안쪽으로 주성을 보호하는 벽으로 무려 34.11m 높이로 축성했다. 기초는 50.2m를 파서 벽을 세웠으니 가히 난공불락의 성이었다. 안쪽 성벽의 넓이는 14.22m, 동서남북으로 4개의 성문이 있으며 남동과 남서문의 성문 사이에 29개 탑이 있었다. 주성 안쪽에는 폭 170.70m 되는 원형 공간이 있어 그 안쪽으로 내성이 있었다. 3중 성벽으로 구성된 내성 중간에는 황금빛 궁전 문 위에 지붕은 파란 초록빛으로 덮여 있으니 보는 자마다 신적인 감정을 느끼지 않을 수 없을 것이다[25]. 느부갓네살 왕에 의해 건축된 바벨론 성 역시 난공불락의 도시였지만 결국 바벨론 성이 고레스에 의해 무너졌다.

1200년이 지난 후에 바벨론 성과 견주어 전혀 손색이 없는, 압바스 왕조에 의해 세워진, 바그다드의 성도 1258년 몽골에 의해 완전히 멸망했다.

---

[25] 고원, 『이슬람 역사 1400년』, 127.

역사 속에서 인간은 끊임없이 영원한 것을 추구하지만 어떤 제국도 영원한 제국은 없었으며 앞으로도 없을 것이다. 오직 인간의 손으로는 만들어질 수 없는 영원한 하나님의 나라 외에는 말이다.

10-11세기는 의학, 과학, 천문학 등 서구 문명이 따라올 수 없을 정도로 문학적으로 찬란했던 시기였다. 26개의 공공 도서관이 있었으며 많은 사설 도서관을 운영 했다. 10세기에는 전 유럽의 도서관에 있는 책만큼 소장했을 정도로 많은 책이 있었다.[26] 이는 그들의 지적 추구가 남달랐다는 것을 보여 준다.

아라비아 문학사를 대표하는 노래의 책(Kiyab al-Aghani), 바그다드의 알 나디무의 목록서(al Fihrist)는 이슬람 문학사에 독보적인 위치에 있었으며[27] 당대에 대시인인 알 무타나비(915-965) 등 많은 문인은 존경과 대우를 받았다. 이슬람의 철학자이자 의사인 이븐 시나의[28] 의학 정전과 치유의서는 지난 400-500년 동안 유럽에서 가장 오래된 의학 교재였다. 17세기 존 오브리(John Aubrey) 작가는 의학을 공부하고 싶다면 이븐 시나의 책만 읽고 다른 책은 무시해도 좋다고 할 정도로 명성이 자자했다. 당시 바그다드에 대형 병원을 세우며 백성의 편익을 도모한 시대였다.

5. 파티마 왕조(A.D. 909-1171)

무함마드의 딸인 파티마의 후손임을 자처하는 이들 왕조는 시아파 이슬람의 다른 분파인 이스마일파였다.[29]

---

26 케인, 『세계 선교 역사』, 71.
27 고원, 『이슬람 역사 1400년』, 183.
28 Francis Robinson, 『The Cambridge Illustrated History of isramic』, 2002, 65.
29 알리의 혈통인 시아파의 6대 이맘의 아들인 이스마일 빈 자파르를 시아파의 제7대 이맘으로 간주하는 분파.

파티마 왕조를 시작한 이스마일파의 압둘라 알 마흐디는 시리아에서 북부 아프리카 모로코까지 세력을 넓히다가, 909년에 북아프리카의 아글라브 왕조를 멸망시키고 튀니지에 파티마 왕조를 세우게 됐다. 그는 리비아에서부터 모로코에 이르기까지 막대한 영향력을 끼치게 됐다. 초기 수도는 튀니지에 자리를 잡고 921년 모로코의 이드리스 왕조를 무너뜨리고 북아프리카 마그렙을 거의 다 점령했다. 파티마 왕조는 압바스 왕조와 이베리아반도의 후우마이야 왕조의 틈바구니에서 압바스 왕조를 공략했다. 파티마 왕조도 이집트는 전략적으로나 군사적으로 매우 중요한 지역이라서 여러 번 공략 했지만, 번번이 실패했다. 969년 이집트의 기근으로 인한 압바스 군사력의 약화를 틈타 이집트를 점령했다. 그리고 파티마 왕조는 승리의 의미로 수도인 푸스타드(현재 구 카이로)에서 까히라(승리)로 옮기었다.

파티마 왕조(시아 무슬림)는 선교를 목적으로 971년 알 아즈하르 사원을 건립했다. 988년 사원 안에 이슬람 세계 최초의 대학으로서 전문적인 이슬람 선교 요원을 양성하는 이슬람 최고의 고등 기관으로서 교육의 산실 역할을 감당하게 됐다. 전 세계 17억의 무슬림에게 알아즈하르대학은 이슬람 문화와 교육의 꽃으로 모든 무슬림은 이 대학에서 공부하기를 원한다. 이 대학은 오직 무슬림에게만 입학이 허가되며 1961년 신헌법 제103호 2조는 알 아즈하르는 모든 국민에게 이슬람 의무를 가르치는 것이라 규정했다. 즉 알아즈하르대학은 이슬람 교육과 선교 활동의 목적이 있다. 오랜 역사와 전통을 자랑하는 알아즈하르대학은 중동 지역에서 이슬람 학문의 중심지로, 이슬람 전파를 목적으로 한 선교 기관의 역할은 언제나 변함없다.

알 아즈하르를 대표하는 총장도 학자의 직위가 아닌 종교 지도자의 지위인 성직자(쉐이크)가 담당하고 있다. 그는 이집트 내 이슬람에 관련된 모든 종교 서적 및 종교 문제에 대해 결정권을 가지는 막강한 권한을 가지고 있다. 그는 알 아즈하르 사원과 대학, 그 외 부속 기관의 수장으로서 대통령이 임명하므로 내각의 장관에 준하는 예우를 받고 있다. 특히 종교적 수

장으로서는 절대적인 권한뿐만 아니라 이집트 외의 전 세계 무슬림 사회의 지도자 역할을 수행하고 있다. 알 아즈하르의 쉐이크는 '무함마드 사이드 딴따위'이며 그는 팔레스타인 인티파다(민중 봉기)와 무장봉기, 여성 테러 공격 등을 정당화하고 대이스라엘 무장 투쟁을 정당화시키며 전 세계 무슬림이 이를 적극적으로 지지하도록 선동하는 발언을 서슴지 않고 하고 있다.

전 세계 17억이 넘는 무슬림의 일상에 끼치는 영향력은 막강하다. 그러므로 알 아즈하르의 수장이 발표하는 파트와(코란과 하디스에 따라 무슬림의 일상생활에 대한 이슬람 법적 결정)는 매우 중요한 결정 사항이 된다. 이들의 결정에 의해 일반 무슬림의 삶을 지배하는 좌표가 되기 때문이다. 알아즈하르대학의 쉐이크가 파트와를 발표하면 이 파트와가 모든 이슬람권으로 전달된다. 특별히 오늘날과 같이 혼탁한 세상 속에서 살면서 무슬림이 겪어야 하는 일반적인 문제에 대해, 알 아즈하르는 오늘도 파트와를 통해 무슬림의 삶을 결정해 주는 최종 결정권을 행사하고 있을 정도로 위상이 높은 것은 사실이다.

파티마 왕조는 점차적으로 종말론 사상은 사라지고 일반적인 왕국으로 전락하여 갔지만, 왕국의 번영은 매우 빠르게 발전해 갔다. 왕조의 시아 무슬림 세력이 정치적으로 최고조에 이르게 됐다. 1004년 알 하킴은 대대적으로 유대인과 콥트 오서독스들에 대한 탄압을 했다. 무슬림과 구분하기 위해 복장을 규정했으며, 해가 진 후에 모든 그리스도인의 물건을 파는 상행위를 금지시켰으며, 1008년도에는 콥트교회들의 수도원 재산을 몰수했다. 1009년에는 예루살렘의 성묘교회까지도 파괴했다.[30]

알 하킴은 1021년 2월 두 사람의 신하와 함께 현재의 카이로 동쪽에 있는 무카탐(Muqattam)에 올라갔다. 그는 어느 지점에서 신하에게 잠시 머물라고 명령하고 혼자 걸어 올라갔지만 사라진 지 5일 후에 피가 묻은 그의

---

30 고원, 『이슬람 역사 1400년』, 189.

옷은 발견되었지만, 시체는 찾지 못하여 누군가에 의해 죽임을 당한 것으로 결론지었다.

무카탐은 20여 년 전만 해도 여우가 살 정도로 매우 한적했으며 강도들이 출몰하는 지역으로 사람들의 왕래가 매우 적은 곳이었다. 카이로에 지진으로 집을 잃은 많은 사람을 무카탐에 모여 살게 했고, 사다트 대통령은 카이로의 쓰레기 수거를 위해 콥트 그리스도인들을 그곳에 터전을 잡게 했다. 오늘날 무카탐은 쓰레기 마을과 그 안에 콥트 오서독스 사제인 아부나 사만이 섬기는 동굴교회가 있는 지역으로 유명해져 이제는 성지 순례로 많은 이가 다녀가는 명소가 됐다.

파티마 왕조는 압바스 왕조와의 정치적, 종교적 대립에서 우위를 차지하고자 하는 노력의 일환으로 다이(전도자)를 압바스에 파송하며 최고조의 영광을 잠시 누리게 되지만, 1040년 크고 작은 주위의 침략자들에게 땅들을 빼앗기기 시작했다. 그리고 1060년까지 이집트에 계속된 기근과 가뭄으로 인한 자원 고갈로, 결국 파티마 왕조는 국내외적으로 큰 위협과 갈등을 맞이하게 됐다. 1095년 시작된 십자군 전쟁으로 타격을 받음으로 레반트와 시리아 지역을 상실했다. 1099년 파티마 왕조가 지배하던 예루살렘이 제1차 십자군에 의해 탈환되므로 파티마 왕조의 영역은 이집트만이 남게 됐다.

◆ 무카탐의 기적

파티마 왕조 때 콥트 오서독스의 사활이 걸린 사건이 하나 일어났다. 979년 전후에 나일강의 범람이 3년간 일어나지 않아 전 이집트의 극심한 기근으로 약 50만 명이 죽었다고 콥트교회는 기록하고 있다. 969년 파티마 제국이 이집트를 점령하고 수도를 카이로로 이전하고 10년 정도 지난 979년경 무카탐 산이 움직이는 놀라운 기적이 일어났다. 카이로는 산이 옮겨지는 기적이 일어나기 전, 아주 짧은 기간 동안 건설됐다. 현재의 카이로는 여러 개의 작고 오래된 마을로 구성되었으며, 서로 다른 시대에 세워진 마을 중 하나이다.

첫째, 비잔틴 제국에 의해 세워진 바벨론 성채 지역을 오늘날 구 카이로라고 부른다. 이 지역을 당시에는 바벨론 혹은 왁스의 궁전으로 불렀다.
둘째, 움 다인(Um Dain) 지역으로서 오늘날 카이로의 중심지이며 람세스 중앙 기차역 지역을 말한다.
셋째, 알 카달(Al qatal)은 알 아스카르 근처이며 이븐 툴룬 모스크 지역을 말한다. 시타델 밑에 있는 지역이다.
넷째, 카이로, 알 아즈하르 모스크가 있는 지역으로서 969년 파티마 제국에 의해 건설되고 명명됐다.

알 무알라카교회에 걸린 모자이크(무카탐의 기적)

무카탐 산이 움직이는 기적이 일어난 것은 979년 칼리프 알 무으즈 때 일이었다. 그는 문필가로서 시를 낭송하는 모임을 만들어 시를 즐기며 논쟁을 좋아하는 노련한 정치가였으며 종교 과학을 선호했다. 그래서 무슬림과 유대교 그리고 콥트인들을 초대해 종교적인 토론을 자유롭게 나누는 것을 즐겼다. 토론의 조건으로 토론을 통해 분노하거나 다툼이 없이 진행되어야 한다는 규정을 만들었다. 당시 아브람 이븐 자라(Abram Ibn Zaraa)는 파티마 제국의 칼리프인 알 무으즈와도 잘 아는 사이였다. 그는 687년 콥트 교황으로 추대됐다(975-979).

칼리프의 수행원 중에 제콥 이븐 킬리스(유대인)는 관리가 되기 위해 이슬람을 지지했던 자였다. 물론 그는 이슬람을 지지했지만, 그의 신앙의 뿌리는 유대교 안에 있었다. 제콥은 다른 유대인 모세를 불러서 칼리프 앞에서 콥트 교황과 논쟁하기로 했다. 교황은 다른 주교(Anba Sawirus)와 같이 토론에 참석했다.

주교 안바 사위루스가 칼리프 존전에서 유대인에 대해 이야기하는 것은 적절하지 않다고 이야기하자 유대인 모세가 유대인을 무지하다고 하는 것인가 반문했다.

주교는 다시 그들에게 되물었다.

"내가 만약 당신의 무지에 대한 증거를 제공하면 화내지 않을 것이냐?"

그들은 그렇게 하겠다고 다짐했다. 그러자 주교는 "당신들을 무지하다고 부르는 이는 바로 내가 아니라 당신들의 위대한 선지자 이사야다"라고 말했다. 그는 이사야 1:3의 말씀을 가지고 말했던 것이다.

> 소는 그 임자를 알고 나귀는 그 주인의 구유를 알건마는 이스라엘은 알지 못하고 나의 백성은 깨닫지 못하는도다(사 1:3).

칼리프는 주교의 신중함과 언변에 깊은 인상을 받고 크게 웃으면서 유대인 모제스(Moses)에게 물었다.

"정말 이사야의 말씀이냐?"

유대인 모제스는 "예"라고 대답했다. 이로써 일차 논쟁은 끝나고 다음에 만나 계속하기로 결정했다.

유대인은 반격의 기회를 찾고자 했다.

> 만일 너희에게 믿음이 겨자씨 한 알 만큼만 있어도 이 산을 명하여 여기서 저기로 옮겨지라 하면 옮겨질 것이요 또 너희가 못할 것이 없으리라 (마 17:20).

그들은 칼리프에게 말했다.

"그들이 가지고 있는 신약성경 마태복음 17:20을 가지고 그들의 종교가 참인지 나타내도록 요구하는 것이 우리의 권리입니다. 만약에 이 말씀으로 그들의 종교가 옳음을 증명하지 못하면, 그들 종교의 무효성에 대한 처벌을 받아야 합니다."

칼리프 알 무으즈는 침묵하며 생각했다. 콥트인들이 말하는 성경의 신약 말씀이 사실이라면, 이는 새로운 도시의 동쪽(카이로)에 자리 잡고 있는 산을 제거하는 절호의 기회이다. 도시는 더 동쪽으로 넓어질 것이며, 멋진 경관을 즐길 수 있게 될 것이라고 생각했다. 만약에 그들이 입증할 수 없을 경우라면 콥트 기독교의 신앙이 잘못되었음을 입증하는 적절한 증거가 될 것이며 콥트 기독교를 완벽하게 제거할 기회라고 생각했다.

칼리프 알 무으즈(Al-Mu'iz)는 교황 아브람을 불러 이 구절에 관해 그에게 말하며 교황에게 네 가지 대안 중 하나를 선택하도록 했다.

첫째, 무카탐 동쪽 부분을 옮겨라.
둘째, 기독교를 포기하고 이슬람을 신봉해야 한다.
셋째, 이집트를 떠나 다른 나라로 떠나라.
넷째, 모두 칼로 죽임을 당할 것이다.

교황은 칼리프에게 3일간의 유예 기간을 줄 것을 요청하고 떠났다. 교황은 오늘날 구 카이로에 있는 '걸려진교회'(The Hanging Church)로 알려진 성 모마리아교회에 가서 구 카이로에 있는 대주교와 부주교들, 그리고 수도사들을 불러 칼리프와 자신 사이에 무슨 일이 있었는지를 설명했다. 이집트에 있는 모든 그리스도인에게 일몰에서 일출까지 사흘 동안 금식하며 교회의 안전과 임박한 시련에서 하나님이 건져주시기를 위해 기도드리게 했다.

3일 동안 교황 아브람(Abram)과 주교들, 사제들, 수도사들은 '걸려진교회'에 머물며 기도에만 전념했다. 삼 일째 되던 날 새벽에 교황은 음성을 듣게 됐다.

"신실한 목자여 두려워 말라 너희들이 흘리며 드리는 기도와 눈물과 금식은 헛되지 않을 것이다. 문밖으로 나가라 물 단지를 메고 가는 외눈박이 남자를 만날 것이다. 그를 찾으라 그가 기적을 일으킬 것이다."

교황이 급하게 뛰어나가니 물동이를 메고 가는 외눈박이 남자를 만났다. 그는 그에게 자초지종을 설명하여 주었다. 외눈박이 남자는 무두장이 사마안으로 가죽을 무두질하며 살아가는 수선공이다. 그는 매일 아침 일찍 일어나 항아리에 물을 채워서 노인들이나 환자들에게 물을 나누어 주고 있었다. 그리고 일터로 가서 저녁까지 무두질하는 일을 하는 사람이다. 그는 가죽을 손질하다가 여자 다리를 보고 음욕을 품었다고 성경 말씀대로 두 눈을 가지고 지옥에 가는 것보다 차라리 한쪽 눈을 빼버리고서라도 천국에 가는 게 옳다고 믿었던 사람이다.

사마안은 교황에게 말했다.

"왕과 관원들과 함께 산에 올라가십시오. 산에 오른 후, 왕과 그 신하들은 교황의 맞은편에 서고 당신은 산 이쪽에 서 있어야 합니다. 그런 다음 성찬식을 거행하고 거기 모인 모든 콥트 그리스도인들이 함께 목소리를 높여 '주님 자비를 베푸소서'(Kyrie Eleison)를 반복적으로 동서남북의 방향을 잡고 100번씩 부르짖고 세 번 예배를 드리시고 산 위에 십자가 성호를 그리십시오. 하나님의 영광을 보실 것입니다."

교황은 삼 일째 되는 날 칼리프 알 무으즈와 함께 무카탐 산으로 올라갔다. 그리고 사마안은 교황 뒤편에 서 있었다. 사마안이 말 한대로 다 시행하고 산을 향해 십자가 성호를 그리고 경배하고 일어나는데 엄청난 굉음과 함께 산이 위로 오르고 옆으로 밀리며 조각났다.

내게 능력 주시는 자 안에서 내가 모든 것을 할 수 있느니라(빌 4:13).

무카탐이 움직이는 사건은 믿음의 능력이었다.

산이 움직이는 전무후무한 기적이 일어나자 칼리프 알 무으즈는 겁에 질려 큰 목소리로 위대하신 주님이라고 부르짖었다. 그리고 교황에게 상황을 멈추어 달라고 탄원했다. 상황이 진정되자 칼리프는 교황에게 "당신의 믿음이 진실함을 증명했다"라고 말했다. 교황의 뒤에 서 있던 사마안은 사라지고 없어졌고 그 기적이 일어난 이후 아무도 사마안을 보지 못하였다고 콥트 전승에서 말하고 있다.

세계 최초의 수도원인 안토니우스수도원에 있는 필사본에 의하면 산의 표면이 평평하게 연결되었기 때문에 무카탐이라 부르기도 하고, 무카탐이 세 부분으로 나뉘어 공백이 생기게 되었기 때문에 무카탐이라 부르기도 한다고 한다.

아랍어 사전에서는 무카탐이란 단어는 절단한다는 의미가 있다. 콥트 오서독스교회에서 내려오는 많은 기적은 매우 흥미진진한 사건들이 많이 있다. 오늘날 구 카이로 걸려진 교회에 가면, 이 무카담 사건이 벽면에 모자이크로 잘 묘사되어 있다.

이 사건으로 콥트는 멸절될 수 있는 상황에서 주의 크신 기적으로 생존하며 지금까지 신앙을 지켜 오고 있다.

7. 아이유브 왕조(1169-1250, 살라딘)

'살라흐 앗 딘 유수프 이븐 아이유브'(살라딘, Saladin)의 영웅적 이야기는 이슬람의 자존심이었다. 그는 동양적 무슬림이었지만 아랍인도, 튀르크인도 아니었다. 인도 아리안계에 속하는 라와디야족의 쿠루드 족이었다.[31] 오늘날 이라크와 터키 그리고 시리아에 흩어져, 민족을 이루지 못하고 같은 무슬림에게 고난과 고통을 받는 민족이다. 역설적으로 살라딘에 의해

31　스테인 레인 폴, 『살라딘』(*Saladin*), 이순호 역(서울: 갈라파고스, 2003), 24.

이슬람 역사가 바뀌었을 정도로 그는 이슬람 세계에 가장 신망을 받는 무슬림 중 한 사람이다. 아무튼, 그의 아버지 아이유브는 티크리트 성주였으며 살라딘은 티크리트 성에서 태어났다(1138).[32] 아이유브조[33]는 1169년 이집트를 정복한 살라딘이 세운 왕조이며 다미에트에 전투로 십자군을 이집트에서 쫓아낸 명장이다. 지금도 무카탐 아래에 살라딘이 십자군 전쟁을 위해 1176년 구상했던 대로 씨타델 성벽의 축성과 확장에 온 힘을 쏟아부었으며 카이로 요새도 준공 준비에 들어갔다. 그러나 요새는 그가 보지 못하고 30년 후 그의 조카에 의해 완성됐다.[34]

그 후 200여 년에 걸쳐 여러 왕에 의해 증축됐다. 지금의 알리 무함마드 모스크는 맘룩 왕조를 쫓아낸 알리 무함마드에 의해 이스탄불의 소피야성당의 모형을 본떠서 건축했다.

아이유브 성벽(시타델)

파티마 왕조의 마지막 칼리프가 1171년 죽자 파티마 왕조는 막을 내리게 된다. 1174년 살라딘의 주군인 누르 앗 딘이 죽자 그는 시리아의 다마

32　고원, 『이슬람 역사 1400년』, 206.
33　살라딘의 아버지인 나즘 앗 딘 아이유브의 이름에서 기원했다.
34　폴, 『살라딘』, 183.

스커스를 자신의 지배하에 복속시키므로 실제적인 이슬람의 최대 군주가 됐다. 그는 1099년 제1차 십자군 전쟁으로 빼앗긴 예루살렘 성 앞에 1187년 9월 20일, 88년 만에 서 있었다. 제1차 십자군이 예루살렘을 정복했을 때 수많은 유대인과 무슬림이 죽음을 맞이했다.

무슬림 전도에 대한 이야기가 나올 때마다 나오는 단골 메뉴처럼, 십자군의 학살로 인해 모든 무슬림이 마음의 문들을 닫았다. 이제 이슬람의 영웅 살라딘이 예루살렘 성 앞에 서서 예루살렘의 운명을 저울질하고 있는 것이다. 그는 제1차 십자군처럼 그리스도인들을 학살하지 않았다. 예루살렘이 항복하면 전 시민을 포로로 삼되, 인두세를 내는 조건으로 자유의 몸으로 풀어 줄 것을 약조했고 시민들의 자유를 보장하여 준다고 약속했다. 일반적으로 이슬람이 도시를 공격하여 항복을 받으면 2-3일간 학살과 약탈을 하도록 허락한다. 생명을 걸고 싸운 병사들의 사기를 북돋우는 방법 중에 하나였다. 그러나 살라딘은 명장이었다. 그의 약속대로 예루살렘의 치안 유지를 위한 명령을 내렸다. 당시 모든 이슬람 병사들은 살라딘을 존경했고 모두가 그의 명령에 복종했다.

예루살렘이 다시 이슬람에게 함락됐다는 소식에 제3차 십자군이 편성됐다. 영국의 사자 왕 리처드, 프랑스의 필립 2세, 신성 로마 제국의 황제 등 유럽의 기독교 국가의 왕들과 이슬람의 살라딘 간 전쟁의 이면에는 종교적인 의미가 감추어져 있었다. 전쟁의 승패는 아카 해안 도시였다. 결국 1191년 7월 살라딘의 아카 수비대는 끝까지 버티다가 항구를 십자군에 넘겨주고, 살라딘은 다마스쿠스로 돌아와 그곳에서 1193년 3월, 55세의 나이로 사망한다.[35] 이슬람의 역사에서 백성이 통치자들의 죽음을 위해 진심으로 슬퍼한 사람은 오직 살라딘뿐이라고 전해진다. 살라딘은 제3차 십자군 전쟁과 맞서 싸워 이슬람의 성지인 예루살렘을 지켜낸 영웅으로서 그는 마치 십자군 전쟁을 위해 태어난 이슬람 전사와 같은 사람이었다.

---

35 고원, 『이슬람 역사 1400년』, 212.

그 이후 1948년 이스라엘의 독립과 1967년 제3차 중동 전쟁 7일 동안 이스라엘은 아랍국가들을 물리치고 요르단강 서안 지역과 가자지구, 동예루살렘, 시리아 골란고원 그리고 이집트 시나이반도를 장악했다. 즉 제3차 중동전을 통해 동예루살렘을 점령하기까지 이스라엘은 이슬람의 영토였다.

♦ 성스러운 도시(The Kingdom of Heaven)

2005년 5월, 개봉된 십자군을 소재로 한 사람들의 마음에 진정한 하늘의 성지가 어디에 있는지를 보여 주는 예루살렘 탈환 전쟁 영화가 있다. 대장장이 발리안과 십자군 기사 고프리의 운명적 만남과 고프리의 유언에 따라 발리안은 예루살렘의 국왕 볼드윈 4세에 대한 충성을 서약한다. 그리고 그는 하늘의 왕국(성스러운 도시)을 지키기 위한 영예로운 여정을 시작하게 된다. 세상을 바꾸어서라도 성스러운 도시(The Kingdom of Heaven)를 지키려는 발리안과 살라딘과의 운명적 결전이 펼쳐진다. 그는 예루살렘 거민과 하늘의 도시라는 두 가지 갈림길에서 백성을 선택한다. 발리안은 예루살렘 백성을 데리고 예루살렘 신의 도성을 떠나간다. 그리고 그는 이렇게 독백한다.

'신은 성지인 예루살렘에 있는 것이 아니라 그 신에 대한 믿음을 가진 우리 자신의 가슴 속에 있다.'

오늘날 믿음의 생활을 하는 우리 모두에게도 많은 감명과 도전이 되는 말이다. 영국의 사자 왕 리처드 1세와 프랑스 필립 2세 그리고 신성 로마 제국의 프리드리히 1세가 제3차 십자군을 이끌고 오는 것으로 영화는 끝을 맺는다.

8. 칭기즈칸과 압바스 왕조의 멸망(A.D. 750-1258)

이슬람의 압바스 왕조가 최전성기를 맞이하여 갈 때 1162년 몽골과 시베리아가 맞닿는 지역에서 테무진이 태어났다. 그가 9살 때 아버지는 타 부족에게 독살되고 그의 부족은 흩어지고 테무진은 오논 강가에서 사냥으로 생존을 위한 삶을 꾸려가면서 수많은 어려움을 겪는다. 그런 와중에서도 그가 잃어버리지 않은 하나의 신념은 몽골이 하나가 되어야 한다는 것이었다.

다른 부족의 도움으로 17세 때 아버지 부하들을 모으는 데 성공했다. 그 이후 11개의 몽골 부족을 통일하고 부족장 회의인 쿠릴타이에서 칸으로 지명받는다. 즉 몽골 제국의 제1대 왕이 됐다.

그는 군대와 정치 체계를 갖추고 법을 만들면서 세계 정복의 기틀을 만들었다. 중앙아시아를 완전 정복하고 서쪽으로 더 진군하여 러시아 남쪽, 유럽 이슬람 제국 그리고 중국까지 정복하여 나갔다.

세계 정복으로 눈을 돌렸다. 칭기즈칸과 그의 후손들은 서구와 인도를 제외한 유라시아 대륙의 대부분을 정복했다. 불과 70년 만에 인류 역사상 제일 큰 제국을 형성했다.

몽골군의 세계 정복에는 몽골 기병대의 기동성을 빼놓을 수 없다. 말 안장 없이 매우 빠르게 진군하며 활을 쏘는 그들의 기동성을 유럽의 육중한 갑옷을 입은 군사들이 당해 낼 수 없었다. 내부로는 전투에만 몰입할 수 있는 매우 효과적인 병참 관리가 뒤받쳐주므로 어떤 나라와 전투를 해도 누구도 당할 수 없는 가장 강력한 군대가 됐다. 당시 무슬림 신앙과 학문의 전당인 사마르칸트를 중심으로 그들은 가는 곳마다 어떤 도시이든 그동안 무슬림이 쌓아 놓은 이슬람 서적들을 다 불태웠다. 몽골의 야만적인 행동들 때문에 이슬람 신앙과 문화 그리고 경제가 다 무너지고 말았다.

1258년 이라크의 바그다드에 수도를 둔 압바스 왕조는 칭기즈칸의 손자인 몽케 칸의 명령을 받은 그의 동생인 훌라구 칸의 공격에 멸망한다. 칼리프 알 무타심은 항복했지만, 학살당했다. 점령당한 바그다드는 몽골군의 약탈과 방화로 무려 80-200만 명이 넘게 학살을 당했으며 8세기 이래 세계 최고이며 이슬람 문명의 중심지였던 바그다드는 바벨론 제국의 전철을 그대로 보여 주면서 역사의 무대 뒤편으로 사라졌다. 이것은 한 나라의 이슬람 제국의 멸망만을 보여 주는 게 아니라 제1차 세계 이슬람화의 역사의 막이 내렸음을 보여 준다.

훌라구 칸은 계속해서 이집트를 향해 진군했다. 그러나 전혀 예상치 못한 사건이 일어났다. 그것은 아인잘루트 전투에서 이집트의 맘룩 왕조에 패한 것이다. 훌라구 칸은 몽골군을 다시 재정립하여 진군하고자 했으나 몽골의 황제인 몽케 칸의 비보를 듣고 바로 몽골로 떠나게 된다. 결국 이슬람 왕조의 풍전등화의 위기를 막아준 것은 이슬람 왕조의 노예 출신들로 이루어진 맘룩 군사들이었다.

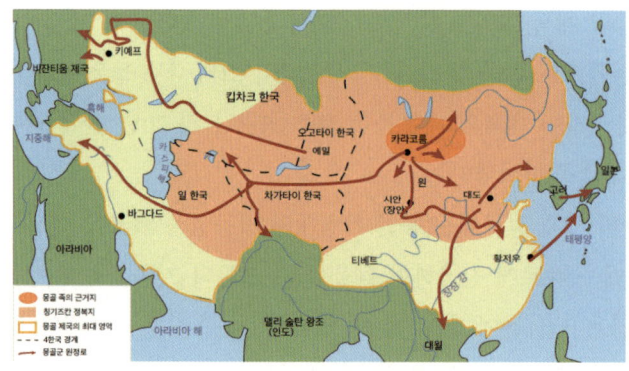

칭키즈칸 정복 지도

9. 이집트의 맘룩 왕조(A.D. 1250-1517)

살라딘에 의해 시작된 아이유브 왕조는 1193년 살라딘이 죽지만 1250년까지 존속된다. 그러나 아이유브 왕조는 분열되고 봉건적인 가문 연합체로 왕조의 성격이 바뀌게 됐다. 알카밀의 아들 살리흐가 죽자 그의 아내가 80일 동안 통치하고 아이유브 왕조에 의해 발탁된 맘룩 총사령관 아이박과 재혼하므로 노예 출신의 무장들에 의해 이집트는 맘룩 왕조를 열게 됐다.

1258년 몽골이 압바스 왕조를 정복하고 시리아 정복과 마지막 남은 이슬람 국가인 이집트 맘룩 왕조의 정복을 앞두고 있었다. 드디어 1260년 아인 잘루트 전투[36]에서 처음으로 몽골의 공격을 막아내고 승리한 이슬람 왕조가 맘룩 왕조였다. 맘룩 왕조는 아랍 사람들에게 무시 받았던 노예들이었다. 그들은 몽골에 죽은 압바스 칼리프 알 무스타심의 작은 아버지인 알 무스탄시르 2세를 칼리프로 옹립하여 정치적으로 이용했다. 맘룩(1265-1268)은 십자군 영토였던 카이사르, 안디옥을 점령했다. 그리고 1291년 제8차 십자군은 맘룩에게 패하고 오직 하나 남은 아크레도 점령 당하므로 지중해에 있는 키프로스 섬 하나만 남기고 중동에서 십자군은 지금까지 사라지고 만다. 오스만 제국에 의해 멸망 당할 때까지 맘룩 왕조의 역할은 이슬람의 역사를 지키는데 큰 공헌을 했다.

10. 중앙아시아의 정복자 티무르 (A.D. 1370-1507)

칭기즈칸이 죽고 나자 몽골 제국은 4개의 나라로 분열됐다. 몽골을 중심으로 한 원나라(1271-1368)와 일 칸국은 이라크와 이란을 지배했으며, 바투(1207-1255)는 칭기즈칸의 손자로 킵차크 칸국의 칸(1242-1255)을 세웠다. 그리고 칭기즈칸의 둘째 아들이 세운 차카타이 한국은 14세기 중반 동서 분열로 중앙아시아의 오코타이 칸국과 차카타이 칸국으로 나누어졌다.

티무르는 서차카타이 출신으로 동서 분열의 칸국을 통일하고 사마르칸트를 중심으로 30년 동안 정복 전쟁을 통해 대제국을 만들었다. 이라크의 바그다드까지 침공하여 이슬람의 성지인 바스라에서 오스만 코란 원본을 전쟁 전리품으로 가져왔다.

오스만 코란은 오스만 칼리프 시대에 4부가 기록되었지만, 현재는 한 부만 남아 있었는데 우즈베키스탄 박물관에 소장 되어있다. 지금 사용하는 코란은 오스만 코란에서 베껴 쓴 것이다.

---

36 북 팔레스타인의 웨스트 뱅크 지역에서 맘룩과 몽골의 전투(1260년 9월 3일).

티무르에 의해 실크로드가 다시 활성화됐다. 중국의 장안에서부터 내륙을 지나 돈황에 이르며 사마르칸트를 중심으로 교역이 실크로드를 교차하면서 발전해 갔다. 부하라를 거쳐 테헤란, 이라크의 바그다드, 이스탄불 그리고 로마까지 이어지는 실크로드의 대상들의 루트가 발전해 갔다. 특별히 실크로드 상에 있는 오아시스들은 새로운 전성기를 맞이하며 상업의 전성기를, 삶의 풍성함을 주었다고 전해진다.

당시 아나톨리야를 중심으로 일어나는 오스만 제국의 바예지드(Bayezid) 1세와 티무르는 격돌할 수밖에 없는 상황으로 몰려가게 됐다. 여기서 잠시 오스만 제국의 발흥에 대한 이야기를 간단히 해야 할 것이다. 왜냐하면, 비잔틴 제국이 오스만 제국에 의해 멸망을 당하면서 제2차 이슬람 세계화가 이루어지기 때문이다.

11. 오스만족의 발흥

오스만족도 몽골족에 밀려 소아시아까지 밀려왔다가 셀주크 왕조의 도움으로 콘스탄티노플 가까운 지역 일대의 영주로 임명받았다. 오스만 1세의 아들 오르한과 그의 아들 무라드 1세는 소아시아에서 강자로 부상하면서 수도를 아드리아노플로 옮기었다. 그리고 20년 동안 발칸반도를 공략했다.[37] 당시 티무르가 두려워했던 적장은 오스만 제국의 바예지드 1세였다. 그는 무라드 1세의 아들이었다. 이때 오스만 제국은 아나톨리아 서반부와 발칸 대부분을 점령하고 비잔틴 제국의 수도인 콘스탄티노플을 포위한 상태였다. 결국 티무르와 바예지드 1세 간에 격돌이 1402년 앙카라 북동쪽 지역에서 일어났다. 전쟁은 티무르 쪽으로 기울어졌고 바예지드와 그의 아들이 포로로 잡혔다. 티무르는 전쟁의 영웅답게 바예지드를 적장으로 잘 대

---

[37] 고원, 『이슬람 역사 1400년』, 226.

우하여 주었지만, 그 이듬해 화병으로 죽게 된다. 오스만 제국과 전투에서 승리한 티무르는 늙은 나이에도 1404년 12월 중국의 명나라 정복을 위해 떠났다가 1405년 1월 사망하면서 중앙아시아의 영광도 사라졌다.

12. 인도의 무굴제국

티무르 자손인 무함마드 바브르(Muhammad Babr, 1483-1530)가 1526년 델리에서 인도의 왕이 되면서 무굴제국의 시작이 됐다. 무굴제국은 다른 지역의 이슬람과 차별화된 특징을 가지고 인도 문화 속에서 이슬람 문화를 발전시켰다.

17세기 말에는 인도 남단 일부만 제외하고 이슬람에 의해 다 정복됐다.[38] 무굴제국은 600년을 넘게 인도를 지배했음에도 그 이전의 이슬람 왕조와 다르게 한 번도 인도 대륙 전체를 무슬림화에 성공한 적이 없다[39]는 것은 인도의 전형적인 힌두즘이 얼마나 강한지를 보여 주는 실례이다. 그 실례로 파키스탄 무슬림 비율은 97%, 방글라데시는 85%가 무슬림인 반면에, 인도는 11% 정도의 무슬림 인구 비율을 가지고 있다.

지금은 1억이 넘는 무슬림이 인도에 살고 있지만, 대다수의 사역자가 힌두 사역을 감당하고 있다는 것은 매우 아쉬운 마음이다. 그러면서도 오늘날만큼 인도의 많은 무슬림이 예수 앞에 나온 적이 없을 정도로 수많은 인도 무슬림이 주님 앞에 나오고 있다.

---

38 존 엘더, 『무슬림을 향한 성경적 접근』(The biblical approach to the Muslim), (서울: 펴내기, 1992), 27.
39 루이스, 『이슬람 1400년』, 441.

13. 동남아시아의 이슬람

동남아시아는 이슬람 이전에 이미 아랍 상인들이 말라카 해안에 정착하여 살고 있었다. 7세기 이후 이슬람의 발흥 이후에 아랍에서 온 대상들에 의해 정착하고 살던 아랍 사람들은 이슬람의 우월성과 세계 정복이라는 정치적 군사적 우월성에 매우 쉽게 이슬람을 받아들이고 무슬림이 되는 것이 자연스러운 현상이었다. 특별히 동남아 이슬람 확장의 결정적 역할은 몽골에 의해 압바스 왕조가 무너지자, 이슬람의 변방에 머물던 수피[40]들이 해상 무역을 통해 동남아로 확장됐다.

15세기 초부터 16세기에 걸쳐서 말레이반도의 말라카 왕국이 이슬람을 국교로 받아들였으며[41] 1402년 말라카 왕국이 세워질 때는 힌두 국가였지만, 1409년 파사이의 공주와 결혼을 통해 이슬람으로 개종을 했다. 우리는 말라카 왕국이 1405년 명나라 영락제의 명령으로 정화 제독이 바다의 실크로드를 개척했을 때 말라카와 인도네시아 지역의 해적들을 소탕하면서 바다를 통해 항해하는 상선의 안전을 가능케 했다. 말라카는 향신료 무역의 중계항으로서 인도 그리고 중동에서 많은 이슬람 상선이 이곳을 경유하며 무역을 발전시켜 나갈 수 있었을 뿐만 아니라 동남아시아 이슬람 포교의 거점이 됐다. 정화 제독이 무슬림이었다는 점을 착안할 때 말라카 왕국이 명나라에게 충실한 조공국이 될 수 있음을 유추할 수 있다. 말라카 왕국이 이슬람화되면서 인접하여 있는 인도네시아 원주민들은 이슬람의 공격에 밀려 발리까지 도망했다.

필리핀 최남단 섬인 민다나오에서는 1460년 이전에 이슬람이 확장되었으며 필리핀 북쪽 루손섬까지 확장됐다.[42]

---

40   고행을 통해 진리를 깨닫고 알라와 하나가 되어야 한다는 수피 사상.
41   정수일, 『이슬람 문명』 (서울: 창작과비평사, 2002), 51.
42   양승윤 외, 『동남아의 이슬람』 (서울: 한국외국어대출판부, 2000), 44.

14. 동서아프리카

9세기부터 상인들에 의한 거점인 소말리아, 모잠비크를 중심으로 이슬람이 확장됐다. 11세기 서아프리카는 이슬람화된 베르베르인들에 의해 서사하라 사막 이남인 세네갈, 니제르 등 여러 나라의 이슬람을 받아들게 됐다.[43] 19세기 후반까지 아프리카에서 이슬람은 크게 환영받지 못했다. 바로 노예 상인들의 대부분이 아랍 무슬림이였기 때문이었다. 그 당시 기독교 선교사들에 의해 학교가 세워지고 농업과 기술을 바탕으로 아프리카의 많은 사람이 문명의 혜택을 누리게 되면서 자연스럽게 기독교를 받아들이기 시작했지만, 서구의 부당한 정책과 부의 착취로 많은 아프리카인이 고통을 받고 죽임을 당했다. 이 기회를 잡고 이슬람이 다시 아프리카에서 더 많은 개종자를 얻게 됐다.

우리는 무함마드 이후 칼리프 시대를 거쳐 세계 이슬람화가 진행되면서 우마이야 왕조와 압바스 왕조가 몽골에 의해 멸망하고, 15세기 오스만 튀르크에 의한 비잔틴 제국의 멸망과 오스만 제국에 의한 세계 이슬람화가 어떻게 역사 속에서 진행되는지 간략하게 알아보며 오스만 제국의 멸망과 이슬람 세계화는 어떠한 전략을 가지고 세계 이슬람화를 이루어가는지에 대해 초점을 맞추어야 할 것이다. 역사 속에서 다시 오실 예수 그리스도의 재림에 대한 예언과 성취에 대한 큰 그림 속에 이 글을 읽는 독자들이 있다면 이것을 놓치지 말고 예언의 성취자로서 쓰임 받게 되기를 바란다.

---

[43] 정수일, 『이슬람 문명』, 51.

제4장

제2차 이슬람 세계화

1. 오스만 튀르크 제국

압바스 왕조가 몽골에 의해 멸망하고, 제1차 세계 이슬람화는 중단이 됐다. 1299년 비잔틴 제국의 콘스탄티노플과 셀주크의 수도인 콘야 사이에 젊은 부족장 오스만은 그곳에 나라를 세우고 오스만이라 명했다. 이들은 지리적 요건을 살려 최대한으로 나라를 넓혀 나갔다. 서쪽으로 동유럽의 발칸반도를 공략했으며 동쪽과 남쪽으로 아나톨리아의 지역들을 정복하며 제국으로서의 영토를 넓혀 가기 시작했다.

그의 손자인 무라드 1세(1359-1389) 때 전쟁포로들과 비무슬림, 특히 동유럽의 발칸지역에서 강제로 모집한 기독교 소년들을 이슬람으로 개종시킨 뒤에 엄격한 군사 훈련을 통해 편성된 부대이기에 오스만 제국의 매우 특별한 정예부대가 됐다. 이들을 가리켜 예니체리[1]라 불렀다. 그는 아드리아노를 수도로 삼고 오스만 튀르크 제국에 의해 제2차 세계 이슬람화가 시작됐다.

---

1 튀르크어 '예니첸'에서 온 말 '새로운 병사'라는 뜻. 1826년에 마흐무드 2세 때까지 존재한 특수 부대.

발칸반도 대부분이 점령됐다. 1382년 불가리아, 1389년 세르비아가 그들 수중에 들어갔다.

1389년 아버지 무라트 1세의 전쟁 수행을 한 바예지드는 코소보 전투 직후 무라트 1세가 세르비아 귀족에게 암살당하자 그는 즉시 동행한 동생들을 죽이고 4대 술탄(1389-1403)으로 즉위했다.

그는 세르비아, 보스니아, 왈라키아 등을 정복하고 발칸반도 대부분을 지배했다. 그는 1000년의 동로마 제국인 비잔틴 제국의 수도 콘스탄티노플을 포위하기 위해 보스포루스 해협에 성채를 만들었다. 그러나 동쪽 아나톨리아는 중앙아시아의 패권 군주인 티무르와의 갈등이 고조되어 가고 있었다. 1402년 바예지드 1세와 중앙아시아의 티무르와 앙카라에서 숙명의 전투가 일어났다. 결과는 바예지드 1세가 티무르에게 패하고 포로가 됐다. 1403년 티무르에게 왕으로서 정중한 대우를 받았다고 전해지지만, 그는 감옥에서 병사하므로 굴욕적인 삶을 마쳤다.

오스만 제국은 바예지드의 아들인 메메드 1세가 제국을 부활시킬 때까지 10여 년간 위기를 맞이했다. 메메드 1세의 손자인 메메드 2세(1434-1481)는 1451년 7대 술탄으로 즉위했다. 그는 오스만 제국의 칼리프란 칭호를 처음으로 사용한 인물이다. 칼리프란 칭호는 무함마드의 후계자임을 자처하는 특별한 의미가 있다. 우리는 무함마드의 후계자들인 4대 칼리프들에 의해 세계 이슬람화가 계승되었고 이미 실행됐다는 것을 알고 있다.

그는 1444-1446년까지 2년여 통치하다가 퇴위했지만, 다시 1451년부터 즉위해 1481년에 죽을 때까지 집권했다. 그는 칼리프로서 야망을 가지고 있었다. 이미 그의 할아버지인 바예지드 1세의 콘스탄티노플 공략을 위한 준비를 너무도 잘 알고 있었다. 여러 가지 국내외적으로 어려운 상황임에도 비잔틴 제국을 공략하기로 결정을 했다.

2. 비잔틴 제국의 멸망

　1453년 술탄이며 칼리프인 메메드(Mehmed) 2세(1434-1481)는 4월 6일 비잔틴을 공격한 이래 5월 23일 비잔틴 황제에게 항복을 권유했다. 항복하면 황제를 그리스 펠로폰네소스 반도의 왕으로 삼고 남은 사람들의 생명을 보장한다는 매우 파격적인 항복 조건이었지만 황제는 단호히 거절했다. 황제는 이미 죽을 각오를 하고 있었다. 술탄 메메드는 군사들에게 최후의 명령과 격려를 잊지 않았다.
　"생명을 다해 싸우다 죽은 자는 순교자가 될 것이다. 싸움에 승리하면 성안의 모든 것을 너희들 손에 맡긴다."
　이 말은 무함마드가 지하드란 명목으로 전사들을 전쟁터에 내보낼 때 하던 말이었다. 대조적으로 비잔틴 제국의 황제도 마지막 전투를 목전에 두고 소피아 대성당에서 마지막 미사를 드리고 장병들에게 하나님의 은총과 성령의 도우심으로 최선을 다해 원수들과 싸우자고 격려했다. 모두가 비통한 눈물을 흘리며 결전의 날을 맞이했다. 5월 29일 삼중 벽으로 둘러싸인 천해 요새이며 난공불락의 도시인 콘스탄티노플은 우마이야 왕조로부터 시작하여 압바스 왕조 등 수많은 칼리프의 공격을 당했지만 결국 오스만 튀르크 제국의 21살의 약관의 나이인, 술탄 메메드 2세에 의해 54일 만에 1000년의 역사를 뒤로하고 사라져 갔다. 메메드 2세는 위풍당당하게 동로마 비잔틴 제국의 상징인 '하야 소피아'에 말을 타고 들어갔다.
　그는 콘스탄티노플을 이스탄불로 개명하고 오스만 제국은 서서히 전성기를 맞이하게 됐다. 콘스탄티노플을 이스탄불이라 명명한 것은, 기독교의 잔재를 없애 버리기 위한 것이다. 이스탄불은 앞으로 600년간 오스만 제국의 새로운 수도가 됐다. 이것은 오스만 제국이 양 대륙을 향한 이슬람 세계화의 지정학적 요충지가 되었음을 뜻한다.
　물론 기독교적인 안목으로 볼 때 비잔틴 제국의 멸망을 받아들이기에는 너무 안타까운 심정일 것이다. 이것은 단순히 비잔틴 제국이 무너졌다기보다는 인간이 쌓은 제국은 언제나 영원하지 못한 것이라는 것을 보여 주는 상징적 사건이었다.

오스만 제국은 실제로 세계 이슬람화를 향한 모든 준비가 마쳐진 듯했다. 무함마드 이후 모든 무슬림은 그의 말을 기억하고 있다.

온 세계를 알라가 통치하는 그날까지.

유럽의 관문인 발칸반도가 이슬람의 말발굽 아래 무너져 내려갔다. 1460년 그리스를 점령했다. 1463년 보스니아, 1479년 알바니아, 1482년 크로아티아, 1526년 헝가리가 점령됐다. 1529년 합스부르크의 심장인 오스트리아 비엔나를 공격하지만, 오스트리아군의 강력한 제지에 실패하자 3년 뒤인 1532년 비엔나 2차 공격을 감행한다. 하지만 유럽의 필사적인 방어로 유럽은 이슬람 군대인 오스만을 격퇴하게 된다. 오스만 군대는 물러나지 않았다. 유럽 공략은 무함마드의 숙원 사업이었다. 150년의 준비 기간을 마치고, 1683년 대재상 카라 무스타파 파샤(Kara Mustafa)를 앞세워 15만 대군을 이끌고 7월 14일 합스부르크의 수도인 빈에 도착했다. 15만 오스만 대군을 향해 16,000명 정도의 군사로 필사적인 저항을 했지만 역부족이었다. 오스만 대군은 라벨린의 요새 벽을 뚫고 외곽 성을 점령했다. 합스부르크의 심장인 빈도 콘스탄티노플과 마찬가지로 오스만 국기가 펄럭이는 풍전등화의 순간까지 몰려갔다. 그때 폴란드-리투아니아 연방 왕인 존 소비에스키가 독일과 리투아니아 구원군을 이끌고 전쟁에 합류하게 되고 날씨까지 도움을 받아 오스만 이슬람 군대의 배후를 공격하여 술레이만 군대를 격퇴하고 함락 직전의 빈을 지켜 내었다.

훗날 이슬람과의 갈등 구조가 형성되는 발칸반도는 이슬람화되어 기독교와 이슬람이 공존하며 갈등 속에 살게 됐다.

오스만 튀르크 제국 영역

　제1, 2차 발칸반도 전쟁을 통해 제1차 세계대전이 일어나는 동기가 됐다. 무함마드에 의한 아라비아반도 정복과 이슬람의 제1차 세계화는 매우 빠르게 그리고 신속하게 이루어졌다는 사실을 역사를 통해 분명히 인식하게 됐다. 632년 무함마드 사후 2년 뒤인 634년에 페르시아가 정복당했다. 636년에는 세계 선교의 전초 기지인 안디옥교회가 점령당하고 638년 신약의 어머니교회인 예루살렘교회가 정복됐다. 641년 아무르 장군에 의해 이집트가 점령당하고 올드 카이로에 푸스타프가 세워지고 최초의 아무르 모스크가 세워졌다. 642년 세계의 배꼽이라 불렸던 알렉산드리아도 점령당하면서 북아프리카의 마그렙 정복의 길이 대로와 같이 열렸다. 그들은 673년 콘스탄티노플 앞까지 진군했으며 711년 이베리아반도 안달루시아에 코르도바 공국을 세우고 718년 이베리아반도를 정복하고 732년 프랑스 파리 160km 앞까지 진군, 7일간의 대 전투 끝에 칼 마르텔에 의해 격퇴당했다.
　이슬람은 1492년까지 이베리아반도를 지배했다. 그리고 오스만 제국의 술탄 메메드 2세에 의해 1453년 동로마 제국의 수도인 콘스탄티노플이 멸망했다. 그들은 유럽을 향한 이슬람화의 전초기지를 확실히 잡았다.
　동로마교회의 멸망에 대해 주관적 의견을 가진다면, 21살의 술탄 메메드 2세에 의한 콘스탄티노플의 함락과 비잔틴 제국 멸망의 가장 큰 원인은 오스만 튀르크의 공격보다는 비잔틴 제국 내부의 종교적 문제를 거론하지 않을 수가 없다.

라틴의 서방교회와 비잔틴의 동방교회와의 갈등이 가장 큰 원인이라고 볼 수 있다. 15세기 초 시대적 상황에서 볼 때 동방교회와 서방교회와의 갈등은 매우 오래전부터 심각하게 곪아져 가고 있었다. 비잔틴 제국은 극단적으로 오스만 제국에 항복할지언정 서방교회에 종교적 통치를 받기를 거부했다고 보아도 틀리지 않을 것이다.

이것은 오늘날 세계 선교에 대한 사명을 가지고 살아가는 모든 그리스도인에게 주는 교훈으로 받아야 할 것이다. 하나가 되어도 쉽지 않은 세계 선교 전략이 언제나 교단과 교파와 선교 단체들의 대립 및 갈등으로 인해 세계 선교의 영적인 어려움을 겪고 있다는 사실을 부인하지 못할 것이다.

3. 오스만 제국의 멸망과 터키 공화국

인간이 세운 어떤 제국도 영원하지 않다는 것을 우리는 역사적 교훈을 통해 분명히 인식하고 있다. 오스만 튀르크 제국도 예외는 아니다. 메메드 5세(1808-1918)가 술탄으로 즉위할 때는 제국의 국민 사이에 시대의 흐름 가운데, 투르쿠 민족주의가 형성되고 있었다. 1912년 발발한 제1-2차 발칸전쟁에서 오스만은 패배를 맛보며 유럽 대부분의 영토인 불가리아, 그리스, 세르비아를 빼앗기고 로도스섬을 포함하여 트라키아와 에게해(the Aegean Sea)도 이탈리아에 넘겨주게 됐다. 오스만 제국은 세계를 지배할 만한 능력을 상실했다. 결국 자국 내에서 민족주의가 강하게 일어나게 됐다. 오스만 제국은 제1차 세계대전에 휩쓸리면서 러시아의 하향을 막기 위해 삼국 동맹을 하게 되지만 결과는 참혹하게 패하고 굴욕적으로 1920년 8월 10일 세브르 조약에 서명해야만 했다. 1921년 그리스는 투르쿠의 혼란한 틈을 타서 아나톨리아로 진군하여 잃어버린 그리스 땅을 찾고자 했지만, 불세출의 영웅인 무스타파 케말에 의해 패배하므로 그 지역에서 그리스인들은 다 본토로 쫓겨나고 새롭게 세워지는 터키 공화국에 편입됐다. 그가 아니었다면 아나톨리아 서부 지역 대부분은 그리스 땅으로 남아 있었을 것이다. 세브로 조약에 반대 운동의 선봉에 섰던 무스타파 케말(1923-1938)은 그리스와의 전쟁으로 승기를 잡자 세브로 조약을 수정할 기회를 잡게 됨으로써 일약 국민의 영웅으로 추대받게 됐다.

1923년 7월 24일 연합군과 로잔 조약을 체결하므로 오스만 제국의 술탄 오스만 6세(1918-1922)의 620년 영화는 역사 속으로 사라지게 됐다. 1923년 10월 29일 아타튀르크는 터키 공화국을 선포하게 된다. 터키 공화국은 연합국으로부터 공식적인 국가로 승인을 얻게 됐다. 그는 이슬람 종교를 통해 유럽과 대등한 관계를 가질 수 없다는 결론에 도달하게 되고 신생 터키 공화국은 세속주의 이슬람 국가로서 출발하게 됐다.

4. 아타튀르크에 의한 이슬람 왕정과 칼리프 제도 폐지

1924년 터키 공화국의 아버지인 무스타파 케말 아타튀르크는 이슬람 왕정과 칼리프 제도를 폐지한다. 이슬람의 역사적, 전통적인 문화를 다 폐지하고 유럽의 모델을 따라 개혁을 단행했다. 아타튀르크는 이슬람 1400년 역사에 결코 일어날 수 없는 일을 만든 장본인이다. 무함마드 이후 정통 칼리프들에 의한 세계 이슬람화의 역사가 중단된 것처럼 보이는 역사적 사건이었다.

이제 이슬람의 세계화는 중단되는 것인가!

제3부 제4장 제2차 이슬람 세계화

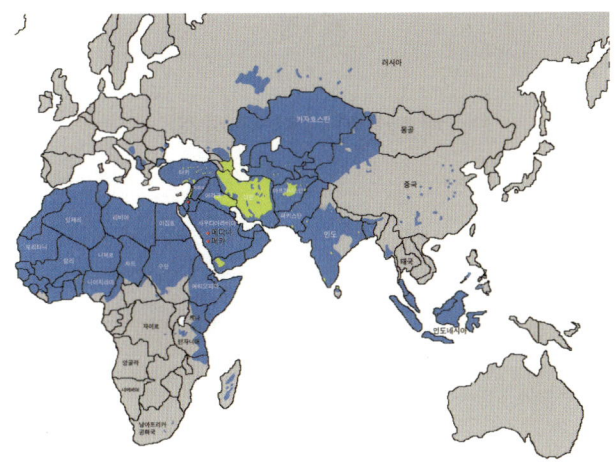

제1차 세계대전 후에 이슬람 국가 표시

제5장

제3차 이슬람 세계화

1. 이슬람 회복 운동 (하산 알반나, Hasan Al-Banna)

　1924년 오스만 튀르크 왕조가 무너지면서 신생 터키 공화국의 아버지인 아타튀르크가 이슬람 왕정을 폐지하고 칼리프 제도를 폐지한 것은 마치 이슬람 세계의 종말을 고하는 사형 선고와 같은 것이었다. 무슬림 세계관에서 절대 용납할 수 없는 극한 상황이지만 시대의 흐름을 역행할 수 있는 역사적 사건을 만들 수 있는 이슬람 국가는 없었다. 그들 속에 잃어버린 향수처럼 이베리아반도에서 700년 이상의 후우마이야의 영광, 500년간의 압바스의 영광 그리고 600년 동안 오스만 튀르크의 영광이 무슬림의 생각 속에 있을 때, 1928년 이집트 이스말리아라는 작은 동네에 초등학교 선생인 하산 알반나(Hasan al-Banna, 1906-1949)는 암울한 세대 속에서 이슬람이 살아남을 수 있는 유일한 길이 무슬림 계몽 운동이라고 굳게 믿었다. 알반나는 젊은이들을 모아 교제하며 이슬람의 우월한 사상과 문화에 대해 가르치며 스포츠클럽, 봉사 활동 등을 통해 영역을 넓혀 가기 시작했고, 많은 젊은이가 반응하기 시작했다. 이 운동은 이집트를 넘어서 아랍으로 번져 갔다.

　하산 알반나는 당시 일어나는 이슬람 민족주의, 특별히 나세르의 이슬람 민족주의는, 이슬람을 개혁할 수 없으며 신 유럽을 상대할 수 없다고 생각했다. 그러나 이슬람 운동이야말로 이슬람 세계의 정치, 사회, 경제, 교육, 군사 방면 등 모든 분야를 개혁할 뿐만 아니라 유럽으로부터 잃어버린 이슬람의 영광을 찾을 수 있다고 생각했다. 코란을 바탕으로 한 '진정한 이슬람'으로의 복귀를 주장하면서 이슬람 부흥 운동(이슬람 근본주의)의 이론적 토대를 만들었다. 이러한 이슬람 운동이 전 아랍국가에 엄청난 영향을 끼치며 확산됐다.

1939년 하산 알반나는 무슬림 형제단을 정치 조직으로 만들어 전 아랍국가에 무슬림 원리주의 운동을 확산시켜 나아갔다. 1948년 민족주의를 주장하는 이집트 정부가 무슬림 형제단을 불법 정치 단체로 규정하고 강제로 해산하기에 이르자 무슬림 형제단 조직은 지하로 들어가서 더 과격한 투쟁을 일으키게 됐다. 무슬림 형제단의 이론가인 가잘리는 1948년 그의 저서인 '우리의 지혜'에서 무슬림 형제단의 저항 운동을 성전으로 미화 시켜 나갔다. 그들이 설정한 기본 이념은 다음과 같다.

첫째, 종교가 국가이고 종교가 삶의 궁극적 목적이며 길이며 방법이다.
둘째, 이슬람 공동체는 초기 이슬람을 회복해야 한다는 분명한 명분을 가져야 한다.
셋째, 범이슬람주의 깃발이 있는 모든 지역은 이슬람의 고향이며 국가이다.
넷째, 이슬람 칼리프 체제는 복원되어야 한다.
다섯째, 이슬람 정부의 수립은 무슬림 형제단의 의무다. 즉 20세기 이슬람 부흥 운동의 특징은 일반적인 종교 운동에서 이슬람 정부의 수립을 위한 전략적 목적으로 정치적 조직과 당의 건설을 추구했다.

2. 사이드 쿠틉 (Sayyid Qutb)

1949년 여름 이집트의 중등학교 교육감이었던 사이드 쿠틉[1]은 미국의 교육 제도를 배우기 위해 콜로라도 소도시인 그리니에 가게 됐다. 그는 어느 날 공부하던 중에 근처 교회의 무도회에 참석하게 됐다. 예배를 마치고 친교 중에 교회 목사가 당시 유행하던 노래를 틀어 주었는데 그 가사 내용이 '밖은 추워요, 그대'라는 노래였다. 친교실에서 신자들은 노래에 맞추어 남녀가 가슴을 맞대고 팔을 허리에 두르고 춤을 추기 시작했다.

무슬림이며 교육자인 쿠틉은 미국 사람들이 교회를 음욕과 정욕으로 채웠다고 생각했다. 미국인의 눈에는 일반적인 친교였지만 무슬림인 그의 눈에는 타락과 방종의 파티였다. 춤을 추는 이들은 길을 잃은 타락한 영혼들로 보였다. 그는 생각하기를 미국인들은 자유롭다는 착각 속에 갇혀 이기적이고 탐욕스러운 욕망의 노예들이 되어 가고 있다고 판단했다. 조만간 미국 사회는 도덕적 타락으로 사회적 유대감을 상실하여 갈 것이라고 생각했다.

그다음 해인 1950년 사이드 쿠틉은 이집트로 돌아가서 서구의 개인주의를 극복할 수 있는 길을 모색했고 미국의 개인주의와 물질 만능주의가 이집트를 타락시키는 것을 막아야겠다고 생각했다. 돌아오는 길에 이집트를 향한 새로운 청사진을 구상하게 된다. 그는 생각하기를 서구의 신기술은 받아들이지만 정치권력은 이슬람이 장악하는 사회가 되는 것이 개인주의 병폐를 막는 유일한 길이며 그렇게 할 때만이 무슬림이 이기주의에 빠지지 않을 것이라고 생각했다.

당시 이집트는 이미 미국의 대중문화가 빠르게 진행되고 있었다. 그는 이집트를 서구 문명으로부터 구하여 줄 선구자들, 즉 자신과 함께 대중을

---

[1] 이슬람 테러 단체들인 알 카에다, 탈레반, IS 등에게 사상적 토대를 제공하며 이슬람 테러리즘의 정신적 아버지라고 할 수 있는 인물.

이끌어 갈 동지들이 필요했다. 그는 이슬람이 모든 통치의 기본이 되어야 한다는 무슬림 형제단과 사상적으로 맞았다. 지체하지 않고 그는 무슬림 형제단에 합류했다.

1952년 무슬림 형제단은 나세르의 쿠데타를 지원했다. 그러나 나세르 정권은 이슬람 민족주의를 표방하며 종교와 정권이 분리되어야 하며 서구식 근대화에 박차를 위해 미국과 동맹 관계를 맺었다. 쿠틉은 나세르가 이슬람의 정신을 위배했다고 판단하고 무슬림 형제단을 나세르 정부에 대항하는 조직으로 만들어 갔다. 결국 1954년 쿠틉을 비롯하여 무슬림 형제단 지도부는 체포당했다. 그가 감옥에서 겪었던 어려움과 고통은 그의 '원리주의 사상'에 일조하게 됐다. 그리고 갈수록 쿠틉의 사상은 더 과격하여졌다. 그는 서구의 영향력이 이집트에 확대되면서 이기주의로 인해 모든 무슬림의 삶이 황폐해지고 있다고 믿기 시작했다. 그뿐만 아니라 세계 각국의 비이슬람 국가들은 더이상 치유될 수 없는 질병을 앓게 됐다는 종말론적 세계관도 감옥에서의 고문 이후에 생겨났다. 쿠틉은 이러한 야만적인 무지의 상태를 '자힐리야'(Jahiliyyah, 이슬람 이전 시대를 일컫는 말)라 말했다.

자힐리야가 무서운 것은 병에 걸려도 그 무서움을 자각하지 못하고 정권을 잡은 정치인들이 자기들을 행복하게 만들어 줄 것이라는 착각 속에 산다고 믿었다. 그는 타락한(세속적인) 무슬림의 정신에 깊이 자리 잡은 자힐리야를 뿌리 뽑으려면 극단적인 해결책이 필요하다고 결론지었다. 그래서 그는 교도관의 눈을 피하여 감옥 안에서 『길가의 이정표』를 집필하기 시작했다. 그는 책을 통해 혁명을 촉구하기 시작했다. 그의 사상은 자힐리야의 확산을 방치한 현 정치 지도자들을 축출하라는 것이다. 현 지도자들은 너무나 타락했기에 더이상 무슬림이 아니다.

그러므로 그들을 타크피르(Takfir, 상대를 비무슬림[카피르])으로 정죄하여 이단시하는 것) 사상을 주입하기 시작했다. 타크피르를 살해하는 것은 죄가 아니라고 가르쳤다. 이집트 대통령인 가말 나세르는 더이상 그런 그의 사상을 그대로 묵인할 수가 없었다. 1964년 쿠틉을 반역죄로 다시 법정에 세우고 사형 선고를 내리고 1966년 8월 29일 그는 처형됐다.

사이드 쿠틉의 사상을 따르는 무슬림은 더이상 이집트에서 활동할 수 없게 되자 그들은 사우디로 정치적 망명을 하기 시작했다. 그리고 사우디는 무슬림 형제단들의 망명을 받아주었다. 그 이유는 아랍 민족주의를 표방하는 나세르는 사우디 왕정에 독이 되는 민족주의 정치 체제이기 때문이었다. 사우디 왕정은 나세르의 적은 우리의 친구라는 생각을 하게 됐다. 사우디 정부는 제다 항구 도시에 있는 왕립 대학에서 망명 온 무슬림 형제단에 이슬람 신학을 강의할 기회를 주었다. 사우디에 많은 청년이 몰려들어 그들의 강의를 경청하기 시작했다. 무슬림 형제단의 강의는 그들에게 새로운 이슬람 사상처럼 들렸다. 사우디 학생들은 강의를 통해 이슬람을 새롭게 바라보는 눈들이 열리게 됐다. 낙후된 이슬람 사회가 아니라 이슬람 사회를 근본적으로 변혁시킬 수 있는 새로운 이념으로 받아들이기 시작했다. 그 학생들 중에 오사마 빈 라덴이 있었다.

1978년 호메니에 의해 이란에 혁명이 일어나고 팔레비 왕조가 무너졌다. 이란은 시아파이다. 그런데도 순니파들의 열광은 대단했다. 우리도 종교 혁명이 얼마든지 가능하다. 사우디는 이슬람 근본주의자인 와하비와 결탁하여 나라를 세웠다. 사우디는 종교적인 색채가 매우 강한 나라이지만 왕정 국가였기에 매우 불안했다.

중동에 오일이 발견되고 오일 머니가 들어오자 사우디는 경제적 부를 누리게 됐다. 사우디의 기득권자들인 왕자들은 돈을 주체할 수 없게 되자 그 많은 돈을 사용하려면 자연히 그들의 삶은 서구화 되어야만 했다. 그러나 서구 문화가 사우디에 들어오는 것이 이슬람주의자들 눈에 좋게 보일 리가 없었다. 무슬림 형제단의 교육을 받은 무슬림은 사우디 왕정의 사람들이 이슬람법을 어기며 세속화되어 가고 있다고 왕정에 대한 분노를 표출하기 시작했다.

결국 1979년 메카의 그랜드 모스크를 무력으로 점거하고 수백 명이 인질로 억류되는 사태가 발생했다. 그들은 사우디 왕정이 물러갈 것을 요구하게 된다. 이러한 사건은 사우디에서 있을 수 없는 일이고 용납될 수도 없는 사건이다. 이 사건의 배후에 대한 여러 가지 루머 중에 미국과 이스라엘이 배후라는 엉뚱한 루머 때문에 오히려 반미 운동이 이슬람권에서 일어나기도 했다. 결국 군과 폭도 등 240여 명이 죽는 유혈 참사로 테러가 진압됐다. 물론 사우디아라비아 언론에서는 네지드 지방의 극단적인 베두인 형제단들의 소행이라고 결론지었지만, 내막을 들여다보면 그렇지 않다는 것을 알게 된다.

3. 구소련의 아프가니스탄 침공

무슬림 형제단의 사상 및 사이드 쿠틉의 사상을 따르는 이들에 의해 사우디 메카의 그랜드 모스크 점령 사건이 일어나는 그 시기에 이슬람 국가인 아프가니스탄을 소련이 점령하는 사건이 일어나게 된다. 1978년 아프가니스탄에서 누르 모하마드 타라키가 쿠데타를 일으켜 친소정권을 세우자 이에 저항하는 전통 무슬림의 반란이 일어나게 되고 1979년 4월, 아프가니스탄 대부분 지역에서 반란이 동시다발적으로 일어났다. 그해 12월 소련이 전쟁에 참여했다. 1989년 2월까지 9년이 넘도록 세계 최강의 소련과 반군 세력인 무자헤딘[2]과의 싸움이 지속됐다.

구소련이 아프가니스탄을 공격했다는 소식을 듣고 각지에서 의식화된 무슬림 청년들이 전쟁에 참여하기 시작했다. 나라가 다르지만 같은 생각과 목적을 가지고 모여드는 그들의 시너지 효과는 대단했다.

특별히 사우디 청년들에게 큰 영향을 끼치던 대학 교수인 압둘라 아잠(Abdullah Azzam)이 아프가니스탄에 참전하는 것을 보고 많은 청년도 참전

---

2   무자헤딘은 이슬람 이념에 따라 투쟁 단체에서 싸우는 의용군을 가리키는 말로 확립됐다. 소비에트 연방의 아프가니스탄 침공이 계기가 됐다(저자 주).

하게 된다. 그는 지하드의 개념을 글로벌로 발전을 시켰다. 나라 안에서만이 아니라 세계를 대상으로 해야 한다는 것이다. 물론 압둘 아잠은 팔레스타인 출신이기에 그가 생각하는 적은 이스라엘이었다. 그러나 오사마 빈 라덴은 다른 생각을 갖게 됐다. 그는 이슬람 국가가 어려움을 받는 것은 미국 때문이라고 생각했다. 그는 사이드 쿠툽의 사상을 받은 동생의 강의를 제다 왕립 대학에서 듣고 배우고 그의 인생에 적용하여 나갔던 인물이다. 구소련은 9년 만에 아프가니스탄에서 철수했다. 무자헤딘의 승리였다. 그들은 이슬람 혁명도 가능하다고 생각했다. "우리도(무슬림 형제단) 세상을 이슬람화할 수 있다"라고 생각하기 시작했다. 아프가니스탄 전쟁이 끝나고 그들은 다시 자신들의 국가로 돌아가지만, 그것은 이슬람 급진 세력이 각 이슬람 국가에 퍼져 나가는 것이었다.

4. 오사마 빈 라덴 (Osama bin Laden)

오사마 빈 라덴은 무슬림 사업가 집안에서 50명의 자녀 중 한 명으로 1957년 태어났다. 빈 라덴은 사우디의 평범한 청년이었다. 그가 사우디의 압둘아지즈왕립대학에 재입학했을 때 이슬람 근본주의자인 압둘라 아잠(Abdullah Azzam) 교수와 무슬림 형제단들을 만나면서 그의 사상은 급진적으로 바뀌기 시작했다.

그는 1979년 이란의 종교 혁명을 경험했으며, 구소련의 아프가니스탄 침공은 그에게 실질적인 이슬람 사상에 참여하는 계기가 됐다. 그는 사비를 털어 수천 명의 아랍 무자헤딘(Mujāhidīn)을 무장시킬 뿐만 아니라 자신도 직접 아프가니스탄 전쟁에 무자헤딘으로 참여했다. 전쟁을 마칠 때 그는 이슬람의 용맹한 전사로 탈바꿈됐다. 그리고 1988년에는 아프가니스탄 전투를 지원하기 위해 '알카에다'(기지라는 뜻의 아랍어)를 조직했다.

5. 아이만 알 자와히리 (Ayman al-Zawahiri)

쿠틉의 사상은 죽지 않았다. 처형을 당한 그다음 날 그가 말한 혁명적 선구자가 되기 위해 비밀 조직을 결성하게 되는 데 그가 아이만 알 자와히리이며 이집트에 극단적인 무슬림의 지도자로 부각됐다. 그는 훗날 오사마 빈 라덴의 정신적 스승이 되고 9·11 세계 무역 센터의 폭파 주범이 된다. 1980년 알 자와히리를 비롯한 쿠틉 추종자들은 동지를 규합하여 조직을 형성했는데 이 조직이 이슬람 지하드이다. 레닌이 공산주의 혁명을 위해서는 모든 방법이 정당화된다고 믿은 것처럼 알 자와히리도 대중을 움직이기 위해서는 수단과 방법을 가리지 말아야 한다고 믿었다. 1981년 이집트의 안와르 사다트(Anwar Sadat) 대통령을 암살하게 된다. 암살을 통해 대중의 봉기가 일어날 것을 기대했지만 봉기는 일어나지 아니했다.

아이만 알 자와히리의 첫 번 대중 운동은 실패로 돌아갔다. 300여 명의 급진적인 원리주의자들이 모두 잡혔으며 고문을 받는 과정에서 알 자와히리는 '쿠틉의 사상'을 보다 '급진적'으로 해석하기 시작했다. 그리고 그는 '왜 이집트인들이 봉기하지 않았을까' 자문하여 보았다. 알 자와히리의 결론은 이집트의 일반적인 무슬림도 미국의 지배하에 들어갔기 때문에 개인주의와 이기주의가 이집트인들을 물들여 사다트처럼 타락시켰다고 생각했다. 알 자와히리는 이집트 무슬림이 타락하기는 정치 지도자나 일반 대중이나 다 마찬가지라고 생각했다.

그는 새로운 전략이 필요하다고 생각했다. 무슬림이라도 그들이 생각하는 무슬림이란 기준에 어긋난 무슬림은 비무슬림처럼 간주했고 그런 무슬림은 살해해도 된다는 '타크피르' 문화가 중동에 확산되었고, 이것을 정당한 행동으로 결론지었다.

즉 과격한 행동을 통해 평범한 무슬림에게 충격을 주어 그들을 각성시키는 계기가 되며 평범한 무슬림은 타락한 현실을 제대로 보게 될 것이라고 믿었다. 알 자와히리의 결론은 목적만 숭고하다면 그 수단은 아무리 비열해도 상관없다는 것이었다. 사람을 얼마든 죽일 수 있다는 분명한 목적을 갖게 되었고 이러한 그의 사상이 이집트 전역에 극단적인 무슬림의 모토가 되기 시작했다. 이들은 스스로 선구자이며 올바른 무슬림으로 보았다. 그리고 다른 이들은 타락한 무슬림로 보았다. 즉 비무슬림(카피르[3])이다.

코란 4:89에서도 이슬람을 믿지 않는 사람은 카피르라고 규정했다. 이슬람을 믿지 않는 자(Kafir)는 분명한 적이다. 믿는 자들아(무슬림) 전쟁터에서 비무슬림(Kafru)을 만나거든 너희가 그들을 절대 돕지 마라(코란 4:101).

이집트의 노벨 수상자였던 '나집 마후프즈'의 작품 세계는 다분히 정치적인 색깔을 가지고 있었다. 그는 언제나 사회적 정의를 실현하는 데 있어서 진보된 사회적 양심을 가진 작가로 알려졌다.[4] 1988년 82살의 고령임에도 불구하고 1994년 카피르라는 명목으로 테러를 당하게 되고 후유증으로 사망하게 된다. 그는 무슬림 형제단의 사회 개혁을 따른 것이 아니었다. 그러므로 그는 카피르로서 테러를 당하게 된 것이다.

이슬람에서 카피르들을 돕지 말라고 가르친다. 오늘날 자신의 의견과 신앙이 다른 사람을 죽이는 타크피르 문화가 극단적이고 과격한 무슬림 사이에서 유행처럼 번졌다. 이들은 살인을 통해서라도 불순물을 걸러내고 이슬람을 정화해야 한다고 믿었다. 이러한 급진적인 사상에 이집트가 물들어 가고 있으며 각 이슬람 국가로 전달되어 갔고 많은 무슬림을 투쟁의 장으로 몰아가고 있다. 중요한 것은 이집트의 모든 모스크 대다수가 무슬림 형제단을 창설한 하산 알반나와 그의 이론을 극대화시킨 쿠틉의 사상을 신봉하고 있다는 데 문제가 있다. 물론 일반적인 이집트 무슬림은 다양한 그룹으로 나뉘어서 생각해야 할 것이다.

2011년 1월 25일 시민 혁명을 통해 무슬림 형제단은 그들의 숨겨진 야망을 드러내었다. 형제단의 발 빠른 걸음으로 2012년 6월 30일 무슬림 형

---

3 이슬람 종교를 믿지 않는 사람(Infidel).
4 이희수 외, 『이슬람』(서울: 청아출판사. 2001).

제단의 모하메드 무르시(Mohamaed Morsy)가 이집트 5대 대통령에 취임하게 됐다. 이것은 80년 만에 무슬림 형제단의 숙원이 이루어진 것이다. 그러나 무슬림 형제단은 그동안 지하에서 민중들을 가르치며 많은 부분 어려운 사람들을 도우며 민중의 지지를 받았지만, 그들은 정치를 잘 몰랐으며 일반적인 민중들이 무엇을 원하는지 그들의 성향을 잘 파악하지 못했다.

무슬림 형제단이 무르시를 대통령으로 뽑은 것은 무슬림 형제단의 원리주의로 돌아가자는 그런 의도는 아니었다. 일반적인 이집트 무슬림은 매우 세속적인 무슬림이다. 형제단의 일원인 무르시가 대통령이 되자 성급하게 이슬람 원리주의 국가를 만들기 위해 발 빠르게 움직였다. 무르시 대통령은 2012년 8월 12일 압둘팟타호 시시를 국방부 장관 및 군 총사령관으로 새로 임명했다.

옛 군부의 영향으로부터 단절을 원했다. 그러나 자신이 임명한 군사령관에 의해 2013년 7월 3일 군부에 감금되면서 대통령직을 박탈당했다. 그리고 2019년 6월 17일 재판 도중 사망했다. 일각에서는 이집트에 민주화가 퇴보했다고 우려하지만, 그것은 이집트의 특성을 이해하지 못하는 단순한 서구의 눈으로 들여다본 이집트와 중동의 상황이다.

이슬람 국가는 서구인들이 생각하는 민주주의가 정착될 수 있는 그런 토양을 가진 나라들이 아니다. 이슬람은 종교 국가이다.

무슬림 형제단이나 사이드 쿠틉이 지향하는 이슬람으로의 귀향은 1400년 전 무함마드가 살던 방식대로 살자는 것이다.

계속해서 지면을 통해 저자는 이슬람에 대한 뿌리에 대해 논하게 될 것이다. 서구학자들이 학문을 통해 이슬람을 배우고 학문의 세계 속에서 경험한 이슬람과 실질적으로 이슬람 세계에서 살아온 사람들이 느끼는 이슬람과는 너무도 거리가 먼 것이다.

튀니지에서 시작한 중동의 시민 혁명을 통해 반사적으로 시리아, 이라크, 리비아에 내전이 일어났다. 이라크와 시리아에 잠시 뿌리 내렸던 아부 바크르 알 바그다디는 내전을 통해 2014년 6월 29일에 칼리프 국가 수립을 선포하고 이라크와 시리아를 제외하고 이슬람 국가(Islamic State)로 바꾸었다. 이집트는 이슬람 원리주의자들의 근거지이며 알아즈하르대학은 서구의 하버드대학교처럼 많은 영향력을 끼치는 대학이다. 이슬람 국가 중에 단연코 사우디가 이슬람의 종주국이라 하지만 저자는 그렇게 생각하지 않는다. 사우디는 한 마디로 이슬람의 얼굴이라면 이집트는 세속주의 이슬람 국가이면서도 모든 무슬림의 정신 세계를 지배하는 이슬람 국가[5]이다. 그것은 알 아즈하르 이슬람 대학이 있기 때문이다.

6. 세계 이슬람화 전략

이슬람은 무함마드 이후, 세계 이슬람화라는 명분을 잊어버린 적이 없다. 무함마드 사후 100년이 안 되어 로마가 가진 땅보다 더 넓은 지역을 이슬람화하며 통치했다. 1258년 몽골의 칭기즈칸에 의해 압바스 왕조가 멸망하면서 외형적으로 이슬람화에 제동이 걸린다. 맘룩 왕조를 통해 이슬람은 다시 기사회생하면서 티무르 왕조에 의해 중앙아시아의 네스토리우스들을 찾아볼 수가 없게 됐다.

티무르 제국과 오스만 제국 간의 각축전에서 살아남은 오스만 제국이 1000년의 비잔틴 제국을 정복하면서 제2차 세계 이슬람화에 가속도가 붙게 된다. 발칸반도를 점령한 오스만 제국은 신성로마 제국의 수도인 오스트리아 합스부르크의 수도인 빈을 3차례에 걸쳐 공격하지만, 유럽은 이슬람의 공격을 막아낸다. 1683년 오스만의 마지막 공격을 힘겹게 막아내긴 하지만 발칸반도에 이슬람 유럽화의 발판을 마련하게 된다. 15세기부터 17세기 말까지 오스만 제국은 유럽에 관심을 갖지 않았다. 300년이 넘도

---

5   이것은 저자의 주관적인 생각이다.

록 세계 이슬람화를 추진하면서 타성에 젖은 오만과 자만함이 팽배했다.

반면 산업 혁명과 르네상스를 지나면서 유럽의 국력은 상승하고 오스만 제국과 세력에서 대등한 상태가 되기 시작했다. 이때까지만 해도 오스만 제국은 유럽의 기독교를 열등한 종교로 인식하고 있었으며 유럽인들에 대해 위협을 느끼지 아니했다. 유럽의 변화를 눈치채지 못한 오스만 제국은 러시아와의 전쟁에서 패하고 1798년 나폴레옹이 이집트를 점령하자 유럽의 발전과 사회적 우월성을 인정하게 되고 오스만 제국의 개혁 운동을 일으키지만, 너무 늦은 상황이 됐다.

유럽의 정치적 군사적 기득권을 놓고 프랑스 독일 러시아 등 많은 유럽 나라들의 각축전이 일어나게 되고 급기야 발칸반도의 문제였던 지역 문제로 인해 제1차 세계대전이 발발하게 된다. 오스만 튀르크는 독일 편에 서서 전쟁을 치르지만, 참패하며 오스만 제국은 역사의 무대 뒤로 사라지게 된다. 오스만 제국은 아타튀르크에 의한 티키 공화국이 창설되면서 1924년 이슬람 왕정과 칼리프 제도를 폐지하므로 공식적으로 이슬람 세계화는 중단됐다.

◆ 하산 알반나

4년 후 1928년 하산 알반나에 의한 무슬림 형제단의 이슬람 종교개혁 운동이 전 세계 이슬람 국가로 퍼져 나갔다. 제2차 세계대전 이후 많은 이슬람 국가들이 독립을 맞이하면서 오일 달러의 힘인 경제력을 앞세워 보이지 않는 이슬람 제3차 세계화가 시작됐다. 민족주의란 거대한 포장 아래 이슬람 세계화는 매우 신속하게 그리고 치밀하게 진행되어 갔다. 이러한 이슬람 세계화에 대해 관심을 갖는 사람들이 없었다.

1989년 소비에트 구소련의 붕괴로 인한 공산주의와 민주주의란 이데올로기 시대가 종식되면서 세계는 새로운 국면의 시대로 접어 들어갈 때 사무엘 헌팅턴은 1993년 포린 어페어스(Foregin Affairs)에서 문명 충돌론에 대한 그의 논리를 발표했다. 그의 논리는 세계의 사상적 흐름에 대해 공산주의나 민주주의에 의한 이데올로기의 싸움이나 갈등이 아니라 종교적인 갈등이 주축을 이뤄갈 것이라는 것이다. 물론 사무엘 헌팅턴은 정치학자로서 미국을 대변하는 학자처럼 보일 수 있다. 물론 그는 선교학자는 아니기에 선교적인 의미에서 바라본 문명이라는 의미보다는 정치적인 의미에서 미래 세계사가 어떻게 변화되어 갈 것인가에 대한 자신의 학문적으로 이해한 정치적 견해를 밝힌 것이다.

그의 주장은 문명 간의 갈등, 즉 서구의 기독교 문명과 이슬람 문명, 중국 문명, 인도 문명, 일본의 문명 등 문명이 가지고 있는 종교 간에 갈등이 일어나게 될 것이라고 주장했다. 그러나 독일의 하랄트 뮬러는 문명 충돌은 미국식 국제 관계학의 산물이며[6] 그의 논문에 대해 미국식 오만함이 가득 하다며 일고의 가치가 없는 것으로 취급했다. 그는 미래는 서로 공존하므로 더 나은 사회를 만들어 갈 것이라고 사무엘 헌팅턴의 주장에 정면 대결을 했다.

우리는 누구의 견해를 지지하거나 그렇지 않거나를 판단하는 것보다는 두 이념의 갈등이 무너지면서 21세기에는 새로운 이념의 각축전이 될 것이라는 것을 예견할 수 있을 것이다. 그것은 "기독교 윤리를 바탕으로 하는 개인주의와 다원주의 그리고 민주주의를 제도화한 서구 문명과 이슬람의 종교적 신앙과 교조적 규범인 샤리아에 의한 통치를 부르짖는 이슬람 문명"[7]이다.

2001년 9·11 사태가 일어난 후에 테러 사건을 이해하기 위해 3가지 질문을 던져야 한다고 주장한 존 에스포지트는 왜 이슬람과 서구 기독교 간에 문명 충돌이 있는가, 왜 이슬람은 서구를 증오하는가, 이슬람과 반미주의와 세계적으로 일어나는 테러와는 어떤 관계가 있는가라고 반문했다.[8]

---

6 하랄트 뮬러, 『문명의 공존』 (Das Zusammenleber der Kulturen), 이영희 역(서울: 푸른숲, 2000), 27.
7 장훈태, 『최근 이슬람의 상황과 선교의 이슈』(서울: 대서, 2011), 107.
8 윌리암 와그너, 『이슬람의 세계 변화 전략』 (How Islam plans to change the world), 노승

우리가 알듯이 공산주의도 세계 정복의 야욕을 가지고 있다. 민주주의도 모든 세계가 민주주의 혜택을 누리며 잘 사는 나라들이 되기를 바란다. 그런데 이 두 이념의 축이 무너졌다. 필자는 이 두 축 사이에 끼어들 수 있는 완벽한 조건을 가진 이념이 바로 이슬람이라고 생각한다. 그럼 이슬람은 이데올로기인가, 그렇다. 이슬람은 종교이면서 이데올로기의 양면성을 갖고 있다. 무함마드는 정치를 통해 종교를 이용했고 종교를 이용하여 정치했다. 이슬람은 정치와 종교가 분리될 수 없이 하나이기 때문이다.[9] 오늘날 이러한 무함마드의 사상은 모든 이슬람 국가의 정치 지도자들에게 합리화되어있다. 특별히 이란 같은 시아 이슬람 국가는 종교 최고 지도자가 대통령의 권한보다 더 높다.

여기서 우리는 이데올로기에 대한 무슬림의 견해에 대해 알아보고자 한다. 영국이 인도에서 손을 떼기 시작할 때 인도에서 독립하여 파키스탄을 이루는 과정에서 결정적인 역할을 한 무하마드 알리 진나(1876-1948)는 이슬람에 대한 사상으로 "이슬람은 하나의 신앙이기보다는 문명이며 사회체제이다"라고 인식했다. 무슬림이 되는 것은 이슬람이 진리이기보다는 이슬람 움마가 부여하는 결속력을 매개로 정치적인 힘을 바탕으로 사회와 가정을 결속시켜 준다[10]는 것이다. 즉 이슬람은 사회적 정치적 이데올로기를 말하는 것으로서 이슬람 이데올로기는 무슬림의 관념, 생각과 행동들을 이슬람이 추구하는 방향으로만 고정시키려는 하나의 사상 체계이다.

이슬람은 무함마드 이후 지금까지 세계 이슬람화를 잊어버린 적이 없었다. 그리고 과거 역사 속에서 세계 이슬람화의 영광을 누려 왔었다. 지금 이슬람이 서구 열강들에 의해 지배를 받는 것은 무슬림이 잘못했기 때문이다. 이슬람을 회복하기 위해서는 이슬람 세계화가 다시 일어나야 하고 이슬람이 말하는 칼리프 제도를 통해 이슬람 율법인 샤리아로 통치되는

현 역(서울: AP, 2007), 42.
9   전호진, 『이슬람 종교인가 이데올로기인가』(서울: SFC, 2002), 46.
10 루이스, 『이슬람 1400년』, 507.

세계를 이루어 가야 한다는 분명한 의식을 가지고 있다.

이베리아반도가 이슬람에 의해 어떻게 점령당했고 유럽의 심장부인 파리 앞까지 무슬림 군대가 진군했던 것을 우리는 기억할 것이다. 1529년 오스만 튀르크는 오스트리아 빈을 공격하고 1532년 제2차 공격에 실패하자 1638년 제3차 유럽 공략을 했다. 이슬람은 언제든지 세계 이슬람화를 중단한 적이 없었다는 사실을 분명히 기억해야 할 것이다.

중동의 시민 혁명으로 인해 비참하게 죽은 카다피는 말하기를 이제 유럽을 정복하는데 칼과 총이 필요 없다고 호언장담했다.

그 이유가 무엇일까?

일반적으로 사람들은 종교는 종교일 뿐이지 종교가 세계를 정복한다는 그런 개념으로 생각하지 않는다. 종교는 사람을 도덕적으로 선하게 만들므로 사회적으로 평안을 누리게 한다는 생각을 가지는 게 보편적인 상식이다. 종교로 인해 세계를 정복하고 사람을 죽이고 테러를 저지르는 데 사용하는 게 아니라고 믿고 있다. 그래서 이슬람이란 종교를 믿는 무슬림이 이러한 테러와 폭력을 행사할 때마다 다른 한쪽의 무슬림은 말하기를 그들은 진정한 무슬림이 아니라고 반박한다. 그리고 서구에 일반적인 사람들은 그들의 말을 액면 그대로 받아들인다.

과연 그럴까?

랄프 윈터 박사는 1945년부터 1969년까지 믿을 수 없는 25년이라고 말하면서 25년 동안 이슬람이 성장할 수 있는 모든 것을 오히려 서구가 준비해 주었다고 주장했다.[11] 그가 말한 대로 25년 전에는 99%가 넘게 이슬람 국가들은 다 서구 지배하에 있었기 때문에 유럽 사회에 큰 영향력을 나타내지는 못했지만, 서구와 기독교가 세속주의와 물질 만능주의에 빠지므로 세계 이슬람화에 대해 전혀 눈치를 채지 못했다. 설혹 알았다 해도 정치적으로, 자국의 번영과 이익을 위해, 이슬람을 받아들일 수밖에 없는 상

---

11 와그너, 『이슬람의 세계 변화 전략』, 46.

황이 됐다. 그러나 제2차 세계대전이 끝나고 이슬람 국가들 내부에서 이슬람 원리주의자들에 의한 이슬람 운동이 일어나기 시작했다. 필자는 이것을 제3차 세계 이슬람화가 전혀 다른 양상에서 시작했다고 본다.

1969년 9월 전 세계의 57개 이슬람 국가들이 설립한 이슬람회의기구(OIC)는 국제기구로는 유엔(UN)에 이어 두 번째 큰 조직이 됐다. 모든 회원국의 인구를 합치면 세계 인구의 20%를 차지한다. 이들 국가 정상들은 세계 이슬람화를 위해서 정기 모임을 가지고 협력하고 있다. 단지 이슬람이라는 종교만을 알리는 것이 아니라 정치, 경제, 사회, 문화, 교육 등 모든 분야에서 고학력을 가진 고급 무슬림 인력을 양산해 각 지역 사회와 정부의 각 분야를 점령하고 그들 나라의 법을 바꾸어 결국은 그들 국가를 이슬람 국가로 만들고자 하는 것이 최종목표인 것이다.[12]

1972년 30개국 사우디아라비아의 제다에 모여 이슬람 외무장관 회의를 열고 세계 무슬림의 정치와 종교를 하나로 묶는 작업을 했다. 이곳에서 결성된 이슬람 회의에서 순니와 시아가 하나가 되어 반기독교 전략을 세우며 전 세계 이슬람화를 위해 전략을 세웠다. 이들은 석유로 인한 재정을 사용하여 모든 나라에 이슬람 지부를 설치했으며 이는 이슬람화에 매우 중요한 발판이 되었다. 이슬람 지부의 문화 센터, 모스크 등을 활용하여 다이(다이, 다와의 설명이 약 8페이지 뒤에 나옴)들을 양육한다.

디아스포라 무슬림 신학교를 세워 교육을 통한 이슬람 고급인력들을 양육하여 현지 사회적으로 많은 영향력을 끼치며 이슬람의 우월성을 대변하고 있다. 특별히 아프리카에 이슬람 학교를 무상으로 지원하며 학교 교육을 통한 이슬람화를 하고 있다.

마지막으로 전 아프리카를 이슬람 대륙화한다. 1995년 필자가 동부 아프리카 케냐를 방문했을 때 모스크는 케냐 동부 항구 도시인 몸바사에 하나가 있었다. 지금은 상상할 수 없을 정도로 케냐 내륙뿐만 아니라 인근

---

12 A 선교사가 D 신문에 2007년 11월 1일 기고한 글 중에서.

나라 우간다, 탄자니아까지 수많은 모스크가 세워지고 이슬람화가 매우 빠르게 진행되고 있다. 그들은 말만 하는 것이 아니라 실질적으로 엄청난 재정을 투자하면서 구체적인 이슬람화 전략을 통해 전 아프리카 이슬람화를 추진하고 있다. 지하드는 또 다른 한편의 다와이다. 이것은 테러와 폭력과 연결된다. 수단과 방법을 가리지 않고 이슬람 다와는 진행되어야 한다는 간단명료한 전략 중의 하나이다.

런던에 무슬림 본부를 두고 있는 이슬람 회의는 영국을 이슬람 국가로 만들기 위해 석유를 기반으로 한 부를 통한 이슬람 다와에 박차를 가했다. 영국에서 1976년 세계 최초의 이슬람 축제가 영국 런던에서 2백만 달러를 들여 개최되어, 런던을 이슬람화시키지 않으면 전 세계를 이슬람화할 수 없다고 선언하며 영국을 유럽의 이슬람 전초 기지로서의 교두보로 사용했다.

1887년 인도 무슬림이 런던 교외에 정착하여 1889년 샤자한 이슬람 사원을 처음으로 건립했다. 1990년 초에 영국 이슬람 은행인 '제일 무이자 차관 조합'의 총무인 미즈라 키자르 박트는 이슬람 자본을 통해 영국을 세계 이슬람 센터로 만들겠다고 공헌하며 런던 이슬람 유럽협의회는 모든 영국의 중요한 도시에 모스크 건립을 추진했다. 당시 런던 중앙사원을 750만 달러를 들여 건축했으며 무슬림 신도가 2,800여 명이었다.[13]

2001년 인구조사에서 무슬림 인구는 150만 명이었다. 2011년 무슬림 인구는 280만 명으로 늘었다. 10년 사이 이슬람 인구는 130만 명이 늘어난 것이다. 인구조사에 응한 사람들은 합법적인 시민들이다. 불법체류자를 포함하면 약 500만 명으로 추산한다. 영국 6,000만 명 인구 중 거의 10%에 해당하는 수치다.[14] 1,800개가 넘는 회교 사원을 가지고 있으며 모든 중고등 학교에서는 종교 과목으로서 이슬람을 가르치고 있다. 상대적

---

13 이삭 이브라함, 『이슬람 세계와 기독교 선교 방향』, 윤삼열 역(서울: 보이스사, 1991), 53.
14 미래한국 Weekly(http://www.futurekorea.co.kr).

으로 영국과 북아일랜드의 교회는 매년 10만 명의 그리스도인이 감소하는 반면 무슬림은 계속 증가하고 있다. 윌리암 캐리를 파송했던 교회를 포함하여 400개의 교회가 이슬람 사원으로 사용되고 있으며 이제는 영국에 감리교인보다 무슬림이 더 많게 됐다. 파키스탄 난민의 자녀로 태어난 사디크 칸이 2016년 최초의 무슬림으로서 런던 시장이 될 정도로 이슬람의 정치적 입지도 강화되어 가고 있다.

이슬람은 문화적인 특징을 가지고 새로운 세계 이슬람화에 대한 체계적인 전략을 가지고 있는 종교이다.[15] 이러한 이슬람의 체계적인 세계 이슬람화는 시대적 흐름을 반영하듯 매우 자연스럽게 진행됐다. 그것은 아무도 누구도 의심할 수 없는 고도의 시대적 흐름의 전략으로서 세계 이슬람화는 매우 빠르게 진행되어 가고 있다는 것을 부인할 수 없다. 중요한 것은 이슬람 지도자들이 대부분 전 세계가 이슬람을 받아들이는 것이 알라의 뜻이라는 확고한 생각을 가지고 있다.[16]

1) 이민과 난민 정책

20세기 말과 21세기 초에 일어난 이민의 붐은, 제3세계 국가에서 많은 무슬림이 더 나은 삶을 찾아 이민이나 난민으로 인한 망명 혹은 밀입국을 함으로써 서구 유럽은 무슬림로 넘쳐나기 시작했다. 2015년 이후 난민 홍수란 말이 나돌 정도로 유럽을 향한 난민이 폭주했다. 특별히 10개국을 순서대로 본다면 나이제리아, 에리트리아, 마케도니아, 이라크, 아프가니스탄, 알바니아, 세르비아 코소보, 시리아 등이 있다.

독일에서만 25,042명을 받아들였었다. 그중에 5,530명이 시리아인들이었다.[17] 2015년 12월까지 무려 109만 명이 넘는 난민 신청이 이루어질 것

---

15 와그너, 『이슬람의 세계 변화 전략』, 28.
16 와그너, 『이슬람의 세계 변화 전략』, 32.
17 나승필, 『중동 유럽 이주민 파리 포럼』, 2016, 47.

이라고 내다보고 있으며 독일 역사상 가장 많은 난민이 등록됐다.[18]

이들에 의한 출산으로 무슬림 인구 증가는 유럽의 몇 배가 넘을 정도로 심각한 수준까지 이르게 됐다. 그래서 카다피는 이제 총과 칼 없이 유럽을 점령할 수 있다고 호언장담했다. 서구인들은 이러한 이민자들은 유럽인들의 배려로 인해 유럽의 혜택을 누리며 유럽의 문화에 적응하며 사회에 기여할 것으로 생각하고 모두가 다문화 정책을 수용하므로 대거 이민자들을 받아들이기 시작했다. 결과는 참담하듯이 유럽의 정치인들은 한결같이 다문화 정책이 실패했다고 실토했다. 그들은 이슬람의 움마 공동체의 의미를 확실히 몰랐다. 유럽의 이슬람 학자도 학문적으로 이슬람을 알았지 실제적인 이슬람의 움마 공동체의 실질적인 의미를 몰랐다는 증거이다.

레슬리 뉴비긴(Lesslie Newbigin)은 1974년 남인도 선교를 마치고 귀국했을 때 그가 영국 사회로부터 느꼈던 것은 복음에 대한 반대가 아니라 복음에 대한 멸시였다고 회상했다. 복음이 전파되는 어느 곳이든 치열한 영적 대결로 인한 반대는 얼마든지 있었지만, 복음이 멸시를 당한 적이 없다. 그런데 레슬리 뉴비긴이 영국에서 느낀 좌절감은 복음의 반대가 아니라 복음의 멸시였다.

필자도 고국에 돌아가면 복음에 대한 반대보다는 멸시에 대한 느낌을 받는다는 것을 온몸으로 느끼고 있다. 전 세계 선교를 감당하던 영국의 기독교 영성은 사라지고 오히려 이방인의 나라처럼 느꼈다. 그는 '유럽을 다시 아버지 품으로'라는 원대한 꿈과 비전을 가지고 최선을 다했지만 이미 영국의 기독교 영성은 서서히 무너져 가고 있었다. 19세기 세계 선교를 이끌었던 영국 신학교들은 세속화의 물결과 다원주의로 인해 영성을 잃어버리고 좌초하기 시작했다. 그 유명했던 버밍햄선교대학교, 셀리옥 그리고 핫포드신학교 등이 선교 영성을 잃어버리고 말았다.

---

18 나승필,『중동 유럽 이주민 파리 포럼』, (미출간 간행물, 2016), 49.

우리는 제1차 이슬람 세계화 때 이베리아반도를 넘어 프랑스 코앞까지 진군했던 아랍 무슬림 군대를 기억할 것이다. 732년 칼 마르텔은 7일간의 대전투에서 승리하므로 유럽을 지키어 냈다. 오스만 튀르크 제국에 의해 유럽의 오스트리아 빈은 1529년과 1532년 두 차례의 오스만 군대를 막아내고 150년인 지난 1683년 15만 대군이 오스트리아 빈을 포위 공격했지만, 유럽을 정복하지 못했다. 그러나 발칸 반도의 이슬람화는 막지 못했다. 1983년 이슬람을 막아낸 300주년 기념행사를 유럽은 성대하게 치렀다.

14세기 말 이슬람 문명이 유럽 문화에 기여한 바가 있다. 무슬림 상인들에 의해 이슬람권에서 가져간 철학, 과학, 의학 서적들이 이탈리아에서 번역됨으로 중세 유럽의 르네상스에 공헌했다[19]는 이유로, 1991년 유럽 위원회 위원 총회에서 이슬람이 유럽 문명에 거대한 공헌을 했으며 이슬람의 가치관들이 유럽을 더 나은 미래를 만들 것이라고 공표했다. 이러한 유럽 위원회의 선언으로 유럽에 이슬람 다와를 위한 고속도로가 놓였다. 그뿐만 아니라 유럽은 기독교 1000년 정체성을 포기했다. 더이상 유럽에 기독교 문화는 없다고 선언했다.

그 좋은 예로 2016년 이란의 하산 로하니 대통령이 로마를 방문했다. 이탈리아 정부는 이란의 이슬람 문화적 요구를 받아들여 로하니 대통령이 참석한 공식 환영 만찬에서 술을 전혀 제공하지 않았다. 그것까지는 그래도 이해가 될 만했지만, 로하니 대통령이 로마 박물관을 방문했을 때 신체가 드러난 조각상들을 다 천으로 가렸다. 유럽은 문화적으로 자살한 것과 다름이 없었다.

19　서정민, 『오늘의 중동을 말하다』 (서울: 중앙books, 2016), 51.

◆ 신으로부터의 자유

1000년의 기독교적 가치를 존중하며 유럽을 이끌어온 기독교적 사상이 어떻게 무너지게 되었는가?

중세는 신과의 관계에서 신이 중심이었지만 18세기 르네상스와 계몽주의 시대를 지나면서 유럽은 과학의 발달로 인한 산업 혁명 그리고 다윈의 진화론, 헤겔의 철학을 통해 인간의 사고방식이 신과의 관계에서 인간 중심의 사고로 발전되어 갔다. 결국 다다른 종착역은 인간이 스스로 신이 될 수 있다는 칸트의 이론이 등장하게 됐다.

이러한 인간 사고의 발전은 1789년 프랑스 혁명으로 이어졌다. 혁명의 핵심 요소는 자유, 평등 그리고 박애. 그러나 프랑스 혁명에서 말하는 자유는 인간의 자유가 아니라 하나님으로부터의 자유를 의미했다. 표면적으로 인간의 존엄성이나 인간 본연의 인권에 대해 말하고 있지만 결국은 인간은 신으로부터 자유로워져야 한다는 논리이다. 이러한 인간의 존엄성을 대표하는 건물이 프랑스의 팡테옹이다. 팡테옹은 라틴어에서 '모든 신이 거하는 사원'이라는 판테온[20]에서 빌려온 단어이다.

프랑스 루이 15세는 어린 나이에 왕이 됐다. 그리고 영국과의 전쟁에서 많은 영토를 잃어버렸다. 루이 15세는 자신의 왕권 이미지 회복을 위해 콩코드 광장에 자신의 기마상을 세웠다. 그리고 교회의 지지를 얻고자 자신의 업적에 남을 만한 교회를 새로운 건축 양식으로 건축하고자 했다. 그는 그리스의 파르테논신전을 모방하여 교회 건축을 했다. 그것이 팡테옹이다.

1789년 프랑스 혁명이 일어나면서 혁명의 주체 세력들은 콩코드 광장에 세워진 루이 15세의 기마상을 철거하고 마리앙투아네트의 단두대를 세우고 그녀를 처형했다. 그리고 이집트 룩소신전 앞에 쌍으로 세워진 두 개

---

[20] 그리스어 '판테이온(Πάνθειον)'에서 유래한 말로, '모든 신을 위한 신전'이라는 뜻이다. 고대 로마 신들에게 바치는 신전으로 사용하려고 지은 로마의 건축물로, 하드리아누스 황제 때 서기 125년경 재건했었다(저자 주).

있는 오벨리스크 중 하나를 가져와서 콩코드 광장에 세웠다. 룩소신전 앞에는 매우 볼썽사납게 오벨리스크 하나만 덩그러니 신전 앞을 지키며 외롭게 서 있다. 오벨리스크는 인간의 권력의 힘을 과시하는 상징으로 유럽은 받아들이었다. 유럽의 중심 되는 나라들이 오벨리스크를 가져다 가장 중요한 도시의 중심에 세웠다는 것은 나름 인간의 존엄성을 과시하고자 하는 행동이라고 볼 수 있다.

혁명가들은 루이 15세에 의해 세워진 팡테옹을 더이상 신을 경배하며 예배하는 장소의 건물이 되어서는 안 되며 종교적으로 위대한 업적을 세운 성인들의 공간으로 만들어서도 안 된다고 결정했다. 그리고 프랑스의 팡테옹이 되어야 한다. 즉 팡테옹이란 단어의 의미(위대한 인물)처럼 종교적 요소를 다 제거하고 계몽주의 사상가들의 무덤으로 만들어 유럽에 인간의 존엄성을 보여 주는 상징적 건물로 만들었다. 팡테옹은 더이상 신을 경배하는 장소가 아니라 인간의 무덤이 됐다. 즉 팡테옹은 인간이 신이 되는 상징을 전 유럽에 보여 준 것이다. 건물 중앙에 삼각형 부조 밑에 프랑스 말로 "조국이 위대한 사람들에게 사의를 표하다"라고 기록되어 있다 (AUX GRANDS HOMMES LA PATRIE RECONNAISSANTE).

콩코드 광장의 오벨리스크

팡테옹(조국이 위대한 사람들에게 사의를 표한다)

프랑스 대혁명은 출발 자체가 신으로부터의 자유다. 하나님이 더이상 필요 없다는 논리가 유럽을 지배하게 되었으며 종교는 하나의 형식이며 문화로 취급되어 갔다. 이러한 유럽의 사상은 1000년의 기독교적 사상을 조금씩 갉아먹기 시작했다.

영국 일간 가디언은 2018년 3월 21일 영국 세인트 메리대 스티븐 불리번트 교수의 유럽연합(EU)국의 사회 조사를 분석한 자료를 발표했다. 유럽 젊은이 56%가 무종교인이라고 보도했다. 체코는 91%가 자신을 '무종교인'이라고 답했으며 에스토니아는 80%, 스웨덴은 75%, 네덜란드는 72%, 성공회와 감리교의 본산지인 영국은 70%, 프랑스는 63%, 독일은 40%가 무종교인이라고 응답했다. 불리번트 교수는 기독교가 유럽에서 향후 100년 안에 사라질 수도 있다는 분석을 내놓았다. 그의 분석 자료는 2014년부터 2016년까지 유럽 21개국에서 16-29세 사이 젊은이를 대상으로 설문 조사한 결과다.

미국에서 이슬람이 뿌리를 내리기 시작한 것은 일반적으로 1875년부터이다. 이민자 무슬림은 미 동북부의 대도시에 일자리를 찾아 정착하기 시작했다. 1950년도에 무슬림의 뿌리를 찾고 '살라'(기도) 장소를 찾으며 미국 사회에 권리 행사를 위해 무슬림 단체들을 만들기 시작했지만, 그때까지만 해도 사회적인 큰 영향력은 없었다.

미합중국의 자유주의 상징이었던 존 F. 케네디(1961-1963) 대통령은 미국 국공립학교의 예배를 금지했으며 성경을 공립학교 수업 시간에서 제외시켰고, 기도를 금지한 대통령이 됐다.

기독교 정신에 입각한 미국의 건국이념이 뿌리째 뽑혀 가고 있다. 1989년 코넬대학의 앨런 블룸 교수는 국공립학교의 예배를 금지한 결과에 대해 『미국 정신의 종말』이라는 자신의 저서에서 미국의 위기는 미국의 가치관이 파괴되고 도덕과 윤리의 파괴를 방관한 결과로써 가정을 소중히 여기며 성경의 말씀을 따라 사는 높은 도덕적 삶의 가치를 포기한 결과라고 그의 생각을 밝혔다.

1963년도에 에이브러햄 링컨의 흑인 자유에 대해 마틴 루터는 흑인의 자유는 마치 부도난 수표이며 흑인의 인권을 되찾아야 한다고 워싱턴 광장에서 부르짖었다. 그날 이후 46년 만에 버락 오바마는 흑인으로서 2009년 44대 미합중국 대통령으로 당선됐다. 그는 대통령이 되자마자 제일 먼저 이집트를 방문했다. 그리고 카이로대학을 방문하여 강연했다. 그의 강연 내용 중에 흑인의 인권보다는 "미국에서 이슬람의 부정적 편견과 싸우는 것이 미국 대통령의 의무이며 미국에서 무슬림이 다른 사람처럼 자신의 종교를 행사할 동일 권리를 갖게 한다"라고 했다.

이집트에서 1400년 동안 이슬람으로 인한 핍박과 억압과 테러와 강간 등에 대해서, 이라크에서 핍박받는 그리스도인들에 대해 그리고 종족 말살 정책으로 생명을 잃고 납치와 강간과 테러에 대해 그는 침묵했다. 오바마 대통령은 팔레스타인을 국가로 지지하며 이스라엘은 1967년 이전으로 돌아가야 한다고 주장했다.

2015년 그의 재직 당시에 십계명이 백악관과 연방 정부 청사에서 철거됐다. 미국 정부가 스스로 기독교적 가치관을 버렸다. 오바마 대통령이 재직하는 동안 무슬림의 정부 요직 등용이 그 이전 정부의 30년 동안보다 5배가 많았다. 알리프 알리칸은 국토 안보부 개발 정책 차관보로 지명이 되었으며, 무함마드 엘비비아리는 국토안보 자문위원으로, 쌀람 알 마라야

티는 무슬림 공부 위원회, 이맘 무함마드 야기드는 북미 이슬람 협회 회장으로 에부 파델은 대통령의 신앙 협력 자문위원으로 그리고 라시드 후세인은 이슬람 협력 단체 미국 특사로 지명됐다.

◆ 키이스 엘리슨

키이스 엘리슨은 메네소타 미국 역사상 최초의 무슬림 의원이 됐다. 그는 2006년 코란에 손을 얹고 미국 연방 하원의원 취임 선서를 했다.

이슬람과 전쟁을 벌이고 있는 미국에서 무엇이 엘리슨을 이렇게 용감하게 했을까?

그 해답은 미국 내 이슬람의 급격한 성장 속도에서 일부 찾을 수 있다. 엘리슨이 무슬림이기 이전에 흑인이라는 사실이 더 중요하다.

2) 모스크 건립

세계 이슬람화의 비밀 사항으로서 모스크는 단순한 건물 이상의 의미가 있다. 모스크는 이슬람 공동체의 중심으로서 많은 기능을 가지고 있지만, 특별히 모스크를 중심으로 한 젊은이들을 이슬람 포교자인 '다이'(이슬람 사역자 혹은 포교자)로 만든다. 다이들에 의한 다와(Dawah)[21]는 새로운 패러다임으로서, 모스크를 중심으로 한 다와는 지하드보다 더 중요하다.

특별히 다와는 알라 이외에는 신이 없다는 것을 선포[22]하는 행위로서 서구 자체가 가지고 있는 모든 사회적 시스템은 다와를 할 수 있는 최적의 상황을 제공하여 주고 있다. 그들은 서구가 제공하는 우산 안에서 모든 무슬림이 이슬람의 다이가 되도록 만들어 가고 있다.

프랑스에 1965년 5개의 모스크가 있었다. 1985년 913개의 모스크로 늘어났다. 1995년 1,536개 그리고 2010년 2,359개의 모스크가 있다는 것은

---

21 다와의 의미는 이슬람 세계로 초대한다는 의미로 확장되어 사용한다.
22 공일주, 『이슬람과 IS』 (서울: 기독교문서선교회, 2015), 12.

프랑스에 이슬람이 얼마나 빠르게 확장되는지를 보여 준다.

미국 켄터키 대학에서 이슬람학을 가르치는 이산 배그비 교수가 미국의 모스크 현황을 조사하여 2011년 4월 발표했다.

1943-2000년도까지 매년 18개의 모스크가 건립되었으며, 지난 10년간 683개의 모스크가 증가했고, 2001년 월드 트레이드 센터 폭파 이후 매년 68개의 모스크가 증가했다. 현재 1,209개의 모스크가 있다고 발표했다. 9·11 테러 이전에 비하면 3배 이상 빠르게 확장되고 있다.

남아프리카 요하네스버그에서 북부 아프리카 이집트 카이로까지 5km마다 모스크를 세우며 이것은 알라의 땅이라 선포한다. 이집트의 교회들 앞에는 어김없이 모스크가 세워져 있다. 이슬람을 모르는 사람들은 서로 공존하는 모습이 아름답다고 이야기한다. 실상은 이집트에 모스크는 하루 5번씩 확성기를 교회의 방향에 대고 아잔(기도)을 한다. 이것은 공존이 아니라 영적 전쟁이다. 콥트 그리스도인들에게는 인권 문제이다. 스위스에서 모스크 미나렛을 세우는 문제가 일어났지만, 미나렛을 세우지 않는 것으로 2006년 연방 헌법에 명시했다.

3) 교육

교육을 통한 세계 이슬람화는 누구도 상상하지 못한 전략 중 하나이다. 이슬람 하면 폭력적이고 극단적인 것만 생각했지 교육을 통해 이슬람화를 이루어 간다는 것은 전혀 예상하지 못한 방법이었다. 미국만 해도 매년 수많은 학생이 이슬람권에서 유학을 오고 있다. 그들 대부분은 북미 이슬람 협회에 가입하게 하고 졸업 후에 가능하다면 미국에 남아 이슬람화에 사용되는 다이들이 되고 있다.[23]

---

23 와그너, 『이슬람의 세계 변화 전략』, 72.

특별히 터키의 페트라 귤렌의 이슬람 교육(쎄맛, Cemaat학교[24])을 통한 이슬람 세계화의 결과는 이미 중앙아시아를 통해 증명됐다. 중앙아시아가 구소련으로부터 해방되기 전에 이미 페트라 귤렌에 의한 이슬람 교육은 이미 준비가 다 마쳐진 상태였다. 중앙아시아가 문이 열리자 그들은 교육을 통해 중앙아시아를 공략하기 시작했다. 귤렌은 세계 이슬람화를 위해서는 반드시 이슬람 교육의 필요성을 절대적으로 공감했다. 그의 교육 방법은 가톨릭의 제수이트 방법을 연구했다고 해도 틀리지 않는다. 즉 전인교육, 교육과 사회적 삶에 대한 공감대 그리고 인격적인 부분에 대해 양질의 교육을 통한 이슬람 사회화이다.

과거 마틴 루터에 의한 종교개혁 이후 유럽의 기독교 사회에서도 전인적 교육을 위한 경건주의 운동을 주도했던 슈페너(Philipp Jacob Spener, 1635-1705)에 이어 프랑케에 의한 할례 대학은 매우 중요한 기독교 교육 기관으로 발전하며 개신교 역사에 큰 족적을 남기었다는 사실을 우리는 잘 알고 있다. 귤렌이 이러한 사실을 몰랐을 리가 없다. 그는 이슬람 세계화에 대한 큰 그림을 누구도 반대할 수 없는 교육을 통해 이루어 가고자 했다. 목적은 세계 이슬람화이지만 이슬람을 이루어 가는 과정은 교육과 문화라는 옷을 입혔다. 즉 교육뿐만 아니라 이슬람의 모든 행동 규칙들을 문화라는 옷을 입혀 매우 자연스럽게 교육계에 침투하여 가고 있으며 자라나는 아이들의 사상 속에 이슬람 교리를 거부감이 없이 받아들이는 결과를 얻어내고 있다는 사실을 알아야 한다. 이미 많은 비이슬람권 자녀들이 무슬림 선생들에 의해 이슬람 교리가 자연스럽게 교육과 문화라는 옷으로 포장되어 교육되고 있다.

2014년도에 프랑스 파리에서 개최된 '제3차 다문화 이슬람 국제 포럼'[25]에서 중앙아시아의 요셉 목사의 패트라 귤렌에 의한 교육을 통한 이

---

24 오요셉, 『제삼차 파리 국제 다문화 포럼』 (미출간 간행물, 2014), 177. 일반적으로 무슬림 공동체를 의미한다. 중앙아시아에서는 쎄맛학교라 부른다.
25 필자에 의해 2010년부터 시작된 국제 이슬람 포럼으로서 지금까지 6회를 마치었다. 매

슬람 세계화에 대한 강의는 필자에게 충격적이었다. 이슬람이 교육을 통해 이슬람 세계화를 꿈꾼다는 것은 그때까지만 해도 믿을 수가 없었다. 분명한 것은 귤렌은 이슬람 세계화에 대해 무슬림이 능동적인 주체로 활동할 방법을 교육을 통해서 제공했다는 것이다. 또한, 이를 통해 고급인력을 만들어 사회적 저변에 엘리트 그룹으로서 이슬람 공동체를 세워 나가므로 더 빠르게 이슬람 세계화를 이루어 갈 수 있다고 확신했다.[26]

페트라 귤렌에 의해 시작된 쎄맛학교는 2014년도까지 전 세계 148개 국가에 200여 개 이상의 학교를 설립했다. 앞으로도 전 세계 모든 국가에 이슬람 학교를 세우는 것을 목표로 하고 있다.[27] 놀라운 것은 중앙아시아의 탈라스 지역에 귤렌에 의해 세워진 쎄맛학교는 그 지역에서 가장 크고 세련된 현대식 건물로 건축됐다. 키르키즈의 수도인 비슈케크에서 몇 시간을 달려서 톈산산맥의 등줄기를 넘어서 광활한 푸른 초원을 지나 끝도 없이 달려가야 만날 수 있는, 아직도 자연 그대로의 모습을 가지고 있는 자그마한 시골 마을에 그러한 큰 건물을 지어 시골에서 목축업 이상의 것을 기대하기 어려운 아이들에게 양질의 교육을 통해 이슬람의 엘리트 학생들을 양성하는 것을 보고 큰 충격을 받았다. 이에 필요한 모든 재정은 귤렌의 이슬람 교육에 확신을 가진 수많은 무슬림 사업가들의 재정 지원을 통해 이루어지고 있다.

근자에 한국 선교의 전략 중에 하나로 현장에서 재정을 만들어 사역하는 것이 마치 대세인 것처럼 홍보되고 있다. 일선 선교사가 비즈니스를 통해 재정 지원을 스스로 만들어 사역해야 한다는 것인데 과연 그것이 가능한지 다시 한번 되짚어 보는 기회가 되었으면 한다.

2년마다 20여 개국의 이슬람 국가에서 사역하는 일선 선교사들이 모여 이슬람 선교 사역의 발전을 문서화시키는 포럼이다.
26 제3차 국제 다문화 포럼, 209.
27 제3차 국제 다문화 포럼, 212.

키르기스스탄의 탈라스 쎄맛 학교

페트라 귤렌에 대해 우리가 좀 더 알고자 하는 것은 그의 이슬람화적인 전략이다. 그는 터키의 이즈밀[28]에서 그의 사상, 즉 교육을 통한 세계 이슬람화의 사상이 구체적으로 발전하게 됐다. 그는 모스크의 이맘으로서 학생들을 중심으로 일련의 이슬람 교육 과정을 통해 그를 추종하는 핵심 세력들을 학생 때부터 교육했다. 그 후에 귤렌의 교육을 통한 세계 이슬람화에 중추적인 인물들이 이즈밀에서 나오게 됐다. 특별히 그의 교육 목표는 건전한 인격과 무슬림으로서의 정체성 확립 그리고 이슬람 시각에서 현대과학과 신앙과 이성은 모순되는 게 아니며 이슬람은 가장 적합하고 합리적인 종교로 부각시키는 교육은 그동안 유럽으로부터 보이지 않는 억압과 자존심이 상한 터키의 수많은 젊은이에게 현대 이슬람에 대한 자부심과 비전을 주기에 충분했다.

그의 이러한 진보적인 이슬람 교육으로 많은 젊은이들이 헌신했다. 1990년 중앙아시아가 구소련으로부터 독립되자 귤렌의 제자들이 중앙아시아에 들어가 쎄맛학교에서 가르치기 시작했다. 이들에 의해 이슬람 사상과 귤렌의 사상을 가르친 결과가 공산주의 사상에서 해방된 중앙아시아 학생들의 진공 상태의 마음과 사상 속에 이슬람의 우월성을 가지기에 충분했다.

---

28 터키의 3대 도시 중에 하나이며, 두 번째로 규모가 큰 항구 도시로서 세속적인 도시이다.

터키에 에르도안 대통령은 현대판 술탄이 됐다. 그는 오스만 제국의 영광을 재현하는 길은 다시 이슬람으로 돌아가는 길이라고 믿고 있다. 그는 미래 이슬람 일꾼을 확보하기 위해 종교 교육 예산에 막대한 재정을 투자하고 있다. 일반 고등학생들에게 지원 금액이 144만 원(6,220리라), 기술 교육 학생들에게 지원 금액은 166만 원(7,150리라)인데 반하여 종교 교육 학생들에게는 302만 원을 지급한다. 가난하고 어려운 학생들은 모두가 종교 교육을 받기를 원할 것이다.

4) 교도소 공략

교도소는 또 하나의 특수한 다와 지역이다. 영국의 교도소에 급진주의 무슬림이 늘어나고 있다. 영국 최대 규모의 완즈워스 교도소 내 급진적인 종교지도자인 이맘을 통해 많은 수감자가 급진적으로 변하고 있다고 2006년 11월 인디펜던트 모니터링 위원회에서 조사·보고 했다. 당시 이 교도소의 재소자들은 1,456명이며 그들 중 240명이 무슬림이다.[29] 2000년도부터 이미 급진주의 이맘들이 감옥에서 활동하고 있었다고 보고했다.[30] 지금으로부터 20년 전 이야기니 현재는 더 말할 나위가 없을 것이다.

세계의 경찰 역할을 하는 미국을 이슬람 국가로 만든다면 그것은 세계를 장악할 수 있는 또 하나의 전략이 될 것이다. 이슬람은 미국의 주류 사회에서 언제나 약자로서 분노와 절망 가운데 있는 흑인 사회의 젊은이들을 향한 이슬람 포교(다와)는 매우 중요한 전략 중에 하나였다. 백인들의 종교인 기독교에 대한 반감으로 이슬람을 받아들이기에 큰 부담이 없었다. 1960년대 흑인 인권 운동가 3명 중에 마틴 루터 킹(Martin Luther King) 목사는 잘 알려졌지만, 맬컴 엑스(Malcolm X)를 기억하는 사람들은 매우 드물 것이다.

---

29 콜린 다이, 『영국의 이슬람화 그 대책은 무엇인가?』(*the Islamization of Britain*), 도움 번역 위원회 역(서울: 도움, 2008), 24.

30 source: "Jailbird rip for recruiting by Marthin Samuel", 「The Times」, 3 October 2006.

그는 침례교 목사인 아버지의 영향을 받고 자랐지만 백인 우월주의자들인 KKK 단에 의해 아버지가 살해당한 후에 기독교에 대한 불신 속에 살았다. 결국 청소년 시절에 감옥에 수감 됐다. 그는 그곳에서 백인들을 대적할 수 있는 유일한 힘은 이슬람이라고 확신했다. 마틴 루터 킹 목사는 흑인들의 인권 문제를 비폭력으로 해결해야 한다는 논리를 가지고 있었지만 맬컴 엑스는 정당한 권리를 찾기 위해서는 언제든지 폭력을 행사할 수 있다는 사이드 쿠틉의 폭력적인 방법을 받아들였다. 맬컴 엑스는 매우 명석한 사람으로 알려졌다. 그의 명쾌한 이슬람 원리와 설교는 좌절 속에 있는 많은 흑인 젊은이들에게 영향을 끼치게 됐다.

맬컴 엑스는 1965년 2월 21일 뉴욕 맨해튼의 오두본 볼룸에서 열린 한 행사에 참석했다가 헤이건을 비롯해 3명의 암살범으로부터 총격을 받고 숨졌다. 그들은 맬컴 엑스가 위선적이란 판단에 따라 죽이기로 결심했다고 말했다. 공범 아지즈와 이슬람은 각각 1985년과 1987년 가석방으로 풀려난 가운데 아지즈는 맬컴 엑스가 다녔던 뉴욕 할렘의 이슬람 사원의 보안 책임자가 됐다.[31] 필자는 맬컴이 다시 기독교로 돌아온 것으로 추측한다.

우리가 잘 아는 헤비급 권투 선수인 캐시어스 클레이도 무슬림으로 개종하여 무함마드 알리란 이름을 사용했으며 1991년 마이클 타이슨은 성폭행 혐의로 감옥에 수감되었을 때 무슬림으로 개종했다. 감옥의 이슬람 포교는 매우 중요한 이슈로 등장했다.

미국 사회에서 감옥에 가는 흑인 젊은이들이 대학 가는 흑인 학생들보다 언제나 몇 배가 많았다. 통계적으로 이들이 받는 미국의 사회적 부조리와 백인들의 억압으로 인한 분노는 언제나 그들을 좌절하게 만들었다. 이들을 향한 이슬람의 평등사상(그런 것은 없지만)을 자연스럽게 받아들이게 되었으며 감옥에 이슬람 포교 전담반이 세워지고 전문적으로 이슬람 포교가 감옥안에서 활성화되고 있다.

---

31 연합뉴스 2010년 03월 20일.

5) 매스 미디어

21세기의 키워드 중의 하나인 매스 미디어(Mass Media)를 통한 이슬람 포교이다. 매스 미디어는 기독교에서 복음을 전할 때도 매우 유용한 것이 사실이다. 과거에 이슬람 국가나 공산주의 국가에 성경을 갖고 들어간다는 것은 상상할 수도 없는 상황이었지만 매스 미디어의 발전은 이러한 국경의 장벽을 여지없이 무너뜨렸다. 지금도 매스 미디어를 통해 수많은 무슬림이, 특히 여성들이 복음을 받아들이고 있다는 것은 매우 고무적인 일이다. 반면 이슬람도 이러한 매스 미디어를 최대한으로 활용하고 있다는 점을 우리는 분명히 알아야 한다.

한때 이라크와 시리아에서 시작된 칼리프 제국을 원했던 알 바그다디의 전략 중의 하나가 매스 미디어였다. 많은 서구의 젊은이들이 잘 꾸며진 매스 미디어의 영향을 받아 무자혜딘이 된 청년들이 하나둘이 아니다. 심지어 젊은 여자들이 우리의 사고로는 상상할 수도 없는 섹스 지하드에 참여한 이유가 바로 매스 미디어의 영향이었다.

6) 지하드

지하드는 아라비안 반도에서부터 무함마드에 의해 확립된 합법화된 전략이었다. 무함마드는 매우 천재적인 소질이 있었다. 전쟁을 나가기 전에 그는 군사들에게 격려하기를 전쟁에 나가 승리하면 모든 전리품, 특별히 여자들은 성 노예로 가질 수 있으며 만약 죽으면 이슬람이 말하는 파라다이스에서 남자를 경험하지 않은 많은 처녀들과 생을 즐길 수 있다는, 죽음 후의 삶을 보장하여 주었다. 이것은 이슬람을 폄하하기 위한 이야기가 아니라 그들의 두 번째 경전인 하디스에서 말하고 있으며 이제는 일반적으로 누구나 아는 지식이다.

무함마드 이후 지하드의 궁극적인 목적에 대해 타우히드가 실현되어야 한다고 주장한다. 13세기 이슬람의 유명한 학자인 이븐 타이미야는 "알라는 유일한 창조주이며 지배자이며 재판관이고 인간은 알라의 뜻에 순종하고 이슬람의 종교적 신행과 의식 행위로서 알라의 뜻을 실천하는 것이다"라고 가르친다. 그의 가르침은 매우 학문적인 논리처럼 들린다. 사이드 쿠틉도 무슬림은 타우히드에 근거한 이슬람 세계관[32]을 가져야 한다고 주장하지만, 그도 결국은 이 타우히드를 이루기 위해 폭력을 동원해도 좋다는 결론에 이른다.

이슬람 역사는 언제나 지하드에 관해 이야기할 때 방어적일 때만 가능하며 이슬람의 자유와 평화 정의를 훼손할 때만 전쟁을(지하드) 치를 수 있다고 한다. 그들은 특별한 상황에서만 지하드가 용납된다고 주장한다.[33] 이것은 명백한 논리에 불과하다는 것을 알아야 할 것이다.

우리는 이슬람 역사 속에서 무함마드 자신이 죽기 전 8년 동안 80번이 넘는 전쟁을 치렀고 전쟁 전리품들은 또 다른 전쟁을 치르게 했다는 것을 알았다. 수많은 아랍의 무슬림 전사들은 전쟁 전리품을 얻기 위해 죽음을 불사했다. 전쟁은 지하드란 명목으로 포장됐다. 지하드를 참여하다가 죽은 자들은 즉시 파라다이스에 입성이 보장되며 남자를 상대하지 않은 많은 여성과 향락의 시간을 가질 수 있다. 그들의 가족은 그의 순교로 인한 영웅적 대접을 받게 된다.

이 부분에 대해 하디스는 말하기를 알라를 위해 지하드를 행하는 자는 다른 어떤 것의 강요에 의해서가 아니라 알라를 위한 지하드와 그분의 말씀에 대한 신념으로 지하드에 참여하는 자에게 알라는 천국을 허락하거나 싸움터에서 자기 처소로 전리품을 가지고 돌아갈 수 있도록 보장한다(하

---

32 공일주, 『무슬림과 의사 소통을 위한 새 패러다임』 (서울: 기독교문서선교회, 2009), 190.
33 와그너, 『이슬람의 세계변화 전략』, 92.

디스 1:352).³⁴ 오직 지하드에서 죽은 자만이 바로 천국 입성이 보장된다.

또한, 이슬람은 지하드 명목으로 테러로 인한 폭력에 대해 이슬람을 보호하기 위한 피할 수 없는 선택이라 주장한다. 그러나 지하드의 궁극적인 목표는 온 세계가 알라에 의한 통치가 이루어지는 것이며 이것을 이루기 위해 지하드는 세계 모든 국가에 이슬람이 전파되기 위한 도구가 되어야 한다는 숨은 진실이 지하드 안에 포장되어 있다. 이상과 같이 이슬람은 21세기 이슬람 세계화를 위해 여러 가지 방법을 동원하여 세계 이슬람화를 추구하고 있다는 사실을 분명히 알아야 한다.

기독교적 세계 선교를 바라볼 때 분명히 우리는 여러 가지 미흡한 점이 많이 있다. 그런데도 한 가지 분명한 것은 이미 우리는 이긴 싸움을 한다는 사실을 놓쳐서는 안 될 것이다.

7. 예루살렘을 둘러싼 22개의 이슬람 국가

무함마드에 의한 아라비아의 통일 그리고 제1, 2차 세계 이슬람화 그리고 제2차 세계대전이 종식되고 펼쳐진 중근동의 지도를 보니 자연스럽게 이슬람 국가들이 지정학적으로 예루살렘을 둘러싸고 있다는 사실을 발견하게 된다. 예루살렘을 둘러싼 22개의 이슬람 국가가 의미 없이 형성된 지정학적인 지도가 아니다. 역사적으로 언제나 예루살렘을 둘러싼 형국이었다. 아프리카, 아시아 그리고 유럽을 이어주는 교통 요충지로서 모든 제국의 각축장이 됐다. 하나님을 의지하지 않고는 절대적으로 살아남을 수 없는 지역적 특성을 가진 지역이다.

선택받은 이스라엘이 언제 한번 떳떳하게 강대국의 면모를 보이며 제사장 나라의 역할을 했는지 까마득한 일이었다. 그런데도 하나님의 눈은 한

---

34 와그너, 『이슬람의 세계변화 전략』, 94.

번도 그곳을 떠난 적이 없다는 사실을 우리는 세계사와 성경의 역사를 통해 분명히 보아 왔다.

1948년 이스라엘의 예루살렘이 로마 장군 티투스에 의해 멸망한 이후 2000년 만에 독립을 이루었다는 것은 유대인의 힘과 능력으로 된 것이 아님을 우리는 알 수 있다. 그것은 하나님 예언의 성취였다. 그것은 여호와 하나님만이 하실 수 있는 일이다.

지금도 지정학적으로 이스라엘은 적대적 국가에 둘러싸여 있다. 창세기에서 예언된 여자의 후손이 2000년 전에 오셨고 구속의 십자가 사건을 통해 누구든지 예수 그리스도의 이름을 부르면 구원을 받는다. 불행하게도 유대인은 아직도 예수 그리스도의 이름을 부르지 못한다. 아니 부르지 않는다. 이제 남은 것은 또 다른 예언이며 그 예언에 대한 성취일 것이다. 예언의 성취 중앙에 아직도 이스라엘이 있고 그 주위에 적대 국가들인 이슬람 국가들에게 둘러싸여 있다는 것은 매우 흥미로운 상황이다. 그중에 간과하지 말아야 할 나라가 있다. 그것이 바로 이집트이다. 이 부분에 대해 우리는 제일 마지막 장에서 다루기를 원한다.

제6장

잃어버린 세계 선교 회복

1. 서유럽의 두 가지 변화

비잔틴 제국의 멸망이 서유럽에 많은 변화를 주게 됐다.

첫째는, 동로마(주로 그리스인) 학자들과 학문의 유입이었다. 새로운 학문은 서유럽 엘리트들을 각성시켰다. 이는 결국 학문과 제도의 발전을 가져왔으며, 산업 혁명의 밑거름이 됐다.

둘째는, 초강대국 오스만 튀르크에 의해 중동과 인도, 중국으로 향하는 육상 통로가 차단됐다. 오히려 이러한 상황은 서유럽인들이 오스만 튀르크를 우회하여 인도와 중국으로 갈 수 있는 해상로를 찾게 했다. 이 해상로를 통한 남·북 아메리카의 발견과 그곳으로부터 들여오는 막대한 부는 서유럽 국가들의 발전과 함께 산업 혁명의 원동력이 됐다.

유럽인들은 또한 중국에서 전래된 종이 제조법과 인쇄술을 기계화했으며, 화약의 발전을 통해 성능 대포도 제작하게 됐다. 그들은 그러한 지식과 경험을 지속적으로 축적하여 산업 혁명으로 가는 길을 만들었던 것이다.

2. 서구 유럽의 종교개혁

1517년 마틴 루터는 가톨릭의 부패와 심각한 타락상을 비판하는 95개조의 반박문을 발표한 것을 계기로 시작된 종교개혁 운동을 일으켰다. 루터의 종교개혁은 유럽의 역사뿐만 아니라 개신교 역사와 더 나아가 세계사에 거대한 영향을 끼치게 된 사건으로서 유럽을 근대화시키는 데 결정적인 역할을 했다.

3. 근대 선교의 시작이 종교개혁을 통해 시작됐다

종교개혁 이후 유럽의 기독교 사회에서도 전인적 교육을 위한 경건주의 운동을 주도했던 슈페너와 프랑케에 대한 이야기를 하지 않을 수가 없다. 필립 야곱 슈페너(Philipp Jacob Spener, 1635-1705)는 15세 어린 나이에 친구인 바테빌레와 함께 '이방인의 개종을 위한 협약'을 만들었다.[1] 프랑케는 할레 대학을 중심으로 젊은이들이 세계 선교의 꿈을 펼칠 수 있도록 가르쳤으며 성경 공부 모임을 통해 선교 운동이 일어나기 시작했다.

프랑케는 학생이었던 진젠도르프에게 '겨자씨 모임'(Order of Mustard seed)이라는 최초의 개신교 학생 선교협의회를 만들 수 있도록 했다. 이 대학생 선교 모임을 통해 많은 학생이 선교에 대한 관심과 도전을 갖게 되었으며 대학을 졸업한 진젠도르프는 1772년 가톨릭의 핍박으로 피신한 모라비안 형제단들을 만나게 됐다. 모라비안 형제단들은 존 후스(1373-1415)의 후예들인 보헤미안 형제들에게 경건주의 영향을 받았다. 진젠도르프는 모라비안 형제단들과 헤론후튼이라는 공동체를 만들고 그들의 지도자가 되어 금식과 기도 가운데 성령 체험을 하게 됐다. 특별히 진젠도르프는 "집단 개

---

1 Bosch, 『Transforming Mission』, 252.

종보다는 개인의 결단을 강조하며 선교는 교회의 활동이 아닌 성령을 통한 그리스도 자신의 활동이다"[2]라고 강조했다. 진젠도르프의 '개인의 결단'은 그리스도의 참된 제자로 가는 올바른 길이라 생각하며, 선교는 성령을 통한 자신의 활동이라는 부분에서 우리의 교회들이 다시 한번 더 선교가 무엇인지를 되짚어 보는 시간이 되었으면 한다.

진젠도르프의 세계 선교에 대한 탁월한 선견지명은 1732년 그동안 굳게 닫혀 있던 세계 선교의 빗장을 다시 열어젖히는 위대한 세계 선교의 혁명으로 이어졌다. 그 이후 150년 동안 2,158명의 선교사를 세계에 보내었다. 그뿐만 아니라 진젠도르프와 모라비안 형제단의 선교 운동은 이후에 영국의 학생 선교 운동 그리고 미국에서 학생 선교 운동으로 전 세계 개신교 선교 운동에 지대한 영향력을 끼치는 원동력이 되었으며 19-20세기에 위대한 선교의 시대를 여는 원동력이 됐다.

4. 중국 선교

단성론자로 몰린 네스토리우스파는 7세기 당나라 수도 장안까지 가서 예수의 도를 전하니 경교라 불렸다. 장안에 대진사를 세울 정도로 교세가 번창했으나, 당나라 황제 무종의 탄압으로 경교가 소멸됐다. 16세기 로마 가톨릭의 예수회에서 중국 선교를 시작했다.

♦ 명나라의 영락제 죽음

중국의 명나라를 세운 주원장은 원나라를 몰아내는 과정에서 윈난성을 공격하여 포로들을 잡았다. 그중에 한 소년을 거세하고 환관으로 만든 다음 그의 아들 주체에게 주어 그를 섬기게 했다. 주원장 사후 연왕이었던

---

[2] Bosch, 『*Transforming Mission*』, 253.

주체는 정난의 변을 통해 황제의 자리에 오르게 된다. 이때 정화는 큰 공을 세우므로 황제가 된 영락제로부터 정씨란 성을 받고 환관의 최고의 높은 직인 태감이 됐다. 영락제는 바다 정복의 중요성을 깨달은 동양의 왕이었다.

영국의 빅토리아 여왕은 바다를 정복하는 나라가 세계를 정복한다는 위대한 꿈을 가지었던 여왕이었다. 그녀의 생각대로 영국은 18-19세기 세계를 지배하는 나라가 됐다.

정화제독은 영락제의 명을 받아 바다 원정을 준비하게 된다. 배 길이가 약 137m, 폭이 약 56m에 이르는 대형선박을 건조했으며 함선 62척에 총 승무원 27,800명이 탑승했다고 한다. 19세기 증기선에 길이가 126m 정도였다고 하니 정화의 배는 당시에 대단한 배였다.

훗날 이슬람 제국에 의한 육지가 동결되자 유럽은 바닷길을 열어 항해의 시대를 맞이하게 된다. 포르투갈의 바스코 다 가마는 항해 시대를 연 장본인이었다. 그도 바다 항해를 준비했다. 그의 함대는 120t급 3척을 건조하여 승무원 170명을 데리고 바다 항해를 시작한다. 이는 콜럼버스가 250t급 3척, 그리고 승무원 88명을 데리고 바다 항해를 시작한 것에 비하면 정화의 함대는 엄청난 대규모의 대함대였다.

1405년 6월 제1차 원정을 떠나 베트남과 말라카해협을 지나 스리랑카를 경유하여 1407년 2년여 걸쳐 인도 콜카타에 도착했다. 그는 귀국하는 과정에서 말라카해협의 해적들을 소탕하고 동남아시아를 지배하는, 명실공히 바다를 지배하며 동남아시아 많은 나라가 조공을 바치게 됐다. 귀국 후에 2-3차 원정을 다시 떠났다. 4번째 원정은 1413년 아라비아 아덴까지 나갔다. 5-7번째 원정에서는 아프리카까지 나갔다. 7번째 원정을 마치고 1433년 그는 항해를 마치고 얼마 후 사망한다. 중국은 바다 정복의 중요성을 깨닫지 못하고 바닷길을 포기하고 정화 제독의 7차례 항해 일지는 모두 말살됐다. 그리고 중국은 만리장성 안으로 들어가 중화사상으로 자신들을 가두었다. 땅을 기반으로 시작된 제국은 다시 땅으로 돌아갔다.

그 이후 유럽은 바다를 지배하는 자가 세계를 지배한다는 당시의 새로운 패러다임을 실천하므로 오늘날까지 유럽이 세계를 지배하는 계기가 됐다. 그 결과 남미는 가톨릭 국가가 되었으며 유럽에서 개신교에 잃어버린 숫자를 남미를 통해 회복했다.

중국은 명나라 멸망 이후 청나라가 조선의 지배 문제를 두고 일본과의 전쟁에서 패하고, 1840년 영국과 아편 전쟁으로 패하자 굴욕적인 난징 조약(1842년)을 맺으므로 중국의 문호가 개방되고 선교사들이 들어갈 수 있는 길들이 열리기 시작했다.

19세기 이후 영국의 개신교 선교사로서 중국 내지 선교회(동아시아 선교회)를 설립한 허드슨 테일러가 중국 내륙 선교를 지향했다. 1949년 모택동에 의한 중국 본토가 공산화되자 모든 선교사는 중국으로부터 철수하면서 선교의 새로운 국면을 만나게 된다. 1990년 핑퐁 외교로 시작한 중국의 문호가 개방되고 우리는 선교사 없이 성령의 역사로만 일억이 넘는 중국의 지하 교인들이 중국 공산 치하에서 믿음을 지키어 온 것을 알게 됐다.

선교사가 없이도 많은 무슬림이 주님을 만나고 선교사 없이 지하에서 중국의 성도들이 신앙을 지키는 것을 보면서 선교는 역사를 주관하시는 하나님 자신이 하신다는 것을 이해할 수 있다.

이러한 중국에서의 성령의 역사를 보면서 우리는 세계 선교에 관해 더욱더 겸허한 마음을 가져야 할 것이다. 아직은 시기상조이지만 중국을 통한 세계 선교에 기대를 갖게 된다.

5. 한국 선교

1866년 9월 5일 토마스 선교사의 순교는 5000년 조선의 샤머니즘을 향한 하나님의 첫 번째 거룩한 제물로 받으셨다. 그 결과 선교사가 조선에 들어오기 시작했고, 조선과 중국의 국경을 가르는 고려문에서 존 로스 선교사(John Ross, 1842-1915)에 의해 성경 번역이 이루어졌다. 고려문은 조선 역사에 치욕적인 장소로, 조선의 관리가 중국을 방문할 때 고려문까지 말을 타고 그 이후에는 걸어서 중국까지 갔다.

일본에서 성경을 번역한 이수정(1842-1886)의 성경 번역으로 1885년 언더우드와 아펜젤러가 들어오기 3년 전에 조선 민중들의 손에 성경이 들려 있었다. 기독교 역사에서 찾아볼 수 없는 위대한 일이었다.

1882년 한미 수호조약이 체결되고 일본에 미국 선교사로 왔던 맥클레이 선교사가 일본에서 김옥균을 만나 조선에 와서 고종을 만나게 됐다. 고종은 의사와 영어 선생을 요청하게 된다. 그 계기로 1885년 알렌에 의해 광혜원이라는 의료 진료소를 열었다.

후에 광혜원은 '제중원'이라는 이름으로 바뀌었다. 조선을 향한 복음의 역사가 시작됐다.

1907년 7명의 신학생이 배출됐다. 그중에 이기풍 목사님이 제주도로 선교를 떠났다. 1910년 한일합방으로 조선의 운명은 바람 앞에 촛불과 같이 강대국 앞에 풍전등화의 역사를 맞이했다.

1) 백성을 찾아서

조선인들은 일본으로, 만주로, 간도로, 살 수만 있는 땅이 있다면 들풀처럼 옮겨 갔다. 그 이후 1945년 일본으로부터 해방되기까지 많은 선교사가 자국민 선교를 위해 중국으로, 만주로, 일본으로, 연해주로 나가 조선 백성에게 복음을 전했다.

2) 분단의 아픔

비운의 민족은 해방을 맞이해도 남북 간의 이데올로기에 의해 나라가 분단되는 아픔을 겪어야 했다. 결국 1950년 동족상잔의 비극인 남북 전쟁으로 남북은 그야말로 초토화가 됐다. 1955년 한국은 가장 어렵고 힘들 때 선교사를 파송했다. 제3세계에 복음이 전하여지고 자체적으로 선교사 파송을 이룬 나라가 한국이었다. 일제 치하와 분단의 아픔이 우리에게 너무 가슴 아프고 힘들었지만, 영적으로 이러한 놀라운 은혜의 기회를 우리 민족에게, 가장 연약하고 약한 민족에게, 선교의 영을 허락하신 하나님께 감사와 찬양을 올려 드린다.

3) 선교의 세 박자

1988년 올림픽 게임이 한국에서 열리게 됐다. 세계 선교 역사에서 하나님이 사용하시는 민족에게 세 가지 요소가 맞아야 한다. 국력과 교회의 영적인 파워와 재정이다.

첫 번째, 올림픽 게임으로 대한민국은 모든 민족과 열방에 알려지는 나라가 됐다. 올림픽을 개최한다는 것은 국력을 의미한다.
두 번째, 1980년 초에 들어서면서 한국교회는 괄목할 만한 성장을 가져왔다. 교회의 영적 파워가 넘쳐났다. 수많은 젊은이가 주의 은혜에 감동되어 선교사로 지망하기 시작했다.
세 번째, 젊은이들이 선교사로 나갈 수 있는 재정적 기반이 이루어졌다. 1988년도에 비로소 개인적으로 해외 송금이(5,000$) 허용되었다.

1990년 구소련이 해체되면서 중앙아시아의 문이 열렸다. 많은 선교사가 동남아시아로 중앙아시아로, 아프리카, 남미로, 구소련으로 봇물 터지듯이 달려 나갔다.

4) 선교의 몰이해

그러나 우리는 선교가 무엇인지 정확하게 알지 못하고 열정만 가지고 달려 나갔다. 선교에 있어서 타문화 적응은 매우 중요한 요소임에도 우리는 한 번도 타문화 적응을 하여 본 적이 없었다. 파송하는 교회 자체도 선교가 무엇인지 잘 이해하지 못하고 파송했다. 선교사를 파송하고 어떻게 관리하고 도와야 하는지도 아는 게 별로 없었다. 한국에서 경험했던 폭발적인 교회 성장을 기대했다. 결과는 그리 썩 좋지 않았다.

5) IMF를 극복하며

우리는 1997년 외화보유액이 급감하면서 기업들이 연쇄적으로 도산하며 IMF 사태가 일어났다. 국가 자체뿐만 아니라 교회도 여러 가지 재정적으로 어려움을 겪기 시작하자 선교사 해외 송금이 중단되는 경우가 일어나기 시작했다.

선교사들에게도 구조 조정이라는 게 시작이 됐다. 많은 선교사가 재정 문제로 본국으로 돌아왔다. 교회마다 영적 비상이 걸리며 기도와 회개 운동이 일어났다. 감사한 것은 IMF 시절에도 더 많은 선교사가 파송됐다. 하나님이 우리의 기도를 들어 응답하여 주셨다. 그러나 한편으로 우리는 사회적으로 큰 아픔을 겪어야 했다. 5000년 조선 역사에서 거지는 있었지만 노숙자라는 개념은 처음이었다.

6) 선교의 재동력을 위해

많은 아픔을 이기며 한국 선교는 세계 선교라는 목표를 가지고 모두가 열심히 달려갔다. 그리고 우리는 지금 21세기인 2020년을 맞이하면서 서서히 선교의 동력을 잃어버리는 한국교회를 바라보면서 안타까운 마음을 가지지 않을 수가 없다. 한국교회는 한국교회대로 선교사는 선교사대로 많은 어려움과 아픔들을 겪어야만 했다. 선교사들의 건강 문제, 부부간의 문제, 재정 문제, 자녀들의 탈선으로 인한 부모들의 상한 마음, 동료 선교사와 갈등, 현지인과의 갈등, 교회와 교단과의 갈등 등 수많은 어려움을 안고 가면서 영적으로 풀어 가야 할 숙제가 너무 많이 산재하여 있다. 그런데도 우리는 이긴 싸움을 한다는 분명한 확신이 있기에 어려움 속에서도 굴하지 않고 주님 오시는 그날까지 달려갈 것이다. 아니 가야만 할 것이다. 그 험난한 과정을 통해 우리는 더욱더 성숙하여 갈 것이고 하나님과 더 가까이 가는 경험을 하게 될 것이다.

7) 선교는 나의 목표를 이루는 게 아니다

세계 선교는 무엇을 이루는 것이 목표가 아니라 그 과정을 통해 자신이 얼마나 주님과 닮아가며(성숙) 동행하는 가이다. 그렇다. 신앙생활도 무엇을 이루는 것이 아니라 이루어 가는 과정에 주님을 닮아(성숙) 가는 것이요, 주님과 동행하는 것을 경험하는 삶이 되어야 할 것이다. 필자도 이 사실을 알기까지 얼마나 많은 세월을 허비하며 열심히만 달려왔는지 부끄러운 마음이다.

주님 오시는 그날까지 한국교회와 선교사들, 그리고 이 글을 읽는 모든 독자를 통해 주님으로부터 예언된 '다시 오실 예수 그리스도의 성취'를 위해 성숙한 사람으로서 쓰임 받는 모두가 되기를 바란다.

세계 이슬람화를 위해 달려가는 이슬람은 세계 도처에서 많은 무슬림을 얻게 될 것이다. 그러나 중요한 것은 본토가 무너지면 변방은 무너진다는 전쟁의 원리에 의하면 그리 놀라거나 두려워할 이유가 없다. 누누이 언급하지만 우리는 이긴 영적 전쟁을 하고 있다는 것을 잊지 말기 바란다.

이제 좀 더 구체적으로 이슬람이란 무엇인가에 대해 그리고 이슬람을 창시한 무함마드에 대해 다가가고자 한다.

제4부

이슬람의 문제

제1장 이슬람의 근본적인 문제
제2장 무함마드에 대한 맹신
제3장 무함마드의 상처와 열등감
제4장 무함마드의 여성관
제5장 무슬림의 종류
제6장 이슬람 문화

제1장

이슬람의 근본적인 문제

이슬람 자체가 가지고 있는 문제에 대해 먼저 언급하면서 이슬람에 대해 실질적이며 구체적인 부분들을 다루기를 원한다.

1. 종교 자체의 문제

이슬람이란 종교는 무력의 기반 위에 세웠다. 세상의 어떤 종교도 무력을 통해 자신들의 종교를 세워 나간 종교는 찾기가 어렵다. 그러나 이슬람은 타인의 권리를 빼앗으므로 이슬람 공동체인 움마 공동체의 재정을 공급했다. 당시 메디나를 중심으로 대상들을 습격하여 얻은 탈취물을 사용하여 공동체 기반을 닦아 나갔다. 대상의 습격이나 타 부족과의 전투에 대해 지하드란 개념을 사용하므로 오늘날까지도 지하드는 이슬람의 전통적 요소로 합법화됐다.

물론 이슬람은 이러한 논리에 대해 인정하지 않는다. 그러나 부정할 수 없는 명백한 증거들이 오늘날에도 수많은 무슬림에 의해 계승되고 있으며 실질적으로 테러와 인질에 대한 사건들이 지하드란 이름으로 일어나고 있다. 그럴 때마다 한쪽에서는 지하드의 이름으로 온갖 테러와 잔혹한 살해를 전혀 양심에 거리낌 없이 자행하는 무슬림에 대해 그들은 진정한 무슬림이 아니라고 혹평한다.

과연 그럴까?

2. 이슬람 경전인 코란의 문제

코란(Quran)은 이슬람에서 최고의 권위를 가지는 경전이며 무슬림은 코란을 알라가 천사 '지브릴(Gabriel)'을 통해 무함마드에게 23년 동안(610-632) 간헐적으로 한 구절 한 구절씩 계시해 준 내용이며 인간에게 주는 마지막 계시라고 믿는다.

코란에 사용된 모든 단어의 18%가 아랍어성경 어원을 가지고 있으며 그중 3/4은 신약성경에서 인용했다. 코란의 60%가 구약의 율법과 역사서에서 유래했으며 8%가 신약에서 유용했다.[1]

1) 코란의 최초 계시

> 읽으라 만물을 창조하신 알라의 이름으로 그분은 한 방울의 정액으로 인간을 창조 했노라 읽으라. 알라는 가장 은혜로운 분이다(코란 96:1-5).

코란은 메카(Mecca)에서 받은 계시(610-622)와 메디나(Medina)로 이주한 이후에 받은 메디나 계시(622-632), 두 종류로 나뉜다.

코란은 114장으로 이루어졌으며, 6,200절로 구성되어 있다. 장은 수라(Sura)라고 하며 절은 아야(Aya)라 칭한다. 코란에 사용된 언어는 아랍어다. 이슬람에서는 반드시 아랍어로 기록된 것만을 코란이라고 한다. 다른 언어로 된 코란은 아무리 완벽한 번역이라도 계시 언어인 아랍어가 아니기 때문에 해설서 취급하고 있다.

---

1 아둘 마시흐, 『무슬림과의 대화』(*Dialogue with Muslim*), 이동주 역 (서울: 기독교문서선교회, 2001), 170.

(1) 메카의 초기에 받은 계시(A.D. 610-615)

아비시니아(Abyssinia)로 이주하기 전 코란의 장이 짧고, 주로 경고자로서의 메시지이었다. 메카에서 이슬람을 5년 동안 전파하지만 큰 성과는 없었다. 오히려 꾸라이쉬 부족의 박해가 심하여졌다. 결국 남자 11명과 여자 4명이 에티오피아로 피신하게 됐다.

(2) 메카 중기의 코란 계시(A.D. 615-622)

코란의 장이 길고, 성경에 등장하는 이름들이 기록된다. (마리아, 요셉 등).

(3) 메디나(Medina) 계시(A.D. 622-632)

새로운 공동체인 움마[2] 공동체의 발전을 위한 계시가 내려졌다. 움마란 무함마드가 만든 이슬람 공동체로서 국가의 역할을 할 수 있는 최초의 통일 아랍국가의 이념 공동체이다. 국가로 보는 이유는 국세(자카트)를 징수했기 때문이다.[3] 그리스도인들에 대한 전투적인 용어들이 나온다.

2) 어떻게 코란이 만들어졌는가?

코란은 무함마드에 의해 메카와 메디나에서 22년 동안 간헐적으로 계시됐다.

610년 메카 인근의 자발 알노우르(빛의 산) 히라 동굴에서 처음으로 계시를 받았다. 코란의 모든 단어의 18%가 아랍어성경의 어형을 가지고 있으며, 코란의 60%가 모세오경의 보고서와 율법 및 구약의 역사서에서 유래되었고, 코란 장들의 8%를 신약에서 가져왔다. 모든 문장은 무함마드에게 구두로 전달됐다.

---

2   움마란 이슬람 공동체와 국가가 합쳐진 아라비아의 새로운 국가 형태.
3   전완경, 『아랍의 관습과 매너』(서울: 세종문화사, 2003), 211.

634년 칼리프 우마르 카탑(Omar b.Khattab)에 의해 편집된 코란이 있다. 그리고 650년 칼리프 오스만(Uthman b. Afan)의 코란이 있었다. 그러나 여러 종류의 코란이 서로 연결되지 않았다. 모든 코란 원본을 모아 불태우고 지금 무슬림이 가지고 있는 코란은 무함마드에 의한 것이 아니고 오스만 간행본이다.

오스만코란은 4부가 기록이 되었지만, 현존하는 오스만코란은 1부가 우즈베키스탄에 남아 있다. 중앙아시아를 석권한 칭기즈칸의 후예를 자칭하는 티무르는 사마르칸트에 수도를 정하고 30년 동안 정복 전쟁을 통해 대제국을 만들었다. 이라크의 바그다드를 공략하고 이슬람의 성지인 바스라에서 오스만코란 원본을 전쟁 전리품으로 가져왔다.

우즈베키스탄의 모스크 유적실에 있는 오스만코란

3) 코란을 모으다

부카리 하디스는 가장 권위 있는 하디스로서 코란과 버금가는 경전이다. 부카리 하디스 볼륨 3권 41권 601권 하디스에서 말하기를 "코란은 일곱 가지 방식으로 계시되었으니까 각자 쉬운 방법으로 외우면 된다"라고 기록되어 있다. 하디스 4권 1787번에서 기록되기를 "그때 땀을 흘리며 알라 앞에 서 있는 무함마드에게 일곱 가지 방언으로 코란이 내려왔다"라고 했다.

무함마드가 생존 시에는 코란의 차이가 있어도 다 맞는다고 대충 해결할 수 있었다. 무함마드 사후 전투에서 많은 암송가가 죽었다. 그리고 여기저기에서 온 무슬림이 코란을 암송하는데 서로 달랐다. 칼리프 오스만 때 사이드 이븐 타비스에게 코란을 통일시키라고 명령을 내린다. 동의할 수 없는 것들은 무엇이든 다시 쓰고 꾸라이쉬 방언이 아닌 것은 모두 꾸라이쉬 방언으로 고치라 명령했다. 모든 다른 수집 본들은 다 태우고 코란 원본을 통일한 후에 무함마드 사후 23년 만에 코란 원본을 확정했다.

최초로 코란을 소각한 사람은 칼리프 오스만이었다. 코란은 7가지 방법으로 계시되었는데 6가지 방법을 폐기시켰다는 것이다. 수집된 코란 조각 중에 오류가 있으면 안 되니 꾸라이쉬 부족을 불러서 코란을 교정하고 수정 작업을 마친 다음 사본을 만들어서 여러 지역으로 보냈다. 꾸라이쉬 부족은 코란을 교정할 때 원본 코란을 바꿀 수 있었다는 것이다. 그러므로 코란은 신빙성이 없다.

코란 수집 책임자인 사이드 이븐 타비스는 빠진 구절이 생각이 났다고 했다. 그는 수소문하여서 빠진 구절을 찾았다고 부카리 하디스 6권 61번째 책 510번에 기록되어 있다. 그리고 코란 33:23에 "빠진 구절이 있다. 후에 집어넣었다"라고 기록하고 있다.

어느 날 무함마드에게 계시가 내려왔다. 코란 4:95에 "알라는 앉아있는 이들보다 자신의 재산과 생명을 바쳐 힘써 싸우는 자들에게 오히려 큰 상을 주신다"라는 계시를 말했다. 그러자 그 소리를 듣고 소경이 "선지자여 나 같은 소경에 대해 당신의 명령은 무엇인가요." 이에 무함마드의 계시가 수정됐다. 무슬림 중 알라를 위해서 전쟁에 나가 싸우는 자와 불구자가 아닌데 집에 앉아 있는 자는 동등하지 않다. 즉시 다른 계시가 내려왔다. 코란은 하늘에 있던 원본이 천사를 통해 내려온 계시라면 소경이 말했다고 원본이 취소될 수 있는가 혹은 무함마드가 취소했는가 하는 질문을 던지게 된다.

무함마드는 그의 잠재의식 속에서 코란 구절을 계시했다.[4]

즉 어떤 문제에 대해 스스로 결정하지 못하거나 힘든 결정을 내릴 때 코란 구절을 가져와서 문제들을 해결했다. 무함마드는 자신의 양자 자이드 빈 하리드아흐(Zayd bin Harithah)의 아내인 자이나브 자흐쉬르를 사랑하여 결혼하게 되는 이야기가 있다. 아무리 양자라도 아들은 아들임에도 불구하고 무함마드는 며느리를 사모하게 된다. 하디스에 의하면 며느리인 자이나브가 옷을 갈아입을 때 무함마드가 집을 방문하게 됐다. 물론 그녀는 급하게 몸을 숨기었지만, 그녀의 아름다운 자태를 순간적으로 놓치지 않고 그녀의 집을 나오면서 말하기를 "마음을 바꾸시는 알라에게 영광이 있기를" 이렇게 독백하는 무함마드의 말을 듣게 됐다.

남편인 자이드가 집에 오자 그녀는 무함마드의 방문과 그가 말했던 것에 대해 말했다. 상황을 알아차린 양자 자이드는 결국 그녀와 이혼을 하게 된다. 이러한 사건 역시 당대에 받아들여질 수 있는 일반적인 상황은 아니다. 무함마드는 자이나브를 잊을 수가 없었다. 어느 날 무함마드는 그의 애첩인 아이샤와 이야기 하던 중 계시를 받게 된다. 그는 아이샤에게 말하기를 알라가 자이나브와 결혼을 하라는 계시가 내려왔으니 가서 전하라고 말했다. 즉 무함마드는 자신의 정욕과 부도덕함을 정당화시키려는 계시에 대해 말했다.

코란 33:37 "알라께서 은혜를 베푸셨고 그대가 은혜를 베풀었던 그에게 너의 아내를 네 곁에 간직하라 그리고 알라를 두려워하라고 그대가 말한 것을 상기하라 그때 그대는 알라께서 밝히셨던 것을 그대 마음속에 숨기었고 사람들을 두려워했으니 그대가 더욱 두려워할 것은 알라였노라."

"자이드가 그녀와 이혼을 하자, 알라는 필요한 절차와 함께 그녀를 그대의 아내로 주었으니 이는 양자가 그의 아내와 이혼했을 때 장래에 믿는 사람들이 이혼녀와 결혼함에 어려움이 없도록 함이라 이것은 이행되어야

---

4   하미드 압둘 사마드(hamed Abdul Samad)의 이슬람 상자.

할 알라의 명령이었노라."⁵

그 결과 무함마드는 결혼하기 원하는 어떤 여인과도 결혼할 수 있는 합법성을 갖게 됐다. 이 사건을 통해 무슬림 사회에 양자 제도가 없어졌다. (무함마드의 여성관에서 다루자) 이러한 문제에 대해 유일하게 무함마드에게 도전했던 여자는 아이샤이었다. 누구도 "무함마드에게 당신이 선지자 맞습니까?"라고 되물어 본 사람은 아무도 없었다. 오직 그녀가 무함마드에게 이렇게 말했다.

"당신 자신이 알라의 선지자라고 생각합니까?"
"알라가 당신의 욕망을 채워 주시기에 바쁘시군요"(하디스 4823).

즉 그녀의 의미는 "알라가 당신의 기분에 따라 계시를 내리시는군요"라는 의미였다. 이렇듯 무함마드는 어려운 문제를 만날 때마다 코란 계시를 내리므로 누구도 적대하지 못하도록 했다. 코란의 계시를 적대하는 것은 알라에 대한 불경죄요 알라의 선지자인 무함마드를 믿지 못하는 불경죄이다.

코란의 주석 내용에 대해 '양자의 처가 이혼하면 양부가 재혼해도 정당하다는 말이 코란이 계시 됐다'고 주석했다(한글판코란 김용선 역 Q33:37 주석, 440-441).

> 예언자여 실로 알라가 그대에게 허용했나니 그대가 이미 지참금을 지불한 부인들과 알라께서 전쟁의 포로로써 그대에게 부여한 자들로 그대의 오른 손이 소유하고 있는 이들과 … . 예언자에게 스스로 의탁하고자 하는 믿음을 가진 여성들과 예언자가 성관계를 원할 경우 그대에게는 허용되나 다른 믿는 사람들에게는 허용되지 아니한다(코란 33:50).

---

5 translated by Michael Fishbein 『The History of Al-Tabari: The Victory of Islam』 (State University of New York Press, Albany, 1997), Volume VIII, 2-3.

이슬람의 유일신인 알라는 오직 무함마드에게만 그가 원하는 대로 어떤 여자와 성적인 관계를 가질 수 있도록 허락했지만, 일반적인 남성 무슬림에게는 4명의 아내를 가질 수 있도록 제한했다.

> 무함마드가 며느리인 자이나브와 결혼하기 전까지 양자는 가족의 일원이었다. 이후로는 양자 제도가 금지된다는 코란의 계시를 내렸다(코란 33:4-5).

이슬람의 경전이 수집하는 과정에서 일어난 이야기 중의 하나이다. 아이샤가 16살 정도 되었을 때 저녁에 염소가 하나 들어와서 기록된 코란을 먹었다. 수라 2장과 33장은 절수가 거의 비슷했는데, 지금 남아 있는 것은 2:286이고 33:73이다.

그렇다면 33:213은 어디 갔는가?

염소가 먹었다는 것이다. 그러면 어떻게 알라의 말씀을 염소가 먹을 수 있느냐고 반문하면 그들은 대답한다.

"인샬라."[6]

우리는 이러한 사실들을 통해 코란이 하늘에서 원본이 그대로 내려왔다고 하지만 전혀 그렇지가 않다는 것을 알 수가 있다. 지금 무슬림은 오스만의 원본을 기준으로 만들어진 코란을 사용하고 있지만, 코란의 원본과는 차이가 있다는 것을 알 수가 있다. 이러한 내용은 일반적인 무슬림은 잘 모르는 내용이다.

---

6   이슬람의 종교적인 언어 모든 게 다 알라에 의해 결정되어 진다는 의미로 무슬림은 통상적으로 사용하는 언어이다.

3. 무함마드의 언행록(하디스, Hadith)의 문제

무함마드와 그의 동료들은 무함마드 사후 주위에 많은 사람에게 하디스를 남기었다. 하디스는 코란에 버금가는 법적인 효력을 가지고 있을 만큼 매우 중요하다. 그러므로 하디스에 대해 누가, 언제, 어떻게, 왜 하디스를 말했는가는 하디스를 이해하는 데 매우 중요한 부분이 된다.

무함마드가 죽자 무함마드의 시신을 아이샤 방에 놓아둔 채 누가 무함마드의 뒤를 이을 것인가에 대한 논쟁이 벌어졌다. 첫째로 아부 바크르와 오마르는 아부 바크르가 칼리프가 되어야 한다고 주장하는 그룹이었다. 두 번째 그룹은 안사르(메디나에서 무함마드를 도운 사람들) 자신들이 뒤를 이어야 한다고 주장했다. 세 번째 그룹인 알리와 파티마는 칼리프가 선지자 가문에서 나와야 한다고 주장했다.

이 모든 것이 무함마드의 시신을 아이샤 방에 놓아두고 일어난 사건이다. 그들은 무함마드의 시체를 3일 동안 장례 하지 않고 그대로 두었다. 그들은 3일 후에 예수님처럼 무함마드는 죽은 사람들 가운데 부활하여 하늘로 올라갈 것이라고 믿었다. 그러나 시체에서 썩는 냄새가 나자 급하게 후계자 문제를 처리해야만 했다. 오마르는 알리에게 아부 바크르에게 충성 맹세를 할 것을 강요했고 결국 아부 바크르가 칼리프가 됐다.

아부 바크르는 칼리프가 된 다음 말하기를 "무함마드는 이미 죽었고 알라는 살아 계시고 죽지 않는다"(사히흐 부카리 3467)라고 했다. 많은 사람이 이 말을 듣고 모두 부족 중심으로 돌아가기 원했다. 이것은 아부 바크르에게 생각하지 못한 위기였다. 무엇을 어떻게 해야 할지 몰랐다. 그런데 전혀 예상하지 않았던 인물이 등장하여 이 문제를 해결하여 주었다. 그가 바로 아부 후라이라(Abuhurayra)이다.

하미드 압둘 사마드(hamed Abdul Samad)에 의하면 그는 모스크에 앉아 무함마드가 죽기 전 2년 반 동안 동냥하던 자로, 그가 모스크에 앉아 있을 때 사람들이 그에게 먹을 것을 주곤 했으며, 사람들이 그를 조롱하기도 하고 오마르는 채찍으로 그를 때리기도 했다고 전해진다. 그뿐만 아니라 그 기간 무함마드는 전쟁을 수행하고 결혼과 이혼하는 등 매우 바쁜 시간을 보내고 있었다. 그에게 하디스를 이야기할 시간이 없었다. 그런데 그가 나타나서 아부 바크르(오마르)가 원하는 가장 중요한 하디스를 주었다.

"나는 사람들이 알라 이외에는 신이 없으며 무함마드는 그의 선지자라고 말할 때 그들과 전투를 하라고 명받았다(부카리 무슬림 226)"라고 했다. 특별히 그들이 자카를 지불할 때까지 전투하라는 하디스를 주었다. 만일 그들이 그렇게 하면 그들은 피를 흘리지 않고 재산을 보호받게 될 것이라고 말했다. 이것이 하디스가 탄생하게 된 시작이다.

아부 바크르는 그가 준 하디스를 기점으로 다시 무슬림을 결집할 수 있었다. 이 일로 인해 아부 후라이라는 칼리프에게 아주 중요한 인물이 됐다. 아부 후라이라는 수천 개의 하디스를 말하므로 더욱더 유명하게 됐다. 당시 코란이 모든 문제와 위기를 해결할 수 없었고 이슬람 통치자들에게는 하디스가 필요했던 것이다. 코란에 기록되지 않는 이슬람법에 근거가 된 중요한 하디스들을 만든 사람이 아부 바크르의 딸 아이샤이다. 그녀는 적어도 2,300개의 하디스를 만들었다고 한다.

무슨 이유로 그렇게 많은 하디스를 말했는가?

무함마드의 아내였던 옴 쌀라마(ommu salama)는 무함마드와 함께 오랜 기간 동안 살았음에도 불구하고 그녀는 6-7개의 하디스에 대해 말했다. 다른 아내였던 싸페이아(Safayya)도 9개의 하디스를 말했다. 그리고 다른 무함마드의 아내들은 어떤 하디스도 말하지 않았다.

왜 아이샤만 하디스를 그렇게 많이 말했는가?

그것은 그녀가 아부 바크르 딸이었기 때문이라고 생각할 수 있다.

아부 바크르는 이슬람 국가를 바로 잡아야 하는데 무함마드가 죽고 나서 정치적 이슈들이 아직도 정착되지 않았고 코란이 당면한 문제들을 해결할 수 없었다. 그래서 아부 바크르는 당연히 자신의 통치를 지지하여줄 무함마드의 말인 하디스가 필요했다. 그리고 아부 후라이라와 아이샤로부터 하디스를 받아 이슬람 통치에 사용하게 됐다.

그리고 또 누가 하디스를 만들었는가?

두 번째 칼리프인 오마르의 아들 압달라(Abdulla)는 그의 아버지를 위해 2,000개의 하디스를 말했다.

"종교를 바꾸는 자는 죽여라"(사히흐 부카리 2794).

이교도들과 전투하라고 명령한 하디스는 삶과 죽음을 결정하는 이슬람의 매우 중요한 법의 근간을 이루는 중요 요소이다. 이렇게 중요한 하디스들이 코란에서는 존재하지 않는가 하고 의문을 가질 수 있다.

아부 후라이라는 25,000개의 하디스를 말했고 하디스 학자들이 그로부터 5,000-6,000개의 하디스를 취했다고 전해진다.

그렇다면 아부 후라이라가 2년 반 동안 무함마드와 함께 지내면서 하디스를 듣는 것이 가능했는가?

만일 25,000개 하디스를 2년 반 동안 나눈다면 무함마드는 아부 후라이라에게 매일 30개의 하디스를 말해야 했다. 이것은 불가능하다.

그렇다면 하디스는 어디서 왔는가?

모든 하디스는 무함마드 이후에 오는 정권을 정당화하기 위해서 만들어졌다. 아부 바크로로부터 시작하여 압바스 왕조가 들어선 후에 압바스 왕조의 정당성을 인정해 줄 하디스가 필요했다. 우마이야 왕조를 욕하고 압바스 가문과 하심 가문을 칭송할 하디스가 필요했다. 정권을 잡은 모든 통치자는 자신의 통치를 도와줄 하디스가 필요했다. 하디스들은 아부 후라이라로부터 시작됐다. 무함마드가 사망한 지 130년 이후까지 하디스들이 계속해서 모였다.

압바스 왕조의 명령을 따라 이븐 이스학은 이러한 모든 이야기를 모으기 시작했고 무함마드의 전기를 기록하고 그 뒤에 이븐 히샴은 그것을 수정했다. 그 이후 이슬람 역사 속에서 하디스는 6개의 전통 수집가들에[7] 의

---

7   translated by Michael Fishbein, 『The History of Al-Tabari: The Victory of Islam』, 172.

해 재소집한 결과 50만 개의 하디스가 수집되었는데 그중에 4,800개만이 무함마드의 언행으로 결정됐다. 즉 1% 만이 진실하다는 것을 알게 됐다.[8] 그리고 그것이 오늘날 무슬림 손에 있다.

4. 무함마드 전기의 문제

무함마드의 전기는 그가 죽은 후 130년이 지난 후에 이븐 이스학(Muhammad Ibn Ishaq, 767년 사망)에 의해 기록됐다. 그가 기록한 내용은 오늘날 전해지지 않고 있다. 원본이 사라졌지만 왜 원본이 사라졌는지 아무도 모른다. 이븐 이스학의 제자인 바카이(baka-i)는 이븐 이스학이 기록한 내용을 고쳤고 바카이의 제자 이븐 히샴(ibn hisham)도 그의 전기를 재기록했다. 이븐 히샴은 그의 책 서문에서 무함마드의 전기 내용을 선별하여 재기록했다고 설명하고 있다.

이븐 이스학이 무함마드의 전기를 기록한 이유는 무엇인가?

압바스 왕조의 칼리프 만수르는 이븐 이스학을 고용하여 무함마드의 전기를 기록하게 했다. 그것은 무함마드가 죽은 지 130년 지난 후였다. 그에 대한 이야기는 여러 많은 지역에서 가져왔다. 이븐 이삭이 책을 기록하여 놓고 보니 내용이 너무 길었다. 칼리프 만수르는 그것을 다시 이븐 이스학에게 돌려보내어 내용을 줄이도록 명령했다. 즉 압바스 왕조는 특별한 목적을 가지고 무함마드의 전기를 기록하게 했던 것이다. 특별히 그들이 우마이야 후손들을 몰살시키고 무함마드 전기 속에서 우마이야 가문은 정통성이 없다고 기록했다. 그리고 압바스 왕조를 찬양하며 진정한 무함마드의 정통성이 압바스 왕조라고 기록하기 원했던 것이다.

알 부카리(870 사망), 무슬림(875 사망), 이븐 마자(886 사망), 아부 다우드(888 사망), 앗 티미디(982 사망), 알 나사이(915 사망).

[8] translated by Michael Fishbein, 『The History of Al-Tabari: The Victory of Islam』, 173.

그의 책에서 무함마드는 '하쉼' 가문으로서 '꾸사이'까지 이르고 그다음에 '나다르 브니 카나나'까지 그 이후 이스마엘과 이브라힘까지 이르게 된다. 그래서 아담까지 40대 계보를 기록했다. 물론 이것은 앞뒤가 안 맞는 상황이다. 무함마드로부터 아담까지는 5000년의 기간이었고 그 기간의 족보를 기록하려면 대략 600여 명의 이름이 필요하다. 그런데 이븐 이삭의 무함마드 족보는 5000년 기간을 40명의 계보로 축약하고 있다. 이것역시 불가능한 것이다. 당시 압바스 왕조는 광대한 지역을 지배했다. 중국 국경 지대로부터 모로코까지 지배했다. 그 지역에는 인도인, 페르시아인, 그리스도인 등 학식이 있는 사람들, 신학자, 유대인 학자들이 살고 있었다. 때문에 이븐 이삭은 이러한 여러 지역 사람들의 질문에 대한 답변이 무함마드 전기에 포함되기를 원했다.

당시 그리스도인들은 복음서를 가지고 있었다. 예수 그리스도는 하나님의 아들이며 기적을 행했고 죽은 자를 살리신 분으로 믿고 있다. 그리고 예수는 죽음 이후에 부활했다. 그에 비해 무함마드는 병상에서 고열로 죽었고 그는 기적도 행하지 못하고 순교도 하지 않았다. 그래서 이븐 이스학은 무함마드의 생애를 그리스도에 대한 필적할 만한 이야기로 만들기를 원했다.

마태복음은 아브라함부터 그리스도까지 족보가 기록되었고, 누가복음은 그리스도부터 아담까지 족보가 기록되어 있다. 이븐 이스학은 그것을 모방하여 무함마드의 족보를 아담까지 이르게 기록했다. 그리고 복음서에서는 예수님에 대한 제자들에 관한 이야기가 기록되어 있었고 예수를 믿었던 사람들과 그들의 생애에 대해서 기록하고 있다. 때문에 이븐 이스학도 이와 동일하게 기록하기를 원했다. 그의 기록 가운데 무함마드를 처음 믿은 사람이 '아부 바크르'이며 여자들 가운데 '카디자'였다고 기록했다. 그리고 믿는 사람들의 가계와 그들 주위의 이야기와 무함마드의 포교에 대해 기록하고 있다. 그리고 무함마드의 포교에 대해 기록하고 있다. 즉 그리스도에 대한 이야기와 똑같은 구조를 취했던 것이다. 단지 그는 그것을 이슬람적인 상황에 적용하여 기록했다. 또한, 코란에서 무함마드의 기적들에 대해서 말하고 있지 않지만, 이븐 이삭이 기록한 전기에서는 코란에서 이야기하지 않는 그의 기적에 관한 이야기들을 상세하게 기록하여 놓았다.

즉 이스라이(예루살렘)와 미으라즈(천상 방문)에 대한 이야기뿐만 아니라 무함마드가 음식을 만든 기적도 기록했다. 이것은 예수님이 보리떡 다섯 개와 물고기 두 마리로 기적을 일으킨 것에서 가져온 이야기다. 무함마드가 칸다끄(al khanaq) 정복 전쟁에서 먹을 것이 없을 때 빵과 대추야자를 가져오라고 하여서 음식이 많아지는 기적에 대한 이야기를 기록하고 있다. 이븐 이스학은 그리스도인과 유대교들에게 이슬람교에서도 기적을 일으키는 선지자가 있다는 것을 보여 주고자 했다. 그는 무함마드의 족보를 기록하면서 압바스 가문이 무함마드와 관련 있다고 기록하면서 압바스 왕조의 정통성을 무함마드로부터 상속받았다는 것을 보여 주기 원했다.

오늘날 이븐 이스학의 이야기를 바탕으로 하여 이슬람 초기의 이야기들을 기록한 이슬람 역사학자인 알 따바리(838-923)는 역사학자이며 코란 해설가였으며 그의 집필집으로 '예언자 제왕의 역사'를 기록했다. 오늘날 무함마드와 그의 추종자들에 대한 여러 가지 많은 이야기에 대해 따바리 글을 통해 전하여졌다.

그는 기록하기를 "기록한 사람이 누구에게 전하여 주었는데, 그 사람이 또 다른 사람에게 전하여 준 것을 또 다른 이에게 전하여 주었는데 그 이야기는 이렇습니다." 그러나 따바리는 누구의 이야기가 진실한지에 대해 정의하지 않았다. 그의 생각은 읽는 독자들이 판단하도록 기록했다.[9]

◆ 천일 야화 시대

이슬람 학자요 역사학자인 따바리의 이야기는 많은 무슬림 사상에 영향을 끼치었다. 우리는 이러한 이슬람의 이야기들을 기억하면서 압바스 왕

---

[9] 안사르, 『이슬람의 눈으로 본 세계사』, 82.

조에서 꽃을 피운 문학의 이야기에 대해 이야기 하고자 한다. 아랍어로 천일야화는 천 하루 동안의 이야기 속에 280여 편이 기록된 중동의 구전 문학으로서, 누구에게 들은 이야기를 누구에게 전하여 주고 그 이야기가 또 다른 이들에게 입으로 전하여진 이야기들이 서구 사람들에게 재구성되어 아라비안나이트라고 불렸다. 천일 야화의 이야기들은 인도와 페르시아를 거치면서 아랍의 문화와 사상의 옷을 입힌 아랍화된 토착 문화 이야기로[10] 정착됐다.

우리나라에는 아랍 문학으로 주로 어린이들의 꿈의 세계로 인도하기에 충분한 이야기들로 알려져 왔으며 서구인들에게는 아라비안나이트란 제목으로 유럽의 문학에 많은 영향을 끼치었다.

여기에서 말하고자 하는 의도는 당시 바그다드에서는 많은 이야기가 창작되고 사라지던 문학의 시대였다는 것을 감안할 때 이븐 이스학에 의해 쓰인 무함마드의 전기 역시 천일야화의 동시대에 기록됐다는 것에 대해 우리는 많은 부분 생각할 수 있을 것이다.

5. 초기 이슬람 역사의 문제 (현대 이슬람에 영향)

610년 아라비아반도 메카에서 무함마드에 의한 이슬람이라는 종교가 시작된다. 그는 630년 아라비아반도를 통일하고 이슬람 국가 기틀을 마련하고 시리아 다마스쿠스 원정을 앞두고 후계자를 세우지 못하고 사망한다. 여기서 우리는 현대 무슬림에(IS 포함) 의해 일어나는 여러 가지 많은 것이 평화적인 방법이든 폭력적인 방법이든 무슬림에 의해 일어나는 모든 행동이 아라비아반도에서 행하여졌던 무함마드의 행동과 말과 생각과 직접적인 연관 관계가 있음을 알아야 한다. 즉 현대 무슬림의 행동의 뿌리는

---

10 이희수 외, 『이슬람』, 113.

622년 메디나 이후 아라비아반도에서 일어났던 무함마드의 행동과 생각과 말이 모든 무슬림에게 '합법성'을 주었다는 것이다. 즉 무함마드가 말한 것이나 그가 한 행동에 기초하여 오늘날 모든 무슬림의 생각과 행동들이 합법화가 된다는 의미이다. 이것은 이슬람 역사나 무슬림의 삶에 있어서 배제될 수 없는 매우 중요한 부분들이다.

2014년 이라크에서 시작된 IS(이슬람 국가)에 의해 자행되는 폭력적인 행동들을 보면서 일반적인 무슬림은 저들의 행동은 진정한 무슬림의 행동들이 아니라고 반박하고 있다.

그렇다면 일반 무슬림이 주장하는 말이 맞는가?

물론 IS의 모든 행동이 코란과 하디스에 의해 지지받는 것은 아니지만 일반적으로 그들의 행동은 무함마드에 의해 합법적인 행동이 된다고 믿고 있다. 위에서 언급한 대로 "622년 메디나 이후 아라비아반도에서 일어났던 무함마드의 모든 행동과 생각과 말이 모든 무슬림에게 '합법성'을 주게 됐다"라는 말이 매우 중요하다.

제2장

무함마드에 대한 맹신

1. 무함마드의 신성화

무함마드의 신성화는 그의 행동에 근거하지 않는다. 일반적으로 어떤 종교이든 그 종교에 지대한 영향을 끼친 사람에 대해 신성시할 때 일반적으로 그 사람의 행동과 도덕에 근거한다. 그러나 무함마드의 신성화는 그의 어떤 행동에 근거하지 않고 단순히 알라가 무함마드에 대해 그는 위대한 윤리의 소유자라고 했기 때문에 무함마드는 무슬림 세계에서 신성한 사람이 됐다(코란 68:4).

이븐 타이미야[1]는 이슬람 법학자로서, 신학자로서, 무슬림에게 존경을 받는 학자로서 기독교의 마틴 루터라고 불렸다. 그의 사상적 스승인 무함마드는 최고의 정신적 지도자로서 무함마드의 지성은 완전무결했다고 주장한다.[2]

그뿐만 아니라 이슬람에는 우스와 하사나(uswa hasana) 교리가 있다. 즉 무함마드의 생전의 말과 행동은 시공을 초월하여 무슬림의 영원한 모델이며

---

[1] 이븐 타이미야(1263-1328) 시리아의 법학자, 신학자, 개혁가이다. 그의 학설은 18세기 와하브파의 사상적 기초가 됐고, 근현대 이슬람 원리주의의 출발점이 됐다. 위키백과.

[2] 21세기 중동 이슬람 문명권 연구 사업, 『중동 종교운동의 이해 I』(서울: 한올아카데미, 2004), 21.

율법의 근원이 된다. 그래서 그는 가장 위대한 사람이며, 그는 어떤 잘못도 할 수 없는 완전무결한 사람이라고 굳게 믿는다. 무함마드는 알라와 직접 교통하므로 자신의 예언자적 정당성을 부여받은 오직 한 사람의 입법자이다.

그러므로 누구도 그의 신적인 절대성에 도전할 수 없다.[3] 누구인가 무함마드에 관련하여 틀린 것을 발견하게 되면 그 부분에 대해서는 부카리[4]가 틀린 것이든가 아니면 후대에 어떤 무슬림이 그것을 추가했다고 주장한다. 아니면 이븐 이스학[5]이 그것을 과장한 것이라고 말한다. 그 결과 누구도 무함마드에 대해 비판적이거나 잘못된 말을 하여서는 안 될 뿐만 아니라 무함마드에 대해 비판하는 자는 죽음까지도 당할 수 있다. 그래서 오늘날도 무함마드를 풍자하거나 비판하면 모든 무슬림 나라에서 들고 일어나는 이유가 여기에 있다.

모든 무슬림은 무함마드의 도덕적, 윤리적인 행동으로 그를 판단하지 않고 무함마드를 경외한다. 왜냐하면, 그는 알라의 마지막 계시를 받은 사람으로 여기기 때문이다.[6]

2. 무함마드에게 용서받을 수 없는 행동

이슬람법을 이해하는데 있어서 '알라'를 욕하는 것은 회개할 수 있고 죄를 용서받으며 살해당하지 않는다. 그러나 무함마드를 욕하는 자는 회개해도 결국은 살해됐다. 1400년 전에 통용되었던 무함마드에 대한 행동들에 대한 반응이 오늘날에도 그대로 적용되고 있다는 것을 알 수 있다.

---

3 21세기 중동 이슬람 문명권 연구 사업, 『중동 종교운동의 이해 I』, 21.
4 이슬람의 제2의 경전으로서 무함마드가 말하고 행동한 것을 기록한 책으로 신성함과 절대성에서 코란과 버금가는 권한이 있는 책이다.
5 무함마드 사후 130년 지난 후 압바스 왕조의 정통성을 위해 무함마드의 족보를 기록한 사람.
6 사마드, 『무함마드 평전』, 111.

1) 무함마드를 모욕하는 자는 용서받을 수 없다

아비다우드(Sunan abidawood)라는 하디스에서 기록한 예를 들면 무함마드가 모스크에 갔는데 거기에서 죽임당한 여자를 발견했다. 무함마드는 이 여자를 누가 죽였냐고 물었다. 맹인 남자가 와서 "죽은 여자는 나의 종인데 선지자를 계속해서 모욕하는 말을 하여 제가 그녀를 죽였습니다." 그러자 무함마드가 말하기를 "그녀의 피는 흘릴 가치도 없다"라고 말했다고 기록하고 있다.

2) 시(Poem)를 써서 무함마드를 비방하는 자는 용서받을 수 없다

카아브 브니 알 아슈라프(kab bni al ashraf)는 무함마드에 대해 말하기를 "그가 유대인의 책(토라)에서 내용을 인용하여 코란을 계시했다"라고 했다. 그러자 무함마드는 누가 그를 죽일 수 있냐고 물었다. 그때 그를 죽이러 가는 사람이 무함마드에게 물었다. 그가 머무는 그 성에 들어가기 위해 거짓말을 할 수 있도록 허락해 달라고 요청했다. 무함마드는 그를 죽이는데 어떤 거짓말도 할 수 있도록 그의 행동을 합법화하여 주었다. 이것은 오늘날 모든 무슬림에게 전수 되었고 이슬람을 위한 거짓말은 합법화됐다. 이것이 타끼야(Taqiyah) 교리다. 즉 이슬람을 좋은 종교로 위장하기 위한 거짓말은 알라께서 용서하신다. 알 아슈라프는 단지 무함마드가 토라와 탈무드에서 어떤 내용을 가져와서 코란을 계시했다고 말하므로 그는 죽임을 당했다라고 기록하고 있다.

(1) 알 가잘리(A.D. 1058-1111)

이슬람 역사에서 무함마드 이후의 가장 위대한 무슬림 신학자며 철학자로 인정받고 있다. 그는 말하기를 "거짓말 그 자체는 나쁘지 않다. 거짓말이 선한 결과를 가져온다면 허용될 수 있다." 그는 진실이 불쾌하고 나쁜 결과를 낳는다면 거짓말을 할 수 있다고 가르쳤다.

즉 이슬람 움마 공동체에 평화나 화해에 영향을 끼치기 위해 거짓말이 허용될 수 있다고 가르쳤다. 심지어 그는 결혼을 위해 여성을 설득하기 위한 거짓을 말할 수 있으며, 혹은 이슬람으로 개종시키기 위한 거짓말은 허용된다.

그뿐만 아니라 여행하면서 일반적인 사무 처리에 필요하다면 거짓말은 허용된다(당시 여행은 대상을 의미한다). 즉 상거래를 하면서 필요하다면 거짓말이 허용된다고 가르치었다. 지금도 이슬람의 가르침에 근간하여 일반적인 무슬림은 필요에 따라 자연스럽게 거짓말을 하고 있다. 우리 식의 표현으로 '아니면 말고' 식의 무슬림의 정직하지 못한 문화적 태도로 이슬람 지역에 사는 비무슬림은 많은 어려움을 겪고 있다.

종교적 가르침(따키야)이 이슬람 문화에 깊이 배어져 있는 것을 먼저 이해해야 이들의 정서를 이해할 수 있게 된다.

(2) 아스마 빈트 마르완(Asma bint Marwan)

무함마드에게 죽임당한 여자 시인이다. 이븐 타이메야도 그의 책 '앗 시림 알 마슬르'에서 그녀에 대해 말했다. 그녀는 단지 무함마드에 대한 시를 썼는데 무함마드가 아스마는 시를 통해 자신을 모욕했다고 하자 오마이리 브니 오다이(omayr bni oday)는 자녀들과 함께 잠을 자는 아스마를 죽였다.

알 와끼디의 기록에 의하면 자녀들에게 젖을 먹이고 있는 아스마를 죽였다고 했다. 무함마드는 자신을 비방하거나 모욕하는 자들을 이슬람 초기부터 용납하지 않았다.

오늘날도 서구에서 무함마드를 모욕하거나 비방할 때 모든 이슬람 지역에서 분개하는 장면을 뉴스를 통해 얼마든지 볼 수 있다. 뉴스에서는 언제나 다른 종교를 비하하거나 모욕하지 말고 존중해야 한다고 이구동성으로 말한다. 그러나 정작 모스크에서는 공개적으로 그리스도인들이 믿는 하나님의 아들 예수에 대해 언제든지 모욕하는 발언을 하고 있다. 서구는 이러한 이들의 행동에 대해 다른 종교를 존중하여 달라고 말하지 못하고 있다.

3) 코란의 출처에 대해서 의심을 품는 자는 용서받을 수 없다

코란이 거짓이라고 하거나 그것이 다른 책에서 옮겨온 것이라고 말할 때 무함마드는 용서하지 않았다. 오늘날에도 코란을 경멸하는 자를 무슬림이 결코, 방관하지 않는 이유가 여기서 유래 됐다.

4) 무함마드에 대한 족보에 의문을 제기하는 자는 용서받을 수 없다

이것은 무함마드에게 매우 치명적인 일이다. 무함마드는 혈육에 대한 열등감을 가지고 있었다. 무함마드는 자신의 족보에 대해 비난하는 자를 결코, 용납하지 않았다. 이것이 오늘날 이슬람이라는 종교의 문제다. 왜 이런 비상식적인 일들이 묵과되고 오히려 신성시 되는지 이유가 있을 것이다. 그 이유에 대해 우리는 알아볼 필요가 있다.

제3장

무함마드의 상처와 열등감

1. 무함마드의 어린 시절 상처

무함마드는 어린 시절에 본인이 감당할 수 없는 깊은 상처가 있었다. 일반적으로 그는 아버지 압달라(Abdulla) 없이 태어난 유복자였다. 당시 부족 사회에서 아버지 없이 자랐다는 것은 많은 열등감을 유발할 수 밖에 없었다. 이 열등감은 살아가면서 알게 모르게 자존감에 깊은 상처를 경험하게 된다. 설상가상 무슨 이유인지 모르지만, 생후 3개월 만에 베두인 보모에게 보내졌다.[1]

그는 어머니 아미나(Amina)의 모성을 느끼지 못하고 자랐다. 그가 6살 때 어머니가 사막에서 죽음을 맞이하게 됐다. 삭막한 사막에서의 어머니의 죽음은 6살 난 아이에게는 무섭고 두려운, 마음의 깊은 상처로 남는다. 무함마드는 할아버지 압드 알 무탈리프(Abd al Mutalif)에 의해 보호를 받다가 할아버지가 세상을 뜨자 8살부터 삼촌인 아부 탈리프(Abu Tallif)의 보호 아래 살게 됐다. 그는 태어나면서부터 보모에게, 할아버지 그리고 삼촌에게 이리저리 옮겨 다니며 살아야 했고 이런 그의 어린 시절은 깊은 마음의 상흔을 남기었다.

---

1   사마드, 『무함마드 평전』, 155.

2. 무함마드의 두 번째 상처(결혼 거절)

무함마드가 장성하여서 아부 탈립(Abu talib)의 딸인 옴해니(Ommhani)에게 청혼을 하게 되지만 아부 탈립은 무함마드의 청혼을 거부하고 후바이라(Hubayrah)라는 청년에게 딸을 시집보냈다. 무함마드는 매우 화가 났을 뿐만 아니라 실망감으로 삼촌에게 대들었다.

"왜 나를 버리는가요."

이 말의 의미는 나중에 무함마드의 '정신 세계'를 이해하는 데 아주 중요한 부분이 됐다. 무함마드는 버림받은 사람, 사랑을 받지 못한 사람으로서 수치감과 열등감과 깊은 사랑의 상처를 갖게 된다.

아부 탈립은 무함마드에게 말하기를 "관대한 사람은 관대한 사람을 선택한다." 이 말은 "너는 관대한 사람이 아니다"라는 것이다. 무함마드는 그의 조카였다. 비록 그가 부모가 없는 고아지만 혈육이었다. 당시에 그런 말을 한다는 것은 아라비아 부족 사회에서 인정받지 못했다는 것이다. 무함마드는 부족 사회에서 동화되어 살아가기 어려운 마음의 큰 상처를 입은 것이다. 무함마드 당사자에게는 매우 부정적이고 수치스러운 말이다.

일반적으로 무함마드를 소개하는 어느 책자에서도 이러한 무함마드의 어린 시절에 겪어야 했던 마음의 상처에 관해 기록한 책은 본 적이 없다. 이구동성으로 무함마드는 이슬람의 창시자로서, 알라의 선지자로서 모두에게 공감이 가고 흠이 없는 완벽하고 남다른 삶을 살았다고 기록하고 있다. 무슬림 자체도 이러한 무함마드의 어린 시절 그가 겪어야 했던 정신적 고통과 아픔들에 대해 아는 이들이 많이 없다는 것이다. 일반적으로 무슬림은 어려서부터 무함마드는 완벽한 알라의 선지자이자 흠이 없는 선지자로 배워 왔다. 그가 많은 여자를 거느리어도 누구를 죽여도 그의 행동에 대해 시비 걸어서는 안 된다. 그런데 이러한 어린 시절의 이야기는 하디스에서 나오는 이야기다.

3. 두 번째 결혼 거절(카디자 부친의 거절)

무함마드는 말하기를 "젊은이들이여 너희에게 성적인 능력이 있거든 결혼하라"라고 했다.

그런 그가 25살이 되도록 결혼을 하지 않은 이유는 무엇일까?

7세기에 아라비아반도에서 아랍 남자가 25살에 결혼한다면 그것은 매우 늦은 결혼이었다. 그 시대 25살이면 5-6명의 아이의 가장이어야 한다. 무함마드 전기에 따르면 카디자(khadijah)는 40살의 과부였다.

오늘날 아랍국가에서 이와 같은 여자와 결혼할 청년을 찾기는 쉽지가 않다. 그리고 무함마드는 하심 가문의 일원이며, '바니 하쉽' 가문의 지도자이며, 진실하고 정직한 청년이라는 온갖 수식어를 가진 그가 그때까지 누구에게도 청혼을 받지 못하거나 청혼하지 못하고 살았다는 것은 그에게 어떠한 문제가 있었다고 볼 수 있다.

그런데 과부인 카디자를 만나고 그녀에게 청혼했는데 과부의 아버지가 허락하지 않았다. 이것은 아랍 사회에서 일반적인 문제가 아니다. 분명히 무함마드에게 무슨 문제가 있는 것이다.

4. 혼외 자식이라는 열등감

하디스는 무함마드의 어머니와 할머니들의 존귀함에 대해(명예) 매우 많은 부분 과장하여 소개하고 있다. 무함마드의 어머니 아미나의 조상들을 조사했는데 한 사람의 창녀도 없었다고 기록했다.

8-9세기에 아라비아 사람들이 어떻게 500대의 조상들을 무슨 방법으로 검증할 수 있겠는가 그리고 왜 어머니 조상 중에 창녀가 없다고 하는 것에 대해 강조하는가에 대한 의문을 갖지 않을 수가 없다. 심리학에서 어떤 사람이 어떤 것에 대해 과장을 한다면 그 사람은 그 부분에 대해 문제가 있다고 볼 수 있다.

무함마드는 자신을 꾸라이쉬 가문이라고 말하는 대목에서 그의 조상들에 대해 과장한 내용이 많이 있다.

> 알라께서 인류 가운데 키나나(kimama) 부족을 선택하시고, 아랍 부족들 가운데 꾸라이쉬 부족을 선택하시고, 꾸라이쉬 부족으로부터 하셈 가문을 선택하시고, 하심 가문 가운데 나를 선택하셨다(하디스 5653).

즉 무함마드는 자신의 정체성에 대한 부담이 있었다.

그런데 그렇게 자랑하는 꾸라이쉬 부족은 우상을 숭배하던 부족이었으며 무함마드와 계속적인 갈등과 적대 관계를 가진 부족이었다. 그뿐만 아니라 무함마드의 선조인 쿠사이(qusayy)부족은 일신교인 알라를 섬기던 부족이 아니다. 그의 할아버지인 압둘 무딸립도 메카의 카바에 있는 우상들을 섬기는 우상 숭배자였다.

사실 무함마드는 자신의 조상들에 대해 훌륭한 조상이라고 언급될 만한 부족이 아니었다.

그런데도 무함마드가 자신의 조상에 대해 과장한 이유가 무엇인가?

그것은 무함마드의 출생에 대한 문제가 있었기 때문이다.

이 문제를 알기 위해서는 무함마드의 아버지인 압둘라와 그의 어머니인 아미나의 결혼 이야기를 빼놓을 수가 없다. 할아버지 압둘 무딸립은 무함마드의 아버지 압둘라를 아미나와 결혼시키러 갔다가 아미나 여동생 헬라를 보고 마음에 들어했다.

그날 저녁 압둘 무딸립은 헬라와 결혼하고 아들 압둘라는 아미나(Amina)와 결혼하게 된다. 그리고 압둘 무딸립은 헬라로부터 아들 함자(Hamzah)를 낳았다. 이슬람 전승에 의하면 함자가 무함마드보다 4살이 더 많다. 무함마드는 함자와 나이가 같거나 최소한 차이가 나더라도 3-4개월 정도여야 하는데 4년이 차이가 난다면 그것은 아미나가 다른 남자를 통해 무함마드를 낳았다는 결론에 도달한다.

그리고 무함마드가 태어나기 전에 압둘라가 죽었다면 그것은 불가능하다. 가능성은 아미나가 무함마드를 4년 동안 임신하고 있어야만 함자와 무함마드 사이가 이해된다.

이슬람 법학에서는 오랫동안 이 문제를 해결하고자 했지만, 방법이 없었다. 결국 이맘 샤파이(Ash ShafiI)는 여자가 임신을 4년 동안도 할 수 있다고 했다.

2013년 이집트 TV에서 그랜드 무푸디 알리 고마아(Ali Jom ah)도 여자의 임신 기간은 4년까지 이를 수 있다고 말했다. 이러한 이야기가 가능한 이야기라고 생각이 드는지, 물론 많은 무슬림은 이러한 사실을 모르고 있다.

중요한 것은 무함마드의 출생에 관한 이야기가 당대에도 많은 사람에게 회자되었고, 꾸라이쉬 부족 사람들은 이 이야기를 가지고 무함마드를 조롱하기도 했다. 무함마드의 삼촌인 압바스도 그에게 말하기를 '쓰레기 더미의 야자수'라고 표현했다. 즉 "너는(무함마드) 근본 없는 유일한 야자수 나무다"라는 의미로 말한 것이다. 무함마드는 족보에 대한 열등감을 가지고 있었다. 이러한 여러 가지 상처와 열등감들이 선지자 역할을 할 때 여과 없이 나타나게 된다.

오늘날 우리는 이슬람을 소개하는 책자들이 마치 홍수처럼 범람하고 있지만 어떤 책에서도 무함마드의 이러한 내적인 문제에 관해 기록된 책을 찾기는 어렵다. 무조건 무함마드는 흠이 없는 매우 완벽한 인물로 묘사되고 있다. 무함마드 평가는 도덕과 윤리에 의해 하지 않는다. 그리고 17억 정도의 무슬림이 그렇게 믿고 있다. 이것이 이슬람의 약점 중의 하나이다.

5. 상처와 열등감으로 인한 장년의 위기

무함마드는 카디자와 결혼 후 신분 상승이 된 것이다. 고아로 자랐던 무함마드는 상인으로서 안정된 삶을 시작할 수 있었다. 레반트 지역(시리아,

요르단, 레바논 지역)으로 대상을 이끌고 장사를 함으로써 많은 부를 소유하게 됐다. 그의 삶은 안정됐다. 모든 것이 정상이어야 하는데 나이 40이 되었을 때 그에게 위기가 찾아왔다. 갑자기 장사를 중단하고 사막의 산에 있는 동굴에 들어가 격리된 시간을 갖기 시작했다.

그는 어려서부터 버림받은 사람 취급을 받았다. 모욕감 그리고 상실감 등, 인생에 허전함이 늘 그를 지배했는지도 모른다. 그러나 뒤늦게 찾아온 경제적인 부는 그로 하여금 상실감의 보상이라도 받을 수 있는 자신만의 시간을 가질 수 있게 했다. 히라 동굴은 자신의 상실감을 보상받을 수 있는 적격한 장소였다. 동굴에서 영감을 받는 것은 그에게 보상이었을 수도 있었다.

후에 무함마드는 성경과 유대인을 통해 모세가 하나님을 대면한 자라는 것을 알게 된다. 그러나 자신은 알라를 본 적이 없다. 단지 그가 보낸 지브리엘을 통해 계시를 받았을 뿐이었다. 성경에 예수는 많은 기적을 일으켰는데 자신은 어떠한 기적도 일으킨 적이 없었다. 이 또한 그에게 많은 열등감을 가질 수 있는 요소가 됐다. 이런 보이지 않는 무함마드의 정신 세계를 이해한다면 이슬람을 이해하는 데 좀 더 구체적으로 이해할 수 있는 부분들이 있을 것이다.

6. 카디자의 죽음(65세, 619년, 무함마드 50세)

619년 카디자의 죽음은 무함마드에게 또 다른 생애의 전환점이 됐다. 그녀는 어떠한 상황에서도 무함마드를 지원하여 주었던 가장 든든한 지원자이며 후원자였다. 그녀가 죽자 무함마드는 홀로 서야만 했다.

아버지 없이 태어나서 사막에서 외롭게 죽어간 어머니를 바라보아야만 했던 그는 사랑받지 못한 상실감, 결혼의 거절 등 많은 인생의 시련을 겪었다. 가장 강력한 후원자인 카디자를 잃어버리자 그는 정신적으로 많은 영향을 받았다. 그리고 무함마드가 이슬람의 선지자 역할을 할 때 상처의 흔적이 나타난다.

제4장

무함마드의 여성관

　카디자가 죽기까지 일부일처로 살았다. 그녀는 무함마드에게 없어서는 안 되는 매우 든든한 버팀목이었다. 카디자의 죽음은 무함마드에게 있어서 홀로 서야 하는 시험대가 됐다.

　메카에서 이슬람 전파는 갈수록 어려운 상황이 됐다. 결국 622년 메카에서 메디나로 이주하여 갔다. 이것이 이슬람 원년이 된다. 메디나로 옮겨 간 그는 그곳에서 정치적, 종교적, 군사적 수반을 마련했다. 그는 권력을 가진 강한 사람이 됐다.

　무함마드는 사랑의 결핍과 마음의 상처와 거절의 보상으로 많은 여자를 탐닉하기 시작했다. 그동안 카디자로 인한 정욕의 막힘이 분수처럼 튀어 올라왔다. 마지막 8년 동안 두 달에 한 번꼴로 새로운 여자와 혼인 했다. 카디자의 죽음 이후에 12명의 아내와 그 외 14명의 여자가 더 있었다.

　그는 죽어서도 자신의 여자들을 소유하고자 했다. 자신이 죽은 뒤에 자신의 아내가 다른 남자와 재혼하는 것을 금지했기 때문이다. 6살에 혼인한 아이샤는 18살 때 무함마드가 죽지만 그녀는 재혼할 수 없었다.

　무함마드가 여러 아내를 둔 이유는 과부가 된 여인들을 복지 차원에서 돌보고, 다른 부족과 정치적으로 화평을 이루기 위한 정략적인 목적 때문이었다고 말들을 하지만, 무함마드의 정신 세계를 이해한다면 그것을 액면 그대로 받아들이기에는 어렵다.

카디자가 죽은 후에 아부 바크르는 아이샤를 데리고 무함마드를 위로하러 찾아갔다. 아부 바크르는 전혀 생각지 못한 이야기를 무함마드로부터 듣게 된다. 무함마드가 아부 바크르에게 말했다.

"이 아이를 내게 주는 것이 알라의 뜻일세. 내가 꿈을 꾸었는데 천사가 비단에 뭔가를 싸서 나에게 와서 열어 보라 하여 열어 보았더니 인형처럼 예쁜 어린아이가 누워 있는 꿈을 두 번이나 꾸었는데 그 인형 같은 아이가 바로 자네의 딸이니 그 아이를 나에게 주는 것이 알라의 뜻이네"라고 말했다. 아부 바크르로서는 매우 황당했을 것이다. 그래도 알라의 뜻이라면 데려가시라고 했다. 이렇게 하여서 무함마드는 애첩인 아이샤를 얻게 됐다.

1. 6살 아이 아이샤

아이샤는 무함마드가 얻었던 아내 중에 유일한 처녀였다. 6살에 약혼하고 9살에 신방에 들었다.

이슬람 역사는 나이 어린아이와 결혼을 정당화했다. 그래도 6살 아이와 결혼에 대해 납득할 수 없을 것이다.

이 문제를 어떻게 이해시킬 수 있는가?

결국 이슬람은 말하기를 9살 때 신방에 들었다고 옹호론자들은 강조했다. 당시에도 그런 경우도, 사례도 없었다.[1] 무함마드의 이러한 여성 편력은 당시나 오늘날에도 납득될 수 없다. 오직 무함마드에게만 통용되는 일화이다.

다른 아내들이 아이샤만 편애한다고 무함마드에게 불평하자, 그는 다음과 같이 말했다.

---

1   사마드, 『무함마드 평전』, 172.

내가 여자와 잠자리에 있을 때는 계시가 오지 않지만, 아이샤와 침실에 있을 때 예외적으로 계시가 내려온다(Al Bukhari, Sahih al-Bukhati, hadith Nr, 3775)[2].

2. 양녀 자이나브와의 결혼

자이나브 빈트 자흐시는 무함마드의 사촌이었으며 나중에 며느리가 됐다가 아내가 된 여자이다. 자이나브는 시부와의 결혼을 위한 알라의 동의를 무함마드에게 구했다. 그러자 무함마드가 아이샤와 이야기를 나눌 때 계시가 내려왔다.

누가 자이나브에 가서 기쁜 소식을 전하겠는가 알라께서 그녀와 나의 혼인을 허락하셨다(코란 33:37).

자이나브는 그동안 무함마드의 아내가 된 여자 중에 오직 자기 자신만이 알라의 계시에 의해 무함마드의 아내가 된 것에 대한 자부심을 느꼈다.

3. 9번째 아내 사피야 빈트 후아이(Safiyya bint Huyeiy)

사피야는 유대인 부족인 카이바르의 부족장인 케나나 이븐 알-라비(Kenana ibn al-Rabi)의 아내였다. 무함마드가 유대인 말살 전쟁을 치르면서 유대인 지역인 카이바르를 점령한 후에 그는 부족장 케나나를 고문해서 살해했다. 무함마드에 의해 가족들이 몰살된 사피야는 이슬람으로 개종하지 않을 테니 자신을 노예로 삼으라고 했다.

---

2   사마드, 『무함마드 평전』, 176.

그러나 무함마드는 그녀와 강제로 결혼한다. 그러나 후에 이슬람에서는 사피야가 무함마드의 신앙을 보고 하룻밤 만에 이슬람을 받아들이고 그녀의 자발적 의사로 무함마드와 부부의 연을 맺었다고 기록하고 있다.

아무리 무함마드가 훌륭하다 해도 자신의 남편을 죽인 자를 하룻밤 만에 사랑하고 이슬람으로 개종하여 그의 아내가 될 수 있다는 것을 어떻게 받아들일 수 있겠는가?

4. 무함마드가 취할 수 있는 여자 (코란 33:50)

우리는 이 부분에서 무함마드가 가진 여성관을 알 수가 있다. 무함마드는 본인이 원하는 여자는 얼마든지 취할 수 있는 권한을 가진 남자가 됐다.

> 선지자여 실로 알라께서 그대에게 허용했나니 그대가 신붓값을 지불한 여자, 전쟁 포로, 오른손이 소유하고 있는 여자, 삼촌의 딸들, 외삼촌의 딸들, 선지자에게 의탁한 여자, 무함마드가 결혼하고 싶은 여자, 그대에게는 허용되나 다른 믿는 사람들에게는 허용되지 아니함이라(코란 33:50).

즉 무함마드는 어떤 여자이든 취할 수 있다. 이러한 여자 편협에 대한 무함마드를 볼 때 그의 정신 세계가 어떠했는가를 이해할 수 있다.

아이샤는 무함마드의 계시를 듣고 다음과 같이 이야기한다.

당신의 알라께서 당신의 충동을 알고 미리 대비해 두신 것 같네요(Sahih al-Bukhari; Hadith Nr. 4414; auch Fafsir al-Qurtubi; Sure 33:50)[3].

이러한 무함마드의 여성관에 대해 우리나라 무슬림 학자인 이희수는 『이슬람』이라는 책자에 이렇게 말하고 있다.

우리가 이슬람권 여성을 생각할 때 가장 먼저 떠오르는 것은 일부다처제라는 틀 속에 갇혀 남성으로부터 온갖 억압과 속박을 받는 여성의 모습이다. 이러한 생각은 서구의 영향이 우리에게 유입되었기 때문이다.[4]

과연 그럴까?

이슬람 안에서의 여성들이 가지고 있는 위치는 과연 어떠한 것들을 가지고 누리고 있는지 '제6장 이슬람 문화' 편에서 논하도록 하자.

5. 이븐 사아드(Ibn Saʻd, 784-845)가 본 무함마드

이븐 사아드가 전하는 전승에 의하면 무함마드는 세 가지를 좋아했다고 한다. 그는 기도(살라), 향수, 그리고 여자를 좋아했다.[5]

이 정도면 무함마드가 어떤 사람인지를 우리는 어느 정도 감을 잡을 수가 있을 것이다. 그래서 초두에 언급하기를 이슬람을 용납할 수 없지만, 이슬람교를 믿는 무슬림에 대한 우리의 시각을 다르게 보아야 한다고 말했다.

---

3 사마드, 『무함마드 평전』, 184.
4 이희수 외, 『이슬람』, 131.
5 사마드, 『무함마드 평전』, 184.

제5장

무슬림의 종류

무슬림이라고 다 같은 무슬림이 아니다. 무슬림마다 각자의 신앙과 삶의 방법이 다르다. 아프리카 무슬림과 아시아 무슬림이 다르며, 중동의 무슬림이 중앙아시아 무슬림과 다르다. 즉 통일된 특징이 없다. 지역마다 나라마다 다 다르다.

1. 일반적 무슬림

이들은 자유주의적 무슬림으로 구분할 수 있으며 외형적으로는 종교적이며 경건한 말을 하며 일반적으로 이슬람에 대해 옹호하지만, 자신이 직접 코란과 하디스를 통해 검증된 이슬람에 관한 이야기가 아니다.

그동안 타인으로부터(이맘과 종교 선생) 지식적으로, 종교적으로 배운 것들을 말할 뿐이지 실생활에서는 말과 행동이 전혀 다른 모순된 생활을 한다. 물론 이슬람 국가마다 다르지만, 일반적으로 정직하게 살지 않는다.

이들은 거의 코란을 읽지 않으며 읽는다고 해도 자신들에게 필요하고, 보고 싶고, 듣고 싶은 것만 취하여 사용한다. 또한, 종교 문제를 중요하게 생각하지 않고 현실적으로 먹고사는 일이 더 중요하다고 생각한다. 이러한 일반적인 무슬림은 지역에 따라 다르지만 40-70% 정도이다.[1] 이들을 종류대로 나눈다면 아래와 같이 나눌 수 있을 것이다.

1) 청소년 무슬림

일반적인 무슬림 중에 절반 정도는 18세 이하이다. 특별히 아동들, 청소년, 그리고 청년들에 대한 특별한 관심과 선교 전략이 필요하다. 무슬림 청소년들도 서구 청소년들처럼 K-Pop도 좋아하며 세계적으로 흘러가는 세속적인 것들을 더 선호한다. 종교적인 지식보다는 같은 또래의 청소년들처럼 살기를 원한다. 책을 옆에 끼고 커피숍에 들어가 공부하는 모습도 이제는 일상적인 대학생들의 모습이다.

SNS, 유튜브 그리고 위성 방송을 통해 제한된 이슬람 세상 속에서 다른 세상을 들여다보는 눈이 갈수록 넓어지고 있다. 지식 충족의 욕구가 매우 강하다는 것은 그동안 맹목적인 이슬람을 따라가는 것이 아니라 이제는 자신들의 생각과 철학을 통해 이슬람을 바라보는 계기가 형성되어가고 있다.

이들은 좋은 대학에 들어가는 것을 목표로 한다. 그래야 사회적으로 인정받을 수 있다는 일반적이고 세속적인 생각을 하고 있다.

초등학교부터 중고등부, 그리고 대학교 시험 기간에는 도로나 쇼핑몰이 한산할 정도로 모든 가족이 시험에 몰입한다. 모든 나라의 학생들처럼 시험에 대한 부담을 많이 가지고 있는 일반 청소년들이다.

---

[1] 마시흐, 『무슬림과의 대화』, 202.

2) 무슬림 여자

무슬림 인구 가운데 50% 정도가 여성들이다. 무슬림 사회 자체가 여성 비하적인 사회적 공감을 가졌음에도 가정에서 어머니로서의 여성의 역할은 매우 활발하며 중요하다. 지역마다 특색이 있지만, 가정에서는 남자보다 여성의 영향력이 더 크다. 물론 코란에서는 여성이 남성보다 열등하다(3:36)고 정의한다.

아라비아의 특성 중의 하나는 단연코 남성 위주이다. 이슬람 자체가 아라비아 문화권에서 시작되었기 때문에 당연히 여성에 대한 아랍의 정서가 사회적으로 문화적으로 정서적으로 깊이 깔렸다. 그러므로 이슬람 지역에서의 여성들이 겪어야 하는 고통은 우리가 생각하는 것보다 더 심각하다는 것을 알 수가 있다.

세상의 어느 여성도 여러 여자가 한 남편을 두고 살고 싶은 여성은 본능적으로 한 사람도 없을 것이다. 그러나 이슬람법에 의하면 남자는 4명의 아내를 둘 수 있는 자격이 주어진다. 즉 재정적으로 허락이 된다면 얼마든지 4명의 아내를 둘 수 있다. 이슬람권 여자들의 내면 가운데 흐르는 보이지 않는 괴로움과 질투, 두려움으로 늘 고통 느끼고 살지만, 외형적으로 전혀 그렇지 않다는 자신을 보여 주기 위해 안간힘을 쓰는 여성들을 얼마든지 볼 수가 있다.

무슬림 사회에서 일반적으로 여성들이 남자보다 더 경건하다. 무함마드가 지옥을 보았는데 그곳에 90%가 여자들인데 그들은 남편에게 항상 복종하지 않았기 때문에 그곳에 왔다. 파라다이스도 보았는데 그곳에 10%의 여성이 있는데 그들은 항상 남편에게 복종하고 순종하는 여자였다고 무함마드는 말했다. 무함마드의 이런 이야기는 여성들이 남자들보다 더 열심히 이슬람법을 지키도록 만드는 자극이 됐다.

이 땅에서의 불편함을 내세에서 더 좋은 삶을 추구하는 결과로 나타난 것이다. 이러한 이슬람의 불편한 진실 속에서 오히려 진정한 여성 평등을 찾아준 예수 그리스도를 향한 그들의 마음들이 열려 가고 있다. 즉 기독교 방송, SNS, 유튜브, 위성 방송을 통해 예수님을 만나고 있다는 것은 매우 고무적인 현상이다.

3) 좌절한 무슬림

어떤 나라이든 어떤 종교이든 자신들이 처한 사회 속에서 좌절하는 많은 사람을 만나게 된다. 좌절을 경험하여 보지 않은 사람은 일반적으로 그 사회에 그냥 그렇게 동화되어 간다. 그리고 그게 자신들의 삶이라 합리화하며 살아간다.

21세기 들어서 젊은 지식층 무슬림 세대들은 생각하고 배우고 그들 문화와 종교에 관해 질문하기 시작했다. 물론 그 이전에는 맹목적으로 이슬람을 믿고 따라왔다. 무엇보다 코란 자체가 질문을 금기시했다. 이전에도 어떤 사람들이 그런 질문을 하다가 불신자가 됐다는 것이다(코란 5:102).

즉 질문을 많이 하다 보면 이슬람 신앙과 믿음을 잃어버리기 때문이라는 것이다. 그러나 이러한 금기 사항이 조금씩 이슬람 사회 속에서 보이지 않게 구멍이 나기 시작했다. 그뿐만 아니라 자신들이 그렇게 믿었던 이슬람 종교에 만족하지 않는 이들이 갈수록 늘어나고 있다.

이슬람의 정치적, 사회적으로 일어나는 만연된 부패와 사회적으로 불균등한 삶 등 이슬람에 많은 문제가 있다는 인식을 하기 시작했다. 과거에는 생각조차 할 수 없는 일들이 일반적인 무슬림 사회에서 일어나고 있다는 것을 보여 주고 있다.

물론 대놓고 이슬람에 대해 부정적으로 말하지는 않지만, 이슬람 사회가 자신들의 삶의 문제를 해결하지 못한다고 생각하기 시작했다. 걸프만을 중심으로 한 이슬람 산유국들은 서구의 어떤 나라보다도 부유한 나라이다. 그러나 걸프만을 중심으로 한 이슬람 10개국을 제외하고는 가장 가난한 나라들이다. 왜 부유한 이슬람 국가가 가난하고 굶주린 무슬림을 도와주지 않는가에 대한 사회적 욕구 불만들이 일어나기 시작했다.

서구에서 가난한 이슬람 국가들을 도우면 상위층에 혜택이 돌아가고 가난한 자들은 언제나 같은 상황이다. 이로 인해 두려움과 분노로 가득한 좌절한 무슬림이 갈수록 늘어 가고 있다. 이렇게 좌절한 무슬림의 분노가 결국은 2011년 중동에서 시작된 시민 혁명의 계기가 됐다. 이러한 모든 상황이 무슬림에 복음을 증거할 수 있는 좋은 기회들이 되고 있다.

4) 무신론자

TV 프로그램에 영화 스타가 나와서 인터뷰를 하는데, 사회자가 질문하기를 어떤 종교에 속하느냐고 묻자 그는 말하기를 "세계에서 가장 좋은 종교는 이슬람교입니다." 사회자가 다시 묻기를 "알라를 믿는 가요 그리고 그를 경배하는가요." 그러자 그는 말하기를 "아니오 그런 것은 노인들이나 아이들 그리고 죽기 전에나 하는 것입니다"라고 대답했다.[2]

여기서 한 가지 우리가 분명히 알아야 할 부분이 있다면, 무슬림이 코란을 읽지도 않고 기도도 하지 않아도 그들은 어디를 가든지 나는 무슬림이라고 말한다는 것이다. 즉 그들은 이슬람이라는 종교를 하나의 문화로 생각하는 이들이다. 그러나 이들이 서구 사회를 직접 경험하면서 이슬람 사회와 기독교 사회의 다른 점들을 발견하면서 이슬람의 모순에 대해 알기 시작하자 혼동할 수밖에 없다.

그렇다고 쉽게 이슬람을 떠나기는 어렵다. 왜냐하면, 그것이 문화이기 때문이다. 그런데도 2011년 시민 혁명 이후 이집트에서 이슬람이란 종교를 버리고 무신론자가 된 사람들이 적은 숫자가 아니다. 이런 추세는 이슬람권에서 갈수록 늘어나고 있다. 그러므로 이들에게 접근하는 방법이 갈수록 연구되어야 할 것이다.

---

2 마시흐, 『무슬림과의 대화』, 211.

5) 신비주의자

일반적으로 신비주의를 따르는 무슬림의 성향을 분석하여 보면 종교적으로나 사회적으로 자신들이 추구하는 육적, 영적인 부분들이 해결되지 않으므로 직접 신과 소통을 통해 문제를 해결하고자 하는 경향을 보인다. 이슬람권에서 신비주의를 따르는 무슬림은 자칭 수피라고 한다. 이들은 종교적 체험을 추구하며 체험을 통해 신과 하나가 되는 경험을 목표로 한다. 이들은 춤을 통해 알라와 하나가 된다.

이슬람이 전파된 곳마다 지역 문화 속에서 형성된 신앙들과 하나가 되어 발전해 갔다. 중동 역시 기존에 있는 문화권 속에서 형성된 신앙과 결탁하여 형성된 신비주의 형상들이 있다. 아프리카, 아시아 등 토착 신들과 결탁하여 발전해 갔다. 그래서 정통 이슬람 법학자들로 구성된 이들에 의해 외면받는 그룹이다.

2. 헌신된 무슬림

이들은 원리주의자는 따라가지 않으나 자기 민족이나 종교에 위협이 되면 언제든지 급진적으로 변하는 무슬림이다.

3. 정통 무슬림

헌신적이 무슬림에 속한다. 이슬람 초기 방식을 선호하며 하디스와 코란을 암기하고 읽는다. 세계를 바라보는 시각이 코란식이다. 코란의 세계관과 샤리아의 명령 외에는 그들에게 어떤 것도 허락되지 않는다. 우상 숭배자들과 다신 숭배자들은 불결하고 알라의 진노 아래 있다고 생각하며 음식도 이슬람법에서 정하여준 할랄 음식을 구분하여 먹는다.

코란에 대해 비판적으로 생각하거나 말할 수 없다. 이들은 한 구절만 의심하면 전체 이슬람 세계관이 흔들린다고 생각하며 이슬람 신앙에 대해 절대적으로 진리를 변호한다. 그것이 그들의 생명이다.

대도시로 나온 이들은 자유주의적 무슬림과 이슬람 믿음에 대해 관심이 없는 무슬림을 바라보며 무슬림에 대한 부끄러운 마음으로 전통적인 이슬람을 더 지키려고 노력하고 있다. 그들 중에 대부분이 이슬람의 목표를 달성하기 위해 폭력을 사용하는 데 주저하지 않는다. 나라마다 다르지만, 일반적으로 25-35%에 이른다는 통계가 있다.

4. 원리주의 무슬림

원리주의란 단어는 미국의 기독교 신학 논쟁에서 시작되었으며 기독교 원리주의는 자유주의 신학으로부터 진리를 방어하는 개념으로 원래의 종교 이념으로 돌아가자는 운동이다.[3] 이 용어가 다른 종교 즉 이슬람에도 사용되고 있다.

기독교 외에 가장 심각한 원리주의 운동에 대해 이슬람을 배제할 수 없다. 이슬람 원리주의들이라도 두 종류에 대해 생각할 수 있다. 긍정적인 면으로 생각한다면 오스만 튀르크 제국 이후에 서구 문명에 지배받으면서 이슬람의 영광을 재현하려는 개혁자들에 의한 자의식 운동으로 볼 수 있다.

부정적 의미 역시 압바스와 오스만 제국에 대한 정서적 우월감이 서구에 의해 무너짐을 경험했다. 이에 일어난 반서구 감정과 반기독교적 정서이다. 그러나 꼭 그런 것만은 아니다. 왜냐하면, 원리주의 무슬림은 같은 무슬림이라도 자신들의 노선을 따르지 않는 자들을 카피르라 정죄하고 죽

---

3 전호진, 『이슬람의 원리주의의 실체』 (서울: 한반도국제대학원대학교, 2007), 92.

이는 일에 주저하지 않았다.

그들의 세계는 이슬람법인 샤리아에 의해 통치되어야 하며 폭력을 통해서라도 이슬람의 목표를 달성해야 한다고 믿는 무리들이다. 나라마다 다르지만 대략 15% 정도이지만 중동에 살면서 경험하거나 느끼는 것은 그 이상이다. 이들이 이슬람의 법이다. 어떤 경건한 무슬림이 세속적인 발언이나 부정적인 발언에 대해 묵과하지 않는다. 그들을 죽이는 일도 주저하지 않는다. 원리주의 무슬림에 의하면 온건한 무슬림이나 무슬림 사회 개혁을 추구하는 자들은 카피르이다. 그들은 죽여도 된다는 타크피르가 성립되기 때문이다.

그들은 자살 특공대를 찾고 훈련하며 정신적 무장을 위해 이렇게 가르친다. 알라를 위해 생명을 바치는 자들 가슴속에 이슬람의 신앙이 기록되어 있고 알라의 영으로 그들의 행위가 강화된다고 가르친다(코란 85:22).

그들 편에서 이들은 자살 특공대가 아니다. 알라의 영광과 이슬람의 영광을 위해 자신들의 생명을 바친 자들이기에 그들은 순교자들이다. 이들(순교자)은 천국이 보장되어 있다.[4] 이슬람에서 천국의 보장(구원)은 오직 지하드로 생명을 바친 자들에게 해당한다.

그동안 그들이 해 왔던 행동 원리 중의 하나는 부패한 정치 지도자들을 암살하는 것이다. 그 목적으로 이집트 사다트 대통령이 무슬림 형제단에 의해 제거됐다.

1979년 무슬림 형제단의 교육을 받은 이들이 메카의 카바를 점령하며, 사우디아라비아 왕권을 위협했다. 1979년 이란 호메니의 이슬람 혁명에 의해 팔레비 왕조가 무너졌다. 지구상에서 언제나 톱뉴스를 장식하는 이슬람 원리주의에 의한 테러 행위는 끊이지 않고 일어나고 있다.

이상과 같이 우리는 다양한 종류의 무슬림을 만났다. 그래서 이슬람의 역사를 한 번에 이해한다는 게 그리 쉬운 일이 아니라 다양성 있게 그들을

---

4 마시흐, 『무슬림과의 대화』, 215.

보아야 한다는 것을 암시하기도 한다.

이후에 무슬림에 대한 전도에 관한 이야기를 나눌 때 할 이야기지만, 무슬림을 향한 편협성을 버려야 할 것이다. 즉 무슬림마다 그 성향이 다 다르다는 것을 알아야 한다. 내가 접근하고자 하는 방법이 중동에서는 통하기도 하지만 다른 지역에서는 전혀 안 맞을 수 있다는 것을 염두에 두어야 할 것이다.

필자가 가장 중요하게 생각하는 부분은 세계 선교라는 총체적인 그림 안에서 우리가 '그리스도 안에서 이미 이긴 싸움'을 한다는 것을 잊지 말아야 한다는 것이다. 그러므로 그들을 두려워할 이유가 전혀 없다. 그들에게 어떻게 그리스도의 마음으로 다가갈 수 있는가에 관한 연구가 좀 더 활발하게 이루어져야 할 것이다.

이제 우리는 이슬람 문화에서 중요한 부분들에 대해 알아야 할 것이다. 요즘에는 이러한 이슬람의 문화에 대해 잘 알고 있는 독자들이 부쩍 많이 늘어난 것은 사실이지만 잘 모르는 독자들을 위해 이 부분을 다루기를 원한다.

제6장

이슬람 문화

　이슬람은 종교이면서 문화라는 사실에 대해 조금은 공감이 갈 것으로 생각한다. 이러한 이슬람 문화가 정착되기까지의 역사는 아라비아 이전의 문화, 즉 무함마드 전후의 역사적 문화에 대해 이해가 요구된다.
　이슬람 문화는 무함마드의 계시와 그의 언행록과 연결되어 있다. 무함마드의 계시는 메카 계시와 메디나 계시로 나눈다.
　메카에서의 무함마드 계시는 매우 우호적이며 평화적인 계시의 양상을 띠고 있다. 그도 그럴 것이 새로운 종교를 설파하는 데 강력한 메시지를 담을 수가 없었다. 이미 메카 도시는 다신교 신앙이 있는 기득권자들이 있으며 유대인과 그리스도인들이 이미 그 도시에 거주하고 있었다. 그러므로 그의 설파는 온건하며 평화적인 방법으로 사람들에게 접근해야만 했다.
　그런데도 그는 많은 핍박을 받자 메디나로 이주하게 된다. 무함마드는 힘이 필요했다. 그리고 메디나에서 그가 원하던 힘을 갖게 되고 이슬람의 가장 기본적인 움마 공동체가 결성되자, 무함마드의 계시는 메카의 계시와는 전혀 다른 격렬한 계시가 내려졌다. 그러다 보니 메카 계시와 충돌되는 계시들이 많아졌다. 이러한 문제들을 해결하기 위해 이슬람법들이 만들어지기 시작했다. 이러한 것들에 의해 자연스럽게 이슬람 문화로 자리를 잡게 됐다. 특별히 모든 지역과 이슬람권에서 통용되는 교리가 문화로 정착된 것에 대해 나누기 원한다.

1. 만수크 교리(취소 교리)

메디나 계시의 60%는 지하드와 연결되어 있다[1]. 메카 계시와 모순되는 구절들을 해결해야만 했다. 그러다 보니 메카에서 계시된 구절을 대체하는 나시크(naskh) 교리와 나중에 계시된 것에 근거하여 먼저 계시된 것은 취소되는 만수크(msnsuk) 교리가 만들어졌다. 문제는 메카에서부터 무함마드를 따르던 이들 무하지룬(Muhajirun)은 메카 계시와 메디나 계시를 다 들었다. 그리고 두 계시가 다르다는 것을 알았다.

메카에서의 무함마드는 힘이 없을 때이다. 그는 성서의 백성에 대해 같은 신을 믿는 자들이라며 우호적인 입장과 평화적인 계시에 대해 말했다. 그런데 메디나에서 군사적인 힘을 가졌을 때는 성서의 백성에 대한 의견이 완전히 바뀌었다.

메카에서는 신구약성경이 진리인 것을 확증하는 것이 코란이라고 말했는데(코란 3:3) 메디나에서는 성경이 변질됐다(코란 5:13). 또한, 메디나에서 그리스도인들을 친구로 삼지 말라(코란 5:51)고 했는데 메카에서는 종교를 강요하지 말라고 말했다(코란 2:256). 그런데 메디나에서는 이슬람을 믿지 않는 자는 죽이라(코란 8:12, 9:5)고 했다. 메카에서부터 무함마드와 함께한 자들이 의구심을 갖고 질문을 하지만 돌아오는 대답은 알라의 계시는 아무도 취소할 수 없다는 것이었다. 전반적인 코란의 흐름이 메카와 메디나의 계시가 완전히 달랐다. 무함마드는 이 문제를 해결하기 위한 계시를 내렸다.

> 믿는 자들이여 분명한 것은 묻지 말라 했으니 그것이 오히려 해롭게 하느니라. 또한, 코란이 계시가 되는 것을 묻는다면 이는 더욱 너희들에게 해악이라(코란 5:101, 최명길 역).

---

[1] 저자 주.

즉 질문하지 말아라. 질문하다 보면 의심이 생기고 오히려 해가 된다는 것이다. 지금도 무슬림 학생들에게는 종교적인 질문이 허락되지 않고 있다. 맹목적인 이슬람 신앙만을 강요한다.

이전에도 어떤 사람들이 그런 질문을 하다가 불신자가 됐다는 것이다(코란 5:102). 이것이 모든 무슬림에게 내린 질문 금지령이다. 그렇다고 모든 의문이 풀린 것은 아니다. 이러한 상황에서 무함마드는 다른 계시를 내리므로 이러한 문제들을 풀어나갔다.

인간은 누구도 알라의 계시를 변경하거나 취소할 수 없지만, 그 계시를 내린 알라께서는 전능하시므로 이전에 내린 계시를 취소할 수도 있고 변경할 수도 있고 다른 것으로 대치할 수도 있다. 즉 코란의 처음 계시(메카)와 나중 계시(메디나)가 모순될 때 나중 계시 때문에 이전 계시는 자동으로 취소된다(코란 2:106, 5:15, 13:39).

평화의 종교에 대해 말할 때 이들은 메카 계시인 '종교는 강제로 하지 말라(코란 2:256)'가 '이교도를 죽이라(코란 9:5)'는 메디나 계시로 취소가 됐다고 이야기 한다.

2. 나스크 교리(대체 교리)

모세의 율법과(토라) 복음서인 인질은 코란에 의해 재평가되어야 한다. 어느 것을 폐기할지 대체할지는 코란이 결정한다. 메카에서의 계시는 성서 백성의 경전인 신구약을 확증했지만, 메디나 계시가 성서 백성의 경전을 마지막으로 평가하는 계시라고 주장했다.

즉 성경의 내용과 코란의 내용이 같으면 진리로 보존하고 내용이 다르면 성경은 코란에 의해 폐기되어야 한다. 이슬람 학자들은 변질되지 않은 성경과 코란을 진리로 인정한다고 주장한다.

코란은 무함마드 한 개인에 의해 22년간 검증되지 않은 지브리엘로부터 간헐적으로 받은 계시이다. 반면 성경은 1500년 동안 40여 명이 시대를 초월하여 전혀 다른 사람들에 의해 기록되어 한 권의 책으로 엮은 책이다.

모세오경이 B.C. 5세기경, 예언서는 B.C. 2세기경에, 성문서는 A.D. 90년 정경으로 확정됐다. 신약성경은 A.D. 4세기 정경으로 확정됐다. 무함마드 오기 200년 전에 이미 하나님의 말씀으로 인정됐다. 그들의 주장대로 "성경이 변질되었는가? 어디가 어떻게 변질되었는가?"라고 묻는다면 대답을 하지 못한다. 이 부분에 대해서는 우리는 마지막 단원에서 다시 설명하고자 한다.

3. 타크피르(Takfir)

순니 무슬림과 시아 무슬림 사이에서 서로 상대에 대해 카피르[2]라 했다. 카피르의 원래 의미는 알라의 존재를 믿지 않는 자,[3] 알라 외에 우상을 섬기는 자, 이슬람의 규율과 실천 사항을 지키지 않는 자, 즉 이슬람의 진리를 오도하는 자를 가리킨다.

이슬람 문화권에서 카피르는 합법적으로 살해해도 무방하다는 타크피르가 성행했다. 전통적 이슬람 학자들은 정권을 잡은 정치가들이나 사회 전체가 이단이므로 추방해야 할 대상이라고 주장했다.[4]

무슬림은 그리스도인들을 가리켜 카피르라고 한다. 그리고 또 다른 한편으로는 기독교와 이슬람은 같은 신을 믿는다고 주장한다. 그만큼 무슬림도 기독교에 대해 잘 이해하지 못하고 일방적으로 그들 편에서(이슬람의 가르침) 날조된 기독교에 대해 가르침을 받아왔다는 것을 알 수가 있다. 근자에 들

---

2   이슬람의 진실을 덮는 사람들을 총칭하는 단어 '진실을 덮는 자'.
3   공일주, 『무슬림과 의사소통을 위한 새 패러다임』 (서울: 기독교문서선교회, 2009), 16.
4   21세기 중동이슬람문명권 연구사업단, 『중동 종교의 이해 3』, (서울: 한울출판사), 85.

어서 현지 이집트 기독교 청년들이 친구 무슬림에게 기독교에 관해 이야기할 때 매우 진지하게 듣는다는 것은 매우 희망적이라 볼 수 있다.

4. 히잡과 명예살인

베일은 고대 근동의 역사적 상황에 따라 발전되어 왔다. 그리스, 로마 그리고 비잔틴 제국과 유대교에 이르기까지 관행처럼 내려왔지만, 매우 자율적이었다.[5] 그러나 히잡은 무함마드의 개인적인 욕구로 인해 이슬람에서 제도화됐다.

무슬림 여성들이 사용하는 베일은 여러 종류가 있으며 이슬람권 국가와 나라마다 다르게 사용하고 있다. 베일은 형태에 따라 여러 종류로 나누어졌다.

부르카는 주로 아프가니스탄 여성들이 사용하는 데 온몸을 덮고 눈까지도 망사로 덮여 있다. 차도르(덮는다는 의미)는 주로 이란 여성들이 사용하는데 온몸을 검은 천으로 덮는 망토형으로 얼굴은 내놓는다.

니캅은 히잡 밑에 얼굴을 가리는 수건형으로 파키스탄과 사우디아라비아 여성들이 사용하며 눈을 제외한 온몸을 덮는다. 히잡은 주로 중동에 여성들이 사용하는 데 주로 머리를 스카프 형식으로 덮고 얼굴을 내놓고 다닌다.

이희수 교수에 의하면 히잡을 통해 여성을 보호한다는 보호 개념에서 시작했으며 이슬람 국가의 전통적 페미니즘(여성의 권리)에서 찾아야 한다고 말했다. 또한, 이는 남성의 성적 욕구를 차단하게 하므로 여성의 순결성과 명예를 상징할 뿐만 아니라 이집트에서는 여성에 사회적 경제적 혜택을 주므로 자발적으로 히잡을 착용하게 되었으며 사회적 활동을 보장하여 주는 수단이 됐다고 주장한다.[6]

---

5 오은경, 『베일 속에 여성 그리고 이슬람』 (서울: 시대의 창, 2014), 87.
6 이희수 외, 『이슬람』, 140.

히잡 종류

우리는 무함마드가 카디자가 죽은 이후에 여성을 향한 그의 욕구에 대해 어느 정도 이해를 했다. 무함마드는 그리스도인 노예인 마리아와 지내기를 원했다. 어느 날 그는 마리아를 하프자의 침실로 데려가 동침을 했다.

하프자는 두 사람의 애정 행각을 보게 됐다. 그는 하프자에게 아이샤에게 말하지 말라고 함구령을 내리었지만, 그녀가 아이샤에게 모든 사실을 털어놓자 무함마드와 아이샤 사이에 큰 다툼이 일어났다. 무함마드는 이 문제를 해결해야 했다.

그는 코란 66장에서 마리아를 다시 취하게 하여 달라는 계시를 말했다. 그리고 아내들에게 예언자인 자기에게 순종하지 않으면 알라의 선지자인 자신을 더 좋은 여인들과 혼인시키겠다는 계시를 통해 협박했다(코란 66:5).[7]

그러던 와중에 아이샤를 흠모하는 탈하라는 청년이 있었다. 그는 무함마드가 죽으면 아이샤와 결혼하겠다고 한 청년이었다(Al-balathiri; Ansab al-Ashraf, 10:123).[8] 그런데 어느 날 이 청년이 아이샤 방에서 나오는 것을 무함마드가 보았다. 무함마드는 이 사건을 묵과할 수 없었다. 그는 이 문제에 대해 코란의 계시를 내렸다.

> 무함마드 허락 없이 남자들은 자신의 집에 들어가서는 안 되며 자신의 아내와 이야기를 나눌 때는 벽을 사이에 두고 떨어져서 하라.

---

7 사마드, 『무함마드 평전』, 187.
8 사마드, 『무함마드 평전』, 189.

그뿐만 아니라 무함마드가 죽은 후에 자기 아내들의 재혼을 금지하고 출타할 때도 언제나 온몸을 가리고 나갈 것에 대해 계시를 내렸다(코란 33:53).

> 오! 선지자여 그대의 아내들과 딸들 그리고 충성스러운 아내들에게 베일을 길게 늘어뜨리라고 말하라. 그러면 그들이 더 쉽게 알려질 것이요 모욕을 당하지 않을 것이니라(코란 33:59).

왜 이런 코란의 계시가 내려졌는가?

당시 무함마드는 60세의 노인이었고 아이샤는 10대 소녀였다. 무함마드는 늘 불안할 수밖에 없었다. 한번은 무함마드가 전쟁을 치르러 나갈 때 아이샤를 대동하고 나갔다. 전쟁에서 승리했지만 전투하는 중에 아이샤가 행방불명됐다가 다음날 다른 남자의 천막에서 나오는 것이 발견됐다. 이 사건이 오늘날 모든 여성에게 족쇄를 씌우게 될지 누구도 예상하지 못했다. 무함마드는 아내들의 활동을 더욱더 통제했고 여자들은 온몸을 가려야 하는 법이 제정되었으며 간통을 막기 위한 새로운 법적인 조항들이 만들어졌다.[9]

시대를 초월하여 오늘날까지도 이 법에 의해 무수한 무슬림 여성들이 제한을 받으며 온갖 신체적, 언어적인 폭력을 당하며 살고 있다. 무함마드 한 사람 때문에 17억의 무슬림이 무함마드 안에서 사는 것과 마찬가지이다. 그러나 히잡을 쓰는 여성들에 대해 인권이 박탈당하고 여성 고유의 자율성을 잃어버린 '무슬림 여성'으로 치부하는 것은 무슬림 여성들을 일방적인 시각에서 바라보는 편견일 수도 있다. 설혹 무함마드에 의한 강압적이고 여성 비하적인 입장에서 히잡이 시작됐다고 해도 오늘날 현대 사회에서는 히잡이 하나의 여성 문화로 자리 잡았기 때문에 스스로 히잡을 사용하는 여성들에 대해 같은 시선으로 바라보는 것은 조심해야 할 부분이라는 여지를 남겨 두고 있다.

---

9 사마드, 『무함마드 평전』, 191.

◆ 명예살인

일반적으로 아랍의 무슬림은 여자가 부정한 관계를 맺지 않아도 의혹이나 소문으로 인해 자신의 가족에게 수치가 될 때 그 여성을 죽임으로써 가정의 명예를 지킨다고 생각한다. 이것이 여성 명예살인이다. 요르단에서는 소문만 듣고도 죽임을 당하는 여성이 매년 20명 이상이 된다는 통계가 있다.[10]

2005년 5월 18일 아프가니스탄 방송의 한 여성 진행자(샤마이 레자위로)는 젊은이들을 위한 음악 방송 진행자였는데 전통적인 부르카를 벗고 방송을 진행했다는 이유로 죽임을 당했다. 그녀는 탈레반 정권이 유지하여 온 이슬람 율법을 어김으로써 아프가니스탄의 명예를 실추하여 죽임을 당했다.[11]

이슬람권에서 가족이나, 부족 혹은 공동체의 명예를 더럽힌 사람을 살해하므로 가족의 명예 혹은 공동체의 명예를 지킬 수 있다고 믿는다. 그 살인은 합법적인 살인이다. 이슬람권에서는 가족의 명예는 매우 중요하다.

특별히 가족의 명예를 실추시킨다는 것은 죽음으로 보상해야 한다. 이러한 사상이 이슬람권에서 합법화된 이유가 있다. 무함마드 자신이 이러한 명예살인에 대해 묵시적으로 인정했다. 또한, 칼리프 오마르는 "나도 이 자리에 내 아내와 정을 통한 남자가 있다면 그를 죽이겠소"[12]라고 했다. 이슬람의 창시자인 무함마드의 묵시적 암시와 칼리프 오마르의 동의는 명예살인에 합법성을 주었다.

우리는 무슬림에게 도전해야 할 것이다. 명예가 사랑하는 딸자식의 생명보다 더 중요한지 물어보아야 할 것이다.

---

[10] 공일주, 『한국인과 소통을 위한 아랍 문화』, 410.
[11] 오은경, 『베일 속에 여성 그리고 이슬람』, 8.
[12] 공일주, 『한국인과 소통을 위한 아랍 문화』, 411.

5. 이슬람 안에서 여성의 위치

이슬람권에서 여성이 50%가 넘는다는 것은 이슬람 사회에 여성의 위치나 지위가 사회적으로 매우 중요함을 보여 준다. 특별히 가정에서의 무슬림 여성의 자녀 교육은 미래 이슬람 사회에 발전과 직접적인 영향을 끼치는 큰 특권을 가지고 있다.

그런데도 20세기 초까지 전체 무슬림 여성의 약 99%가 문맹이었다. 무슬림 여학생들을 위한 공립학교가 거의 없었으며 여학생들을 위한 학교 건립에 종교 지도자들은 언제나 강력하게 반대했다.[13] 그러한 차별적 사회 속에서 교육의 혜택을 누리지 못하고 남성 중심의 사회 속에서 여성들은 자연스럽게 격리됐다. 물론 이슬람권 여성들에 관해 이야기를 나눌 때 감정이나 편견으로 이야기하는 것이 아니라 실제적인 여성들의 위치에 대해 말하는 것이다.

그렇다면 코란과 하디스에서 여성에 대해 어떻게 말하고 있는지에 대해 이야기해야 할 것이다. 왜냐하면, 이슬람의 코란 자체가 문화이며 삶이다. 그러므로 코란과 하디스가 여성에 대해 어떻게 이야기하는지를 살펴보고자 한다.

아랍의 전통적인 개념은 부족적 개념이며 가부장적인 전통을 목숨처럼 지켜 왔다. 이슬람 자체가 아랍의 전통 종교와 문화적 기반 위에서 세워졌다. 코란은 남자가 여성을 책임져야 할 대상으로 말하고 있다. 즉 남자는 여성의 후견인으로서 여성은 남자를 따라야 할 의무가 있다. 남자의 가부장적인 관계는 남자의 권위와 여자의 순종에 근거한다.[14]

필자가 어느 날 기독교 자매의 친구인 무슬림 자매와 함께 차를 타고 가게 됐다. 무슬림 자매는 대학생으로서 매우 편하게 대화를 나눌 수 있는 학생이었다. 여러 가지 이야기를 나누다가 여자 4명이 한 남자를 남편으

---

13 엘더, 『무슬림을 향한 성경적 접근』, 88.
14 공일주, 『한국인과 소통을 위한 아랍 문화』, 422.

로 모시고 사는 것에 대해 어떻게 생각하냐고 물어보았다. 그녀의 대답은 매우 간단했다. 좋다 나쁘다 표현이 아니다. "알라는 위대하고 무함마드는 알라의 선지자이다."

이슬람 시대가 시작되면서 여성 인권이 확립됐다고 주장하는 많은 학자의 주장을 들어 보면 참담하지 않을 수가 없다. 같은 상황을 보고도 생각하는 차이가 그렇게 다를 수가 있을까 아무리 생각해도 그것은 영적인 문제이지 이성적으로 논리적으로 이해될 수 있는 문제는 아니라는 결론에 도달하게 된다.

코란은 남자가 여성보다 우월한 존재임을 밝히고 있다. 남성은 여성과 비교하면 두 배의 상속을 받는다. 그리고 여성은 남자들의 밭에 비유했다.

> 여성들은 너희들이 가꾸어야 할 경작지와 같나니 너희가 원할 때 너희의 경작지로 가까이 가라 그리하여 씨를 뿌리되 너희 자신을 위해 조심스레 하고(코란 56:7-37, 52:20, 2:25, 4:75, 3:15 등을 참조)(코란 2:223).

> 알라는 그들을 위해 새로운 배우자들을 창조했고 그녀들을 순결케 했으며 나이가 같으며 사랑받게 했나니(코란 56:35-37).

코란에서 남성들은 이슬람이 말하는 파라다이스에서 새롭게 창조된 여성들과 함께한다는 의미이다. 이슬람의 여성 위치에 대해 내세에 대해서 어떤 세계관을 갖는지 알 수가 있다. 무슬림의 좋은 아내는 파라다이스에서도 그의 아내가 된다. 여러 번 혼인한 여성들은 그녀의 마지막 남편과 살게 된다.[15]

이슬람에서 묘사되는 현재 여성들의 위치는 남성을 위해 존재하며 자손 번식을 위해 필요한 존재이다. 이슬람은 여성들의 위치가 내세에서도 불편

---

15 공일주, 『코란의 이해』(서울: 한국외국어대학교 출판부, 2008), 119.

하게 묘사되고 있다. 지옥에 들어간 대부분 사람은 여성[16]이라고 말한다. 그런데도 이슬람의 여성 인권이 우리나라보다 1400년 빠르다고 주장한다.[17]

『이슬람』 책을 집필한 한국의 이슬람 학자에 의하면 이슬람에서 추구하는 일부다처제는 남성의 수가 여성보다 작을 때 가능했으며, 한 명 이상의 여성과 결혼 하고 싶은 남성의 욕구에 따라 여러 여자를 거느릴 수 있고, 많은 자손을 갖고 싶은 남자의 욕망에 따라 일부다처를 할 수 있다고 주장한다.[18] 그러면서 일부다처제가 왜 생겼는가에 대해 설명하고 있다.

이슬람의 여성 위치에 대해 내세에 대해서는 어떤 세계관을 갖는지 알 수 있다. 무슬림의 좋은 아내는 파라다이스에서도 그의 아내가 된다. 여러 번 혼인한 여성들은 그녀의 마지막 남편과 살게 된다.[19]

일반적으로 이슬람권의 여성관은 여러 가지 복합적으로 형성된 문화권에서 만들어졌다. 다음은 압둘 마시흐가 바라본 아랍 여성들의 모습이다.

첫째, 여성은 종교적으로, 사상적으로 열등하며 생리적으로 깨끗하지 못한 피조물로서 남성들의 성적 대상이다
둘째, 남편의 소유물로 가구처럼 바꿀 수 있다.
셋째, 여성 문맹률이 40%에 달한다.
넷째, 여자들은 남자를 유혹하며 죄의 시작도 여성으로부터 시작했다. 그러므로 남자가 유혹을 받지 않기 위해 6세 이상의 여자들에게 아바야로 덮어야 한다.
다섯째, 남편이 외출할 때는 대문을 잠근다.

---

16 Umar Sluaiman al-Ashqar, 『*Paradise and hell*』 (Intermational Isamic Publishing House, 1999), 99.
17 이희수 외, 『이슬람』, 136.
18 이희수 외, 『이슬람』, 132.
19 공일주, 『코란의 이해』, 119.

여섯째, 여자들이 외출 시 여자들은 반드시 가족 중에 남자와 동행 해야 한다.
일곱째, 여자들은 가족 외에 다른 남자와 대화하면 안 된다.
여덟째, 간음죄에 대해 남성은 변명의 여지가 있지만, 여성은 거의 없다.[20]

필자는 이러한 압둘 마시호가 바라본 여성들의 모습이 모든 이슬람권의 여성들을 대변하여 주는 것은 아니라고 생각한다. 어떤 지역에서 저런 모습으로 나타나지만 어떤 지역에서는 전혀 다르게 나타나기도 한다.

예를 들어 서구 지향적인 아랍국가들의(에미레이트) 여성들에게는 많은 자유가 주어졌다. 그러므로 일률 편향적으로 이슬람 국가의 모든 여성은 일방적으로 정의할 수 없다.

이슬람을 추구하는 이들의 주장에 대해 어떻게 생각할지는 독자들의 몫이 될 것이다. 우리는 이제 이슬람과 기독교에서 매우 중요하게 여기는 핵심 주제에 관해 이야기해야 할 차례가 됐다.

---

20 마시호, 『무슬림과 대화』, 2004.

제5부

성경과 코란의 동일한 단어와 이름

제1장 성경의 하나님과 코란의 알라
제2장 성경의 아브라함과 코란의 이브라힘은
       같은 인물인가?
제3장 성경의 예수와 코란의 이싸
제4장 메카의 카바 건립

제1장

성경의 하나님과 코란의 알라

　일반적인 사람들이 아랍어성경과 아랍어코란에 나오는 어휘가 동일하거나 유사할 때 동일 인물인가에 대해 논쟁을 하여 왔다. 무슬림은 코란에 나오는 인물이 성경에도 나오는데 이들은 동일 인물이라고 주장한다.
　일부 서구학자들은 코란의 알라를 'God'으로 번역해 사용하고 있으며 코란의 이싸를 'Jesus'라고 번역해 사용하고 있다. 그러다 보니 이슬람을 잘 모르는 그리스도인들이나 심지어 목사들까지 알라와 성경에 하나님이 같은 신으로 착각하는 때도 있다. 결론적으로 우리가 믿는 성부 성자 성령 하나님을 말하는 성경의 하나님과 코란의 알라는 전혀 다른 신이다. 그런데도 같은 신이라 주장하는 이들에 대한 논리에 대해 알아보자.

　전 세계의 무슬림 학자 138명이 교황 베네딕토 16세를 비롯한 기독교 지도자들에게 양 종교의 이해와 협력을 추구하는 공개서한을 보냈다"라고 기록하면서 이들은 "기독교와 무슬림은 같은 신을 믿으며 이웃에 대한 사랑과 신에 대한 헌신을 강조한다는 공통점이 있다"라며 두 종교가 가진 공통적인 요소들을 인정하며 함께 가야 한다고 기사 내용을 기록했다(오래전에 경향신문 기자가 기록한 기사 내용 중에).

'무함마드가 예수 만나다' 편에서 기독교와 이슬람이 같은 뿌리라는 내용으로 드라마를 방영했다. 이 방송은 기독교와 이슬람을 잘 이해하지 못한 이들에 의해 제작됐다[1](신의 길 인간의 길 4부작).

국민일보의 한 보고서에 의하면 한국인 24.3%가 하나님과 알라는 이름만 다르지 같은 신이라고 밝혔다[2].

로마 가톨릭 교황 요한 바오르 2세는 1995년 모로코를 방문했다. 그는 무슬림에게 우리는 동일한 신을 믿으며 우리는 하나임을 선언했다. 2001년 요한 바오르 2세는 시리아를 방문했다. 우마야드 모스크를 방문하며 주 종교는 동일한 신을 믿으며 같은 선지자들을 믿으며 죽음 후에도 같은 세계관을 갖는 공통점이 있는 영적인 파트너로서 세계 평화를 위해 이해하고 힘을 합쳐야 한다고 강조했다.[3]

로마 가톨릭의 교황 바오르 2세의 후임자인 베네딕트 16세 역시 2006년 터키의 이스탄불의 블루 모스크를 방문하여 연설하면서 로마 가톨릭과 이슬람은 영적인 파트너임을 선언했다.[4]

그는 하나님과 알라가 같은 신이며 기독교와 무슬림이 동일한 대상을 섬기고 예배하면서도 서로 이해하는 것이 다르다는 궤변을 주장했다. 성경과 코란에서 묘사되는 하나님은 창조주, 유일신, 초월자, 선한 존재 등 그 유사성으로 인해 같은 신으로 인식되어야 한다고 주장한다(미로슬라브 볼프, 『알라』)[5].

---

1 공일주, 『무슬림과 의사소통을 위한 새패러다임』, 11.
2 공일주, 『무슬림과 의사소통을 위한 새패러다임』, 13.
3 황용현, 『여자의 후손』, 184.
4 황용현, 『여자의 후손』, 185.
5 국내 기독교 출판사.

이처럼 생각보다 많은 사람이 코란의 알라와 성경의 하나님이 같은 신이라고 생각하고 있다는 데 문제가 있다. 물론 코란 자체도 같은 신이라고 말하고 있다.

> 우리의 일라흐(신) 너희들의 일라흐(신)가 하나다. 우리가 그에게 복종한다 (코란 29:46).

일반적으로 많은 사람이나 이슬람의 코란에서도 기독교의 하나님과 이슬람의 알라는 같은 유일신이라고 그들은 강조하고 있다.

그렇다면 아랍 그리스도인들은 이 문제에 대해 어떻게 생각하는지 알아보자.

1. 아랍 복음주의자

아랍의 기독교 복음주의자들은 코란의 알라와 성경의 하나님은 다르다고 분명히 말하고 있다. 그러나 성경과 코란에 등장하는 신에 대한 단어인 '알라'에 대해 같이 사용하는 것을 거부하지는 않는다.[6] 이슬람의 '알라'는 이슬람이 등장하기 전부터 아랍인들이 사용하던 '어휘'로써 아랍의 변방에 있던 어휘였는데 코란이 등장하면서 '알라'라는 어휘가 이슬람의 중심에 자리를 잡았다. 즉 알라라는 단어는 이미 무함마드 이전에 아랍 사람들이 부르던 여러 신 중의 하나이며 이슬람 전에 유일신이 아니었다. 메카 사람들이 어떤 위험에 처할 때 쉽게 부르던 이름이었으며 꾸라이쉬 부족이 섬기던 부족의 신의 이름이었다.

---

6 공일주, 『코란의 의미를 찾아서』 (서울: 예영커뮤니티, 2009), 28.

즉 이슬람 이전 다신 숭배자의 '알라 신' 개념은 랍브 알 바이트(Rabb Al-Bayyt), 즉 이 집의 주인이란 의미가 있다. 랍브 알 카바(Rabb Al-Kabah)는 카바 주인이란 의미이다. 랍브 막카(Rabb Makkah)는 메카의 주인이란 의미가 있었다.[7]

성경에 하나님은 어느 특정한 지역을 통치하는 국한된 신이 아니다. 그러므로 결코 이슬람의 알라는 기독교의 하나님과 같은 신이 될 수 없다.

무함마드 알라의 개념은 무슬림의 신앙 고백인 샤하다와 코란에 잘 나타나 있다.

> 알라(Allah) 이외에는 신이 없다. 알라의 사도인 무함마드에게 순종하는 자마다 알라에게 순종한 것이다(코란 4:80).

무함마드는 알라 이외에는 신이 없다고 설파하므로 메카에 여러 신 중에 알라가 최고의 신이란 지위를 얻게 되었으며 알라는 무슬림에게 신에 대한 고유한 이름이 됐다. 즉 이슬람 이전에 다신 중의 하나인 '알라'가 무함마드에 의해 '코란'의 중심에 서게 됐다.

2. 코란과 하디스의 증언

코란 106:3에서 영어 번역 알라(Allah)에 대해 'The Lord of this city'로 번역됐다.

> 나는(무함마드) 이 도시(메카)를 성역으로 하여 주신 주님만을 경배하라는 명령을 받았으니 모든 것은 그분의 권능 안에 있노라. 또한 나는 알라께

---

7   공일주, 『코란의 이해』, 97.

순종하는 자가 되라는 명령을 받았노라(코란 27:1, 최영길 역).

이슬람의 알라는 아라비아반도의 부족들이 섬기던 신중에 하나였다는 것을 이슬람 자체가 증명하고 있음에도 이슬람의 알라와 기독교의 하나님은 같은 신이라고 주장하고 하고 있다.

3 무함마드 아버지의 이름(압둘라)

압둘라(Abdullah)에서 압드(Abdu)는 종 혹은 노예란 의미가 있다. 'Allah'란 단어가 합쳐서 압둘라는 알라의 종이란 의미가 된다. 즉 무함마드 이전에 이미 '알라'라는 신을 섬기고 있었다는 것을 무함마드 아버지의 이름을 통해서도 알 수가 있다.

4. 이슬람의 주장

이슬람의 주장은 유대교와 그리스도인은 아브라함(Abraham)과 이삭을 통해 하나님을 알게 되었고 이슬람은 이브라힘(Ibrahim)과 이스마엘을 통해 알라를 알게 됐다고 주장한다. 그러므로 이슬람의 '알라'와 유대교와 기독교의 신인 하나님은 같은 신이라고 주장한다. 그런데 기독교와 유대인이 아브라함의 종교를 타락시켰다. 그리고 그들에게 경전으로 내려준 성경을 변질시켰다고 주장한다. 그래서 알라가 무함마드를 통해 하늘에 있는 경전의 원본인 코란을 보내어 아브라함의 종교를 회복시키고자 했다고 주장한다.

1) 아랍어성경의 명칭도 알라이다

아랍어코란의 신의 명칭도 '알라'이다. 그래서 동일한 창조주라고 주장한다. 위에서 언급했듯이 알라와 하나님은 본성에서 같은 신이 아니지만, 알라라는 단어를 사용하는 것에 대해서는 부인하지 않았다. 단지 같은 단어를 사용했을 뿐이다. 그리고 당시 유대인이 창조주와 종족의 신을 혼동할 만큼 어리석지 않다.

어원적 개념으로 아랍어 '알라'는 그리스도인이 사용하던 시리얀(Syriac), 아람어에서 왔다. 아람어인 '알라하'는 무함마드 이전 오래전부터 사용했던 부족 신의 이름이었다. 그러므로 이슬람의 알라는 꾸라이쉬 부족이 섬기던 최고 '신'으로서 무함마드 당시 메카와 알 히자즈[8] 지역에서 사람들이 숭배한 '알라'를 코란의 중심으로 가져왔다.[9]

무함마드 전기를 기록한 이븐 이스학은 무함마드 전기에서 무함마드의 가족은 '후발'에 헌신된 자들이었다고 기록하고 있다. 무함마드의 조부 압둘 무딸림은 무함마드의 아버지 압둘라를 후발에 바칠 때 셋 중에 어떤 아들을 바칠 것인가를 '알라'에게 물어보았다고 기록하고 있다.

무함마드가 말하는 '알라'는 이슬람이 확립되면서 유일한 신을 가리키게 됐다. 성경의 하나님과 이슬람의 알라는 결코 같은 신이 될 수 없다는 것을 이슬람 스스로가 증거하고 있다.

쿠자이 부족은 예멘에서 5세기 초에 메카로 이주했다. 그중에 아무르 브니 루하이가 레반트에서 섬기던 신중의 하나인 '후발'을 가져다가 메카 중앙에 있는 카바에 후발을 올려놓았다. 후발은 사람의 형상처럼 만들어졌으며 360개의 우상 중에 가장 으뜸가는 신이었다. 호주 이슬람 전문가

8　아라비아 서쪽 지역인 홍해 연안을 따라서 예멘 국경에서 아카바만까지 이어진 지역으로서 헤자즈는 과거 아랍 세계의 정치 종교의 중심 지역이며, 제다, 메카, 메디나 그리고 타북까지 다 어우르는 지역이다.
9　공일주, 『코란의 이해』, 31.

마크 튜이 박사는 "이슬람의 알라에 대해 꾸라이쉬 부족이 섬기던 후발(Hubal)이 카바신전의 최고 신인 알라(Allah)로 표현됐다"라고 주장한다.

당시 메카에는 21개의 카바(Al kabah)가 있었으며, 아라비아 남부 나즈란 지역과 오늘날 요르단의 페트라에도 카바가 있었다.

2) 신학적 측면

코란의 핵심 주제 가운데 하나는 타우히드이다. 물론 코란 자체 내에 타우히드란 단어는 없다. 그러나 코란은 타우히드, 즉 단일신론에 대한 의미를 얼마든지 찾을 수 있다. 즉 성경에 삼위일체란 단어는 없지만, 성경 안에 삼위일체의 의미에 대해 얼마든지 설명할 수 있다.

코란의 알라와 성경의 하나님은 본성에서 다르다. 코란은 성육신과 삼위일체를 믿는 자는, 신의 존재를 믿으면서 또 다른 것을 섬기는 자로 카피르라고 한다(코란 5:75-76).

유대교와 기독교 그리고 이슬람이 다 단일신을 믿는다고 그 단일신이 동일한 신이라고 말할 수 없다. 그리고 코란 스스로가 알라와 성경의 하나님이 다르다는 것을 증명하고 있다.

알라의 특징에 대해 일반적으로 알려진 부분들은 "이슬람의 신학에는 삼위일체 개념이 없으며 절대자와의 인격적인 교제나 만남을 통해 하나님을 닮아가는 개념이 없다. 그뿐만 아니라 인간의 죄를 용서받는다는 확신이 없다." 무엇보다 중요한 것은 알라와 하나님의 본성이 다르다는 것이다. 아랍의 개신교 교회들과 아랍의 기독교 신학교에서는 알라와 하나님이 다르다고 가르친다.

3) 하니프(Hanif)

이슬람 이전에 일신론자를 하니프라 부른다.[10] 이들은 우상 숭배를 거부하고 이브라힘을 따랐던 사람들로서 알라의 명령을 따르고 순종하는 자들을 말한다. 이브라힘은 하니프라는 말이 코란에서 8번 등장한다. 그는 유대인도 아니고 그리스도인도 아니다(2:135; 3:67,95; 4:125; 6:79,161; 16:120, 123). 그리고 두 번이나 무함마드를 가리킬 때 사용 하고 있다(10:105; 30:30).[11] 코란 자체가 정확하게 이브라힘은 하니프라고 증언하고 있다.

> 이브라힘이 유대인도 그리스도인도 아니었으나 하니프였고 무쉬리쿤이 아니었다(코란 3:67).

즉 무함마드의 알라 개념은 이슬람 이전의 하니프(단일신론자)를 믿는 이브라힘의 단일신론을 계승한다고 주장한다. 하니프는 이슬람 이전에 이슬람을 닮은 종교적 사상을 말한다. 그러므로 이슬람은 하니프 이후에 나타난 새로운 종교이다. 즉 이슬람은 하니프와 연결되어 있다.[12]

그래서 하니프란 단어와 다신 숭배자를 가리키는 무쉬리쿤이란 단어를 같이 사용하며 이브라힘이 다신론자가 아니라 유일신을 믿는다는 것으로 연결하여 성경과 코란의 연속성을 주장하고 싶은 것이다.

무함마드는 말하기를 "기독교와 유대인이 섬기는 여호와 하나님, 아브라함이 섬기던 그 '신' 알라이다. 그런데 기독교와 유대교가 아브라함의 종교를 변질시켰기에 무함마드를 통해서 경전의 원본(코란)을 보내어 아브라함의 종교를 회복하고자 한다"라고 주장한다.

---

10 공일주, 『코란의 이해』, 106.
11 공일주, 『코란의 이해』, 263.
12 공일주, 『무슬림과 의사 소통을 위한 새 패러다임』, 50.

어휘가 성경과 코란에서 동일하다고 하여 동일 인물이라고 할 수 있는가?

성경의 아브라함과 코란의 이브라힘에 대해 스토리텔링의 주제나 구조와 신학적인 의미에서뿐만 아니라 전체적으로 다르다. 그러므로 성경과 코란에 동일 이름으로 나오는 인물이 동일하다고 말할 수 없다.

이같이 성경에서 말하는 아브라함과 코란에서 말하는 이브라힘이 동일 인물이 아닌 것을 알 수 있다. 그러나 여기서 우리는 기독교적 관점과 무슬림의 관점에 따라 이러한 부분들을 살펴보며 유사성과 특이성을 어떻게 선교에 활용할 수 있는지를 알아볼 필요가 있다.

이상과 같이 여러 많은 학자의 논리와 학문적인 이론들을 토대로 정리하여 볼 때 성경의 하나님과 코란의 알라는 서로 공통되는 점과 다른 점이 있다.[13] 중요한 것은 하나님과 알라의 속성이 다르다고 배격하기보다는 공통점을 가지고 대화를 나눌 수 있어야 한다는 것이다.

---

13 공일주, 『무슬림과 의사 소통을 위한 새 패러다임』, 21.

제 2장

성경의 아브라함과 코란의 이브라힘은 같은 인물인가?

이 부분에 대해 성경에서 말하는 아브라함과 코란에서 말하는 이브라힘이 동일 인물이라면 공통점이 분명히 있을 것이다. 그러나 공통점이 없다면 이는 분명히 이름이 같다 해도 동일 인물은 아닐 것이다.

만약 같은 인물이 아니라면 무함마드는 아브라함의 후손이 아닌 것이다. 성경과 코란에 등장하는 동일한 사건들에 대해 두 텍스트를 통해 몇 가지의 사건을 비교하여 보도록 하자.

창세기 11:31-32에 의하면 아브라함(Abraham)의 아버지 이름은 데라(Terah)이다. 그러나 코란에서 이브라힘(Ibrahim)의 아버지 이름은 아자르(Azar)이다(코란 6:74).

이름이 다른 것에 대해 이슬람은 말하기를 아버지 이름을 애칭으로 부른 것이라고 반박하지만 중동에서는 문화적으로 아버지 이름을 애칭으로 부르지 않는다.

우리가 알듯이 하나님이 아브람을(창세기 12:1-3) 부르실 때 그의 본이름은 아브람(Abram)이었다. 그러나 그가 99세 때 하나님이 그와 언약을 맺으시면서 너는 열국의 아비가 될 것이니 이제부터 네 이름을 아브라함(Abraham)이라 부르라고 그의 이름을 하나님이 직접 바꾸어 주셨다(창 17:5). 그러나 코란에서 이브라힘은 처음부터 이브라힘이었다(코란 21:60).

성경에서는 아브라함이 불 속에 던져진 적이 없다. 그러나 코란에서는 이브라힘이 니므롯에 의해 불 속에 던져졌는데 알라가 구해 주었다고 기록되어 있다.

성경에서 아브라함은 아라비아의 메카에 갔다는 기록이 없다. 그러나 코란에서는 이브라힘이 이스마엘과 메카에 가서 카바(Kaaba)신전을 건축했다고 기록하고 있다.

코란에서 카바신전은 아담과 하와가 메카에 내려와서 신을 경배하고 주춧돌을 놓았다고 기록한다. 그리고 이브라힘과 이스마엘이 카바신전을 건축했다고 주장하지만, 이것은 역사적으로 증명되지 않았다.

성경에서 아브라함은 아내 사라의 요구대로 이집트 여종인 하갈을 후처로 받아들여 이스마엘을 낳게 했다. 후에 이스마엘에 대한 하나님의 약속을 믿고 하갈과 이스마엘이 집을 떠나게 했다(창 16:1-5, 21:18-21).

그리고 창세기 25:18에 이스마엘의 자손들은 이집트 앞 술에 이르러 그 모든 형제 맞은편에 거했다고 기록하고 있다. 즉 그들은 아라비아 근처에 가지 않았다는 것을 말하고 있다. 그러나 코란에서는 하갈과 이스마엘이 아라비아 메카 계곡에 거했다고 기록하고 있다(코란 14:37-38, 2:133-134).

창세기 11:26-28에 아브라함의 족보에 대해 기록하고 있다. 그러나 코란에서는 이브라힘의 족보가 나오지 않는다.

성경에서는 아브라함에게 아들 이삭을 모리아 산에 가서 바치라는 명령을 내린다. 이름과 지명에 대해 분명히 밝히지만, 코란에서는 아들의 이름에 대해서는 언급하지 않고 있다.

창세기 23:17-20에 아브라함의 아내 사라를 가나안 땅 막벨라 앞 굴에 매장했다고 기록하고 있다. 그리고 아브라함이 175세에 죽었을 때 이삭과 이스마엘이 그를 마므레 앞 막벨라 굴에 장사했다(창 25:7-9).

코란에서는 이브라힘이 장사 지낸 이야기가 없다.

성경은 아브라함의 삶의 일정에 대해 자세하게 기록하고 있으며 어떤 장소로 이동했는지에 대해 정확하게 기록하고 있다. 창세기 11:27부터 25

장까지 아브라함의 이야기가 역대기적으로 잘 기록되어 있다. 그러나 코란은 2장에서 87장 사이에 이브라힘의 이야기를 여기저기 분산하여 기록하고 있으며 이브라힘의 여행을 성경에서 기록한 것과 같이 기록한 사건들이 없다. 단지 다른 이야기들과 함께 얽혀서 기록되고 있다.

즉 성경과 코란에서 언급한 아브라함에 대한 스토리텔링의 구조와 형식에서 많은 차이가 있고 텍스트마다 다른 주제와 강조하고자 하는 강조점이 분명히 다르며, 성경과 코란이 말하고자 하는 신학적인 의미가 다르다는 것을 알 수 있다.

그런 면에서 볼 때 성경과 코란은 동일한 메시지라기보다는 일부 동일한 내용이 있을 뿐이다. 코란에서 가장 중요한 핵심 주제 중의 하나는 '이브라힘은(하니프) 유대교인도 그리스도인도 아니다'라는 것이다. 만일 성경과 코란이 동일한 경전이라면 두 경전에서 동일한 주장을 해야 한다.

분명한 것은 코란과 성경이 연속성이 없다는 것을 코란이 스스로 주장하고 있다. 우리는 아브라함과 이브라힘이 동일 인물이 아니라는 것을 분명히 알았다. 그러나 선교적 시각에서 무슬림을 바라볼 때 하나님의 언약과 성취라는 복음적 성취이론에 비추어 볼 때 무슬림에 대해 좀 더 긍정적으로 바라볼 수 있다.

즉 필자는 '무슬림을 준비된 그리스도인'이라는 시각으로 그들을 바라보기를 원한다. 물론 선교학적이나 신학적으로 검증된 논리는 아니지만, 선교의 전체적인 로드맵 안에서 무슬림을 바라볼 때 가능하다.

제3장

성경의 예수와 코란의 이싸

코란에서 말하는 예수는 무슬림과 대화를 나눌 때 매우 중요한 사항이다. 그러나 코란에서의 이싸는 성경에서 말하는 예수의 신성을 17번이나 부인하고 있으며 50구절에 걸쳐 그의 신성이 박탈당했다.[1]

즉 코란은 성경에서 말씀하는 예수는 그리스도요 하나님의 독생자임을 믿지 않는다. 그러므로 코란의 이싸와 성경의 예수는 동일 인물이 아니다. 그러나 우리는 코란에서 예수 그리스도에 대해 어떻게 묘사하고 있는지 알아볼 필요가 있다. 당연히 이슬람에 대한 선지식은 무슬림을 대할 때 필요한 사항들이다.

1. 코란의 동정녀 탄생

코란 19:16-34에서 예수는 동정녀 마리아에게서 태어난 것으로 묘사하고 있다(코란 4:156; 21:91).

---

1 마시호, 『이슬람과 대화』, 21.

2. 예수는 마리아의 아들

코란에서는 이싸에 대해 마리아의 아들이라고 무려 23번이나 언급하고 있다.

> 알라께서 아담에게 그랬듯이 예수에게도 다를 바가 없도다. 알라가 흙으로 그를 빚어 그에게 말씀하셨다. 있어라, 그리하여 그가 있었느니라 (코란 3:59).

> 이싸는 마리아의 아들로서 선지자일 뿐 이는 이전에 지나간 선지자들과 같음이라. 그의 어머니는 진실했으며 그들은 매일 양식을 먹었도다 (코란 5:75).

3. 코란에서의 예수는 메시아

코란에는 예수에 대해 메시아라 언급한 곳이 11곳이 있다. 물론 이슬람에서는 그리스도인들이 생각하는 메시아의 의미를 갖지 않고 있다.

4. 코란에서는 예수는 죄가 없다고 증언한다

코란 19:19에서는 예수가 죄 없는 거룩한 자임을 설명하고 있다.
코란에서는 무함마드가 알라에게 죄 용서를 구한다(코란 47:19, 40:55). 그러나 예수 그리스도가 자신의 죄를 위해 기도하지 않았던 이유를 우리는 잘 알고 있다(벧전 2:22, 요일 3:5, 히 4:15, 고후 5:21).

코란과 성경에서 오직 예수만이 죄가 없다고 선언하고 있다는 것은 매우 중요한 접촉점이다. 죄 없는 예수에 대한 자세한 설명이 성경에 기록됐다. 그러므로 코란은 성경을 통해 해석될 수 있다는 말을 이해할 수 있다.

코란에 언급되는 선지자 역시 마찬가지이다. 코란에서는 이름이 거론되지만, 그에 대한 설명이 없다. 그러므로 코란에 언급된 선지자에 대한 설명은 성경에 가서 찾아볼 수 있다. 이러한 것도 역시 무슬림과 대화의 접촉점을 만들 수 있다.

5. 예수는 알라로부터 온 영으로 묘사하고 있다

코란 4:171에서 예수는 알라로부터 온 영이라고 언급한다.

코란에서 이 칭호는 예수 이외에 어느 누구도 주지 않은 칭호이다.[2] 코란에서 이 칭호에 대해 정확한 설명이 없는 것은 사실이다.

그러나 우리는 그 칭호의 의미가 무엇인지 알 수 있다. 예수는 인성과 신성을 가진 본질상 하나님이시라는 의미를 알 수가 있다. 물론 무슬림은 이러한 의미를 잘 이해하지 못하는 것이 사실이다.

6. 예수의 승천과 재림

코란 4:185에서 알라는 예수를 그분에게(알라) 승천케 했다(3:55).

코란 43:61에서 예수의 재림은 심판이 다가옴을 예시한다고 기록되어 있다. 물론 이슬람에서는 예수가 나중에 재림하여 무함마드가 마지막 선지자임을 증언한다고 한다. 무함마드 자신도 열병으로 죽어 이 땅에 묻혀 있다.

---

2   안와르 바시르, 『무슬림에게 복음을』, 김기드온 역(서울: 예루살렘, 1994), 22.

우리는 코란 자체에서 예수가 수많은 기적을 행했다는 것을 기록하고 있다는 것을 알고 있다. 반면 무함마드는 예수에게 필적하여 그런 기적을 일으켜 본 적이 없다. 그래서 무함마드의 족보를 기록한 이븐 이스학은 무함마드의 기적에 대해 기록하지 않을 수가 없었다.

예수는 성경 창세기 3:15에서 예언한 대로 여자의 후손으로 태어나서 우리의 죄를 대속하시기 위해 십자가에 죽으시고 우리를 의롭다 하심을 얻게 하기 위해 죽음을 이기시고 부활하셨다. 그리고 다시 오실 것을 약속(신약의 예언)하시고 하늘로 승천하여 하나님의 우편에 계시면서 우리를 지금도 중보하신다. 이것은 하나님만이 하실 수 있는 예언이며 인간의 역사 속에서 성취하심도 하나님만이 하실 수 있는 일이다.

이상과 같이 우리는 예수와 이싸는 동일한 인물이 아님을 알 수 있다. 그러나 무슬림과 접촉점을 가질 때 충분히 활용할 수 있는 주제이다. 그러므로 코란에서 말하는 예수에 대해 좀 더 공부하는 것이 필요하다. 코란에서 언급한 선지자들에 대해서도 새로운 각도에서 공부한다면 무슬림과 대화의 접촉점을 찾아 사용할 수 있을 것이다.

제4장

메카의 카바 건립

A.D. 3세기 후반 쿠자아(Khuza ah) 부족이 예멘에서 메카로 이동했고 꾸라이쉬 부족이 있기 전 메카의 원주민으로서 그들이 메카를 건립했다. 그들 가운데 '아므루 브니 루하이라'는 레반트 지역 신인 '호발'(Hobal)을 가져와 카바 중앙에 두었다.

왜 이런 이야기가 나왔을까?

무함마드는 자기 족보를 아브라함에서부터 찾기를 원했다. 코란에서는 아브라함이 하갈을 데리고 메카에 가서 두 모자를 거기에 두었다고 기록하고 있다. 이스마엘은 B.C. 2050년경에 살았다. 이스마엘과 무함마드 사이에는 약 2670년의 간격이 있다. 이븐 이스학은 무함마드의 족보에서 40명의 조상에 대해 언급했다. 2000년의 기간을 단지 40명의 조상의 이름으로 매울 수 있는 기간이 아니다.

1. 이슬람 이야기

아브라함과 이스마엘이 어떻게 카바를 건축했는가에 대해 말하고 있다. 코란과 구약에 의하면 아브라함은 당시 100살 정도였으며 그들 두 사람이 카바를 건축했다면 이스마엘이 장성해야만 가능하다. 그렇다면 아브라함은 120살이 되어야 한다.

이슬람에서는 이삭의 어머니인 사라와 이스마엘의 어머니 하갈과 갈등으로 한집에서 살 수가 없어 아브라함이 하갈과 이스마엘을 데리고 남쪽으로 내려와 메카에 도착했다고 한다.[1] 120살 노인이 그 먼 거리 메카에 정착하여 높이가 10-12m 정도의 카바를 건축하고 이스마엘과 하갈을 그곳에 두고 떠나왔다는 것은 논리적으로 맞지 않는다.

아브라함은 당시에 팔레스타인에 있었고 그곳에서 메카까지 1,200km 정도의 먼 거리에 있었다. 중간에 메디나도 있었다. 메디나에서 350km가 더 먼 메카까지 갈 이유가 아브라함에게는 없었다.

그럼 성경은 뭐라고 증언하고 있는가?

> 하갈과 이스마엘은 아브라함을 떠나 브엘세바 들에서 방황하다가 바란 광야, 즉 이스라엘 남쪽 가데스 바아(kadesh Barnea) 북부 바란(Paran)에 거주했다 (창 21:21).

> 그 자손들은 하윌라에서부터 앗수르로 통하는 이집트 앞 술까지 이르러 그 모든 형제의 맞은편에 거했더라(창 25:18).

하갈과 이스마엘은 메카에 간 적이 없다고 성경은 증언한다. 그러나 이슬람은 아브라함이 팔레스타인을 떠나 1200km 여행하여 메카까지 간 이유는 이스마엘과 카바를 건설하기 위해서였다고 기록하고 있다. 이슬람 역사에서 카바는 매우 중요한 곳이다. 아담이 첫 번째로 카바를 건축하고 그 이후에 아브라함이 이스마엘과 건축했다고 주장한다.

---

1 최영길, 『무함마드와 이슬람』 (서울: 알림, 2005), 19.

2. 고고학자와 역사가들의 의견

고고학자들의 의견에 의하면 A.D. 3세기 이전까지 메카는 도시로서 어떤 것도 존재하지 않았고 이를 증명할 증거도 없었다. 그런데도 코란은 이브라힘의 족보를 통해 무함마드까지 이른다고 확증한 것이다. 우리는 여기서 무함마드가 자신을 이브라힘과 연결하기 위한 것으로 추측할 수 있다.

무함마드는 이브라힘의 아들 이스마엘을 통해 이브라힘의 자손이 동일한 인물임을 말하고자 했다. 아브라함과 이브라힘이 동일 인물이라면 이스마엘도 '메카'에서 살았다고 볼 수 있다.

그러나 성경은 이스마엘이 바란 광야로 갔고 그곳에 살면서 하갈이 이집트 여인을 이스마엘의 아내로 맞이하게 했다고 기록한다(창 21:21). 이것은 매우 자연스러운 현상이라고 볼 수 있다. 하갈은 이집트 여인이기에 아들에게도 이집트 여인과 결혼 하도록 했을 것이다.

킹제임스성경은 하갈과 이스마엘이 'near the border of Egypt', 이집트 국경 부근에 살았다고 기록한다. 이집트 국경 부근에서 살면서 이스마엘 어머니도 이집트 여자, 아내도 이집트 여자는 자연스러운 현상이라고 볼 수가 있다.

3. 역사적 사실

무함마드의 가문은 예멘의 시바인 집안(Sabaean Yemeni family), 즉 시바 왕국의 예멘에 살았던 평범한 가족이었다. 그들은 A.D. 5세기까지 예멘을 떠나지 않았다. 이스마엘족이 사라진 1100년 정도 지난시기였다. A.D. 5세기 무함마드의 8대 조상인 쿠사이(Qusayy Bin Kilab)는 메카에 정착했다. 무함마드의 가문은 이스마엘 부족과 연결이 되지 않은 것이 역사적 사실이다.

지금까지 우리는 이슬람의 문제에 대해 진지하게 논했다.

어떤 종교이든 자유롭게 개인에 의해 선택될 때야 비로소 종교 간의 대화가 가능하여질 것이다. 특별히 이슬람권에서 타 종교로의 개종이 종교적으로나 사회적으로 용납되지 않는다. 개인의 선택을 종교나 정치가 제한하는 것은 종교의 진실을 스스로 외면하는 것이다.

기독교는 무함마드 이후 기독교적 변증을 통해 무슬림과 대화의 필요성을 인식했지만, 지나온 긴 역사 속에서 종교, 역사 그리고 정치적으로 많은 갈등을 겪어 온 것은 사실이다.[1]

이슬람 혹은 무슬림이 가지고 있는 기독교에 대한 장벽은 우리가 생각하는 것만큼 간단하지는 않다. 1400년 동안 무슬림은 그리스도인으로부터 복음을 듣거나 기독교에 관해 관심을 두지 않았다. 사실 이슬람 역사 속에서 복음에 관해 관심을 가질 만한 이유도 없었다.

유럽의 언어를 배우거나 유럽을 여행하고자 하는 생각도 갖지 않았다. 그 이유는 무함마드 이후 칼리프 시대를 거쳐 우마이야와 이베리아반도에서 발전된 이슬람의 문명, 압바스 왕조의 철학, 과학, 의학, 수학 등 모든 분야에 걸쳐 서구를 압도하는 우월적 문화를 자랑했기 때문이다.

당시 어느 무슬림 작가는 아랍 이슬람 군대가 얼마나 빠르게 정복했는지에 대한 글을 아래와 같이 묘사했다.

> 사막을 뚫고 새로운 계시의 종교가 마침내 나타났을 때 근본 교리로 휘청거리고 불확실한 모습으로 좌절하고 있었던 부패하고 분열된 기독교는 단번에 모든 의심을 제거하고 알라 외에 다른 신은 없으며 무함마드는 최후의 선지자이다.

---

1 한국 이슬람 연구소, 『민속 이슬람』, 김아영 편역(서울: 예영, 2004).

이런 간단명료한 신조를 내세워 토론의 여지를 주지 않는 새로운 종교로부터의 유혹을 감당할 수 없었다.[2]

이러한 이슬람이라는 새로운 종교는 부패한 기독교의 나라 유럽을 배울 것 없는 열등한 민족이라 여길 수밖에 없었다.[3]

오스만 튀르크 시대를 거쳐 이슬람의 역사는 전 세계에 많은 영향을 끼치었다. 이로 인한 무슬림은, 이슬람은 고등 종교이고 기독교 및 다른 종교는 하위 종교라는 이분법적인 세계관을 갖게 됐다. 즉 이슬람은 다른 나라에서 다와(전도)를 해도 되는 이유에 대해 이슬람은 고등 종교이며 다른 종교(기독교)는 하위 종교이기에 이슬람 지역에서 전도 행위는 안 된다는 개념이 그들 세계관 속에 자리 잡고 있다.

오늘날도 교회가 합법적으로 아랍국가에서 교회 안(건물)에 종교적 행위들이 용납되어도 교회 밖에서의 종교적 행위는 용납되지 못한다. 또한, 십자군 전쟁으로 인한 무슬림의 아픔과 상처는 이루 말할 수가 없었다. 사실 전쟁이나 무력에 대한 부분에 대해서는 이슬람이 먼저 무력으로 세계 이슬람화를 시작했다는 것에 대해서는 힘을 가진 자가 지배한다는 당연한 논리이므로 자신들에게 문제가 있다고 전혀 생각하지 않는다.

왜냐하면, 그것은 알라의 지고한 뜻이며 칼리프에 의한 샤리아 통치가 이루어져야 한다고 자신들을 합리화했기 때문이다.

중요한 것은 그리스도인들에게 자신들이 한 행위에 대해서는 아는 게 없이 일방적으로 이슬람의 가르침을 받아오다 보니, 이슬람은 하늘의 종교이고 코란은 하늘에 있는 원본을 무함마드에게 계시했으며 그는 알라의 선지자이며 그가 어떤 행동을 하든 그가 하는 행위는 다 옳은 것이라고 여기고 있다는 것이다. 1400년 동안 받아온 가르침의 결과로 그들은 논리적

---

2 앤 쿠퍼 편저,『우리 형제 이스마엘』(Ishmael my brother) (서울: 두란노서원, 1985), 157.
3 프란시스 로빈슨,『사진과 그림으로 보는 케임브리지 이슬람사』(The Cambridge illustrated history islamic world), 손주영 외 역(서울: 시공사, 2002), 21.

으로, 이성적으로 생각할 수 있는 능력이 많은 부분 고장 나 있다.

제2차 세계대전 이후 열강들의 틈새에서 이슬람은 서구의 지배를 받게 됐다. 이것은 그들에게 매우 치욕적이고 패배적인 상황이었다. 이로 인한 서구 유럽에 대한 분노와 아픔으로 그들은 마음의 벽을 두껍게 쌓아 올렸다. 젊은 무슬림 청년들의 서구 문명에 대한 태도는 매우 양면적이다.

서구의 발전을 부러워하면서 서구의 인종적, 제국주의적 사고 그리고 도덕적 타락에 대해 매우 비판적이다. 물론 자신들의 종교 안에 도덕적 타락에 대해서는 언제나 침묵하며 합리화한다. 또한, 학문적인 무슬림 학자들은 그들 나름대로 이슬람에 대한 학문적인 논리와 사상이 있기에 논쟁이나 학술적인 부분을 통해 접근한다는 것이 매우 어렵다는 것이 그동안의 역사를 통해 검증됐다.

이슬람 선교에 오랫동안 여러 가지 많은 방법이 동원되었지만, 논리적이며 학문적인 방법으로만 그치었다고 보아도 틀리지 않는다. 물론 무슬림에게 복음을 전하는 방법에 대해 수 세기 동안 나름대로 많은 방법을 동원했던 것은 사실이다. 그렇다고 그동안의 수고와 방법들을 무시하자는 의미는 아니다.

지난 150년 동안 중동 복음화에 대해 서구 선교사들의 사역은 교회와 연관된 학교, 병원, 고아원 복지 등 많은 봉사의 수고를 통해 그리스도인 그리고 무슬림에게도 선을 베풀었지만, 중동 선교 복음화에 대해 큰 열매를 맺지 못한 것은 사실이다.[4]

선교사들이 세운 학교들은 이슬람화 정책에 따라 학교 제도가 바뀌었다. 더이상 기독교의 진리를 가르치는 학교라고 할 수 없을 정도로 세속화됐다. 그러나 2011년 중동에서 일어난 시민 혁명의 여파로 인해 이슬람을 떠난 무슬림과 기독교로 개종한 무슬림의 숫자는 1400년의 이슬람 역사 가운데 가장 많은 숫자였음에 의심의 여지가 없다.

---

4   전호진, 『선교 신학의 21세기 동향』 (서울: 이레서원, 2001), 269.

그동안 선교 역사에서 중동의 이슬람 선교에 대해서는 매우 소극적이었던 것이 사실이다. 우리가 잘 알고 있듯이 모든 것에는 하나님의 시간이 있다. 21세기 들어서면서 중동과 모든 이슬람 지역에서의 무슬림을 향한 예수 그리스도의 사랑이 나타나고 있다. 성령 하나님이 철옹성 같던 이슬람 지역, 특별히 이슬람의 본거지인 중동의 문을 열어 가시고 있다.

이제 이슬람 선교학자나 선교사들에 의해 연구되고 검증되었던 무슬림 선교에 대한 주제들을 가지고 논할 때가 됐다. 특별히 무신론자가 된 무슬림이나 형식적인 무슬림을 만날 준비가 됐다. 이제는 논리적으로 무슬림에게 다가갈 수 있는 때가 됐다.

필자는 '무슬림은 준비된 그리스도인들이다'라고 주장한다. 그들이 예수 그리스도 앞에 무릎을 꿇고 예수는 그리스도라 시인하는 말씀의 성취가 이루어져 가고 있다. 우리는 긴 이슬람 역사 속에서 무슬림을 기만하며 기독교의 진리를 알지 못하게 그들의 마음과 눈을 멀게 하는 몇 가지 사실들에 대해 논하고자 한다.

중요한 것은 논리와 논쟁을 통해 개종한 사례를 찾기는 매우 어렵다. 그러나 그들도 예수 그리스도를 주라 고백할 수 있다는 전제 안에서 주께서 우리를 사랑하여 주시었듯이 우리도 사랑하는 마음으로 무슬림의 기독교에 대한 질문과 의심에 대해 정확하게 성경적인 입장에서 진리에 대한 증거가 이루어져야 할 것이다.

성경이 변질됐다고 주장하는 이슬람에 대한 안와르 바시르의 변론에 대해 소개하고자 한다.

그는 1994년도에 이미 이러한 부분에 대해 그의 저서인 『무슬림에게 복음을』에서 명확하게 기록하여 놓았다. 필자는 안와르 바시르의 변론을 정리하여 이 글을 읽는 독자들에게 도움이 되기를 바란다.

① 성경이 왜곡됐다.
② 삼위일체는 다신교이다.
③ 이싸는 십자가에서 죽지 않았다.
④ 신이 인간의 모습으로 세상에 올 수 없다.
⑤ 기독교의 대속의 진리를 믿지 않는다.
⑥ 먹고 마시는 예수를 신이라고 믿는가?
⑦ 기독교는 십자가를 예배한다
⑧ 그리스도인은 왜 무함마드를 믿지 않는가?
⑨ 기독교는 유대교를 폐기했는가?

이상과 같이 무슬림이 오랫동안 이슬람교에서 배운 기독교에 대한 왜곡된 지식에 대해 우리가 먼저 잘 알아야 할 것이다. 그래야 이러한 문제들을 제기하는 무슬림에게 정당한 방법과 논리를 통해 대응하거나 접근할 수 있을 것이다.

왜냐하면, 아하멧 디닷이라는 유명한 인도의 무슬림이 남아공 더반에 이슬람 문화 센터를 경영하면서 무슬림 다와를 하고 있을 때 그는 기독교 목사와 논쟁을 원했다. 21세기에 이슬람과의 논쟁은 매우 중요했다. 논쟁의 결과에 따라 많은 무슬림이 기독교에 대한 깊은 관심을 가질 수 있다. 이 논쟁에 응한 목사님이 이슬람에 대한 철저한 준비 없이 '하나님은 사랑이다'라는 주제 하나를 가지고 기독교에 대해 철저하게 준비된 아하멧 디닷을 이길 수 없었다. 이러한 현장 논쟁을 비디오로 다 녹화하여서 전 세계 무슬림 젊은이들에게 이슬람의 우월성을 알리는 데 공헌한 자이다. 그런 의미에서 우리는 일반적으로 이슬람이 기독교에 대해 잘못 알고 있는 공통적인 부분들에 대해 먼저 우리가 이해해야 할 것이다.

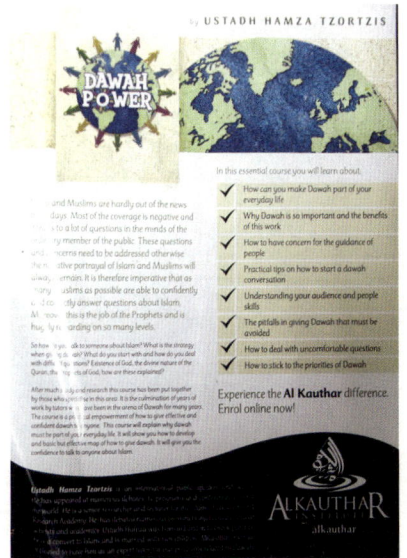 

아하멧 디닷의 다와

    이슬람이 발흥한 이후 지금까지 무슬림은 기독교에 대해 부정적으로 배워 왔다. 하루아침에 자신들이 알고 배워온 이슬람의 가르침이 진리가 아니라고 말할 때 받아들이기에는 그 장벽이 너무 두껍다는 것을 알 수 있다. 이들의 의문점에 대해 인내하며 성경이 어떻게 이야기하는지에 대해 자세히 설명해야 할 것이다. 과거에는 이러한 논쟁을 통해 무슬림이 이슬람을 버리고 그리스도인이 된다고 생각하지 못했다. 그러나 2011년 중동에 시민 혁명이 난 이후 수많은 무슬림의 생각이 바뀌었다.

    이슬람을 버리고 무신론자가 된 무슬림의 숫자가 한둘이 아니며 이슬람에 대한 비판은 과거에는 생각할 수도 없었지만, 근자에 들어서는 많은 무슬림이 이슬람에 대한 종교에 질문을 던지고 있다는 것은 무슬림에 복음의 문이 열려 간다는 것을 의미한다.

제6부

기독교에 문제 제기하는 무슬림에 대한 반론

제1장 성경이 왜곡됐다
제2장 삼위일체는 다신교를 믿는 것이다
제3장 예수는 십자가에서 죽지 않았다
제4장 신이 인간의 모습으로 세상에 올 수 없다
제5장 대속의 진리를 믿지 않는다
제6장 기독교는 유대교를 폐기했는가?
제7장 그리스도인은 왜 무함마드를 믿지 않는가?
제8장 먹고 마시는 예수를 신이라 말할 수 있는가?
제9장 기독교는 십자가를 예배한다
제10장 무슬림이 그리스도인에게 하는 문제 제기

제1장

성경이 왜곡됐다

　이슬람은 타락한 그리스도인들이 수 세기를 지나오면서 하나님의 말씀인 성경(인질)을 왜곡시켰다고 무슬림에게 가르치고 그리스도인들에게 그렇게 주장하고 있다.

　그러나 어떤 부분이 어떻게 왜곡되었는가를 물으면 대답을 하지 못한다. 왜냐하면, 일반적으로 많은 무슬림은 코란을 읽지도 않았고 이맘들과 선생들을 통해 성경이 왜곡됐다고 일방적으로 가르침을 받아왔기 때문에 자연스럽게 성경은 변질됐다고 주장한다. 그러나 우리는 코란 자체가 성경이 진리임을 말하고 있다는 것에 주목해야 한다.

1. 코란이 성경의 진리를 인정하고 있다

　일방적으로 기독교의 성경이 변질됐다고 폄하하는 무슬림[1]들에게 코란에서 말하는 내용을 가지고 접근할 수 있다.

---

[1] 필자가 여기서 말하는 무슬림은 진리를 추구하는 자들을 말한다. 이슬람은 진리에 대해 동의하지 않을 것이다. 그러나 진리를 찾고자 하는 무슬림은 진리에 귀를 기울일 것이다.

알라는 그대에게 이전에 계시된 것을 진리로 확증하면서 계시를 내리셨도다. 또한, 모세에게 율법을 예수에게 복음을 내려 인류의 지침으로 하셨으며 알라의 말씀들을 배반하는 자 그들에게는 엄한 징벌이 있을 것이니(코란 3:3-5, 코란 이전의 계시를 의미한다).

이 코란은 알라가 아닌 다른 것으로 인해 있을 수 없으며 이전에 계시된 것을 확증한다(코란 10:37).

우리가(알라) 그대에게 계시한 성서는 진리로 그 이전에 계시된 것을 확증한다(코란 35:31).

믿는 자들이여, 알라와 선지자 그리고 선지자에게 계시된 성서와 너의 이전에 계시된 성서를 믿어라 했거늘 알라와 천사들과 성서들과 선지자들과 내세를 부정하는 자는 결코 구원받지 못하리라(코란 4:137).

우리가(알라) 그대에게 계시한 것에 대해 의심한다면 그대 이전에 성서를 읽은 자들에게 물어보라(코란 10:94, 다른 말로는 그대가 의심스러우면 그리스도인들에게 상의하라고 알라는 말하고 있다).

    이슬람에서 무함마드의 말은 알라의 말과 동일한 영적 권한을 가지고 있다고 믿는다. 위의 코란 구절들은 코란 자체가 구약(토라)의 말씀이나 신약의 말씀(인질)이 진리라고 증명했다는 의미이다.
    코란에서 확증했다는 말은 더이상 구약(토라)과 신약의 말씀에 대해 수정할 곳이 없는 진리의 말씀이라고 코란 자신이 확증하는 것이다.[2]

---

2   바시르, 『무슬림에게 복음을』, 15.

이것은 코란을 읽어보지 않는 무슬림에게 놀라운 말이 될 것이다. 물론 코란을 아는 무슬림은 반론을 제기할 것이다. 코란이 구약과 신약을 확증한다는 것은 예수에게 내려준 성경을 확증[3]하지만 지금 그리스도인들이 사용하는 성경은 왜곡됐다고 반론을 제기할 것이다.

이런 무슬림에게 좋은 예화가 있다. 예멘에서 예수 믿는다고 핍박받던 가족이 결국 어머니는 돌팔매에 죽임을 당하고 다른 나라로 이주하여 살고 있다.

가족에게 9살 먹은 아들이 학교에 갔는데 종교 교육 시간에 무슬림 선생이 성경은 변질됐다고 가르치자 아이가 손을 들고 선생에게 말하기를 성경이 변질되었으면 변질된 성경에서 코란을 기록했으니 코란도 잘못된 경전이라고 말했다.

놀라운 일이 아닐 수 없다. 진리를 추구하는 경건한 무슬림에게 성경은 그들을 진리 가운데 인도하고 있다는 것을 증명하는 좋은 예이다.

즉 코란이 증명한 대로 성경이 진리임을 부정한다면 코란 자체도 왜곡됐다는 것이다.

◆ 우리의 반론

결국 말장난 같은 논쟁이 일어날 수 있지만, 진리를 추구하는 무슬림이나 코란에 대한 의구심을 갖는 무슬림이라면 이런 반론을 제기하므로 그들을 진리 가운데 더 가까이 가도록 만드는 기회가 될 것이다. 그러므로 우리가 그들의 의문에 대해 정확하게 알려주어야 할 것이다.

첫째, 코란의 알라는 전지(모든 것을 아는 능력)전능하시고 우주에 편재(어디에도 계시는 초월적 존재)한다면 전지한 알라가 무함마드에게 가브리엘을 통해 코란을 계시할 때 유대인과 그리스도인들이 이미 왜곡된 성경을 가지

---

[3] 바시르, 『무슬림에게 복음을』, 15.

고 있다는 것을 알고 있었을 것이다. 그렇지 않다면 알라는 전지한 신이 아니다. 우리는 이렇게 반론을 제기할 수 있다.

그리고 그들에게 알라는 왜 무함마드에게 성경이 왜곡된 것에 대해 알려 주지 않았는가?

이렇게 반문할 수 있을 것이다.

둘째, 알라는 코란을 통해 토라와 인질이 진리임을 확증했다고 했다. 그리고 무함마드는 토라(모세오경)와 인질(사복음서)에서 많은 것을 인용했으며 성경은 다른 말로 바꾸거나 왜곡되지 않았다고 무함마드 자신이 말하고 있다.[4]

이런 반론을 제기할 때 우리는 두 가지 결론에 도달할 수 있다. 알라 자신이 거짓으로 성경(인질)이 진리임을 증명했다는 것과 알라는 성경이 진리임을 증명했다는 두 가지 결론을 가지고 이야기를 나눌 수 있다.

첫째 주장에 대해 무슬림이 받아들인다면 알라는 전지전능하지 못하다는 증거이다. 그러므로 첫째 주장에 대해 무슬림은 받아들일 수 없을 것이다.

둘째 견해인 알라는 성경이 진리임을 증명하고 있다는 것은 코란 자체가 성경이 왜곡될 수 없다고 명백히 말하고 있다.

우리는 그 부분에 대해 아래 코란 구절을 참조할 수 있다.

> 계시는 알라가 지킨다(인간이 변경하는 것은 불가능)(코란 15:9).

> 너희 누구도 그의 말씀을 위조할 수가 없다(코란 6:34).

---

4 바시르, 『무슬림에게 복음을』, 16.

현세와 내세에서 복이 있을 것이요 알라의 말씀을 변조치 아니하니 그것이 위대한 승리요(코란 10:64).

주님께서 계시한 말씀을 낭송하라 어느 누구도 그분의 말씀을 변경할 수 없으며 그분 외에는 어떤 안식처도 발견하지 못하리라(코란 18:27).

내가 내린 선고는 변경되지 않노라 내가 내 종들에게 부당하지 않을 것이다(코란 50:29).

알라는 알라 자신의 말이 변하지 않을 것을 코란에서 직접 말하고 있다. 결론은 코란은 성경을 진리의 말씀이라고 증명했으며 성경은 위조되거나 왜곡할 수 없다고 코란을 통해 입증했다.

기독교적 입장에서 무슬림에 관심을 두고 복음을 나누기를 원하는 자는 성경이 왜곡됐다는 무슬림의 공통적인 질문에 대해 어떻게 답할 수 있는지에 대해 위의 변론을 잘 숙지한다면 도움이 될 것이다.

무슬림이 이웃이나 친구로서의 교제가 가능할 때 얼마든지 이러한 주제를 가지고 접근할 수 있다. 특별히 요즘같이 열려진 SNS나 채팅을 통해 이러한 문제를 가지고 무슬림과 채팅을 통해 매우 활발하게 나눌 수 있을 만큼 무슬림의 마음의 문이 열려 있다.

여기에서 카림이라는 청년에 대한 일화를 소개하고자 한다. 이슬람 선교사의 자녀로 태어난 그는 그리스도인들을 만날 때마다 이슬람의 논리로 그리스도인들을 무너트리기를 즐거워했다. 같은 방을 쓰게 된 마틴이라는 청년이 그리스도인이었다. 어느 날 방에 있을 때 마틴이 성경을 읽고 있었다. 무슬림 청년 카림은 늘 하던 대로 그를 이슬람 논리로 대항했다.

"마틴 너는 알고 있니? 네가 읽는 성경은 신뢰성이 없는 책이다. 시간이 지나면서 성경은 변질되었어"라고 말했다. "KJV은 번역에 번역에서 번역된 것이며 NIV, ESV, NASV 등 수많은 버전이 그렇게 만들어진 책이다.

그러므로 여러 종류의 번역본 중에 어떤 것이 진짜 하나님의 말씀인지 알 수 없다. 그리고 설혹 알 수 있다면 어떻게 알 수가 있느냐"라고 도발했다. 무슬림 청년은 이러한 말로 그동안 많은 그리스도인을 공격했고 많은 그리스도인이 무너졌다.

마틴은 당황하지 않았다. 마치 준비라도 하고 있었다는 듯이 명쾌하게 응수했다.

> 카림!
> 우리는 히브리성경을 헬라어로 번역했고, 헬라어에서 신약성경을 라틴어로 번역하고, 콥트어로 그리고 시리아어로 번역한 번역본이 만개가 넘는다. 번역본 뿐만 아니라 초기교회 지도자들이 인용했던 인용구만 3만 개가 넘게 있다. 우리(기독교)는 이 많은 번역본을 철저히 검증하여서 신약성경 전체를 다시 확증할 수 있게 됐다. 그리고 지금 이 성경은 초기 신약성경 원문과 동일하다. 절대로 변질되지 않았다.

그에게 매우 뜻밖의 대답이었다. 그동안 이렇게 응수한 학생 그리스도인이 없었던 것이다. 결국 카림과 마틴은 시간이 날 때마다 신앙에 대해 토론하기 시작했다. 그것은 젊은이로서 각자의 신앙에 대한 변론이며 진리를 찾기 위한 토론으로 이러한 시간을 통해 우정이 쌓아 갔다.

그 둘은 논쟁과 우정을 통해 서로를 신뢰하는 사이가 됐다. 특별히 카림은 마틴이 자신의 생명을 내어줄 정도의 진실한 친구가 됐다는 것을 느끼게 됐다. 마틴을 향한 신뢰는 무슬림인 카림에게 복음을 듣게 되는데 결정적인 영향을 끼치게 된 것이다.

카림은 일 년이 지나자 신약성경은 신뢰할 만하다는 결론에 이르게 됐다. 그러나 그는 그렇게 무너지고 싶은 마음이 없었다. 마틴에게 말하기를 "예수가 스스로 자신을 하나님이라고 말한 적이 없지 않느냐"라고 반문했다.

"무슬림도 예수(이싸)가 메시아라는 것을 믿는다, 예수가 기적을 일으킨 선지자라는 것도 믿는다. 그뿐만 아니라 예수(이싸)는 유일하게 죄가 없이 태어난 선지자라는 것도 믿는다. 그러나 무슬림이 예수가 하나님이라고 말하면 그것은 신성 모독인 불경스러운 죄를 범하는 것이다.

코란에서는 예수(이싸)는 '알라'가 아니며 예수를 '알라'로 믿으면 지옥에 간다고 분명히 말하고 있다"(코란 4:171, 코란 5:72).

마틴은 예수가 하나님이심을 성경을 통해 많은 부분 제시했다.

> 태초에 말씀이 계시니라 이 말씀이 하나님과 함께 계셨으니 이 말씀은 곧 하나님이시니라 그가 태초에 하나님과 함께 계셨고(요 1:1-2).

> 말씀이 육신이 되어 우리 가운데 거하시매 우리가 그 영광을 보니 아버지의 독생자의 영광이요 은혜와 진리가 충만하더라(요 1:14).

카림은 순순히 받아들이고 싶지 않았다.
"이것은 요한이 한 말이 아니냐?"
그는 예수님이 스스로 하나님이라고 말한 증거가 필요하다고 주장했다. 마틴은 요한복음 8:58을 읽어 주었다.

> 예수께서 이르시되 진실로 진실로 너희에게 이르노니 아브라함이 나기 전부터 내가 있느니라 하시니(요 8:58).

예수님 스스로가 나는 하나님이라고 말했다. 결국 카림은 신약성경이 믿을 만하다고 결론을 내릴 수밖에 없었다. 이것은 무슬림으로서 그에게 엄청난 것이었다. 코란에서 예수는 신이 아니며 십자가에 죽었다는 사실도 믿지 못하게 한다. 예수의 부활은 두말할 것도 없다. 코란의 말에 정면으로 위배되는 사실이었다.

예수님의 죽으심과 부활은 상대적으로 코란의 진실성에 대해 의심을 하지 않을 수가 없었다. 그는 무슬림으로서 그동안 배워오고 신뢰했던 모든 것이 무너지는 당혹함을 느끼지 않을 수가 없었다. 마틴이 그러한 그에게 "성경의 진리인 복음을 받아들이지 않겠는가"라고 물었을 때 그는 말하기를 "나는 이슬람을 100% 믿지만 기독교에 대해 100% 확신이 없다"라고 했다.

마틴은 카림에게 말하기를 "성경을 비판적으로 보듯이 왜 이슬람의 코란을 들여다보지 않는가? 기독교를 검증했던 수준의 잣대를 가지고 이슬람을 검증하여 보라"라고 도전했다. 그는 코란의 주장들을 하나씩 검증하기 시작했다. 그리고 카림은 진리 앞에 무너졌다.

그는 모든 것이 다 무너지고 말았다. 그의 가치관과 세계관이 깊은 수렁 위에 빠지기 시작했다. 그렇다고 복음을 받아들이고 그리스도인이 될 수는 없었다. 그는 복음을 받아들이고 그리스도인이 되는 순간에 자신의 가문 전체에 엄청난 수치를 가져온다는 사실을 너무도 잘 알고 있었다. 개인의 문제만이 아니라 온 가족이 그리고 가문이 수치에 빠지게 된다는 사실 앞에 망연자실할 뿐이었다. 그는 자신의 부모가 어떻게 평생 자신을 위해 헌신하고 사랑을 베풀었는지에 대한 생각이 났다. "나의 결정으로 나의 부모는 수치를 당하며 인생이 파괴되며 그들이 쌓아 올린 평판이 진흙탕에 던져지는 것과 같을 것이다." 수많은 생각이 어지럽게 교차되어 갔다.

카림은 기도했다.

"하나님 제가 무엇을 어떻게 해야 하는지요? 나는 시간이 필요합니다. 애통할 시간이 필요합니다."

그는 코란을 들고 평안을 달라고 기도했다. 그러나 코란 어디에도 평안의 말은 없었다.

상처받은 자를 위로하는 말이 단 한 군데도 없었다. 그러나 마태복음 5장에서 카림은 상처받은 자를 위한 위로의 말씀을 보게 됐다.

애통하는 자는 복이 있나니 그들이 위로를 받을 것임이요(마 5:4)

이 위로의 말씀은 지치고 가련한 그의 마음에 한 줄기 빛으로 다가오기 시작했다. 무언가에 빨려 가듯이 계속해서 읽어 가기 시작했다. 그것은 하나님과의 대화였다. 그는 하나님이 자신의 기도를 들으신다는 확신이 들었다.

카림은 이렇게 고백한다.

나는 모든 것을 알았고, 믿었다. 그러나 내 입으로 그동안 시인(고백)하지 않았던 것이다. 나는 하나님을 향해 말했다.
'제가 당신을 시인하면 저는 제 가족뿐만 아니라 나 자신의 인생까지도 포기해야 합니다.'
그에 대한 응답을 성경을 통해 받았다.

아버지나 어머니를 나보다 더 사랑하는 자는 내게 합당하지 아니하고 아들이나 딸을 나보다 더 사랑하는 자도 내게 합당하지 아니하며 또 자기 십자가를 지고 나를 따르지 않는 자도 내게 합당하지 아니하니라(마10:37-38).

하나님은 내가 예수를 따르기 위해 대가를 지불해야 한다는 것을 분명히 알려 주셨다. 주님을 따르기 위해 대가를 지불하지 않는 자는 주님의 제자가 될 수 없다는 분명한 사실 앞에 도달했다. 이것은 새롭게 요구하는 대가가 아니었다. 성경을 읽으면 읽을수록 예수의 제자들은 많은 것을 지불하며 주님을 따르고 있었다. 누구든지 예수를 따르고자 한다면 대가를 지불해야만 한다는 사실을 알았다. 나는 무릎을 꿇고 기도했다. '주님 당신이 나의 주님이시며 나를 위해 십자가에 죽으시고 부활하심으로 나의 죄를 사하여 주신 것을 믿습니다. 나의 생명을 다해 주님을 따르기 원합니다.'

복음은 단지 듣고 믿는 것이 아니라 삶이 변화되지 않는다면 복음을 만나지 못한 것이라는 것을 나는 깨달았다. 나는 나 자신에게 다시 물었다.
"예수님은 내 모든 것을 바칠 만한 가치가 있는 분인가?
그리고 복음이 생명을 걸고 나눌 만한 가치가 있는 것인가?"
나는 말했다.
"그렇다 복음은 그럴 만한 가치가 있다. 예수 그리스도는 나의 모든 것이다."

카림은 결국 성경을 통해 예수 그리스도를 만났다.

필자의 경험으로 볼 때 많은 무슬림이 코란을 읽은 경험이 별로 없다. 경건한 무슬림은 물론 코란을 읽지만, 의미를 생각하지 않고 낭독하면서 외운다. 그들과 대화를 나누면서 성경을 읽어보라고 권면하는 것이 가장 좋은 방법의 하나이다.

1) 성경이 하나님의 말씀임을 증명한다

코란이 성경을 참된 진리라고 증명한 것처럼 하나님의 말씀인 성경도 같은 이야기를 하고 있다.

> 여호와께서 내게 이르시되 네가 잘 보았도다 이는 내가 내 말(예언)을 지켜 그대로 이루려 함이라 하시니라(성취)(렘 1:12).

이 말씀은 하나님 예언과 성취에 대한 말씀으로서 인간이 하나님의 말씀을 감히 변조할 수 없다고 증명한 것이다. 왜냐하면, 하나님의 입에서 나오는 말씀, 예언은 인간의 역사 속에서 반드시 성취되어야 하기 때문이다.

내 입에서 나가는 말도 이와 같이 헛되이 내게로 되돌아오지 아니하고 나의 기뻐하는 뜻을 이루며(사 55:11).

내 입에서 나가는 말은 하나님의 예언이며 나의 뜻을 이룬다는 것은 예언의 성취이다. 어떤 인간도 하나님의 말씀을 변조할 수 없다. 인간의 역사 속에서 반드시 성취된다는 것을 말씀하시고 있다.

(1) 신약에서도 동일하게 말씀하신다

천지가 없어지기 전에는 율법의 일점 일획도 결코 없어지지 아니하고 다 이루리라(마 5:18).

천지는 없어질지언정 내 말은 없어지지 아니하리라
(마 24:35; 막 13:31; 눅 21:33).

구약의 계시(예언)는 불변성의 원칙을 가지고 있다. 즉 구약의 계시가 예수님 시대에 더 나은 계시로 바뀌거나 폐지되는 말씀이 없다. 구약과 신약의 말씀은 연속성의 의미를 갖고 성취됐다. 왜냐하면, 성경 말씀은 성령 하나님의 감동으로 기록되었기 때문이다.

예언은 언제든지 사람의 뜻으로 낸 것이 아니요 오직 성령의 감동하심을 받은 사람들이 하나님께 받아 말한 것임이라(벧후 1:21).

이에 비하면 코란은 240개의 구절이 의미가 상실됐다.[5] 즉 상황에 따라 코란의 구절이 바뀌거나 대체됐다는 것을 보여 주고 있다. 상황에 따라서

---

5   바시르, 『무슬림에게 복음을』, 152.

이전에 계시된 코란의 구절이 대체되거나 무효화 된다는 나시크, 만수크라는 이슬람의 교리가 있다. 상황에 따라 얼마든지 코란 구절을 사용하여 말하고 있다.

결론은 성경뿐만 아니라 코란도 구약(토라)과 신약의 말씀(인질)은 변조될 수 없다고 분명하게 지지하고 있다. 즉 코란 이후에 인쇄된 모든 성경은 코란 이전의 것과 동일하다는 것을 말한다. 그뿐만 아니라 우리는 성경이 변조되지 않았다는 증명 자료에 대해 얼마든지 말할 수 있어야 한다.

(2) 사해 사본

1974년 사해에서 발견된 사본 증거는(B.C. 100- A.D. 68년 사이) 성경이 변조됐다고 주장하는 사람들의 비평을 종식했다. 우리는 무슬림에게 이렇게 말할 수 있다. 참된 무슬림이라면 사람들의(이맘) 가르침보다는 그 이전에 계시(성경)된 것을 확증한다는 알라의 말(코란)을 믿어야 한다.

만약 성경이 개조됐다면 성경이 진리라는 것에 대한 코란의 증언과 코란의 정확성에 대해 의심하는 것이고 코란이 알라로부터 나온 거짓 증거라는 것을 보여 주는 것이다.

일반적인 무슬림은 이맘들을 통해 그렇게 배워 왔고 그런 줄 알고 있다. 한 번도 이런 부분에 대해 의심을 해보거나 알려고 하지 않았다. 이슬람 자체가 비판적인 사고를 가르쳐 준 적이 없기 때문이다. 그런데도 성경이 왜곡(변질)됐다고 주장한다면 성경 중에 어떤 부분이 변질되었는가, 전체인가, 부분인가에 관해 물어본다면 무슬림은 한 곳도 지적해 내지 못한다.

거의 모든 무슬림은 성경을 읽은 적이 없고 만져보지도 못했기 때문이다. 그러므로 그들에게 정직하게 진리를 알고자 하는 마음으로 성경을 읽어보라고 성경을 선물로 주는 것도 좋은 기회가 될 것이다.

2) 성경이 왜곡(변질)됐다면 예수 탄생 이전인가, 이후인가?

무슬림은 토라(구약)와 인질(신약) 그리고 코란은 알라의 말씀이라고 믿는다. 그런데 신구약이 왜곡되어서 알라가 마지막 계시로 코란을 주었다고 주장한다. 그러면 어떻게 코란만 진실할 수 있는가라고 반문할 수 있어야 한다. 그리고 성경이 왜곡(변질)됐다면 예수 이전에 바뀌었는가 아니면 예수 이후에 왜곡(변질)되었는가 반박할 수 있어야 한다.

(1) 이 주제는 무슬림에게 매우 중요하다

첫째, 무슬림이 그리스도 이전에 변질됐다고 주장한다면 그것은 불가능하다. 왜냐하면, 예수님 자신이 토라(모세오경)를 인용했기 때문이다. 즉 예수님이 왜곡(변질)된 책을 인용할 수 없다. 왜냐하면, 무슬림도 예수는 위대한 선지자로 절대적으로 존중하기 때문에 이 말에 수긍할 수밖에 없다.

둘째, 예수님과 무함마드의 중간시기에 변질되었을까. 이것 또한 불가능하다. 예수님의 모든 제자가 토라(모세오경)를 인용했다. 그렇다면 제자들이 자기들 스스로 변질시킨 성경을 인용한 것이 되기 때문에 불가능하다.

3) 무함마드가 오기 전에 변질되었는가?

이것도 불가능하다. 중요한 것은 무함마드 자신이다. 그는 코란을 통해 모세에 관한 이야기를 163번을 했다. 아브라함에 대해 69번, 이스라엘에 대해 47번, 솔로몬에 대해 17번 그리고 다윗에 대해 16번이나 코란에 언급하고 있다.

그리고 무함마드는 15년 동안 율법이 하나님의 말씀이라고 전했다.[6] 그러므로 무함마드 이전에 성경이 변질될 수 없다는 결론에 도달한다.

코란 2:3에 영어로는 'This'라고 되어있다(코란 2:3 says 'This' in English). 그러나 아랍어로는 정확히 'That' book이라고 말한다. 코란 자체가 토라와 인질에 대한 진실성을 증거하고 있다.

> 알라는 마리아의 아들 예수가 그 이전에 계시된 구약을 확증하면서 그들의 발자취를 따르도록 했노라 또한 알라는 신약을 계시하여 그 이전에 계시된 구약을 확증하면서 그 안에서 복음과 광명을 주었으니 이는 복음이요 정의에 사는 자들의 교훈이라(코란 5:49).

> 우리가(알라) 그대에게 계시한 것에 대해 의심한다면 그대 이전에 성서를 읽은 자들에게 물어보라(코란 10:94, 다른 말로는 그대가 의심스러우면 그리스도인들에게 상의하라고 알라는 말하고 있다).

코란 자체가 복음서(인질)의 진실성에 대해 증거하고 있다. 즉 무함마드 이전에는 성경이 변질될 수 없다는 것을 코란 자체가 증거하고 있다. 이렇게 분명한 사실에 대해 무슬림이 주목하지 못한다는 것은 바로 영적인 문제이다. 이 문제를 풀 수 있는 것은 성령 하나님이다. 성령께서 무슬림을 진리 가운데로 인도하실 때 밝히 드러나게 될 것이다. 그래서 필자는 무슬림은 준비된 그리스도인이라 주장하는 것이다.

---

6 바시르, 『무슬림에게 복음을』, 158.

4) 무슬림에게 성경의 권위를 인정하게 해야 한다

무슬림에게 복음을 나눌 때 무엇보다 성경이 진리임을 우리 자신이 증명해야 한다. 왜냐하면, 복음을 전하는 자가 성경의 확실성을 증거 할 수 없다면 기독교의 삼위일체, 예수님의 죽으심(대속), 죽음에서의 부활에 대해서도 증거 할 수 없게 된다.

문제는 무슬림이 성경의 정확성에 관해 물어보지 않는다면 우리는 성경을 두고 논쟁할 필요가 없다. 그러므로 무슬림이 예수 그리스도 앞에 나오는 일은 많은 인내와 사랑과 시간이 필요하다.

사도 시대부터 그리스도인은 성경의 권위를 인정해 왔다. 성경의 권위를 인정하고 성경을 진리로 받아들이는 우리의 믿음은 우리 심령 속에 거하시는 성령의 증거에 의해 가질 수 있는 것이며 또한 다음과 같은 중요한 사실을 근거로 한 것이다.

첫째, 성경은 성령의 감동으로 기록됐다는 성경 자체의 증거이다(딤후 3:16-17, 벧후 1:21).

둘째, 성경은 다양성 속에서 발견되는 놀라운 상호일치이다. 성경을 기록한 사람들은 무려 40여 명의 다양한 사람들, 다양한 직업을 가진 사람들, 다양한 시대에 산 사람들이 있지만 예수 그리스도에 대한 통일성을 가지고 기록됐다. 이것은 성령의 감동하심이 없이는 가능할 수 없는 일이다.

셋째, 하나님의 능력과 함께 말씀을 대하는 사람의 인격적인 변화를 말할 수 있다. 즉 거룩한 삶을 말한다. 하나님이 말씀하시기를 내가 거룩하니 너희도 거룩하라는 명제 앞에 모든 하나님의 백성은 거룩함을 이루어나가야 한다.

성경의 권위에 대한 문제는 무슬림에게 충분히 설명되어야만 한다. 그리스도인들은 성경에 대한 코란의 불일치성과 상충하는 점들을 무슬림에게 보여줌으로써 그들 마음에 품었던 오해와 왜곡된 인식을 바꿀 수 있도록 준비하고 있어야 한다.

즉 무슬림에게 성경은 무오한 하나님의 말씀임을 알게 함으로써, 하나님의 아들 예수 그리스도에 대해 증거 하는 성경의 메시지를 받아들일 수 있는 마음의 준비를 하도록 기도해야 한다. 그럴 때 무슬림이 하나님 말씀에 대한 인식의 변화가 올 것이다.

필자가 만난 평범한 아랍 형제 이야기를 하고자 한다. 시리아에서 한창 전쟁 중인 IS 멤버였던 모하멧(가명)이 잠시 시리아를 떠나 자신의 나라인 요르단 암만의 길을 걷다가 교회 위에 걸린 현수막 '하나님은 사랑이시다'라는 글귀를 보면서 인식의 변화가 왔다.

하나님은 사랑이신데 나는 사람을 죽인다는 생각이 그의 인식의 세계에 들어왔다. 그는 IS 멤버로서 자신들의 사상을 받아들이지 않는 자들은 당연히 죽여야 하는 자임에도 불구하고 하나님은 사랑이라는 글귀가 그를 갈등하게 했고 결국은 그에게 인식의 변화를 주었다. 마침내 그는 성경을 찾게 되었고 현지 목사를 통해 예수님을 만나 지금은 좋은 그리스도인으로 생활하고 있다. 이처럼 무슬림 스스로가 하나님 말씀에 대한 인식의 변화를 통해 주님을 만나고 있다는 증거를 보여 주는 예화이다.

2. 성경과 코란의 기록 연대 차이

성경과 코란의 기록 연대의 차이는 무슬림과 대화에 중요한 주제가 될 수 있다. 일반적으로 무슬림은 이런 차이에 관해 관심이 없거나 모른다. 성경과 코란의 기록의 차이는 500년 정도가 나며 코란과 현대는 1400년 차이가 난다. 즉 예수와 무함마드의 역사적 차이는 500년 이상이다.

이슬람에서 성경이 왜곡됐다는 구약의 토라는 B.C. 3세기에 알렉산드리아에서 공용어인 그리스어로 번역됐다(70인역). 구약성경은 A.D. 90년 유대인 랍비들의 모임인 얌니아(Jamnia) 공의회에서 구약성경 39권을 정경으로 최종 확정했다. 신약성경은 A.D. 397년 카르타고에서 27권을 정경으로 인정했다.

지금까지 그리스도인들은 동일한 성경을 사용하고 있다. 즉 구약은 무함마드가 오기 전 500년 전에, 신약은 200년 전에 이미 정경[7]으로 확정됐다. B.C. 3세기에 히브리성경을 헬라어성경으로 번역한 70인역은 초대교회 신자들의 성경이었다. 신약의 저자들도 전체적으로 250건 정도 구약성경의 70인역을 인용했으며 예수님 자신도 40여 건 인용하고 있다.[8]

오늘날까지 그리스 정교회, 이집트의 콥트 전통은 2000년이 넘게 같은 구약성경으로 사용하고 있다. 무함마드의 코란과 차이는 구약성경은 500년, 신약은 200년의 차이가 난다. 그런데 무함마드 한 사람에 의해 계시된 코란이 500년 전에 기록된 구약성경이 변질됐다고 하는 것은 논리적으로 안 맞는다.

신약은 코란보다 200년 전에 기록되었는데 그것이 변질됐다는 것 역시 논리적으로 맞지 않는다. 그렇다고 무슬림이 그동안 배워온 기독교에 대한 잘못된 생각을 바로 정리하지는 않을 것이지만 그러나 이런 대화들을 통해 기독교에 대한 잘못된 인식을 점차로 바꾸어 나가는 기회로 삼을 수 있다.

---

7 정경(Canon)에 해당하는 원어는 카논(χανων)이다. 카논은 원래 갈대, 긴 나뭇가지라는 뜻이다. 카논은 어떤 것을 재는 기준, 척도라는 뜻을 가지고 있다.
8 라이온사, 『성경 핸드북』(Lion's handbook to the Bible), 김만풍 역(서울: 생명의말씀사, 1981), 630.

제 2장

삼위일체는 다신교를 믿는 것이다

무슬림은 삼위일체에 대한 기독교의 교리를 다신교를 숭배하는 것으로 일방적인 가르침을 받아왔고 그렇게 가르치고 있다. 이슬람이 가장 싫어하는 것은 '알라 외에 다른 신을 예배'하는 것이다. 그들이 그리스도인들에게 하는 질문 중의 하나는 1+1+1=3이지 어떻게 1이 되느냐는 것이다.

(1) 우리의 대답은 1이라는 인간의 숫자를 가지고 초월하신 하나님을 표현할 수 없다는 것이다. 1이라는 숫자는 무한대의 의미가 있다. 그러므로 무한대를 세 번 더한다고 세 개의 무한대라 말할 수 없다. 그것은 무한대일 뿐이다.
(2) 다른 답변은 물을 3번 더한다고 그 물이 세 번의 물이라 표현할 수 없다. 그것은 단순히 물이다. 이 변론은 실제로 그리스도인과 무슬림과 대화를 기록한 것이다.
(3) 그러나 우리의 입장에서 성경에서 말하는 삼위일체와 코란에서 의미하는 '타우히드'란 단어를 가지고 삼위일체에 대해 설명할 수 있다. 삼위일체란 용어는 안디옥 주교인 데오필로스가 A.D. 180년 처음 사용했는데 그때 의미는 3개의 신을 의미하지 않았다. 코란에 의해 왜곡되어 가르쳐 지고 있다.

삼위일체 기독교 교리에 대해 무슬림이 이해할 수 있는 것이 정확하게 이슬람 교리에도 나타나 있다. 타우히드는 기독교의 삼위일체만큼이나 이슬람교에서 가장 중요한 교리로서 알라는 유일신임을 나타내는 단어로서 무슬림이 신앙 고백을 할 때 알라에 대한 유일성에 대한 고백이다(One and only Allah). 무슬림은 이슬람 교리의 완전성이 타우히드라는 신조에 기초한다고 믿는다. 그런데 타우히드란 단어는 코란에 없지만 타우히드의 의미나 개념은 코란에 있다.

샤하다(Shahada)란 단어도 코란에 없다. 그러나 샤하다라는 개념은 코란에 있다. "알라 외에는 다른 신이 없으며 무함마드는 알라의 선지자이다"(라일라 일라 무함마드 라술)라는 문장은 코란에 없다. 그러나 "알라 이외에는 다른 신이 없다"와 "무함마드는 알라의 선지자이다"는 각각 코란에 떨어져 기록되어 있다. 그러나 샤하다란 의미로 떨어진 두 개의 문장을 하나로 엮어서 이슬람의 신앙 고백으로 사용하고 있다.

즉 타우히드란 단어는 하디스에서 나온 말이지 코란에 기록된 말이 아니다. 하디스는 무함마드가 죽은 후에 기록됐다. 무함마드와 하디스의 시간적 차이는 130년 정도로 큰 차이가 난다.

기독교의 삼위일체도 마찬가지이다. 삼위일체란 말이 성경에 없지만, 삼위일체에 대한 개념이 성경에 있다. 그러므로 삼위일체가 성경에 없다고 무슬림에 문제가 될 수 없다.

하나님과 삼위일체에 대해 성경뿐만 아니라 초기 기독교교회 전통에서 이야기하고 있다. 예수님과 초기 기독교 전통의 시간적 차이가 무함마드와 하디스의 시간적 차이보다 더 짧다는 것은 성경의 삼위일체가 더 신빙성이 있다는 것이다.

이상과 같이 무슬림이 기독교의 진리에 대해 잘못 알고 있는 부분들에 대해 얼마든지 진실하게 나눌 수 있다. 코란을 읽어보지 못한 무슬림에게 매우 놀라운 진리가 될 것이다.

제3장

예수는 십자가에서 죽지 않았다

코란에서는 유대인이 이싸를 죽였다고 생각했지만, 실제로 이싸를 죽이지 않았다고 주장하고 있다(코란 4:157).[1]

역사적으로 예수가 유대 로마 총독인 본디오 빌라도에 의해 사형당했으며 당시 로마법에 따라 십자가에 매달려 죽으신 것은 역사적 사실이며 고고학적으로도 이는 분명히 증명됐다.

그런데도 무슬림은 알라의 선지자인 이싸가 참혹한 십자가에 죽을 수 없다고 믿는다. 무함마드가 이싸가 십자가에서 죽지 않았다고 말한 것은 기독교 철학자 바실리데스의 주장에[2] 대해 알았던 것 같다. 그들은 십자가의 의미를 모르기 때문이다.

예수 그리스도가 십자가에 죽지 않았다는 것은 기독교의 근간을 무너트리는 매우 중대한 사항이다. 십자가는 단순한 형벌이 아니다. 그러나 무슬림은 십자가를 하나의 형벌로 보았다. 그래서 그들은 알라의 선지자는 십자가와 같은 형벌을 통해 죽을 수 없다는 결론에 도달할 수밖에 없다.

그러나 십자가의 죽음은 인류를 향한 하나님의 공의, 즉 죄지은 자는 벌을 받아야 한다는 하나님의 공의를 만족하게 할 뿐만 아니라 죄지은 인간

---

[1] 공일주, 『코란의 의미를 찾아서』, 206.
[2] 공일주, 『코란의 의미를 찾아서』, 208.

을 향한 하나님의 사랑이 만나는 위대한 장소이다.

　무슬림은 하나님의 공의와 사랑이 만나는 십자가의 의미를 몰랐기에 알라의 선지자인 이싸는 죽지 않고 알라에 의해 하늘로 올리어졌다고 주장한다(코란 3:55).

　이슬람의 역사 가운데 많은 코란을 해석하는 주석가들은 이싸가 십자가에서 죽지 않고 하늘로 올리어졌다고 주장한다.

　더 나아가 그들이 이싸를 죽이지도 않았고 그들이 이싸를 십자가에 못 박지도 않았다. 그러나 그들에게 그렇게 보였을 뿐이라고 주장한다(코란 4:157).

　그들 자신도 이싸에 대한 십자가 사건에 대해 정확한 답변을 내놓지 못하고 이런저런 논리들을 갖고 주장한다.

　특별히 "그렇게 보였다"라고 하는 구절을 가지고 수많은 해석이 이슬람 역사 속에서 나왔다.[3] 그도 그럴 것이 이것은 이슬람 안에서도 매우 중요한 이슈이다. 이 문제를 이슬람 안에서 해결하지 못한다면 이슬람은 거짓 종교가 되기 때문이다. 거짓은 또 다른 거짓을 낳는다는 인간의 타락한 본성을 드러내고 있을 뿐이다.

　결국 그들은 이싸가 죽지 않았다면 또 다른 논리를 내놓아야만 했다. 그래서 이싸 대신 다른 사람이 죽었다는 대체설을 주장하게 된다.[4] 이러다 보니 이슬람 역사에서 이 사건에 대한 여러 가지 많은 가설이 난무하게 됐다. 이는 언젠가 십자가의 진실이 밝혀지는 날 무슬림이 예수 그리스도의 십자가의 대속의 사건을 받아들일 수 있다는 것을 암시하기도 한다.

　기독교 역사에서 예수 그리스도를 믿는 어떤 학자도 예수 그리스도의 죽음과 부활에 대해서 부정하는 학자는 한 명도 없다는 사실에 대해서 그들에게 간증할 수 있다.

---

[3]　공일주, 『코란의 의미를 찾아서』, 209.
[4]　공일주, 『코란의 의미를 찾아서』, 210.

코란을 읽어보지 않는 무슬림에게 진심으로 성경을 읽어보라는 권면을 통해 우리 자신들도 성령의 은혜로 예수 그리스도의 죽으심과 부활하심의 은혜 가운데 들어갔듯이 어느 날 무슬림도 성령의 인도하심으로 밝히 예수 그리스도의 십자가의 대속의 죽으심과 부활하심을 믿게 될 것이다.

제4장

신이 인간의 모습으로 세상에 올 수 없다

무슬림은 기독교의 가장 중요한 핵심 교리인 성육신 사건을 부정한다. 무슬림의 생각은 처음에 그리스도인들이 예수를 인간이라고 믿었으나 그리스도인들이 성경을 왜곡하고 나서 예수를 신이라고 믿기 시작했다는 것이다. 그러나 이슬람 경전인 코란 스스로가 알라는 인간의 형상으로 나타날 수 있다고 증거하고 있다.

> 모세가 알라의 형상을 볼 때까지는 믿을 수 없도다 라고 말한 것을 기억하라 그때 천둥과 번개가 그들을 불태워 버렸음을 너희는 지켜보지 아니했느뇨 (코란 2:55).

인간인 모세가 알라의 형상을 볼 수 있다는 것은 알라가 인간의 형태를 취할 수 있다는 것을 의미한다. 타피스르 알 코르트비(Tafsir al-Qurtubi)는 위의 구절을 해석하기를 대부분 이단자는 현세와 내세에서 알라를 볼 수 있다는 것을 시인하지만, 모세는 알라를 볼 수 있다는 점에서 다르다고 주석했다.

하디스의 권위자인 부카리는 그의 저서에서 카드 아야드가 말했다.

논리적으로 알라를 보는 것이 허용된다. 알라를 볼 수 없는 것은 알라가 허용하지 않기 때문이다. 즉 인간이 무능하기 때문에 알라를 볼 수 없다. 그러나 알라가 인간에게 볼 수 있는 능력을 주면 그를 볼 수 있다.[1]

말리크(Makik)는 말했다.

우리는 알라가 불멸이기에 현재의 삶에서 알라를 볼 수 없다. 왜냐하면, 필멸의 존재는 불멸을 볼 수 없다. 그러나 내세에서 알라가 인간에게 불멸의 눈을 준다면 알라를 볼 수 있다.

이슬람 학자들은 알라를 볼 수 있는 것은 능력이 아니라 허용되는 것이라고 한다. 그러므로 알라가 인간에게 능력을 주면 알라를 볼 수 있다고 주장한다.

알-나와위의 샤 샤히 무슬림에서 주장했다.

모든 순니파의 교리에 따르면 논리적으로 알라를 보는 것이 가능하다, 무슬림은 알라를 보지만 카피르는 볼 수 없다.[2]

하디스에 의하면 무함마드가 미라의 밤에 알라를 보았다고 한다.

이븐 압바스에 의하면 "무함마드는 그날 밤 기도하면서 잠이 들었는데 알라는 그의 최고의 형상으로 나에게 와서 나를 보면서 그의 손가락이 차가워질 때까지 내 어깨 위에 손을 얹으셨다"라고 한다.

즉 무함마드의 의미는 알라는 인간의 이미지를 가지고 있다는 것을 설명하고 있다. 무함마드는 알라의 손가락의 차가움을 느꼈던 것이다. 이러

---

[1] 부카리, 『Faith al Aari Sharh Sahih al Bukhari-part9』, 589.
[2] 알 나와위, 『Sharh Sahih Muslim by al-Nawawipart 3』, 14.

한 무함마드의 신비스러운 경험에 대해 꿈이라고 일축하는 무슬림도 있지만, 이슬람에서는 선지자인 무함마드의 꿈은 진실하다고 믿는다.

> 그때 모세가 알라와 약속한 장소로 오니 주께서 그에게 말씀이 있었노라 이때 그가 주여 제가 당신을 볼 수 있도록 당신의 모습을 보여 주소서 라고 말하니 알라께서 말씀하시되 네가 나를 직접 보지 못하리라 그러나 저 산을 보라 그것이 제자리에 남아 있으면 그때 네가 나를 보리라 그때 주님께서 그 산에 영광을 보이시어 그것을 먼지처럼 만드시니 모세가 기절하여 넘어지더라. 그가 정신을 차려 일어나 말하길 당신께서 영광을 홀로 받으소서 저는 당신께 회개하며 제일 먼저 믿는 자가 되겠나이다(코란 7:143).

위의 코란에 대해 알 라지(Al Razi)는 해석했다.

> 모세는 알라를 만나기를 요청했는데 모세는 선지자로서 알라에게 간구할 수 있는 것과 간구할 수 없는 것을 이미 알고 있다. 알라가 보는 것이 금지되어 있었다면 모세는 그것을 요구하지 않았을 것이다. 그리고 모세는 알라를 보았다. 계속해서 하디스는 우리가 알라를 볼 것이라고 확인해 주고 있다(샤히 알 부카리, Sahih al Bukhari, book of Tawheed on the interpretation of Al Qiyamah 22, 23).

이븐 타히미야는 말하기를 "내세에서 알라를 보지 못하는 사람은 카피르뿐이다"(이븐 타히미야, Fatwa part6, 485)라고 했다.

이상과 같은 이슬람의 경전과 하디스와 학자들을 통해 알라를 현세뿐만 아니라 내세에서도 형상으로 볼 수 있다고 밝히고 있다.

그러므로 신이 인간의 모습으로 세상에 올 수 없다고 주장하는 이슬람과 무슬림에 대해 그들 경전인 코란과 하디스를 통해 알라는 많은 형태를 가지고 있다고 말할 수 있다.

알라는 인간들에게 구별이 가능한 형태로 나타나시었다. 알라는 인간의 형태로 나타나실 수 있다. 알라가 자신을 나타내기를 원한다면 인간의 형태보다 더 나은 형태가 어디 있겠는가, 그러므로 성육신에 대한 잘못된 가르침에 대해 반박할 수가 있다.

그뿐만 아니라 코란에서 이싸는 남자의 손을 타지 않은 조금도 불결하지 않은 여인(동정녀) 마리아를 통해 알라에 의해 잉태됐다고 선언한다(코란 19:16-34, 4:156, 21:91).

이싸는 마리아의 아들이라고 불린다는 것 자체가 충분한 증거이다. 그러므로 이들의 반박에 충분히 답할 수 있을 것이다.

무함마드의 족보에서 무함마드의 어머니와 할머니 조상에서 아무도 창녀가 없다고 주장하는 것과는 너무 대조적이다. 그리고 무함마드가 메카를 정복했을 때 어머니 죄에 대해 알라에게 용서를 구하는 기도를 드렸다. 이러한 사실과 비교하여 볼 때 예수의 동정녀 마리아에 대한 설명이 충분히 증거가 될 수 있을 것이다. 그들에게 누가복음 1:26-35과 마태복음 1:18-21을 읽어 줄 수 있다.

제5장

대속의 진리를 믿지 않는다

이슬람은 무슬림이 죄를 범하면 알라에게 용서를 구하면 된다고 믿는다. 기독교의 구원관은 너무 복잡하다고 주장한다. 즉 예수님이 인간의 죄를 대신하여 죽었다는 사실을 받아들이지 않는다. 일반적으로 무슬림은 예수가 십자가에서 죽지도 않았고 인간의 죄를 위해 죽을 이유도(대속) 없다고 배우고 가르친다.

그들은 운명설을 믿는다. 모든 게 알라에 의해 결정된다.

> 알라의 말씀을 거역하는 자들은 암흑 속에 거하는 거머리와 벙어리와 같노라 알라의 뜻이 있을 때 누구든 방황케 하고 알라의 뜻이 있을 때 누구든 옳은 길로 인도하시니라(코란 6:39).

즉 인간의 운명은 오래전에 이미 결정됐다는 것이다. 알라는 인간을 사랑하지 않으며 인간의 행동에 따라 알라의 마음이 바뀌는 신이 아니라고 믿기 때문이다.

11세기 가장 위대한 이슬람 학자인 알 가잘리(1058-1111)는 알라가 인간을 사랑한다는 말을 믿을 수가 없다고 단언했다. 알라가 인간을 사랑한다면 알라는 불완전 신이 되기 때문이라고 알라의 사랑을 부인했다.

그러므로 성경에 하나님이 세상을 이처럼 사랑하사(요 3:16)라는 신의 개념에 대해 이해하지 못한다. 무슬림의 두 어깨에 각각 천사가 있어 선한 행동과 악한 행동을 다 기록하여 심판 날 행한 것을 가지고 저울에 달아 심판을 받는다고 믿는다.

그러므로 자신의 죄를 위해 누구인가 대속해야 할 이유가 없다고 믿는다. 무슬림은 죽음 후에 반드시 매장해야 한다. 이유는 죽어서 무덤에 들어가는 그 순간 천사에 의해 그의 행적에 대한 심판이 결정되기 때문이다. 악한 행동이 선한 행동보다 무거우면 지옥으로 가고 반대로 선한 행동이 악한 행동보다 무거우면 파라다이스로 가기 때문이다.

> 그날에 저울이 공평하니 선행으로 저울이 무거운 자가 번성하리라 (코란 7:8).

> 알라는 심판의 날 공정한 저울을 준비하나니 어느 누구도 불공평한 대우를 받지 않도록 함이라 비록 겨자씨만한 무게일지라도 그분은 그것을 드러내 계산하리니(코란 21:47).

이슬람의 가르침과 코란의 가르침은 죄를 용서받아야 할 것에 대해 가르치지 않는다. 신실한 무슬림이 선한 행위를 위해 평생 준비하는 것 중의 하나가 메카 순례이며, 구제와 의미도 모른 채 코란을 암송한다. 그러나 많은 무슬림이 자신의 죄가 용서받기를 원한다.

샤리아는 살라(이슬람 기도)를 하기 전 손과 발을 어떻게 닦으며, 몸을 정결하게 하는지 그리고 기도의 자세는 어떠한지 세세하게 가르치고 있다. 이슬람의 가르침에 따라 손, 목 그리고 발을 열심히 닦는 무슬림에게 옆에 있던 그리스도인이 '마음은 어떻게 닦기를 원하는가'라는 질문 앞에 그는 할 말을 잃어버렸다. 그것이 계기가 되어 예수의 대속에 대한 복음을 듣고 예수의 거룩한 보혈을 통해서만 마음의 죄(원죄)와 자신의 죄(자범죄)를 해결하게 됐다는 신앙 간증을 들었다.

이슬람의 율법에 매여 사는 무슬림도 완벽하게 이슬람의 법을 다 지킬 수 없다.

모세가 이스라엘 백성을 이끌고 출애굽하여 시내산에 도착했을 때 그는 백성을 위해 하나님으로부터 613개의 율법을 받았다. 그중에 248개는 반드시 해야 하는 법이고, 365개는 하지 말아야 하는 법이다. 모세는 이 모든 율법을 다 지킬 것을 백성에게 전했다.

그리고 모든 백성은 우리가 다 행하여 지킬 것이라고 아멘으로 화답했다. 그러나 하나님은 이스라엘 백성이 모든 율법을 다 지킬 수 없다는 것을 아시고 성막을 주셨다. 성막을 통해 거룩한 하나님을 어떻게 만나고, 어떻게 죄를 용서함을 받는지 알려 주셨다. 성막의 제사는 예수 그리스도의 모형으로서 먼 훗날 예수 그리스도가 와서 인간의 죄를 대속할 것을 보여 준다는 복음을 설명할 수 있다.

제6장

기독교는 유대교를 폐기했는가?

이 문제 제기도 실질적으로 무슬림과 대화를 나누는 중에 나온 질문이었다. 왜냐하면, 코란 자체가 많은 부분 메카의 코란이 폐기 내지는 다른 말로 대체되었기 때문이다. 그러나 유대인이 믿는 구약의 모든 법은 신약에서 성취된다는 성취이론을 알지 못한다. 취소나 폐기가 아니라 연속성을 가지고 구약의 법들이 모형으로서 신약에서 완성된다. 즉 성막에서 드려지는 제사는 장차 예수 그리스도를 통해 새 언약으로 완성되는 것이다.

> 새 계명을 너희에게 주노니 서로 사랑하라 내가 너희를 사랑한 것 같이 너희도 서로 사랑하라 (요 13:34).

> 사랑하는 자들아 내가 새 계명을 너희에게 쓰는 것이 아니라 너희가 처음부터 가진 옛 계명이니 이 옛 계명은 너희가 들은 바 말씀이거니와 (요일 2:7).

> 새 언약의 중보자이신 예수와 및 아벨의 피보다 더 나은 것을 말하는 뿌린 피니라 (히 12:24).

제7장

그리스도인은 왜 무함마드를 믿지 않는가?

기독교의 성경에서 무함마드에 대해 언급한 사실이 전혀 없다. 물론 이슬람은 구약성경 신명기 18:18의 말씀을 인용하여 코란 7:157에 무함마드가 토라에 예언된 인물이라고 주장한다.

> 내가 그들의 형제 중에서 너와 같은 선지자 하나를 그들을 위하여 일으키고 내 말을 그 입에 두리니 내가 그에게 명령하는 것을 그가 무리에게 다 말하리라(신 18:18).

이슬람은 토라의 '너와 같은 선지자'가 코란에 예언된 무함마드라고 주장하며 가르친다. 그러나 "너와 같은 선지자에게 내 말을 그 입에 둔다는 말"을 가지고 그가 누구라고 정확하게 말할 수 없다.

그러므로 신약이 구약을 폐기하지 않았다면 구약 의미를 신약에서 찾아야지 코란에서 찾을 이유가 없다는 것이다. 그렇다면 신약의 요한복음 12:49-50에서 예수의 이야기를 들어 보자.

> 내가 내 자의로 말한 것이 아니요 나를 보내신 아버지께서 내가 말할 것과 이를 것을 친히 명령하여 주셨으니 나는 그의 명령이 영생인 줄 아노라 그러므로 내가 이르는 것은 내 아버지께서 내게 말씀하신 그대로니라 하시니라(요 12:49-50).

나는 아버지께서 내게 주신 말씀들을 그들에게 주었사오며 (요 17:8).

보내심을 받은 하나님의 모든 선지자는 자신의 명분과 명예를 위해 말을 한 적이 없다. 모두가 하나님의 뜻을 이루고 성취하고자 보내심을 받았다.

하나님의 아들 되시는 예수 그리스도조차 자신의 명예나 자기의 뜻을 이루기 위함이 아니라 전적으로 하나님의 뜻을 이루기 위해 말씀하셨고 하나님은 그 입에 말을 두시었고 그 뜻을 이루셨다. 그에 비하면 무함마드의 코란에 계시된 말은 많은 부분이 자신의 명예와 자신의 명분을 세우기 위한 말과 연결되어 있음이 코란을 통해 증명됐다.

자신을 대적하거나, 자신을 의심하는 자들이나, 자신에 대해 혹은 조상에 대해 의심을 한 자들에 대해 언제나 코란을 통해 그들을 진멸했고, 그것이 알라의 뜻이라 합법화했다. 아내를 취하는 상황에서도 언제나 자신과 연결되어 있음을 코란 스스로가 증명하고 있다. 그러므로 신명기에서 언급한 선지자는 무함마드가 될 수 없다.

제8장

먹고 마시는 예수를 신이라 말할 수 있는가?

신이 인간이 되어 먹고 마실 수 없다면 신의 능력을 인간이 제한하는 것이다. 신에 대한 정의에 대해서도 이슬람의 가르침을 그대로 수용하기 때문에 신을 자기의 생각 속에 묶어두니 이해할 수가 없다.

예수가 인간으로 오시지 않는다면 죄지은 인간을 구속할 수 없다. 인간이 타락하자 하나님은 창세기 3:15에 여자의 후손이 태어날 것을 예언했다.

> 네 아내 마리아 데려오기를 무서워하지 말라 그에게 잉태된 자는 성령으로 된 것이라(마 1:20).

> 보라 처녀가 잉태하여 아들을 낳을 것이요 그의 이름은 임마누엘이라 하리라 하셨으니 이를 번역한즉 하나님이 우리와 함께 계시다 함이라(마 1:23).

하나님이 여자의 몸으로 인해 인간으로 태어나실 것에 대해 증명하시고 있다. 이것은 하나님만이 하실 수 있는 사랑의 능력이다.

인간으로 오셔야 하는 이유는 인간의 대속은 인간이 해야 하기 때문이다. 대속의 조건은 죄가 없어야 한다. 아담의 후손은 모두가 죄인이다. 그러므로 하나님 스스로가 인간이 되셔야 했다. 즉 인간으로 오시지만 죄가 없어야 한다. 그러기 위해 거룩한 성령의 잉태함을 받아야 한다.

> 우리에게 있는 대제사장은 우리의 연약함을 동정하지 못하실 이가 아니요 모든 일에 우리와 똑같이 시험을 받으신 이로되 죄는 없으시니라(히 4:15).

예수는 인간으로 오시었기에 인간과 모든 것이 다 같아야 하지만 죄가 없으시다. 그래야 인간을 대속할 수 있는 자격이 주어진다. 즉 하나님의 심판 공의에 합당한 인간이 된다.

제9장

기독교는 십자가를 예배한다

십자가는 예배의 대상이 아니라 상징이다. 물론 이슬람 사회 속에서 사는 콥트 그리스도인들을 볼 때 그들이 십자가에 절하는 모습을 보고 무슬림은 이러한 반론을 제기하고 있다.

무슬림은 99가지의 알라의 이름이 새겨진 묵주를 들고 한 알 한 알 돌리면서 알라의 이름을 외운다. 그렇다면 그리스도인들이 십자가를 들고 다닌 것 역시 하나의 상징이지 예배의 대상이 결코 될 수 없다.

무슬림은 파란 눈(호로스의 눈)[1]이 악으로부터 불의한 사고로부터 지켜주는 수호신으로 믿고 열쇠 꾸러미에 같이 달고 다니거나 자동차 전면 거울에 달고 다닌다. 무슬림은 그것이 이슬람에서 예배의 대상이 아니라 악으로부터의 보호에 대한 하나의 상징적인 의미로 받아들이고 있다.

기독교의 십자가도 역시 예배의 대상이 아니라 상징적인 의미로 받아들인다면 이해가 될 수 있는 문제이다. 이것이 무슬림에게 문제를 제기할 수 있는 사항이 될 수 없다는 결론이다.

이상과 같이 우리는 무슬림의 대화 속에서 문제 제기된 9가지의 문제들에 대해 간략하게 짚어 보았다. 분명한 것은 논리적으로 접근해 그들이 예

---

1 악마와 싸우다 눈을 잃어버린 오시리스와 이시스의 아들, 이집트의 파라오는 살아서는 호로스가 되며 죽어서는 오시리스가 된다는 고대 이집트의 신화로 호로스는 악으로부터 보호를 받으며 악을 이기는 능력을 의미한다.

수를 받아들이기에는 더 많은 시간이 필요하며 성령 하나님의 도우심이 필요하다는 것이다.

우리는 거의 마지막 단원까지 다가왔다. 이제는 어떻게 무슬림에게 복음을 전할 것 인가에 관한 이야기를 나누어야 할 것이다.

제10장

무슬림이 그리스도인들에게 하는 문제 제기

무슬림이 그리스도인들에게 묻는 매우 흔하고 중요한 질문들을 거론하고자 한다. 중요한 것은 이러한 논쟁을 통해 그들이 예수를 믿게 되는 경우는 매우 드물며 단지 논쟁거리로 삼고자 하는 경우가 종종 있다. 그런데도 우리는 이들의 질문에 대해 진지하게 답을 해야 할 것이다.

(1) 그리스도인들은 세 명의 신을 어떻게 숭배하는가?
(2) 하나님이 아들을 낳는 것이 합리적인가?
    하나님은 아들이 있는가?
(3) 코란은 알라가 이싸에게 복음을 계시했다고 말한다. 그런데 그리스도인들은 4명의 다른 사람들이 쓴 4가지의 복음을 가지고 있다.
    이것을 어떻게 설명할 것인가?
(4) 하나님은 계시로 예수에게 거룩한 복음을 계시했는가, 아니면 예수가 복음의 저자인가?
(5) 올바른 그리스도의 복음이 바나바의 복음이라고 말하는 것에 대해 어떻게 생각하는가?
    왜 그리스도인들은 바나바의 복음을 인정하지 않는가?
(6) 예수가 십자가에 못 박힌 증거는 무엇인가?
    위대한 하나님이 인간의 손에 어떻게 죽는가?

하나님은 죽을 수 있는가?

그리고 왜 인류를 구원하기 위해 하나님이 죽어야 하는가?

그는 죽을 필요 없이 자신이 원하는 사람을 기꺼이 용서할 수 있는 모든 힘과 권세를 가지고 있지 않은가?

(7) 사람들 대신 십자가에 못 박히신 그리스도의 죄는 무엇인가?

죄 없는 예수는 무엇 때문에 하나님이 그를 죽일 수 있게 했는가?

이것은 하나님은 사랑이라는 진리와 모순되지 않는가?

(8) 예수가 하나님이시고 십자가에서 죽으셨다면, 그가 죽었을 때 누가 우주를 지배하고 있었는가?

(9) 왜 예수는 불에 타 죽거나, 물에 빠져 익사하거나, 교수형을 당하거나, 칼이나 창에 맞아 죽임을 당하지 않고 십자가에서 죽어야 했는가?

(10) 십자가에 못 박힐 필요 없이 회개하면 용서되지 않는가?

무슬림은 이렇게 말한다.

사람이 회개하는 것만으로는 충분하지 않은가?

그리고 하나님은 그 회개를 받아들이고 죄를 용서해 주시지 않는가?

다음 코란 구절에 따르면 수랏 알 바라카 37(2:37) "아담은 주님으로부터 말씀을 받았으며, 그에게 회개했다."

(11) 기도, 금식, 자선, 거룩한 장소 방문과 같은 선행은 인간의 죄에 대한 속죄에 적합한가?

(12) 성서와 율법이 자신이 올 것이라고 예언했을 때 왜 그리스도인과 유대인은 무함마드를 믿지 않는가?

(13) 무함마드에 대한 모세의 예언에 대해 어떻게 생각하는가?

(14) 그리스도인들은 왜 그리스도 이후에 오는 선지자(무함마드)를 믿지 않는가?

(15) 성서에도 폭력이 가득한데 그리스도인들이 코란에서 폭력을 비난하는 이유는 무엇인가?

(16) 십자군 전쟁, 발칸 전쟁 등 기독교의 이름으로 저지른 폭력은 어떻게 생각하는가?

(17) 예수께서는 왜 자신을 사람의 아들이라고 부르셨는가?

그는 왜 자신이 하나님의 아들이라고 말하지 않았는가?

(18) 인자란 의미는 그리스도가 오직 인간임을 나타내는가?

(19) 예수께서는 내가 당신의 주님이라고 말하고 나를 경배하라고 했는가?

아니면 나는 너의 하나님이며 너의 주님이니 나를 경배하라고 했는가?

그리고 그가 그렇게 말했다면 복음서 어디에 언급되어 있는가?

그는 직접 또는 간접적으로 그렇게 말했는가 아니면 분명히 말했는가?

그렇지 않다면 왜 공개적으로 명확하게 말하지 않았는가?

(20) 성육신은 제한적인 의미를 말하는 것인가?

주님의 성육신은 주님이 특정 공간에 묶여 있고 하나님은 무제한하다는 것을 의미하는가?

왜 기독교는 구약의 법을 따르지 않는가?

"내가 율법이나 선지자를 멸하러 왔다고 생각하지 말아라"라는 예수의 말에 따르면 예수는 구약의 법을 위반하지 않는다고 하는데, 왜 그리스도인들은 "눈에는 눈, 이에는 이"의 원칙을 따르지 않는가?

"누가 오른뺨을 치거든 왼뺨마저 돌려대라"라는 구절은 필요 없는 것이 아닌가?

이것은 모세의 율법을 어기는 것이 아닌가?

(22) 예수께서는 율법을 철회하는가?

(23) 그리스도의 혈통에 관해 마태복음과 누가복음은 왜 서로 다른가?

(24) 선지자 모세가 처음 다섯 권의 책(토라)의 저자라는 것을 알고 있다.

그러나 그것의 증거는 무엇인가?
(25) 하나님은 선하고 의롭지 않은가?
그러면 악이 하나님의 본성과 양립할 수 없는 반면에, 그는 선을 창조한 사람과 악을 창조한 사람(사 45:7)이라고 어떻게 말하는가?
(26) 성서에 언급되어 있듯이 예수가 십자가에 못 박히신 동안 땅에서 어둠이 일어났다는 역사적 증거가 있는가?
(27) 마태복음 27:9-10에는 "이에 선지자 예레미야를 통해서 하신 말씀이 이루어졌나니 일렀으되 그들이 그 가격 매겨진 자 곧 이스라엘 자손 중에서 가격 매긴 자의 가격 곧 은 삼십을 가지고 토기장이의 밭 값으로 주었으니 이는 주께서 내게 명하신 바와 같으니라 했더라"
이 본문은 예레미야서에 언급되어 있지 않지만, 스가랴 11:12-13에 언급되어 있다.
마태는 왜 틀리게 말했는가?
(28) 마태복음 2:23에서 그리스도가 "나사렛이란 동네에 가서 사니 이는 선지자로 하신 말씀에 나사렛 사람이라 칭하리라 하심을 이루려 함이러라"라고 했는데 구약의 어떤 책에서 이 예언이 나왔는가?

제7부

무슬림에게 복음 전도

1. 성령 하나님이 직접 예수를 증명하신다
2. 코란 번역본을 통해 무슬림이 주님께 돌아온다
3. 코란을 성경으로 해석하기
4. 현지인에 의한 현지 전도

일반적으로 무슬림이 코란만 읽을 때 잘 이해하지 못한다. 서두에 언급한 대로 코란은 성경을 통해 이해될 수 있는 부분이 매우 많다. 물론 무슬림이 코란이 이해되지 못할 때 그들은 하디스를 찾을 것이다. 그런데도 이해되지 않으면 성경을 사용하라고 권면할 수 있다. 즉 코란은 성경을 통해 해석될 수 있는 부분이 있다.

우리는 이미 위에서 언급한 대로 이슬람이 기독교에 대한 부정적 견해가 무엇인지에 대해 성경적으로 대답했다. 물론 그렇다고 무슬림이 전적으로 기독교적인 대답에 긍정적으로 바로 반응하지는 않을 것이다.

이슬람 나름대로 1400년의 역사를 거쳐 확증된 그들의 교리와 기독교에 대한 편견이 한번에 수정되지 않을 것이다. 그러나 2011년을 전후하여 이슬람 세계에도 큰 변화들이 일어나고 있다. 과거에는 생각할 수조차도 없었던 영적 기류들이 일어나고 있다는 것을 감지할 수가 있다.

1. 성령 하나님이 직접 예수를 증명하신다

가장 중요한 부분은 이슬람에 대해 맹목적으로 따라가지 않고 있다. 과거에는 성경을 보거나 복음을 그리스도인들에게 들을 기회가 거의 없었지만, 무슬림을 향한 방송 선교, 인터넷 사이트, 라디오, 유튜브, SNS, TV, 웹 사이트를 통한 대화방 등 여러 가지 많은 방법을 통해 국경을 넘어 모든 무슬림 지역에 들어가고 있으며 매우 활발한 대화를 통해 복음을 접하는 기회가 갈수록 늘어나고 있다.

특별히 인터넷 채팅을 통해 매우 진지하게 무슬림과 대화를 통해 기독교의 진리를 알게 되는 경우가 갈수록 늘어나고 있다.

이러한 현상은 2011년 이전에는 경험할 수 없었던 영적 상황들이다. 중동 이슬람 국가에서 일어나는 독특한 현상 중의 하나는 꿈과 환상을 통해 예수를 만나는데 처음 보는 흰옷 입고 나타난 사람을 모두가 동일하게 예수라고 증언한다는 것이다. 이는 성령의 놀라운 역사가 꿈과 환상을 통해 매우 강하게 일어나고 있다는 증거이다. 최근에 무슬림이 꿈을 통해 주님을 만나는 경우가 갈수록 늘어나고 있다.

선교사가 일하지 않은 곳에는 하나님이 일하고 계신 것을 알 수가 있다. 그들이 꾸는 꿈의 대부분 공통적인 내용은 밝고 하얀 옷을 입은 예수님이 나타난다는 점이다. 개종한 무슬림에 의한 전도와 간증을 통해 알려진 사실이다.

2. 코란 번역본을 통해 무슬림이 주님께 돌아온다

이슬람 내에 개혁 운동이 일어나고 있다. 그동안 아랍어 번역과 해석은 이맘이 독점했다. 그러나 오늘날 일반 무슬림 스스로가 코란의 진실성을 알기 시작했다. 맹목적인 신앙에서 점차 비판적인 상황들이 일어나고 있다. 과거에는 생각조차 할 수 없는 일들이 일어나고 있다.

코란이 아랍어로만 남아 있다면 이슬람 지도자들은 코란의 영적 권력을 행사하며 그들의 제자들(무슬림)을 통제할 수 있을 것이다. 1984년 사우디의 파드 왕은 코란을 다른 나라 언어로 번역할 것을 허락했다. 이유는 이를 통해 비이슬람권 사람들이 이슬람에 더 가까이 올 기회를 제공하고자 하는 의도였을 것이다.

그러나 역으로 생각하면 오히려 무슬림 지도자들의 통제 수단을 잃어버릴 확률도 높아지고 있다. 그동안 맹목적으로 따라가던 무슬림 스스로가 이슬람에 대한 부조리에 대해 더 정확하게 알게 되는 기회가 됐다. 즉 이맘의 가르침 중 코란 내용에 없는 것들이 얼마든지 드러날 수 있기 때문이다.

맹목적인 신뢰가 이슬람 지도자들의 인격에 대한 의문을 갖게 된다면 종교 지도자들에 대한 불신과 코란 자체에 대한 신뢰성도 문제가 될 것이다. 다른 언어로 번역되는 코란은 이슬람에 득이 되기보다는 오히려 이성적이고 논리적인 무슬림과 대화가 더 활발하게 이루어질 수 있다. 분명한 것은 코란을 바로 알고 읽는 무슬림에게 예수 그리스도에 대한 복음 전도는 더 쉬워질 수 있다는 것이다.

> 도대체 우리 종교에 무슨 일이 일어났기에 도시에 사는 무슬림이 코란 경전을 쓰레기장에 버리고 있는가?
> 어느 주에서는 코란 경전을 강물에 버리는가?
> 이런 발언을 했다고 한다(1999년 5월 남아시아의 신문에 기사화된 어느 국회의원이 그의 동료 의원들 앞에서 질의한 내용).

이맘은 말하기를 모스크 안에서 코란이 자신들의 삶을 발전시키는 데 도움이 되지 않는다며 강물에 던져 버렸고 많은 무슬림이 그의 행동에 동참했다고 전해진다.

3. 코란을 성경으로 해석하기

서두에 코란은 성경으로 해석할 수 있다고 언급했다. 즉 코란에 명시된 선지자들과 이싸(예수)에 대한 구절을 가지고 예수님을 소개하는 방법이다.

1) 코란을 사용하여 예수님이 구원자임을 증거할 수 있다

코란에 나타난 예수님과 선지자들을 통해 대화를 나눌 수 있을 뿐만 아니라 예수님을 선지자 이상의 구원자로 볼 수 있도록 할 수 있다.

(1) 코란 자체가 예수를 증언한다

코란 자체가 유대인과 그리스도인들에게 주님에 대한 진리에 관해 물어보라고 권면하고 있다.

> 우리 하나님이 그대에게 계시한 것에 그대가 의심한다면 그대 이전에 성서를 읽은 자들에게 물어보라! 실로 그대의 주님으로부터 진리가 그대에게 이르렀나니 의심하는 자가 되지 말라(코란 10:94).

코란 3:42-55를 통해 이싸(예수)가 구원자임을 증명할 수 있는 세 가지 요소에 대해 설명할 수 있다.

첫째, 코란 3:45-47에서 예수님이 거룩하신 분이라는 것에 대해 무슬림이 반대할 사람은 없다. 코란에서 이싸는 알라에게서 오신 분으로 말하고 있을 뿐만 아니라 죄를 지은 분이 아니라고 증거하고 있다. 성경을 통해 왜 예수님이 거룩하신 분인지 나눌 수 있다.

둘째, 코란 3:49에서 예수님이 죽음을 극복하신 분으로 묘사되고 있다. 즉 예수는 죽음을 극복할 능력이 있다는 것을 나눌 수 있다. 죽음을 모든 인간은 두려워한다. 그리고 모든 인간은 죽음을 맞이한다. 그러나 예수는 죽은 인간도 살릴 수 있는 능력이 있다는 것을 설명할 수 있다. 더 나아가 인간이 왜 죽어야 하는가에 대한 성경의 이야기를 통해 죽음을 극복한 예수에 대해 증거 할 수 있다.

셋째, 코란 3:55에서 예수는 천국 가는 길(구원의 길)을 알고 있는 분이라고 이야기한다. 이싸는 천국을 가는 길을 알뿐만 아니라 알라와 함께 있다는 것을 무슬림은 알고 있다. 무슬림의 소망은 알라에게 가는 것이다. 그런데 그 길을 이싸가 알고 있을 뿐만 아니라 이싸 자신이 구원의 길임을 복음을 통해 나눌 수 있다.

지금까지 우리는 코란의 구절을 가지고 무슬림을 어떻게 대해야 하는가에 대해 알아보았다. 그러나 코란이 주체가 되어서는 안 된다. 즉 코란에 묘사된 이싸를 통해 성경에서의 예수 그리스도를 볼 수 있도록 하는 데 목적을 두어야 할 것이다.

또한, 우리는 코란을 자유자재로 활용하지 못하기 때문이다. 그리고 코란에서 이싸에 대해 선지자로서의 좋은 모습으로 설명하기도 하지만 궁극적으로 코란은 성경에 대해 적대적인 요소를 가지고 있다. 그러므로 코란을 사용하여 무슬림에 접근하는 것은 현명한 방법이 아니다. 코란에 명시된 이싸를 성경에서 바라볼 수 있도록 하는 것이 지혜로운 방법이다.

4. 현지인에 의한 현지 전도

이슬람 선교의 전략 중에 가장 탁월한 전략은 현지인에 의한 현지 선교이다.

중동에도 숨겨진 하나님의 백성이 있다. 1400년 동안 수동적으로 신앙을 지켜 왔던 그들을 능동적인 하나님의 사람으로 훈련하여 무슬림 전도에 앞장을 서게 해야 한다.

그동안 서구 사역자들이 무슬림 전도에 많은 수고를 한 것은 사실이지만 이렇다 할 큰 효과를 거두지는 못했다. 설사 열매를 얻었다 해도 그들을 무슬림 사회에서 보호하기 위해 서방으로 그들을 이주시키므로 오히려 그들이 무슬림 사회 속에서 믿음으로 생존하는 복음의 능력을 감소시키는 결과를 갖게 됐다. 오늘날 중동에서 그리스도인들을 통한 무슬림 전도는 매우 효과적인 전도 방법이다.

필자의 경험으로 볼 때 이러한 무슬림 전도법이 그동안 많은 학자와 선교사에 의해 확립되었지만, 실전에서 많이 활용되지 못했다는 것은 실용성이 없다는 것보다는 시대적 흐름 속에서 영적으로 마음에 문이 많이 닫혀 있었다고 생각한다. 그리고 그동안 서구 사역자들은 이슬람권인 중동에서 사역할 때 무슬림 선교보다는 교회를 세우는 문제에 더 많은 심혈을 기울였다. 이제는 현지 그리스도인들을 통해 현지 무슬림에 복음을 전하는 기회로 삼아야 한다.

왜냐하면, 사역자들이 그들에게 복음을 전했을 때 그들이 서구 사역자들에게 물질적으로 거는 기대감이 오히려 그들이 예수 믿는 믿음에 세속적인 신앙관을 심어 줄 수 있기 때문이다. 아니면 이런 기회를 통해 다른 나라로 이주하여 가는 길을 찾게 되기도 한다. 이런 부분을 고려한다면 무슬림에게 복음을 전하는 일에 대해 현지 그리스도인들을 잘 활용하는 전략을 선택해야 할 것이다. 유대이즘과 이슬람을 서로 비교하기에는 적절하지는 않지만, 그들 두 종교가 가지고 있는 공통점이 결국은 예수 그리스도를 하나님의 아들로 받아들이는 데 있어서 같은 맥락에서 이루어질 것이라는데 기인해 이들이 가지고 있는 공통점에 대해 간략하게 언급하고자 한다.

사탄이 인간의 타락 이후 인류를 구원하고자 하는 메시아(여자의 후손)에 대한 방해와 예수 그리스도를 알아보지 못하도록 하는 데 최선을 다하여 온 것에 대해 역사적으로 얼마든지 증명할 수가 있을 것이다. 우리는 위에서 이슬람이 예수에 대해 얼마나 교묘한 방법으로 사람들을 혼동케 했는지 잘 알게 됐다.

그런데도 무함마드가 거짓 선지자인 것이 온 천하에 드러날 때 진리를 추구하고자 했던 무슬림은 예수 앞에 무릎을 꿇고 예수를 주라 시인을 하게 되리라는 것에 대해 매우 긍정적으로 바라보았다. 그리고 많은 개종자가 성경을 통해 예수를 만났다는 것을 알았다. 아무리 이슬람에서 교묘하게 혼동을 주어도 진리 되신 하나님의 말씀을 대할 때 죄인들은 하나님의 사랑을 예수를 통해 만나게 된다는 사실을 알게 됐다.

중요한 것은 무슬림이나 유대인은 거의 신약성경을 읽어보지 못했다. 놀라운 것은 유대인이나 무슬림이 성경을 읽고 예수님을 하나님의 아들로 받아들이는 놀라운 일들에 대한 간증을 많이 듣고 있다는 것이다.

수단에서 사역할 때 와디 메다니 지역의 교회에 행패를 부리던 젊은 무슬림이 기억난다. 그는 이슬람 지도자인 이맘의 아들로서 교회 예배를 드릴 때 돌을 던지거나 방해하던 청년이었다. 교회 목사가 방해하던 청년에게 성경을 읽어보라고 권면하자 "성경이 얼마나 틀리고 코란이 맞는지 내가 확인하여 너희에게 말하여 주겠다"라고 말하고 돌아가서 성경을 읽다가 예수를 만난 청년을 경험했다.

유대인으로서 정치적 야망을 품은 존 대서는 작고한 맥케인 상원 의원의 멤버 중에 한 사람으로서 조찬 기도회가 있는 줄 모르고 초청받아서 참여하게 됐다. 분위기는 매우 엄숙했고 사회자가 가슴에서 작은 성경을 꺼내 읽었다. 이것이 아마도 그의 인생에서 신약성경을 통해 예수라는 인물에 대해 처음 경험하는 시간이었을 것이다.

그는 자기 인생 가운데 두 명의 롤 모델이 있었다고 한다. 한 사람은 정치적 영웅인 제임스 베이커(전 미 국무장관). 그는 어느 날 청중 가운데 연설할 기회가 있었는데 그가 말하기를 "나는 세계에서 가장 강하고 부유한 나라의 국무장관이며 세계에 많은 영향력을 끼치는 장관인 것을 자랑스럽게 생각한다. 그러나 나는 아침에 일어날 때마다 나에게 힘이 되고 열정을 주시는 예수님을 인해 감사드린다"라고 고백했다. 세계 최강의 나라의 국무장관이며 자신의 롤 모델인 제임스 베이커가 예수에 관해 이야기하는 것이 너무 놀라웠다.

또 하나의 롤 모델은 음악계의 거장인 므스타슬라프 로스트로포비치였다. 그는 역사상 가장 위대한 첼로 연주자였다. 그도 제임스 베이커처럼 "나는 내가 세계에서 가장 뛰어난 첼로 연주자인 것이 자랑스럽다"라고 하면서 그도 예수님에 관한 이야기를 서슴지 않고 이야기하고 있다. 그에게는 우연이기에는 너무도 놀라운 일이었다. 그리고 그는 성경을 찾아 읽기 시작했다. 구약을 다 읽고 마태복음을 읽으면서 5장에 도착했다. 산상수훈을 숨 가쁘게 읽어 내려가면서 그는 자신도 모르는 강력한 힘에 사로

잡히기 시작했다. 그리고 외쳤다.

"저 사람이 우리의 메시아야, 저 사람이 나의 메시아야"

존 대서는 예수가 메시아임을 확신했다. 그도 성경을 통해 예수를 만난 것이다.

제8부

유대인의 회복

유대인, 예수 그리스도를 메시아로 받아들이다

1. 왜 유대인들은 예수 그리스도를 받아들이지 않았을까?

1. 왜 유대인은 예수 그리스도를 받아들이지 않을까?

이 문제에 대해 우리는 모든 것이 하나님의 고유한 주권에 속한 문제라고 말할 수 있지만, 역사적 사실의 토대 앞에서 우리가 유추할 수 있는 부분들이 있다.

첫째, 로마 지배하에 있던 유대 정치 종교 지도자들의 처지에서 생각해 볼 필요가 있다. 그들은 예수에 대해 자신들의 기득권과 권력과 명예에 위협을 가하는 존재로 보았다. 이것은 정치적으로나 종교적으로 옳고 그름의 문제가 아니었다.

둘째, 그들이 생각하는 메시아 개념은 일반적으로 기독교가 알고 있는 그런 개념이 아니다. 유대인의 메시아는 로마의 정권을 무너뜨리고 다윗과 같은 왕국을 세우므로 로마로부터의 압제에서 해방해 줄 수 있는 정치적 군사적인 왕으로서의 메시아를 기다리고 있었다. 고난받는 종으로 하나님의 어린양 예수, 인간의 죄를 짊어지고 골고다 십자가에서 죽으셔야 하는 어린양에 대해 이해가 되지 않았다.

즉 창세기 3:15의 여자의 후손에 대한 예언적 말씀을 처음부터 이해하지 못했다. 레위기에서의 제사법이나 유월절이나 나팔절 그리고 속죄일 등 모든 것이 다 예수를 가리키고 있는 모형이었다. 그러나 유대인은 이 사실을 이해하지 못했다.

예수님은 당시 종교 지도자들 앞에서 모세의 율법을 어기시지도 않았으며 율법과 반대되는 그 어떤 행위를 하거나 가르치지 않았다. 오히려 마태복음 5:17에 "내가 율법이나 선지자를 폐하러 온 것이 아니요 완전케 하려 함이라"라고 말씀하신다. 다만 그들이 만들어 놓은 구전 율법에 대해 문제를 제기했다. 어쩌면 구전으로 내려온 전통들을 통해 사람들에게 종교적 두려움을 주며 그들을 조종하고자 하는 그들의 욕구에서 비롯된 것이다.

예수님은 이스라엘 지도자들이 핵심적인 것이 아닌 것에 집중하고 있을 뿐만 아니라 종교적 행위를 할 뿐이라는 것을 아셨다. 그들의 구전은 명백히 신명기의 가르침인 '마음을 다하고 성품을 다하여 너희 하나님을 사랑하라'는 말씀에 위배된다는 사실을 알았다. 그러니 그들에게 예수는 종교 지도자들의 권력을 무시하고 도전하는 매우 위험한 인물로 볼 수밖에 없었다. 그들이 얼마나 타락하고 부패했는지 잘 알 수 있는 대목이다.

바벨론 탈무드 Pesahim 57에 보면 이스라엘 제사장 가족의 부패에 대해 강력한 비난이 기록되어 있다. 그뿐만 아니라 말라기에서도 하나님이 종교 지도자들을 엄하게 꾸짖고 있는 모습을 보면서 언약의 말씀을 잃어버린 종교 지도자들이 어디까지 부패하고 타락하여 가는지를 볼 수 있다.

예수님 당시 역시 종교 지도자들의 부패는 여전했다. 당시 종교 지도자들의 권세가 얼마나 막강한지 탈무드 Erubin에서는 랍비에게 불순종하는 자는 죽음에 처한다고 기록되어 있다. 랍비들은 그들에게 반박하는 자는 어느 사람을 막론하고 사형을 명할 수 있는 법적 권한을 가졌다. 이러한 종교 지도자들을 향한 예수의 도전은 그들에게 위협이 될 수밖에 없었다. 결코, 예수를 메시아로 받아들일 수 없었다.

그 이후부터 오늘날까지 대부분 유대인이 예수를 믿지 않는 이유는 종교 지도자들인 랍비들의 가르침에 기인했다고 생각해도 결코, 틀리지 않을 것이다.

이슬람에서 무함마드에 의한 예수님에 대한 평가 역시 같은 맥락에서 바라볼 수 있다. 이것은 무함마드가 거짓 선지자라는 것이 드러날 때 진리를 추구하는 무슬림 가운데 일어날 수 있는 변화의 도미노 현상을 생각할 때 유대인에게도 같은 맥락에서 일어날 수 있다는 점에서 거론하는 것이다.

셋째, 유대 민족의 메시아는 정치적, 군사적인 왕으로 오셔야만 참된 평화가 세상에 이루어지고, 이사야에서 언급한 사자와 양이 함께 누워 지내는 그런 지상 천년 왕국의 통치가 이루어진다고 믿고 있다. 그런데 지금까지 그런 지상 천국은 도래하지 않았다. 그러므로 메시아는 아직 오시지 않은 것이고 예수는 메시아가 될 수 없다는 결론이다.

유대인은 성경의 예언을 통해 메시아의 두 가지 역할에 대해 잘못된 가르침을 받아 왔으며 메시아의 역할에 대해 이해하지 못했다. 인간의 죄악을 짊어져야 하는 고난의 종과 통치자로서의 왕의 개념에 대해 잘 이해하지 못했다.

유대인 랍비인 데이비드 쉴러(David Schiller)[1]에 의하면 랍비 신학에서는 두 개의 메시아사상이 거론된다고 주장한다. 고난받는 종은 요셉의 후손인 메시아이며 통치자인 왕은 다윗의 후손인 메시아로 생각했다. 그리고 유대인은 메시아가 한번 오시는 게 아니라 두 분의 메시아가 한 번에 온다는 랍비 신학을 가르치고 있다.

즉 마지막 때 한 번에 메시아가 오신다는 것이다. 그러므로 2000년 전에 오신 예수를 메시아로 받아들이지 못하는 것이다.

이 얼마나 왜곡된 진리인가?

그런데도 무슬림이나 유대인이 근자에 성경을 통해 예수 그리스도를 만나고 하나님의 아들로 믿는 놀라운 일들이 일어나고 있다는 역사적 사실에 대해 유의해야 할 것이다. 즉 하나님의 때에 대해 우리는 생각해야 할 것이다. 인간의 시각에서 유대인과 이슬람을 바라볼 때 예수를 믿지 못하게 하는 사단의 역사를 우리는 보게 된다. 이러한 역사적 배경을 생각하면서 유대인이 어떻게 예수 그리스도를 메시아로 받아들이는가에 대해 생각해 보기를 원한다.

이스라엘을 중심으로 한 중동 선교는 오랫동안 서구 선교사들에 의해 시작되었지만, 아직도 다른 지역에 비하면 선교하기에 매우 척박한 지역 중 하나이다. 그렇다고 선교의 열매가 없는 지역이 아니라 선교의 열매가 풍성한 지역임에도 불구하고 일반적으로 중동 선교는 안 되고 어려운 지역이라는 잘못된 선입견이 있어서 선교사들이 기피하는 지역 중의 하나인 것에는 틀림이 없다. 중동의 한복판에 놓여 있는 이스라엘은 마치 보이지

---

1 미국 텍사스 델러스에서 메시아닉 공동체(Eitz Chaim)의 랍비.

않는 뱀이 꽈리를 틀고 앉아있는 형국으로 감추어진 지역이었다. 세계 모든 지역에서 선교가 활성화되어가고 있어도 이스라엘 선교에 대해서는 아는 바가 없었으며 관심도 없었다. 오히려 이스라엘은 중동의 화약고로 언제나 정치적인 톱뉴스를 장식하는 나라였다.

그러나 중동에 문이 열기기 시작하면서 이스라엘에 대한 선교의 문들이 열려 가고 있는 것을 보게 된다. 2000년 동안 이방인들의 구원을 위해 잠시 역사 속에서 유보되었던 이스라엘이 언제인가 예수 그리스도를 하나님의 아들이며 자신들이 기다리던 메시아임을 고백하는 그날이 올 것이다. 그 예언의 말씀이다.

> 내가 너희에게 이르노니 이제부터 너희는 찬송하리로다 주의 이름으로 오시는 이여 할 때까지 나를 보지 못하리라 하시니라(마 23:39).

이 말에 대한 근거는 로마서 11:11에 있다.

> 그들이 넘어짐으로 구원이 이방인에게 이르러 이스라엘로 시기나게 함이니라(롬 11:11).

로마서는 유대인이 이방인들의 구원에 대해 시기 날 것에 대해 말하고 있다.

과연 오늘 이 시대에 이방인을 통해 이스라엘이 시기 날 수 있는 동기가 과연 무엇일까?

과학, 의학, 물리학, 경제, 정치, 어떤 분야에서 이스라엘 사람들이 시기나게 할 수 있는 동기가 있을까?

유대인의 시기 나게 하는 동기 때문에 예수 그리스도를 메시아로, 하나님의 아들로 받아들일 수 있을까?

즉 영적인 동기가 없다면 21세기에 이스라엘 백성에게 예수 그리스도를 하나님의 아들로 받아들일 수 있는 동기는 없을 것이다. 그러나 이 동기의 실마리에 대해 우리는 이슬람에 대한 역사 속에서 찾아보아야 할 것이다.

무함마드에 의해 7세기 유대인은 아라비아반도(메카, 메디나)에서 쫓겨나고 도륙당하며 지금까지 철천지원수처럼 지내고 있다. 21세기 지금도 이스라엘은 이슬람 국가들에 의해 철저히 둘러싸여 있다. 이스라엘 백성이 예수 앞에 나올 수 있는 동기를 줄 수 있는 것이 있다면 그것은 무슬림이 예수 그리스도를 하나님의 아들로 고백하는 선행 조건이 있어야 한다고 필자는 믿고 있다.

그리스도인들이 예수를 하나님의 아들로 믿는 것은 이미 2000년 전부터 있었다. 그러나 유대인 편에서 볼 때 무슬림이 예수를 하나님의 아들이요 죄인의 구원자임을 믿는다는 것은 논리적으로 불가능하다. 왜냐하면, 무슬림은 기독교와 유대이즘은 단절됐다고 믿기 때문이다. 그런 면에서 볼 때 무슬림이 예수를 믿는다는 것이 유대인에게 시기 나게 하는 동기가 될 수 있다.

물론 이러한 견해는 너무 앞서가는 개인적인 발상일 수도 있으며 신학적으로나 선교학적으로 검증된 것도 아니다. 그러나 사역자로서 30여 년 중동 땅에서 선교 사역을 감당하며 이슬람 세계를 들여다보며 21세기에 일어나는 중근동의 역사 속에서의 이스라엘의 영적인 상황을 고려하여 보거나 선교적 경험에 비추어 볼 때 유대인과 무슬림과 관계를 종말론적이며 선교적인 시각에서 바라볼 때 자연스럽게 유추할 수 있다.

무슬림은 무함마드를 통해 예수를 알았던 단순한 선지자가 아니라 성경의 말씀대로 하나님의 아들이시며 온 인류가 믿어야 할 구세주로 받아들일 때 무슬림은 도미노 현상으로 무너질 수밖에 없다는 결론에 도달한다. 그 도미노 현상에 가장 핵심적인 역할을 할 수 있는 나라가 이집트이다.

일반적으로 사우디아라비아가 이슬람의 종주국처럼 알려져 있다. 그러나 실상은 사우디아라비아는 이슬람을 대표하는 얼굴마담과 같은 모습이며 실질적으로 모든 이슬람 국가에 무슬림의 정신 세계에 영향을 끼치는 이슬람 국가는 이집트이다. 세속적이면서도 가장 극단적인 이슬람의 원리주의자들의 뿌리가 있는 나라이다.

A.D. 641년 이후 아랍 이슬람에 정복당한 이집트의 그리스도인들과 무슬림이 함께 공존하면서 기독교와 무슬림은 서로 영향을 주고받으며 살아오고 있다. 콥트 전통 그리스도인들이 지금까지 핍박과 억압 가운데 믿음을 지키어 왔다는 것은 오늘날 이스라엘이 2000년 만에 나라를 독립했던 기적적인 사건과 견주어 볼 때 영적인 의미로 같은 선상에서 보아도 전혀 틀리지 않을 것이다.

지금으로부터 2600년 전에 이사야 선지자는 하나님의 말씀을 대언할 때(사 19:23-25) 이집트를 가리켜 나의 백성이라 칭했다.

이집트하면 일반적으로 하나님을 대적하는 나라, 선택받은 이스라엘 백성을 억압하는 나라 등 전혀 기독교적인 의미를 부여할 수 없는 전형적인 하나님 대적하는 나라요, 이집트의 바로는 세상을 상징하는 세상 왕으로 우리는 알고 있다. 그런데 이집트에 대해 하나님은 나의 백성이라 칭했다. 그리고 그들을 통해 세상이 복이 될 것이라고 선언하셨다.

전혀 논리적으로 맞지 않는 말씀처럼 보인다.

그런데 이집트에 1,400만 명이 넘는 하나님의 백성이 있다는 것을 아는 사람이 얼마나 있을까?

물론 그들이 복음 전도에 얼마나 기여할 수 있을 것인가에 대한 우려는 남아 있다. 그러나 2011년 튀니지에서 시민 혁명이 일어났을 때 튀니지 정도의 작은 나라에서는 가능해도 이집트나 리비아 같은 강력한 독재 체제에서 시민 혁명은 불가능하다고 생각했다. 그러나 하나님이 문을 열면 닫을 자가 없듯이 두 나라의 독재자들이 무너졌다.

하나님의 때가 됐다. 그동안 수백 년 동안 중동 이슬람 선교에 대해 열매를 맺지 못했지만, 2011년 이후 무슬림이 예수 그리스도 앞에 나온 숫자가 지난 1400여 년 동안 무슬림이 예수 그리스도를 믿는 개종자의 숫자보다 더 많다.

사도 바울이 스데반의 죽음 앞에 섰을 때 그의 영혼에 지각 변동이 일어났다. 예수 믿는 자들을 잡으러 다니던 기세등등한 바울은 다메섹으로 들어가는 도로에서 예수님을 만나자 여지없이 무너져 내렸다. 항거할 수 없는 강력한 하늘의 영적인 에너지 앞에 그는 무력하여졌다.

바울만큼이나 확신에 찬 유대인에게 시기 나게 할 만큼의 강력한 영적 동기는 7세기 이후 지금까지 적대적이었던 무슬림이 예수를 하나님의 아들로 그리고 인간의 죄악을 위해 십자가에서 죽으시고 죽음에서 부활하신 구원자로 믿을 때이다. 물론 지금도 개인적으로 예수를 믿는 유대인이 늘어나고 있다. 그러나 종말론적인 큰 그림에서 볼 때 국가적인 회개 운동이 일어나야 할 것이다. 그것은 무슬림 안에서도 이스라엘 안에서도 일어날 것이다. 그러므로 이슬람을 바라볼 때 이슬람교를 믿는 무슬림에 대해 다른 각도에서 보아야 할 것이다.

필자가 주장한 대로 이슬람은 도미노 현상으로 무너질 수밖에 없다는 논리에 관해 입증할 수 있는 근거는 세상의 모든 제국은 역사 속에서 하나님의 예언과 성취를 위해 사용되고 사라졌다는 것이다. 이슬람 제국 역시 하나님께 쓰임 받는 도구의 역할을 다하면 사라질 것이다.

종교적 이데올로기는 영원할 수 없다. 시대의 흐름 속에서 이데올로기는 변하기 마련이다. 무력 위에 세운 이데올로기적 이슬람은 반드시 무너진다. 이슬람은 거짓으로 세운 종교이기에 많은 약점을 가지고 있다. 그 약점이 드러날 때 이슬람은 한순간에 무너질 수밖에 없다.

무함마드가 거짓 선지자라는 것이 드러나면 이슬람은 무너진다. 즉 진리를 추구하는 무슬림이 코란에서 말하는 이싸를 성경에서 만나게 될 것이다.

21세기의 영적 시대적 흐름 가운데 하나는 어디를 가도 이슬람교를 믿는 무슬림을 만나지 않는 지역이 없다. 아시아, 남미, 아프리카 등 어디를 가도 무슬림을 만나는데 정작 그곳에서 사역하는 선교사들이 이슬람을 잘 모르며 관심도 두지 못한다는 것은 시대의 흐름 속에서 영적인 상황을 잘 파악하지 못한다고 보아도 틀리지 않을 것이다.

　한국교회나 성도들도 마지막 때의 선교적, 영적 흐름을 바라보지 못하는 잘못을 하다 보니 우리는 선교의 동력을 잃어버리는 결과를 낳게 됐다고 진단해도 틀리지 않을 것이다. 비판을 위한 비판이 아니라 하나님 예언의 성취를 향한 비판 없이 성취는 더디어질 것이다. 그런 면에서 이슬람을 바라보는 시각이 달라져야 할 때가 됐다.

　그렇다고 다른 지역에 선교에 대해 부정적인 의미가 있다는 것은 결코 아니다. 단지 지엽적인 선교를 위한 선교가 아니라 세계 선교라는 시대적 흐름 속에서 선교적 로드맵이 무슬림과 이스라엘이라는 영적 의미를 생각해야 한다는 것을 말하고자 함이다.

　창세기 3:15에 여자의 후손에 대한 예언의 성취는 마태복음 1:23 "처녀가 잉태하여 아들을 낳을 것이요 그 이름은 임마누엘이라 하리라 하셨으니"라는 말씀으로 성취됐다.

　여인의 후손인 예수 그리스도의 십자가의 사건을 통해 누구든지 예수 그리스도의 이름을 부르는 자는 구원을 얻으리라. 예수 그리스도의 대 지상 명령(마 28:18-20)에 의한 예언은 요한계시록 7:9-10에 있다.

> 이 일 후에 내가 보니 각 나라와 족속과 백성과 방언에서 아무도 능히 셀 수 없는 큰 무리가 나와 흰 옷을 입고 손에 종려 가지를 들고 보좌 앞과 어린 양 앞에 서서 큰 소리로 외쳐 이르되 구원하심이 보좌에 앉으신 우리 하나님과 어린 양에게 있도다 하니(계 7:9-10).

이 말씀이 성취될 것이다.
마라나타!
주여 어서 오시옵소서 아멘.

에필로그

　목회자는 날마다 '목회가 무엇인가'를 스스로에게 물어보아야 한다는 옥한흠 목사님의 말씀이 기억난다. 선교사로서 역시 같은 질문을 자신에게 던져야 할 것이다. 선교사가 '선교가 무엇인가'를 생각하지 않는다면 사역을 위한 사역자의 삶이 될 것이다.
　선교란 선교 사역이 중심이 아니라 사역을 해나가는 과정에서 성부 하나님의 구원 계획과 성자 예수님의 구원완성, 그리고 성령 하나님의 적용을 매일 경험함으로써 자신의 영적인 문제를 파악하고 성숙한 선교사로서의 거룩한 삶을 살아가야 한다.
　개인적으로 선교사의 열정과 복음에 빚진 자의 심정으로 "죽으면 죽으리라"라는 사명감을 가지고 선교지로 나왔다. 그리고 무언가 이루어 보겠다는 마음으로 마치 맨땅에 헤딩하듯 열심히 달려갔다. 모든 한국 선교사들이 그러했듯이 열심히 달리고 뛰었다. 그것이 선교사의 삶이고 그렇게 하는 것이 옳은 사역자라고 배워 왔기 때문이다.
　그러다 보니 가정보다도, 자녀 교육보다도 사역이 더 중요하게 느끼어졌다. 그것이 하나님이 우리에게 원하시는 것이라 굳게 믿었다. 물론 선교사들의 기질에 따라 약간의 차이는 있겠지만 1980년 초반에 선교지로 나간 선교사들은 모두가 그런 마음으로 사역에 헌신했다. 한국교회는 그런 선교사들이 올바른 선교사라고 믿어 주었다.
　필자 역시 좌충우돌 수단 카르툼에서의 생활이 기억난다. 도시를 벗어난 난민촌은 사막을 한참 가로질러 가야 했다. 허허벌판의 황량한 사막 가운데 드문드문 흙으로 세워진 집들과 양철과 얼기설기 엮어 만든 조잡한 집들이 황량한 사막 가운데 여기저기 흩어져 이루어진, 마을 아닌 마을이다.

사람이 살기에 너무 미흡하고 황량했지만, 내전으로 인해 고향을 떠나 난민촌에 자리 잡은 그곳에서도 웃음이 있었고 사람 냄새가 나는 동네였다. 언제 다시 고향으로 돌아가야 할지 모르는 난민들. 그렇다고 언제 철거될지 모르는 난민촌에서의 삶들 가운데 희망 아닌 희망을 붙들고 사는 그들에게 그래도 교회당은 유일한 소망이었다.

1988년 장마로 인한 장대비는 카르툼과 난민촌을 물바다로 만들었다. 흙과 거적으로 만든 집들이 무너져 내렸다. 그 넓고 거친 황량한 사막을 들락날락하면서 교회당 건축에 매진했다. 그렇게 하는 것이 주님이 원하시는 일이라고 믿고 한쪽으로만 생각하고 달렸다.

아내와 아이들이 말라리아로 인한 고열에 시달려도 현지인이 나에게는 더 중요한 것처럼 행동했다. 말씀 앞에서 자신을 돌아보는 자아 성찰이 한 번도 없었다. 열심히 일하면 되는 환경이 나에게 주어졌고 그 환경 속에서 최선을 다하여 달려갔다. 돌아보면 참으로 어리석고 사역자로서 부끄러웠다.

어느 날 선교란 무엇인가? 선교사의 삶은 어떤 것이어야 하는가?

이에 대한 자기 인식의 시간을 갖게 됐다. 그러나 다급하게 이루어야 할 사역들, 동료 간에 갈등으로 인한 문제들로 온 가족이 아픔을 겪어야 했다.

어린 자녀들과 수단에서의 생활 역시 쉽지는 않았다. 재정 문제, 현지인들과의 마찰, 동역자 간의 갈등, 한인들과 갈등 그리고 파송교회와의 갈등 등, 선교지에서 겪어야 할 웬만한 문제들과 어려움을 하나씩 겪어 가면서 선교가 무엇인지에 대해 어렴풋이 인식하며 말씀을 통해 알아가기 시작했다. 하나님이 나에게 원하시는 것은 가족을 돌보지 않고 죽어라 일하는 게 아니라는 것을 깨닫게 됐다.

자기 성찰과 자기 인식의 시간을 갖게 되었지만, 자신의 선교적 철학으로 무장된 필자는 그러한 인식의 변화가 삶의 구체적인 변화에 영향을 주기까지 또 다른 많은 시간이 필요했다.

1992년 '아랍세계 협의회'(Arab World ministry of Association)에서 개최하는 중동 현지 지도자의 모임이 핀란드에서 있었다. 이 모임을 통해 무슬림에서 주 앞에 돌아온 개종한 지하교회 지도자들을 통해 이슬람이 무엇인지를 어렴풋이 알게 됐다. 이 모임은 나의 선교적 정체성을 바꾸어 놓는 계기가 됐다.

여러 가지 많은 과정을 통해 이슬람에 관한 관심과 알고자 하는 노력으로 이슬람 선교의 중요성을 깨닫게 되었으며 이슬람 선교의 가장 중요한 지역 중의 하나가 이집트라는 사실을 알고 이집트로 사역 터전을 자연스럽게 옮기게 됐다.

13년간의 수단 사역은 나 자신에게 사역자로서의 훈련의 장이었다. 수단에서의 삶은 어느 정도 안정되고 사역을 좀 더 구체적으로 펼쳐갈 수 있는 모든 기반이 닦여 있었지만, 이슬람이란 주제를 놓고 기도할 때마다 수단을 떠나야 한다는 것을 느끼었다. 결국 그것은 하나님의 뜻이라는 결론에 이르게 됐다.

1995년부터 이집트에 팀 사역을 위해 사역터를 준비했다. 그리고 2000년도에 사역터를 완전히 이집트로 이전했다. 13년이라는 기간은 아무리 어려운 지역이라도 영적 타성에 젖을 충분한 시간이었다. 후에 여러 많은 선교사의 삶을 개인적으로 보았을 때 타성에 젖은 사역자들을 보게 됐다.

이슬람이란 사역이 사명으로 다가온 것이 결국은 중동의 관문이라 여겨지는 이집트에 사역 터전을 옮기게 되었고 뒤돌아보니 그것은 주님의 크신 은혜요 인도하심이었다.

이슬람에 관한 관심을 가지면서 이곳의 역사를 공부했고 이집트에 대한 선교적 중요성을 배우게 됐다. 과거 역사 속에서 이집트의 알렉산드리아에 서면 세계가 보인다고 할 정도로 중근동에 이집트가 중요한 지정학적 위치에 있다는 것을 알게 됐다.

오늘날에도 이집트는 중동에서 정치적, 종교적, 지리적 그리고 선교학적으로 매우 중요하다는 것을 알게 됐다. 특별히 이집트는 1400년 동안 이슬람의 핍박 가운데 아직도 신앙을 지키는 콥트 전통적 그리스도인들이 무려 1,400만 명이 있다는 것은 매우 놀랍지 않을 수가 없다.

하나님의 선택 받은 이스라엘이 2000년의 역사 가운데 다시 나라를 세운 것에 버금가는 이집트의 콥트 그리스도인들의 삶을 보면서 한국에서 배울 수 없고 느끼지 못했던 많은 사막의 영성을 배우고 이집트 선교의 중요성을 알려야겠다는 생각을 가지게 됐다.

이집트는 선교의 이중적 의미가 있는 나라이다. 즉 이집트를 통한 이슬람권의 선교에 대한 전략을 의미하는 것이다.

첫째, 사역자들에 대한 마음의 부담이 있었던 것은, 대다수가 사역을 위한 사역이라는 딜레마에 빠져 타성에 젖은 사역을 하고 있다는 것을 알게 되었기 때문이다.

선교의 총체적인 로드맵 없이 자신만 잘하면 된다는 방식의 사역자 모습을 보면서 사역자들이 자신에게 주어진 사역에 열심히 하는 것도 중요하지만, 전체적인 선교 사역의 그림을 가지고 다른 사역자들과 함께 하는 네트워크의 사역에 대한 공유는 매우 중요하다는 결론에 이르게 됐다.

둘째, 사역자들이 사역을 열심히 하지만 자신만이 느끼고 경험되어진 사역을 구체적으로, 글로 표현하지 않고 사역자가 그 지역을 떠나면 그 지역에 관한 연구 문서나 자료들이 선교사와 함께 사라진다는 것을 발견하게 됐다. 선교에 대한 문서화 작업이 반드시 이루어져야 한다는 결론에 도달했다.

셋째, 21세기 선교의 전략 중에 가장 중요한 키워드가 이슬람과 네트워크이다. 세계 어디를 가도 이슬람교를 믿는 무슬림을 만나게 되는데 그곳 사역자들이 이슬람을 전혀 모른다는 것이다. '한국세계선교협의회' 사역자들이 대부분 아시아나 남미 사역에 중심이 되다 보니 중동의 이슬람에 대해 깊은 관심을 두지 못하고 이론적이라는 사실을 알게 됐다.

중요한 것은 세계 선교란 주제에서 총체적인 선교의 로드맵을 갖고 사역을 하기보다는 부분적이며 제한적인 사역에 몰두하다 보니 전체적인 그림 속에서 이슬람을 보기가 매우 어려운 상태임을 알게 됐다.

넷째, 선교지에 사역자 개혁이 이루어져야 한다는 인식을 하게 됐다. 개혁 없이 타성에 젖은 사역이 과연 정말로 의미가 있는 사역일까. 사역자들의 안타까운 모습들을 인식하면서 필자 자신이 할 수 있는 상황 안에서 선교사 개혁 운동을 하기 시작했다.

다섯째, 한국교회와 갈등으로 많은 사역자가 상처를 입고 아픔을 겪고 있는 공공연한 비밀들을 바라보면서 어떻게 하면 사역자로서 정체성을 다시 한번 더 확립할 수 있을까 생각하게 됐다.

한국교회의 선교 동력이 떨어져 가는 현실적 상황에서 사역지의 영적 개혁을 통해 한국교회에 다시금 선교의 동력을 불러일으켜 세우는 일들이 이루어져야 할 것이다.

먼저 우리 선교의 부족하고 연약한 부분들이 무엇인가를 개인적으로 고민하며 찾아보아야 할 것이다. 비판과 부정적으로 사역자들과 교회와 성도를 깎아내리겠다는 의도가 아님을 분명히 밝히고자 한다. 비판을 위한 비판이 아니라 발전을 위한 비판, 즉 우리에 대한 영적 수술이 필요하다는 것이다.

우리의 부족했던 점들을 일선 선교사의 입장에서 바라보며 차후 이러한 부분들을 개혁하여 나아가야 할 것이다.

(1) 한국교회가 선교가 무엇인지 정확하게 알지 못하는 상태에서 선교사들을 급급하게 파송하다 보니 선교사들 인성 문제에 많은 어려움을 겪게 됐다. 필자 역시 이러한 부분에 동감한다.

(2) 선교사 자신들도 선교가 무엇인지 정확한 자기 철학을 갖지 못하고 선교지로 떠났다. 그러다 보니 자기중심적인 사역을 할 수밖에 없었다. 필자 역시 같은 딜레마에 빠져 있었다.
(3) 선교사로서의 총체적인 사역(예수 그리스도의 재림)에 대한 로드맵이 없었다. 네트워크가 잘 이루어지지 않는다. 일반적으로 사역자들 간에 풀어야 할 영적 숙제이다.
(4) 선후배 선교사 간의 갈등이 갈수록 불거졌다. 그러다 보니 선교지를 떠나야 하는 어려움을 겪어야만 했다. 선교가 무엇인지를 정확히 안다면 이러한 문제가 많은 부분 해소될 수 있다.

서로의 갈등을 통해 우리의 내면의 문제를 발견하고 성숙하여져 가는 기회가 될 것이다. 일의 목표와 성취가 중요한 게 아니라 그 과정을 통해 내가 얼마나 그리스도 예수 안에서 성숙하여져 가는가에 초점을 맞추어야 할 것이다. 필자도 이 사실을 알기까지 숱한 세월을 보내야 했다.

결국 선교 사역이 누구를 위한 사역인지에 대한 솔직한 질문을 던진다면, 그 사역이 주님의 나라를 위한 사역이 아니라 나를 위한 사역처럼 되는 슬픈 일은 생기지 않을 것이다.
(5) 현지인 리더십 이양이 바르게 이루어지지 않았다. 결국 현지인에 의한 현지 사역이 이루어지지 않는다면 우리도 모르게 타성에 젖어 자신을 위한 사역이 될 수 있다는 사실을 이해해야 한다.

하나님은 우리의 마음을 감찰하시는 분이시다. 사역의 동기가 무엇인지 아신다.
(6) 한국교회나 성도들에게 선교가 무엇인지에 대해 선교사 자신이 잘 알려주어야 한다. 그동안 선교의 동역자를 만들어야 하는데 돕는 자로만 생각했다. 선교는 함께 한다는 의식보다는 돕는다는 의식이 너무 팽배했다.

한국교회나 성도는 함께 선교 사역을 이루어 가는 동역자이다. 동역자란 의미는 주님 오시는 그날까지 함께 하는 것이다.

이상과 같이 우리의 연약함에 대해 생각해 보았다. 물론 더 많은 부분을 찾을 수 있지만 마치 잘못을 성토하기 위한 목적으로 변질되는 것처럼 보이기에 이 정도면 큰 줄기에 대해 이해할 수 있을 것이라 여겨진다.

우리 선교의 부정적인 부분들을 바라보면서 필자 자신에게 적용하여 볼 때 결코 필자 자신도 이러한 부분에서 제외될 수 없는 사역자임을 인정할 수밖에 없다. 이제 어떻게 해야 할 것인가에 대한 주제를 가지고 논하고자 한다.

첫 번째로 21세기에 들어서면서 우리는 네트워크에 대한 사역자 개혁이 일어나야 한다고 주장했다. 선교사 사회에도 교단과 교파와 선교 단체 간의 알력은 그리 쉬운 장벽이 아니다. 그런데도 주의 은혜 가운데 부족했던 부분을 개혁하여 가는 모임을 할 수 있었다.

1. 삼중 포럼

필자는 2006년 태국 방콕에서 삼중 포럼을 처음으로 개최했다. 중국에서 일어나는 성령의 역사 가운데 중국과 중앙아시아 그리고 중동을 바라보면서 각 지역의 선교사들과 만남이 있어야 할 것이라고 주장하며 뜻을 같이하는 사역자들이 모여 처음으로 포럼을 가지었다. 첫걸음치고 큰 성과는 없었지만, 그 나름 삼중(중국, 중아, 중동)이란 단어 자체가 의미가 있었다.

2. 국제 다문화 포럼

이 모임을 통해 국제 다문화(이슬람) 포럼이 2010년 인도네시아 스마랑에서 20여 개국의 일선 선교사들 그리고 국내외 선교학자들과 약간의 선교 단체장들이 함께 모여 각자가 준비한 이슬람 자료를 바탕으로 모임이 시작됐다.

이 모임은 일선 이슬람 선교사들 최초의 포럼이었다. 특정한 교단이나 단체가 모이는 포럼이 아니라 초교파적으로 일선 이슬람 사역자의 모임인지라 함께 모인다는 그 자체가 검증되거나 알려진 모임이 아니기에 매우 어려운 모임이 됐다. 그런데도 은혜 가운데 모임이 시작되었고 잘 마치었다.

모임의 결론은 다문화 모임이 계속되어야 한다는 것이었다. 조금은 엉성하지만, 초교파적으로 일선 사역자들이 각자의 사역을 하면서 글을 썼다는데 의미를 둔다면 아주 잘 한 일이라고 자화자찬하지 않을 수 없었다.

국제 다문화(이슬람) 포럼은 그 이후 계속해서 2012년 말레시아 쿠알라룸프에서 제2차 포럼을 마치었으며, 제3차 포럼은 파리에서, 제4차 포럼은 불가리아 소피아에서, 제5차 포럼은 카이로에서 모임을 했다. 매번 포럼을 개최할 때마다 20여 개국의 시니어 일꾼들이 그들만의 경험에서 녹아난 글들을 가지고 모임을 하다 보니 지금까지 5권의 책자가 만들어진 것은 이슬람 선교 사역에 매우 소중한 자료가 될 것이라 여겨진다.

다문화(이슬람) 포럼은 갈수록 이슬람 사역자들의 관심과 글쓰기 운동에 영향을 주어 각 지역에서 비슷한 포럼들이 시작되어 선교사 사회에 나름 영향을 끼치는 포럼이 됐다. 그뿐만 아니라 포럼에 참여한 업저버 사역자들이 이슬람 선교의 중요성을 깨닫게 되고 자신들의 사역터에서 영향을 끼치는 무슬림에 대해 나름 선교적 전략을 갖기 시작했다.

3. 이슬람 바로 알리기

이러한 기회를 통해 각 지역의 사역자 모임을 방문하여 이슬람 강의 및 전반적인 선교의 총체적인 로드맵을 함께 나눌 기회는 필자에게 큰 축복이었다.

1) 아프리카

아프리카 선교 사역은 주로 신학교 사역, 부족 선교를 위한 교회 건축, 유치원, 학교 등 다양한 일들이 너무 많아 하루 24시간이 모자랄 지경이다. 그런데도 이슬람의 빠른 성장에 대해 걱정하지만 정작 무엇을 어떻게 해야 할지 모르거나, 아니면 애써 이슬람의 성장에 대해 눈을 감아야 하는 상황이 얼마든지 있었다.

다문화(이슬람) 포럼을 통해 이슬람 선교의 중요성을 깨닫고 준비하는 사역자들을 바라보면 감사한 마음이다.

이슬람은 북부 아프리카 이집트에서 남부 아프리카 요하네스버그까지, 동부 아프리카 케냐에서 서부 아프리카까지, 태평양 연안에서 대서양 연안까지 그들은 한 번도 아프리카 이슬람화를 잊어보지 않고 이슬람 자본에 의해 꾸준히 성장하여 가고 있다.

2) 남미

남미 역시 이슬람에 대한 상황은 거의 비슷하다. 그런데도 브라질 현지인 그리스도인들을 통해 이슬람 선교에 관심을 둔다는 것은 매우 의미 있다. 아르헨티나에서 시리아계 무슬림 이민자 중에서 대통령이 나왔다. 이미 사회적으로 정치적으로 많은 무슬림이 영향력을 끼치고 있었다. 브라질과 아르헨티나, 파라과이와 함께 공유하는 이구아수 폭포 지역에 세금 자유 지정 지역이 있다.

이곳에 4만 명이 넘는 무슬림 사업가들이 활발하게 사업을 하고 있다. 남미도 이슬람의 발전 속도가 매우 빠르게 진행되고 있다. 사역자들이 무슬림에 대한 경각심과 전략이 필요하다.

3) 아시아

아시아 태국에서도 한 사역자의 말을 빌리자면 태국 선교에 큰 걸림돌 가운데 하나가 이슬람이라고 말했던 기억이 난다. 동남아는 단연코 불교권이지만 일어나는 이슬람과의 갈등이 이미 시작이 됐다. 사역자들이 이슬람에 대한 선교적 전략이 필요하다. 인도만 해도 일억이 넘는 무슬림이 있다. 그런데도 이슬람을 향한 사역자가 거의 없다는 것은 매우 아쉬운 현상이다. 감사한 것은 근자에 인도의 많은 무슬림이 예수를 만나고 있다는 것이다.
인도의 이슬람 선교에 좀 더 적극적인 전략이 필요한 때이다.

4) 유럽

동유럽은 이미 무슬림과 공존하고 있음에도 아직도 많은 사역자가 이슬람 사역에 관심을 두지 못한다는 것은 전체적인 선교의 흐름 가운데 중요한 이슈인 이슬람을 놓치는 결과일 것이다. 물론 자신이 하던 사역을 중단하고 갑자기 이슬람 사역을 해야 한다는 것을 주장하는 것은 아니다. 전체적인 선교의 흐름 속에서 내가 어디 있고 어디로 가야 하는가에 대한 로드맵이 있어야 할 것을 말하고자 함이다.
특별히 신학교에서 이슬람학이 제정되어서 이슬람을 공부해야 한다. 왜냐하면, 차세대 일꾼들이 사역터로 나가면 당장 만나는 이들이 무슬림이라는 것을 잊지 말아야 하기 때문이다.
특별히 유럽의 이슬람의 긴 역사 속에서 틈만 나면 유럽을 이슬람화하고자 했다. 유럽의 사역자가 이러한 역사적 상황을 이해하지 않고 내 사역만 잘한다고 생각한다면 그것은 전체를 바라보는 선교적 안목을 잃어버리는 것이다. 그런 의미에서 이슬람 사역을 향한 출발을 해야 할 것이다.

5) 미국과 캐나다 한인교회들

일반적으로 미국의 한인교회들이 남미의 이슬람 사역에 대해 아는 것이 거의 없다. 매년 수도 없이 많은 단기 선교로 막대한 재정 낭비와 여행으로 끝난다면 그것은 선교적 손실이 될 것이다. 물론 단기 선교를 부정하자는 의도가 아님을 밝힌다. 이제는 북미의 한인교회들이 남미의 이슬람 사역을 위한 기초를 놓아야 할 때이다.

6) 선교의 새로운 패러다임

중동 사역자로서 무슬림 선교에 대해 함께 나누는 것은 매우 중요한 사역 중의 하나가 되어야 할 것이다. 이 책을 읽는 독자들이나 사역자들이 총체적인 선교의 로드맵을 가질 수 있게 되므로 사역지를 개혁할 수 있는 귀한 계기가 되기를 바란다.

앞으로도 계속해서 사역지와 사역자 자신들의 개혁을 통한 한국교회의 영적인 부흥을 기대하며 주님께서 한국교회를 통해 주님 오시는 그날까지 사용하여 주시기를 소망한다.

마지막으로 이 책자를 통해 인간의 타락으로 시작된 하나님의 예언과 성취가 인간의 역사를 통해 총체적으로 어떻게 이루어지는가에 대한 선교적 로드맵을 갖게 되기를 소망한다.

그리고 분명한 것은 총체적인 선교적 개념을 가진 주의 백성이 예수 그리스도에 의해 예언된(장차 이루어질) 다시 오실 예수 그리스도의 성취에 쓰임 받는 하나님의 백성이 되기를 축복한다.

참고 문헌

강태용, 『동방 정교회』 도서출판정교, 1996.
고원, 『이슬람 역사 1400』 동서문화사, 2002.
공일주, 『이슬람 문명의 문명』 예영, 2006.
공일주, 『중동의 기독교와 이슬람』 예영, 2002.
공일주, 『코란의 의미를 찾아서』 예영, 2009.
공일주, 『코란의 이해』 한국 외국어대 출판부, 2008.
공일주, 『한국인과 소통 하는 아랍 문화』 세창, 2012.
공일주. 『무슬림과 의사 소통을 위한 새 패러다임』 기독교문서선교회, 2009.
국제 다문화 포럼, 「제1차 스마랑 국제 다문화포럼」 다문화위원회, 2010.
국제 다문화 포럼, 「제2차 쿠알라룸푸 국제 다문화포럼」 다문화위원회, 2012.
국제 다문화 포럼, 「제3차 파리 국제 다문화포럼」, 다문화위원회, 2014.
국제 다문화 포럼, 「제4차 소피아국제 다문화포럼」, 다문화위원회, 2017.
국제 다문화 포럼, 「제5차 카이로 국제 다문화포럼」, 다문화위원회, 2019.
김승철, 『압바스 연대기』 좋은 땅, 2016.
김정위, 『중동사』 대한교과서주식회사, 1987,
노남도, 『이슬람의 실체를 밝힌다』 실로암, 2009.
서정민, 『오늘의 중동을 말하다』 중앙 books, 2016.
오은경, 『베일 속의 여성 그리고 이슬람』 시대의 창, 2014.
유재덕, 『기독교 역사』 브니엘, 2008.
유재덕, 『기독교 역사』 브니엘, 2008.
이나빌, 『니끼우 요한의 연대기와 이슬람의 이집트 침략』 기독교문서선교회, 2018.
이만석, 『무함마드 계시는 왜 자꾸 바뀌는가』 글 마당, 2009.
이시호, 『중근동 기독교 성지』 예영, 1997.
이희수, 『이원삼외 이슬람』 청아출판사, 2001.

전완경, 『아랍의 관습과 매너』 세종문화사, 2003.
전호진, 『선교 신학의 21세기 동향』 도서출판이레서원, 2001.
전호진, 『이슬람 원리주의 실체』 한반도국제대학원대학교, 2007.
전호진, 『이슬람 종교인가 이데오르기인가』 SFC, 2002.
전호진, 『전환점에 선 중동과 이슬람』 SFC, 2005.
정수일, 『이슬람 문명』 창작과 비판, 2002.
조병호, 『성경과 5대 제국』 통독원, 2011.
중동-이주민 파리 포럼.2016.
최영길, 『무함마드와 이슬람』 알림, 2005.
최하영, 『실크로드를 따라 유목민에게 나타난 천연 교회 역사』 한국학술정보, 2007.
탁수연, 「셀 그룹 원리와 무슬림 양육」 박사학위 청구논문, 2012.
한국복음주의선교 신학회, 『선교와 신학』 박영호외, 기독교문서선교회, 2003.
한국이슬람 연구소, 『민속 이슬람』, 김아영 편역, 예영, 2004.
황용현, 『여자의 후손』 Ami, 2013.

번역본

A. B. 듀 토잇, 『신약 정경론』 (The Canon of the New Testament), 권성수 역. 도서출판엠마오, 1988.
도날드 거스리, 『신약개론』 (New Testament Introduction), 박영호외 역. 기독교문서선교회, 1988.
로베트르 바이어, 『이슬람과 서양』 (the Shared Well: a concise guide to relations between Islam and the West), 손도태 역. 좋은 글, 2001.
로이 맥클라우드, 『에코의 서재』 (Library of Alexandria), 이종인 역. 시공사, 2004.
맥 크로스만, 『미션 익스포즈』 (Mission Exposures), 정옥배 역. 예수전도단, 2007.
버나드 루이스, 『이슬람 1400년』 (the World of Islam), 김호동 역. 까치, 1994.
사니아 하마디, 『아랍인의 의식 구조』 (Temperament and Character of the Arab), 손영호 역. 큰산,
스탠리 레인 풀, 『살라딘』 (all powerful sultan and the uniter of Islam), 이순호 역. 갈라파고스, 2003.
안와르 바시르, 『무슬림에게 복음을』, 김기드온 역. 예루살렘, 1994.

압둘 마시흐,『무슬림과 대화』(Dialogue with Muslim), 이동주 역. 기독교문서선교회, 2001.
앤쿠퍼,『우리형제 이스마엘』(Ismael My Brother), 두란노, 985.
윌리암 와그너,『이슬람의 세계변화 전략』(The Islam Plans to change the World), 노승현 역. AP, 2007.
월터 카이저,『구약성경 신학』(Toward an Old Testment Theology), 최종진 역. 생명의말씀사, 1978.
유진로건,『오스만 제국에서 아랍 혁명까지』(The Arabs a History), 이은정 역. 까치, 2016.
이삭 이브라함,『이슬람교 세계와 기독교 선교 방향』(Black gold and holy war), 윤삼열 역. 보이스사, 1991.
존 엘더,『무슬림을 향한 성경적 접근』(The biblical Approach to the Muslim), KTM편집부, 1992.
찰스 F. 에일링,『이집트와 성경 역사』(Egypt and Bible History), 신득일 역. 기독교문서선교회, 2010.
카렌 암스트롱,『이슬람』(Islam : a Short History), 장병옥 역, 을류문화사, 2000.
콜린 다이,『영국의 이슬람화』(The Islamisatio of Brita), 도움 번역 위원회 도움, 2008.
크리스티앙 자크,『파라오제국의 파노라마』(L'Egypte des Geands Pharaons), 임헌 역. 시아출판, 2001.
키스 스와틀리,『Encounter Islam』(Encounter Islam),정옥배 역. 예수전도단, 2005.
타밈 안사리,『이슬람의 눈으로 본 세계사』(Destiny Disrupted), 류한원 역. 뿌리와 이파리, 2009,
프란시스 로빈슨,『사진과 그림으로 보는 케임브리지 이슬람사』(Cambridge Illustrated History of Islamic World), 손주영 역. 시공사, 2002.
필 마샬,『무슬림 전도의 새로운 방향』(New Paths in Muslim Evangelism), 채슬기 역. 예루살렘, 2003.
필 파샬,『십자가와 초승달』(the cross and the Crescent), 이숙희 역. 죠이선교회, 1989.
하랄트 뮐러,『문명의 공존』(Das Zusammenleben der Kulturen), 이영희 역. 푸른 숲, 2000.
하메드 압드엘 사마드,『무함마드 평전』(Muhamed), 배명자 역. 한스 미디어, 2016.

외국본

Ahmed fakhry, Siwa Oasis, the American University in Cairo, 1973.
Bishop Yostos, The garden of Abba Antony, printed in Egypt, 2008.
David.J. Bosch, Transforming Mission, Orbis books, 1996.
E.M.Forster, Alexandria, the American University in Cairo, 2004.
Fazlur Rahman, Islam, University of Chicago, 1966.
Gawdat Gabra, Coptic Monasteries, the American University in Cairo, 2002.
Hans Kuing, Islam, The America University in Cairo, 2007.
Jill Kamil, Christianity in the land of the Pharaohs, the American University in Cairo, 2002.
John L. Esposito, Islam, Oxford university press, 2002.
Michael Bonner, Jihad in Islamic History, princeton university press, 2006.
Otto F.A.meinardus, two thousand years of Coptic Christianity, the American University in Cairo, 1999.
R.Neil.Hewison, the Fayoum History, the American University in Cairo, 2001.
Roy Macleod, The Library of Alexandria, the American University in Cairo, 2002.
Stephen J. Davis, The early Coptic Papacy, The American Universty in Cairo, 2004.

유튜브 동영상

하미드 압둘 사마드(hamed Abdul Samad)의 이슬람 상자
Brad TV

CLC 이슬람 연구 시리즈

01 모슬렘 세계에 예수 그리스도를 심자
찰스 R. 말쉬 지음 | 이광호 옮김 | 신국판 | 162면

02 무슬림 여성과 베일
이정순 지음 | 신국판 | 248면

03 무슬림과의 대화
압둘 마시흐 지음 | 이동주 옮김 | 신국판 | 240면

04 이슬람의 성경 변질론
김대옥 지음 | 신국판 | 326면

05 무슬림과 의사소통을 위한 새패러다임
공일주 지음 | 신국판 | 352면

06 이슬람과 메시아 왕국 이슈
정형남 지음 | 신국판 | 256면

07 꾸란과 성령 (개정증보판)
소윤정 지음 | 신국판 | 288면

08 이슬람 문화와 여성
이정순 지음 | 신국판 | 264면

09 무슬림의 아내들 (개정증보판)
소윤정 지음 | 신국판 | 미정

10 무슬림 전도학 개론
안드리아스 마우러 지음 | 이승준, 전병희 옮김 | 신국판 | 328면

11 이슬람의 수피즘과 수쿠크
공일주 지음 | 신국판 | 280면

12 이슬람과 IS
공일주 지음 | 신국판 | 408면

13 성경이 꾸란에게 말하다
최종휴 지음 | 신국판 | 224면

14 중동 짐승
조엘 리차드슨 지음 | 정진욱 옮김 | 신국판 | 408면

15 꾸란과 아랍어 성경의 의미와 해석
공일주 지음 | 신국판 | 504면

16 코란의 '이싸'와 복음 전도
박미애 지음 | 신국판 | 304면

17 기독교와 이슬람
소윤정 지음 | 신국판 | 296면

18 한국의 무슬림
공일주 지음 | 신국판 | 216면

19 나는 팔레스타인의 크리스천이다
미트리 라헵 지음 | 안경덕, 정진오 옮김 | 신국판 | 192면

20 성장하는 이슬람 약화되는 기독교 (개정증보)
안승오 지음 | 사륙판 | 200면

21 시온의 크리스천 군사들?
스테판 사이저 지음 | 김정환 옮김 | 신국판 | 280면

22 이슬람의 왜곡된 진리
이동주 지음 | 신국판 | 319면

23 한국의 이슬람
공일주 지음 | 신국판 | 336면

24 이슬람과 다음세대
김성옥 지음 | 신국판 | 332면

25 니끼우 요한의 연대기와 이슬람의 이집트 침략
이나빌 지음 | 국판 변형 | 208면

26 하나님을 찾는 무슬림
사무엘 M. 즈웨머 지음 | 김대옥, 전병희 옮김 | 신국판 | 근간

27 우드베리의 이슬람 선교 신학
김일권 지음 | 신국판 | 348면

28 21세기 이슬람 선교
소윤정 지음 | 신국판 | 312면

29 세계 선교와 이슬람화
여호수아 탁 지음 | 신국판 | 424면

30 그들은 왜 이슬람을 떠나는가?
이병학 지음 | 신국판 | 근간